执行案件办理规范手册

ZHIXING ANJIAN BANLI GUIFAN SHOUCE

365 GEBIAOZHUN DONGZUO ZIYIN

侯志涛 / 主编

365个标准动作指引

法律出版社 LAW PRESS · CHINA
北京

图书在版编目(CIP)数据

执行案件办理规范手册 : 365 个标准动作指引 / 侯志涛主编. -- 北京 : 法律出版社, 2023(2026.1 重印).
ISBN 978-7-5197-7599-5

Ⅰ. ①执… Ⅱ. ①侯… Ⅲ. ①民事诉讼－执行(法律)－中国－手册 Ⅳ. ①D925.118-62

中国国家版本馆 CIP 数据核字(2023)第 032731 号

执行案件办理规范手册:365 个标准动作指引
ZHIXING ANJIAN BANLI GUIFAN SHOUCE: 365 GE BIAOZHUN DONGZUO ZHIYIN

侯志涛 主编

策划编辑 陈昱希
责任编辑 陈昱希
装帧设计 汪奇峰　贾丹丹

出版发行 法律出版社
编辑统筹 法规出版分社
责任校对 杨锦华
责任印制 耿润瑜
经　　销 新华书店

开本 710 毫米×1000 毫米　1/16
印张 29.5　**字数** 506 千
版本 2023 年 3 月第 1 版
印次 2026 年 1 月第 9 次印刷
印刷 北京中科印刷有限公司

地址:北京市丰台区莲花池西里 7 号(100073)
网址:www.lawpress.com.cn
投稿邮箱:info@lawpress.com.cn
举报盗版邮箱:jbwq@lawpress.com.cn
销售电话:010-83938349
客服电话:010-83938350
咨询电话:010-63939796

书号:ISBN 978-7-5197-7599-5
定价:98.00 元

凡购买本社图书,如有印装错误,我社负责退换。电话:010-83938349

主编简介

侯志涛

专职律师，早年从事刑事侦查等公安工作，后进入律师行业，专注执行、执行异议与执行异议之诉专业领域，为点睛网律师学院、智元法律课堂、法律名家讲堂等多家法律平台特邀讲师，并创办“侯小律法律大讲堂”，线下授课、线上直播几百场，分享执行领域实务操作技能，为诸多法律人解决了执行难题，曾主编《执行、执行异议与执行异议之诉办案手册》。

副主编简介

梁俊景

2005年毕业于河北大学政法学院。麦迪律所创始人合伙人、党支部书记，中华全国律师协会会员，人民网受访律师，中国移动互联网投融资联盟理事，第二届法科生职业生涯规划大赛总决赛评委，第二届中国(杭州)互联网金融发展高峰论坛媒体采访律师，第三届中国（杭州）移动互联网大会圆桌论坛主讲嘉宾，首届中国IT武林大会直播采访律师，2017互联网金融发展与机遇论坛圆桌论坛主讲嘉宾，第二届中国移动互联网投融资大会暨圆桌论坛主讲嘉宾，聚牛（中国）2017合伙人大会主题演讲嘉宾，浙江电视台《财富新密码》栏目嘉宾律师，杭州电视台《我们圆桌会》栏目嘉宾律师，杭州交通广播电台《针锋相对》特邀评论员，多家商会、协会、专委员会的法律顾问，数个总裁班实务导师，多家政府法律顾问。

副主编简介

王中良

上海锦天城律师事务所高级合伙人，重庆仲裁委员会仲裁员，重庆市律师协会保全与执行专业委员会发起人、副主任，“西南政法大学·重庆市律师协会法律硕士联合培养基地、西南政法大学人工智能法学院专业实习”指导教师，“锦天城律师学院”民事诉讼与执行讲师。参与全国人大宪法和法律委员会就《中华人民共和国民事强制执行法（草案）》有关问题的立法调研会。

执行案件
办理规范手册
365个
标准动作指引

联合出品人（排名不分先后）

侯志涛　王中良　梁俊景
崔　伟　钟建华　严　强
李　风　张　楠　刘　欢
杨　巍　李慧丽　殷允臣
田　凯　李春林　夏策天
郭　强

序　言

孙子曰:兵者,国之大事,死生之地,存亡之道,不可不察也。

故经之以五事,校之以计,而索其情:一曰道,二曰天,三曰地,四曰将,五曰法。道者,令民与上同意也,故可以与之死,可以与之生,而不畏危也。天者,阴阳、寒暑、时制也。地者,远近、险易、广狭、死生也。将者,智、信、仁、勇、严也。法者,曲制、官道、主用也。凡此五者,将莫不闻,知之者胜,不知之者不胜。故校之以计,而索其情,曰:主孰有道?将孰有能?天地孰得?法令孰行?兵众孰强?士卒孰练?赏罚孰明?吾以此知胜负矣。

将听吾计,用之必胜,留之;将不听吾计,用之必败,去之。

……

——《孙子兵法》·计篇

我国春秋时期著名的军事家、政治家孙武在《孙子兵法》的计篇中写道:战争,是国家的大事,关乎国家存亡,不能不慎重对待。《孙子兵法》从道、天、地、将、法五个方面进行了敌我综合比较,并指出,将领听取他的计谋,肯定能打胜仗,留着重用;不听取他的计谋,就会打败仗,让他离去。那《孙子兵法》的道、天、地、将、法演变到执行当中来又是什么呢?

道是什么呢?对于一个企业或团队来说,道就是使命、愿景、价值观。就像一些大企业,比如阿里、华为,能非常成功,肯定是有自己的使命、愿景、价值观的。律所、团队、个人同样也都要有自己的使命、愿景、价值观。从执行角度来说,我们团队的使命是引领中国执行的规范化。比如,从案件的来源、承办,都要规范地办理执行案件。而我们把办理执行案件的经验总结出来与大家分享,也是在引领中国执行的规范化。我们团队的愿景有两个:从同行角度来说,愿每一个法律人都能熟练地操作执行案件;从委托人的角度来说,愿每一个债权人的合法债权都能得到实现。

我们团队的价值观有五个:成长、创新、务实、分享、团结。第一个价值观:成长。我们每周一开会,都会问这周是否有成长,包括思维、技能、讲课水平等各个方面是否有所成长。成长永远是我们的第一要务,个人成长了、团队成长了,业务水平自然就成长了。第二个价值观:创新。我们的课程内容和课程体系一直在创新。每周讲的内容都有所不同,之后还会有更加疑难、复杂的内容,当然,时长也会不断调整。创新符合自然规律,就像新陈代谢、生老病死一样。团队的业务类型、服务内容、课程体系一定要不断创新,这样才能在市场上立于不败之地。第三个价值观:务实。在工作中,我们要反对官僚主义,管理等各方面都一定要务实。我们分享的内容也要实操,也要务实。第四个价值观:分享。分享有两个好处:分享的过程要输出,分享之前要汇总,汇总本身就是一个提高的过程。我们团队律师除了办案之外,还有两个工作要进行,一是每周写一篇公众号文章,文章内容要具有实操性;二是讲课。写文章、讲课的过程就是对自己的工作和实践进行总结的过程,在总结之中就会快速提升。当然,分享多了也不用担心别人都会了。现在社会比过去更加开放了,想学什么知识、获取什么技能,网上基本都有。分享之后,大家反馈,我们再结合反馈的内容,不断升级自己的产品。比如,我们刚开始时并没有专门讲执行,讲的是执行异议和执行异议之诉,一个执行领域中更小的领域。我们在讲的过程之中试探地讲怎么查找房产,发现大家对查找财产线索很感兴趣,于是才把课程扩大到执行。后续我们还会扩大,如执行与破产结合,执行与保全结合,执行与诉讼结合,等等。执行案件做多了,我们就会知道企业如何规避执行,之后还可以做企业债权债务的合规管理,这就是迭代。我们现在主要是升级,之后会迭代,我们在分享过程之中会坚持创新,不断提高。第五个价值观:团结。我们用军事化的思维管理团队,制度比较森严,内部也很团结。

天是什么呢?天就是大势,是执行案件之大势。这主要从两个方面来说。一方面,我们想要做执行,是不是执行领域的大势?所谓顺势者昌,逆势者亡。我们做一件事时,要看大背景是什么,社会是否允许。我们团队每周一开会都要唱歌,歌曲是《我和我的祖国》。为什么唱这首歌呢?因为我们取得任何成绩、任何成就,都要感谢我们的祖国,感谢我们这个和平的社会,我们要感谢这个时代给我们的机遇。另一方面,我国互联网、高铁、飞机等快速发展,让我们律师能全国各地跑业务,可以说,我们在任何一个城市都能做全国的业务,这就是大环境和大背景带来的机会和条件,这就是势。

那现在是不是执行的势?第一,其实在2020年疫情出现之前,经济下滑产生了大量的债权债务关系,尤其是2014年、2015年左右,特别明显的是民间借贷、小额贷崩盘,开始产生大量的债权债务纠纷。第二,2020年疫情出现之后,国际、国内一些债权债务又出现增量。债权债务增多,导致诉讼增多,执行数据也不断增加。第三,2021年以后,政法系统整顿,最高人民法院发布了大量有关执行领域的新规定。只是11月、12月,就发布了司法解释、案例等八个文件,这是其他民事、行政乃至刑事领域都没有的现象。因为政法整顿过程之中发现了一些问题,需要用相关文件来进行规制。

那如何造势呢?做一个专业领域,需要造势。比如,我们为什么要讲课,为什么要线上线下直播,这就是在造势,也是品牌战略聚焦。正如打枪,要正中靶心。打造品牌也是如此。我们2019年开始写公众号,2020年开始讲课,将近三年的时间,一直坚持打造品牌。我们要做到,只要说执行,大家心目之中就是侯小律,这就是品牌战略聚焦,这就是造势。没有势怎么办,没有势就造势。正如那句话,有条件的要上,没有条件的,创造条件也要上。

分享一下我们团队的"十化"建设。第一,市场化。写文章、做直播、案件来源要走市场化。第二,品牌化。像贵州茅台、华为一样,打造自己的好品牌。打造好品牌,一要质量好,无论是有形的产品还是无形的服务,质量永远是第一位的;二要曝光,你在谁那有曝光,你在谁那就有品牌;三要有价格,所谓一分价钱一分货,便宜没好货,质量好必然会伴随着有价格。第三,专业化。主要包括专业水平,专业领域两个层面。第四,团队化。一定要有团队,单丝不成线,独木不成林。第五,标准化,力争将执行案件做到一种相对的标准化,国家也出台了相关文件,要求法律服务要走标准化道路。第六,产品化。法律服务要有产品的体系和架构。任何一个有形的产品都是有阶梯、有系列的,如一般每款手机都有系列,分标配版、旗舰版、豪华版。那我们法律服务也一样,也要有这种阶梯,这就是产品思维。就像我们的课程,有免费的公开课、108动作小课、两天线下课等,这是我们产品的一个结构,也叫产品化。第七,规范化。主要包括两个层面,一是合规地办理;二是与标准相关的,团队的合作、流程都要相对地规范。第八,规模化,规范化之后才能规模化,二者是相连的。什么是规模化?比如肯德基、麦当劳、必胜客、海底捞,从选址、签约、装修、设备,到原料、加工、销售,都是有标准化流程的。就拿肯德基来说,包括员工的招聘、培训都是标准化的。我们唯有做到标准化才能做到规模化。接下来我们团队计划在杭州建立执行小分队,怎么操作呢?我们有标准化的课程体系,都不需要线下面对面培训,一个执业律师通过线上两三天培训之后可以着手办案,这也是规模化的要求。第九,系统化。我们要用系统化的思维考虑问题,用系统化的思维解决问题,用系统化的思维办理案件。我们的课程本身就是一个系统,我们做的每一件事也都是一个系统。说到系统,推荐两本书,《系统之美》与《第五项修炼》,很值得一读。第十,自动化。每个人都希望达到一定程度,一种境界,那就是在游山玩水的同时,团队还能自动化运转。2022年我们团队准备达到准自动化,目前正在朝这个方向努力,已初见成效。

地是什么呢?“地”指的是“场”,打仗中的“地”指的就是“战场”。战场有多大,能容多少兵,决定是否能打败对方。衍生到执行领域,“场”就是指“市场容量”。执行市场容量是不是很大,是不是蓝海市场?我们从数量维度分析:一是通过大数据分析,中国裁判文书网约有1.3亿裁判文书,其中约有1/4与执行有关,这还不包括尚未公开的、2014年之前已经终本或搁置的案件,可见执行案件体量之大。此外,通过分析中国裁判文书网每天新增数据,发现每天新增占比比整体占比还要大,这样执行的整体占比也会越来越大。举个例子,就拿4000万件的执行数据来说,假如有100万名律师,平均每人需要办理40件执行案件,而且这个数量还在不断增长。一个律师一年能办完40件执行案件吗?就我们团队而言,律师每人每年有20~30个案件时就不再分配了,就饱和需要配助理了。可见,所有的律师来做执行案件都消化不完。二是执行依据种类多。执行依据有民事裁判文书、调解书;行政裁判文书、调解书;刑事判决书涉财产部分;行政非诉执行案件;商事仲裁裁决书、调解书;劳动仲裁裁决书、调解书;支付令;公证债权文书;国内认可的境外判决书、裁决书等。不管是民事、行政还是刑事案件,只要涉及履行,涉及给付金钱的,可能都会归到执行中来。相对于其他专业领域来说,执行依据种类多,数量也大。三是债务人逃废债的伎俩越来越“高明”，造成执行案件难度越来越大，周期越来越长，导致执行案件也越来越多。正所谓，知彼知己，百战不殆。要先要了解对手，而不是先要了解自己。我们先要知道债务人是怎么逃废债的，再想办法挖掘财产线索，之后再去做方案。

自然人逃废债的方法：一是在债务爆发前将自己财产向外转移；二是债务产生前早有打算，自有财产让他人代持；三是能办理登记信息的暂时不办理；四是通过虚假诉讼的形式将财产进行“保护”，如虚构长期租赁合同，虚构买卖合同，提出执行标的异议，执行异议之诉阻挡执行等。营利法人逃废债的方法：一是“脱壳”。被执行公司把所有的财产，包括地、产房、设备以及人员转移到一个新公司，被执行公司只剩下壳，其实还在经营，只不过是被新公司装起来了。二是将公司登记在他人名下，常见的有登记在会计、股东、股东配偶等人名下。三是“克隆”。例如，发包方要建一个大商场，其自己先注册两个公司，注册资本分别为 100 万元、1000 万元，其中，注册资本 100 万元的公司去签建设合同，起诉时也只能起诉这个公司，其实是注册资本 1000 万元的公司在负责经营。当然，自然人也可以“克隆”，比如两个身份证，两个户口，好几个国家护照，借钱、消费用不同身份。不过随着户籍管理越来越严，这种情况越来越少。此外，营利法人逃废债的伎俩还有怠于清算，有的公司应该清算不清算；有的公司有债务就注销；有的公司故意不做年报，让行政机关吊销。面对债务人逃废债的伎俩，我们先要知道债务人如何逃废债，针对这些逃废债我们要做什么、为什么要这么做，这也是办理执行案件的三个步骤。比如，对违法注销的怎么办？我们首先要调取这个公司工商底档，一旦发现违法注销，要么直接变更、追加被执行人，要么通过诉讼追加被执行人，让更多主体承担责任。

现实中，很多律师不愿意做执行案件，主要是因为执行周期长、前期投入大、执行回款不确定。其实从理论上讲，任何一个案件都应该能执行回款。只要执行法官好好配合、执行律师好好做，没有执行不了的案件。其实，做执行和做诉讼还是不一样的，做执行，律师要非常主动，要主动申请让法官做什么，不像诉讼主要是法官在主导，执行主要是律师在主导。只要有信心、有方法，一般都是可以执行到位的。

将是什么呢？将就是人才，将要拥有智、信、仁、勇、严。我们团队对人才和合作伙伴的要求是:品行第一,意愿第二,能力第三。比如我们团队寻求人才,第一轮面试,第二轮培训,第三轮考核,考核完之后试用,试用之后还有考核。我们前期要看这个人是不是有强烈的愿望加入我们团队,考验其毅力。只要有很好的品行、有强烈的意愿,能力不是问题。之前有次在深圳做活动,华为的人力资源总监作分享,讲华为的文化。华为的四个核心文化是以客户为中心,以奋斗者为本,长期坚持批评与自我批评,长期坚持自我奋斗。我们也是一样,要找志同道合、品质好,有意愿的人,正所谓有道无术尚可求,有术无道止于术。意思是说,你有意愿、有品行,方法都是可以找到的;但只会方法,品行不行,也就仅限于方法了。做大事肯定是道在先,术在后。我们团队律师的定位:一是业务能手,律师得会办案件,包括诉讼案件、执行案件;二是合格教练,我们计划在全国布局小分队,总部得有人能带领小分队办案件;三是优秀讲师,讲课的过程就是提高自己的过程。

法是什么呢?法就是组织架构、制度与方法。我们团队组织架构包括四个:一是业务部门,办理案件是根本。二是知识管理体系。知识管理目的是提高团队办案效率,减少出错率,减少漏洞;知识管理体系是切入市场的利器。正如《清单革命》中所讲,做事要列清单,做到清单化、模板化、流程化。做执行案件、法律服务也是一样,要做到训练有素,必须要清单化。三是运营。运营与销售不同,运营是近几年提出的。有一本书叫《运营之光:我的互联网运营方法论与自白》,作者黄有璨,高二肄业,从事互联网运营,是三节课的联合创始人,该书就有介绍怎么做运营。其实,律师如果运营、品牌做好了,案件也就不用着急了。《孙子兵法》中讲:"上兵伐谋,其次伐交,其次伐兵,其下攻城。"攻城就是一个一个客户找;伐谋是战略;伐交,交是整合资源;伐兵,兵不是兵器、士兵,是发挥你在这个领域、地区的优势。跟拓展市场是一个道理,品牌、运营做好了,资源整合好了,案子自然就一批一批的来,都不是一个一个的来了。比如我们做执行,找不良资产协会做分享,这叫资源整合,背后都有逻辑。做运营,一个人就好比一个队伍,我们团队做海报、做策划、发文章等一开始也不会做,不会做就看书,看完书之后实践,实践不行之后再看书、再实践,也都是一点点做出来的。四是销售。我们要重点打造销售团队。日本作家增田宗昭写了一本书,名为《茑屋经营哲学》,讲述茑屋书店的,日本有 1/2 的人口是茑屋书店的会员。

销售之于企业，犹如空气之于人，没有空气人会死，没有销售企业也会死。其实每一个律师都一直在做销售，比如找同学吃个饭，联络联络感情，有案子介绍；给同行自我介绍，自己做什么领域的。其实这都是在做销售，只不过是没有形成专业化而已。作为律师、团队、律所，没有销售，也会“死”。当然，案件和知识管理体系是水，没有水也会“死”。

法中的制度包括日志、周约见、周例会、月呈报、月结。一是日志。日志主要写今天做了什么，收获、成长是什么，明天计划做什么。正如曾子曰：“吾日三省吾身。”二是周约见。案件签约之后一周之内，要把客户约到律所来，因为有很多案件不是在律所签约的。客户来之前，根据已经提供的材料，进行立体化网查。客户来之后，请求其提供案件材料，并向其了解更多案件信息以及对方当事人更多的情况，并当场做出执行方案和下一步的工作计划，让客户感到踏实、更加信任我们。三是周例会。周例会是案件管理的一种方式。每周一开会，一方面，汇报上周的工作总结，比如有什么问题需要解决，有什么成功经验可以分享；另一方面，汇报本周的工作计划。四是月呈报。每月月底，掌握在25~31日，一定要向客户写呈报文件，呈报本案件这个月做了哪些工作，下个月计划做哪些工作。一方面，让客户知晓案件进度。执行案件周期长，如果没有回款，客户往往就会认为没有做工作，即使有回款，也会认为是幸运。我们要让客户知道我们做了大量的工作，回款是通过我们努力才执行回款的，付律师费也是理所应当的。另一方面，让客户认可我们专业性。让客户以后有新的案件也会找我们，甚至客户的朋友有新的案件也会找我们。五是月结。上述动作要在一个月之内完成。

法还包括方法论与方法。方法论是一个中心、两个基本纲领、四个指导方针。

一个中心是以法律为中心。我们要规范地办理执行案件，要以法律为中心，不讲人情与关系，我们做任何执行动作都要找到法律依据。比如去不动产登记中心调房屋底档，包括房屋初始登记在哪个人名下，第一手买卖合同、发票，税务，第二手买卖合同、以物抵债协议等，所有这些底档，用什么手续？我们遇到过两类情况：第一类，有调查令、律师执业证即可调取；第二类，有当事人委托书、律所调查函、律师执业证、诉讼需要的受理通知书、执行依据的判决书或执行受理的相关文书才给调取。有时每个区的不动产登记中心要求也不一样。无论是第一类还是第二类,为什么需要这些手续,律师为什么能调取这些底档,都需要有法律依据,要用法律依据来说服有关机关。

两个基本纲领是线上立体化网查,线下现场查看、走访、调查。我们要树立一个理念:没有去过现场,千万不要说被执行人没有履行能力。

四个指导方针:扩大主体、财产线索、执行措施、执行程序。第一个是扩大主体。执行主体多,回款概率就大。扩大主体主要包括直接变更、追加被执行人,以及通过诉讼让更多主体承担责任,如赔偿责任、连带责任、补充责任等。第二个是财产线索。执行案件财产线索为王,没有财产线索就无法执行。这里分享一个查找财产线索的思维方式:开放性的、试错的思维方式。我们要假设被执行人有什么财产,不要怕犯错。哪怕一百个步骤只有一个步骤能找到财产,另外99个步骤我们不做也不会知道能不能找到财产。此外,我总结了一个找财产线索的经典名句:一定不要以我们的认知去认知被执行人,被执行人身价可能十几亿元上百亿元甚至上千亿元,有私人飞机、游艇、别墅等众多财产。他们的认知、思维方式跟我们是不一样的,我们一定不要以我们的认知去认知被执行人,谨防陷入认知误区。第三个是执行措施。第四个是执行程序。四个指导方针也叫"三位一体"。"三位"包括财产线索、措施、执行程序,"一体"是执行主体。做执行案件要以这四个为指导方针,而本书也正是以其为指导方针,并总结出一些常规动作,形成了执行案件办理的365个动作。

方法论还包括执行案件的基本动作。由于执行案件基本动作很多,本书就涉及365个。那我们拿到一个执行案件,有哪些动作是首先要做的,并且是必须要做的呢？通过实践,我们总结了被执行人为自然人的九个基本动作、被执行人为营利法人的九个基本动作。被执行人为自然人的九个基础动作:(1)查阅执行卷宗;(2)查阅基础交易材料;(3)诉讼卷宗;(4)到被执行人居住地、财产所在地、工作所在地查看、走访;(5)向委托人了解被执行人基本情况;(6)调取被执行人家庭户籍信息;(7)调取被执行人婚姻登记信息;(8)立体化网查;(9)申请法院调取被执行人银行流水。被执行人为营利法人的九个基础动作:(1)查阅执行卷宗;(2)查阅交易底档;(3)诉讼卷宗;(4)调取工商底档(被执行人及上、下游公司);(5)现场查看、走访;(6)立体化网查;(7)申请法院调取被执行人银行流水;(8)申请法院或申请调查令调取被执行人税务信息;(9)申请法院责令提交、搜查、审计被执行人会计凭证、会计账簿、财务会计报告。我们要知道这九个基本动作是什么,做这九个基本动作是为了什么。当然,这些内容,本书之中也都有讲到。

法还包括工具。《论语》中讲:"工欲善其事,必先利其器。"《孙子兵法》中讲:"兵众孰强。"兵力众多,武器先进为强。我们团队的工具主要有文档,包括17个办案文档,100个法律文书;管理系统,主要是Alpha和飞书;企查查、《中华执行字典》等。

《孙子兵法》中有道、天、地、将、法,我们办理执行案件也有道、天、地、将、法。本书也正是将道、天、地、将、法真正运用到实践中来,希望能对大家有所裨益。本书不足之处,欢迎大家斧正。

侯志涛·北京

2023年3月1日

目　　录

第一章

常规动作

动作 1:查看执行依据类型

1. 动作背景

执行依据是执行案件启动的基础,没有执行依据,执行案件就无法立案。执行必须以生效的法律文书为依据,根据《民事诉讼法》的规定,以下法律文书可以成为执行依据:(1)法院制作的具有执行内容的生效法律文书,包括民事判决书、裁定书、调解书与支付令和刑事裁判的财产部分;(2)其他机关制作的由法院执行的法律文书,包括公证机关依法赋予强制执行效力的债权文书,仲裁机构制作的依法由法院强制执行的仲裁裁决书;(3)法院制作的承认并执行的外国法院判决书、裁定书或者国外仲裁裁决的裁定书。需要特别注意的是,审判并非执行的前提,有些案件未经审判,也能强制执行,如仲裁裁决,仲裁并没有经过法院审判,但仲裁机构作出的仲裁裁决书可以成为执行案件依据。

2. 法律依据

《中华人民共和国民事诉讼法》(2021 年修正)

第二百二十三条　人民法院受理申请后,经审查债权人提供的事实、证据,对债权债务关系明确、合法的,应当在受理之日起十五日内向债务人发出支付令;申请不成立的,裁定予以驳回。

债务人应当自收到支付令之日起十五日内清偿债务,或者向人民法院提出书面异议。

债务人在前款规定的期间不提出异议又不履行支付令的,债权人可以向人民法院申请执行。

第二百三十一条　发生法律效力的民事判决、裁定,以及刑事判决、裁定中的财产部分,由第一审人民法院或者与第一审人民法院同级的被执行的财产所在地人民法院执行。

法律规定由人民法院执行的其他法律文书,由被执行人住所地或者被执行的财产所在地人民法院执行。

第二百四十三条　发生法律效力的民事判决、裁定,当事人必须履行。一方拒绝履行的,对方当事人可以向人民法院申请执行,也可以由审判员移送执行员执行。

调解书和其他应当由人民法院执行的法律文书,当事人必须履行。一方拒绝履行的,对方当事人可以向人民法院申请执行。

第二百四十五条 对公证机关依法赋予强制执行效力的债权文书,一方当事人不履行的,对方当事人可以向有管辖权的人民法院申请执行,受申请的人民法院应当执行。

公证债权文书确有错误的,人民法院裁定不予执行,并将裁定书送达双方当事人和公证机关。

第二百四十四条第一款 对依法设立的仲裁机构的裁决,一方当事人不履行的,对方当事人可以向有管辖权的人民法院申请执行。受申请的人民法院应当执行。

第二百八十九条 人民法院对申请或者请求承认和执行的外国法院作出的发生法律效力的判决、裁定,依照中华人民共和国缔结或者参加的国际条约,或者按照互惠原则进行审查后,认为不违反中华人民共和国法律的基本原则或者国家主权、安全、社会公共利益的,裁定承认其效力,需要执行的,发出执行令,依照本法的有关规定执行。违反中华人民共和国法律的基本原则或者国家主权、安全、社会公共利益的,不予承认和执行。

第二百九十条 国外仲裁机构的裁决,需要中华人民共和国人民法院承认和执行的,应当由当事人直接向被执行人住所地或者其财产所在地的中级人民法院申请,人民法院应当依照中华人民共和国缔结或者参加的国际条约,或者按照互惠原则办理。

3. 动作步骤

第一步,查看文书是否属于执行依据里的法律文书类型,且已生效。

第二步,根据执行依据,符合条件的,申请执行立案。

动作2:查看执行案件状态

1. 动作背景

执行案件常见状态有:(1)执行中;(2)终结本次执行;(3)中止执行;(4)暂缓执行;(5)终结执行;(6)不予执行;(7)销案;(8)驳回申请;(9)执行完毕。根据案件状态的不同,后续采取的执行动作也不同,所以查看执行案件状态至关重要。查看执行案件状态是开展其他工作的前提。申请执行人申请执行法院对被执行人采取某项执行措施,如果案件处于终结本次执行状态,执行法院就难以采取相应措施。此时,需要将终结本次执行的案件恢复执行或者撤销终结本次执行后,才可以采取执行措施。对于处于终结本次执行状态的案件,需要进一步查看终结本次执行的理由是否违法。根据法律法规、司法解释的规定,终结本次执行的条件非常严格,实务中,部分执行法官抱着减轻工作压力等目的,对执行案件草率地作出终结本次执行裁定,然后将案件束之高阁的现象并不少见。如果当事人、利害关系人认为终结本次执行程序违法,可以提出执行行为异议。中止执行的法定事由较多,我们既要查看案件是否中止执行,也要查看中止执行的理由是什么,中止执行的情形是否消失而具备恢复执行的条件等。

2. 动作步骤

第一步,查看裁定书。一般情况下,法院需要作出执行裁定书,并送达当事人,因此,可以通过裁定书获知执行案件状态。

第二步,若遇到执行裁定书未送达或者被遗失等特殊情况,可通过申请查阅案件材料的方式获取,或者通过中国裁判文书网(https://wenshu.court.gov.cn)、中国执行信息公开网(http://zxgk.court.gov.cn)等平台查询执行案件状态。

动作3:查询执行案件基本信息

1. 动作背景

代理执行案件后,首先要查看案件的最近进展。如果案件已经进入执行立案阶段,那就要通过合法途径了解执行案件的基本信息,以便能更好地安排好接下来的动作。查询执行案件基本信息比较有效、普遍的方法是,拨打最高人民法院开通的全国法院系统公益服务热线12368。此外还有发短信到12368查询、通过法院审判网查询、通过法院微信公众号查询等常用的方法。

第一种,直接拨打"查询地区区号+12368"查询。此时所需要的材料是:执行案号、当事人基本信息。12368热线服务时间是上午9:00~11:30、下午14:00~17:15(周末和节假日除外)。需要注意的是,12368拨打人数较多,接线人数有限,通常需要多次拨打才能接通,所以必须提前做好万全准备,将要查询的系列案件的系列信息准备齐全后再拨打,争取做到一次拨打,一次性全部查询完毕的效果。一般情况,刚上班和快下班时打入的电话相对较少,接通的可能性较大。

第二种,发短信到12368查询。如果当地法院开通了12368手机短信诉讼服务,可以发短信到12368查询执行案件基本信息。例如,上海法院开通了12368手机短信诉讼服务。起诉、应诉、申请执行时,如果当事人或代理人选择该项服务并向法院提供了手机号,法院可通过12368发送短信,主动告知当事人案件的审判执行组织、庭审时间地点、程序变更、执行措施等重要流程节点信息,还可以及时送达各类通知书等。当事人或代理人用手机发送"CM"+"案号"到12368,可以获取案件的诉讼服务密码;当事人发送"CJ"+"8位诉讼服务密码"+"案号"到12368,可以获取案件办理进度信息。

第三种,通过法院审判或服务网查询。全国多数法院,尤其是省级法院或者一些中级人民法院,都建立了审判或服务网站,其中有的可以直接查询执行案件基本信息。例如,上海金融法院门户网站(www.shjrfy.gov.cn)开辟了专门的执行信息公开窗口,当事人可自行登录查看执行案件办理进展的实时信息。目前公开的信息包括:案件基本信息、财产线索情况、强制执行案款信息、案件进展信息等(立案阶段、执行准备、财产甄别、财产控制、财产处置、制裁措施以及结案管理),覆盖了执行案件从立案到结案的全部关键流程节点最新信息。

第四种,通过法院微信公众号查询。除上述三种方法外,还可以查询案件所在地法院是否开通了微信公众号,看能否通过微信公众号查询执行案件基本信息。例如,北京市高级人民法院创设了"北京法院诉讼服务"微信公众号。该公众号实现了与12368的互联互通,当事人和代理人可以在微信平台通过12368热线一键拨号直接连线北京法院12368人工语音服务平台,进行查询案件、联系法官、诉讼咨询等。

2. 动作步骤

第一步,可以拨打12368直接查询。

第二步,如果12368暂时无人接听,可以查询当地法院是否开通手机短信查询、网站查询、微信公众号查询等方法,如果开通,可以通过这些种方法查询。

上述步骤可以根据实际情况灵活运用。

动作 4:查阅诉讼卷宗

1. 动作背景

诉讼卷宗是了解执行案件的前提。根据《民事诉讼法》的规定,当事人及其代理人可以查阅诉讼卷宗。一般而言,当事人及其代理人要查阅诉讼卷宗,需要向法院提交书面申请,亲自去法院查阅。2016 年,最高人民法院发布了《关于全面推进人民法院电子卷宗随案同步生成和深度应用的指导意见》,该意见指出,推进诉讼电子卷宗随案同步生成,全面开发和支持电子卷宗在案件办理、诉讼服务和司法管理中的深度应用。现在很多法院已经可以查阅电子卷宗了。比如,微信搜索"上海法院 12368"公众号,选择身份进入诉讼服务页面,点击"手机阅卷",选中对应案件,填写申请阅卷信息,确认无误后提交,待法院审核通过后即可查阅案卷材料,已归档案件和未归档案件均可供查阅。此外,有的法院还可以直接下载电子卷宗,如浙江法院网的网上阅卷功能里,已经支持电子卷宗直接下载。

2. 法律依据

《中华人民共和国民事诉讼法》(2021 年修正)

第五十二条第二款　当事人可以查阅本案有关材料,并可以复制本案有关材料和法律文书。查阅、复制本案有关材料的范围和办法由最高人民法院规定。

第六十四条　代理诉讼的律师和其他诉讼代理人有权调查收集证据,可以查阅本案有关材料。查阅本案有关材料的范围和办法由最高人民法院规定。

《最高人民法院关于全面推进人民法院电子卷宗随案同步生成和深度应用的指导意见》(法〔2016〕264 号)

二、电子卷宗随案同步生成的基本要求

(一)电子卷宗内容。电子卷宗包含法院在案件受理时接收或办理过程中形成的电子文档、图像、音频、视频等电子文件,以及将纸质案卷材料依托数字影像、文字识别等技术制作而成的电子文档、数据等电子文件。

(二)电子文件制作。电子文件包含由检察院、法院、当事人、律师、第三方机构等通过信息化系统提供的电子文档、电子证据、电子音视频材料等。案件纸质卷宗要按照《人民法院电子诉讼档案管理暂行办法》(法〔2013〕283 号)的质量及格式要求制作电子文件。

（三）电子文件收集。各类电子文件可通过诉讼服务平台上传、扫描设备输入、业务系统流转等方式，收集到办案平台中。要保证电子卷宗收集的同步性和及时性，在接收纸质诉讼材料后尽快完成电子化，保障后续审判环节能够及时使用电子卷宗。电子卷宗管理系统应实现电子卷宗的自动排版和归类。涉及国家秘密的案件卷宗应在涉密办案系统中生成和应用。

（四）电子卷宗存储和保管。各高级人民法院可根据本院辖区应用系统、网络和硬件建设情况，自行决定本辖区电子卷宗集中或分布存储方式。应采取及时存储、异地备份等安全保障方式，保证电子卷宗存储的安全性。

（五）电子卷宗审查和监管。要对个人和其他单位提供的电子材料进行审查，对本院电子卷宗的质量进行监管，避免出现遗漏、错误和延误，审查和监管的内容包括数据完整度、图像文件清晰度、数据挂接准确度以及生成及时性等。

3. 动作步骤

第一步，登录法院官网、微信公众号等官方平台，直接申请查阅电子诉讼卷宗。

第二步，如果该法院尚未提供电子诉讼卷宗查阅服务，可以直接向法院递交查阅案件材料申请书以及申请查阅诉讼卷宗的委托人身份证明、授权委托书、律师证复印件及律所介绍信/所函等材料，向法院申请查阅。

动作5：查阅执行卷宗

1. 动作背景

执行卷宗可谓是开展执行案件代理的基础，也是挖掘被执行人各类信息和财产线索的“金矿”。根据《民事诉讼法》等有关法律的规定，执行卷宗像民事诉讼卷宗一样，当事人及其代理人也可以申请查阅。同诉讼卷宗推行电子化一样，现在有的法院也建立了执行电子卷宗平台。例如，武汉市中级人民法院在全国法院率先建设执行电子卷宗管理平台。执行电子卷宗管理系统，主要包括执行信息管理、执行电子卷宗、执行实体化三个主平台以及网络查控辅助、财产线索自动推送、智能立案辅助、智能评拍监管、终本案件巡查、案件繁简分流识别、标的物精细化管理和履约能力分析等多个智能辅助板块。因此，申请查阅执行卷宗之前，可以查看该法院是否可以直接申请查阅电子卷宗，如果可以，就直接申请，既省时又省力。

2. 法律依据

《中华人民共和国民事诉讼法》（2021 年修正）

第五十二条第二款　当事人可以查阅本案有关材料，并可以复制本案有关材料和法律文书。查阅、复制本案有关材料的范围和办法由最高人民法院规定。

第六十四条　代理诉讼的律师和其他诉讼代理人有权调查收集证据，可以查阅本案有关材料。查阅本案有关材料的范围和办法由最高人民法院规定。

《最高人民法院关于人民法院执行公开的若干规定》（法发〔2006〕35 号）

第十六条　人民法院对执行过程中形成的各种法律文书和相关材料，除涉及国家秘密、商业秘密等不宜公开的文书材料外，其他一般都应当予以公开。

当事人及其委托代理人申请查阅执行卷宗的，经人民法院许可，可以按照有关规定查阅、抄录、复制执行卷宗正卷中的有关材料。

第十七条　对违反本规定不公开或不及时公开案件执行信息的，视情节轻重，依有关规定追究相应的责任。

《最高人民法院关于人民法院执行流程公开的若干意见》（法发〔2014〕18 号）

第五条　各级人民法院通过网上办案，自动生成执行案件电子卷宗。电子卷宗正卷应当向当事人及委托代理人公开。当事人及委托代理人申请查阅电子卷宗的，执行法院经核对身份信息后，及时提供查阅。

3. 动作步骤

第一步，登录法院官网、微信公众号等官方平台，直接申请查阅电子执行卷宗。

第二步，如果该法院尚未提供电子执行卷宗查阅，直接向法院递交查阅案件材料申请书以及申请查阅诉讼卷宗的委托人身份证明、授权委托书、律师证复印件及律所介绍信/所函等材料，向法院申请查阅。

动作6:查阅银行档案

1. 动作背景

代理申请执行人为银行的执行案件,其中一项非常重要的前期基础性工作就是查阅银行档案。查阅银行档案主要包括两部分内容:第一部分是查阅银行当初贷款的档案,如金融借款合同、保证人的保证合同、最高额融资借款合同、贷款人征信记录、当事人证件凭证以及司法追索记录等。查看这类档案的目的是在原始材料中了解更多被执行人信息,查找更多执行财产线索。例如,合同所载联系地址是否为贷款人的房产地址;合同中所载联系方式是否为贷款人本人正在使用的手机号,该手机号是否可以作为被执行的财产。第二部分是查阅银行的诉讼档案和执行档案。通过这类档案可以了解很多信息,如通过诉讼档案中的判决书,可以了解各方当事人所承担的责任类型,是一般保证责任还是连带保证责任,是抵押物担保责任还是保证人责任,以及承担责任的数额等。除此之外,判决书中也可能会有一些执行财产线索,比如诉讼时的地址在贷款时可能发生了变化,而诉讼中的地址可能会是现有房产的地址。

2. 动作步骤

第一步,在委托人允许的情况下,尽可能全面地查看。因为委托人有可能不能准确判断其中的有用信息,代理人应尽量全面查看以获取更多有效信息。

第二步,材料不多的,可当场查看,并做好记录;材料较多的,如有很多贷款档案材料和诉讼档案材料,可先行复制,之后再进一步分析;如果委托人已有电子档案,直接拷;如果没有,只有纸质材料,建议使用手机扫描王软件,拍照之后可一键生成PDF格式,不仅占用空间小,而且方便查看,节省时间。

动作7:查阅交易底档

1. 动作背景

执行案件中,查阅交易底档也是获取财产线索、扩大财产范围的一种有效方式。交易底档就是申请执行人与被执行人之间的债权债务关系是基于什么法律关系产生的,产生这个法律关系的交易材料。例如,双方是基于买卖关系产生的债权债务关系,那么,买卖合同、送货凭证、付款凭证、相关发票等都是交易底档。再如,通过调取、查询被执行人的贷款底档,可能会发现存在抵押,而抵押物很有可能就是被执行人名下的车辆、房产等,找到该车辆、房产后,及时申请法院采取保全措施,并申请强制执行。

2. 动作步骤

第一步,在委托人允许的情况下,尽可能全面地查看。因为委托人有可能不能准确判断交易底档中的有用信息,代理人应尽量全面查看以获取更多有价值的信息。

第二步,材料不多的,可当场查看,并做好记录;材料较多的,可先行复制,之后再进一步分析;如果委托人已有电子底档,直接拷贝;如果没有,只有纸质材料,建议使用手机扫描王软件,拍照之后可一键生成 PDF 格式,不仅占用空间小,而且方便查看,节省时间。

动作 8:查询、联系执行法官

1. 动作背景

在代理执行案件后,除了要查询执行案件基本信息外,还需要通过合法的途径找到案件执行法官的联系方式,以便跟执行法官及时进行沟通,了解执行案件的最新进展,配合法院相关的执行措施和执行程序。

2. 动作步骤

第一步,直接拨打“查询地区区号+12368”查询。12368 热线的相关内容,上文已有,此处不再赘述。

第二步,如果通过“12368”查询到的执行法官和在网络系统中查询到的执行法官,和委托人告诉我们的执行法官,甚至和之前出具本案相关执行裁定书落款的执行法官不同,此时就需要通过和法官电话联系确定现在的执行法官。

第三步,如果实在打不通“12368”,还可以给法院的执行局打电话查询。但是一般情况,法院的执行局不会直接告诉执行法官的联系方式,仍需通过其他方式查找。虽然代理人能联系上执行法官是一件不容易的事情,但是这个基础工作还要做。

动作9:通过网络平台查询被执行人工商登记信息

1.动作背景

扩大被执行人主体范围、查找被执行财产线索、查看被执行人涉诉案件等,都是代理执行案件的重要工作。无论被执行人是自然人、法人,还是其他组织,通过网络平台查询被执行人的工商登记信息都是一项重要的基本工作。

被执行人是自然人的,也可以查询到与其相关的工商登记信息。尤其是在大标的执行案件中,被执行人如果为自然人,其投资有公司,是某公司股东的可能性极大,其持有的该公司的股权和收益很可能成为被申请执行的财产。但是,在网络平台查询自然人注册公司信息时,由于自然人重名的现象比较多,所以就需要尽最大可能地缩小查询范围,并进行关联。例如,根据自然人籍贯或经常居住地,筛选这个地域内的公司;根据自然人从事的行业,筛选这个行业的公司;根据自然人地址,筛选这个地址或者这个地址相临近地址的公司;根据这个自然人其他投资的公司中的关联联系方式、关联联系地址、关联诉讼案件、关联法定代表人、关联股东等,尽最大可能地缩小查询范围,找到直接关联。以上是查询自然人工商登记信息的一些方法和作用。

被执行人是营利法人的,也可以通过网络平台查询被执行人的工商登记信息。以有限责任公司为例,通过网络平台查询被执行人的信息包括:该公司的股东信息、股东持股比例、股东投资金额,股东缴纳注册资金期限、持股公司、持股比例、投资金额,分支机构、联系方式、联系地址、董监高等高级管理人员、涉诉案件情况、债权数额、债务数额、供货商,对公账户、知识产权,等等。总而言之,可以查询的内容非常广泛,而且其中不乏对执行案件非常有用的信息。例如,查询到被执行人有分支机构,作为被执行人的公司,其直接管理的责任财产不能清偿生效法律文书确定债务的,法院可以直接执行该法人分支机构的财产。再如,查询公司的董事、高级管理人员在公司经营中是否有承担赔偿责任的法定事由。如果有,可以通过诉讼,让董事、高级管理人员承担责任。

综上所述,有效地利用网络平台查询被执行企业的信息,有利于帮助执行案件的执行和推进。此外,有的网络平台还可以一键生成企业信息报告、财产线索报告等,这些报告无论是对我们谈执行案件的客户,还是分析执行案件,都很有参考价值。

2. 动作步骤

一般通过网络平台进行查询，常用的平台主要包括：国家企业信用信息公示系统（http://www.gsxt.gov.cn/index.html）、企查查（https://www.qcc.com）、天眼查（https://www.tianyancha.com）、启信宝（https://www.qixin.com）等。其中，国家企业信用信息公示系统是官方查询平台，主办单位是国家市场监督管理总局。

动作10：通过市场监督管理局调取被执行人工商底档

1. 动作背景

执行中，有的案件时间跨度比较长。被执行人是营利法人的，可能还会涉及法定代表人变更、股东或其股东持股比例变更、注册资本变更，如增资、减资等情况。通过查阅工商底档，可以了解上述情况，以及公司的其他基本信息，从而进一步发现股东是否存在抽逃出资，公司的董事、高级管理人员是否存在违反忠实、勤勉义务而需要承担责任等情况，以达到追加被执行人，或者另案诉讼，让更多主体承担责任等效果。

对查询公司而言，到市场监督管理局现场查阅工商底档所获信息远比通过网络平台查询到的信息要更加全面，如可以查询到股东的基本信息、注资的情况、企业年报等。但是，查询工商底档，只能查询到所查公司的信息，而查询不到关联公司的信息，也无法查询该公司、该公司股东其他关联的一些信息等。因此，建议到市场监督管理局查询工商底档后，也要通过网络平台查询被执行人的一些关联信息，两者互不冲突。两种查询方式结合使用，才能掌握更多有关信息。

需要说明的是，律师到市场监督管理局查询企业的工商底档，不同地方要求可能不一样。例如，北京有两种查询方式：第一种是通过律师事务所可以查询，律师事务所有工商底档查询的账号，可以直接查询北京范围内的企业工商底档（但不含自然人身份信息、企业账户等重要信息）；第二种就是去现场，去现场需要持有法院出具的调查令或者委托调查函、律师证、律师事务所介绍信等，不但可以查询工商底档，还可以加盖查询章，可以直接作为证据使用。当然，一些地方无法查询工商底档。

2020 年 7 月 13 日,市场监督管理总局发布《市场监管总局登记注册局关于进一步做好企业登记档案资料查询工作的通知》,该通知指出,律师出示律师执业证书和律师事务所开具的与承办法律事务有关的文件和承诺书,可以进行书式档案资料查询,即不需要法院出具的调查令或者委托调查函,只要有律师执业证书、律所文件、承诺书即可查询。如果需要去市场监督管理局查询,可以援引这个通知。

当然,即使有上述通知,实践中也并不一定能全部落实。为了能顺利调取工商底档,一定要提前电话联系当地市场监督管理局,咨询所需要的材料,资料准备齐全后再前去调取。至于当地市场监督管理局的电话,可以通过查询当地市场监督管理局官方网站或者打 12345 政务服务热线等方式获取。

2. 法律依据

《市场监管总局登记注册局关于进一步做好企业登记档案资料查询工作的通知》(登注函字〔2020〕157 号)

一、律师出示律师执业证书和律师事务所开具的与承办法律事务有关的文件和承诺书,可以进行书式档案资料查询。

3. 动作步骤

第一步,提前电话联系当地市场监督管理局,咨询调取工商底档所需要的材料及调档具体地址(有的在市监局,有的在政务中心)。

第二步,准备齐全所需要的材料,直接前去调取即可。

动作 11:查看被执行人的主体类型

1. 动作背景

被执行人的主体类型直接决定着下一步的工作方向,而被执行人主体类型较为繁多,所以查询、确定被执行人的主体类型非常关键。例如,被执行人是自然人的,下一步要考虑他是否有配偶,配偶名下是否有财产可供执行;他是否有未成年子女,未成年子女名下是否有财产可供执行。除了自然人,被执行人还可能是个体工商户、个人独资企业、合伙企业、有限责任公司、上市的股份公司、国有企业、政府,等等。这些主体类型的不同,直接决定执行方向的不同,所以在做执行动作之前有必要确定被执行人的主体类型。

2. 动作步骤

第一步，了解被执行人的主体类型有哪些。根据《民法典》的相关规定，被执行人的主体类型主要有以下几种：

（1）自然人：包括个人、个体工商户、农村承包经营户；

（2）法人：包括营利法人（有限责任公司、股份有限公司等）、非营利法人（事业单位法人、社会团体法人、捐助法人）、特别法人（机关法人、集体经济组织法人、合作经济组织法人、村委会居委会等基层群众性自治组织法人）；

（3）非法人组织：包括合伙企业、个人独资企业和律所等专业服务机构。

第二步，通过国家企业信用信息公示系统、企查查、天眼查等平台，查询被执行人具体属于哪一类主体。

动作 12：通过互联网查询被执行人涉诉案件

1. 动作背景

在获知被执行人类型等基本信息之后，接下来需要查询的重要内容之一就是被执行人的涉诉案件。原因在于，若被执行人没有其他涉诉案件，执行其财产会相对简单。若被执行人还有其他涉诉案件，就需收集、整合涉诉案件信息，包括但不限于判决书、执行裁定书等。具体而言，查询被执行人涉诉案件至少有以下几方面的作用：第一，了解被执行人是否还有其他被执行的案件以及执行案件的状态，是终结本次执行还是恢复执行或者执行完毕。如果是恢复执行或者执行完毕，一般说明在那个执行案件中，被执行人有财产可供执行。第二，了解被执行人是否有作为原告胜诉的案件，或者作为申请执行人的执行案件，这些均属于生效法律文书确定的被执行人的到期债权，可以在己方代理的执行案件中作为被执行财产申请强制执行。第三，了解被执行人是否有转让债权的行为，看是否属于有能力履行而恶意转移财产的情形，如果属于，可以请求法院撤销该行为，申请强制执行被撤销的债权。第四，了解是否有以物抵债的执行裁定，可能存在恶意串通以物抵债，侵害其他合法债权人利益的情形，对此可以提出执行行为异议等。第五，也是最关键的一个作用，重点查阅被执行人涉诉裁判文书中法院查明事实部分，这里面蕴含大量有价值的信息或财产线索。除了上述作用,查看被执行人涉诉案件的作用还有很多,大家可以在实践中进一步总结。

2. 动作步骤

第一步,登录官方网站“中国裁判文书网”,输入被执行人姓名或名称等关键词即可搜索到被执行人涉诉案件。

第二步,通过企查查、天眼查、启信宝等企业查询平台查询被执行人涉诉案件,有的平台甚至还有开庭通知。

第三步,通过北大法宝(https://www.pkulaw.com)、无讼(https://www.wusong.com)、威科先行(https://www.wkinfo.com.cn)等数据平台也可查询被执行人涉诉案件。

动作 13:查询当事人是否被列入被执行人

1. 动作背景

法院作出的民事判决书、裁定书,仲裁机构作出的仲裁裁决书等,发生法律效力之后,当事人必须履行。一方当事人在指定的履行期间内没有履行的,对方当事人可以申请法院强制执行,这时未履行义务的当事人就会成为被执行人。需要说明的是,被执行人不同于失信被执行人,被执行人只有在特定情况下才会成为失信被执行人,如被执行人有能力拒不执行,甚至暴力抗拒执行等。

2. 法律依据

《中华人民共和国民事诉讼法》(2021 年修正)

第二百四十三条 发生法律效力的民事判决、裁定,当事人必须履行。一方拒绝履行的,对方当事人可以向人民法院申请执行,也可以由审判员移送执行员执行。

调解书和其他应当由人民法院执行的法律文书,当事人必须履行。一方拒绝履行的,对方当事人可以向人民法院申请执行。

3. 动作步骤

登录“中国执行信息公开网”,找到“综合查询被执行人”,并点击进入,输入被执行人信息即可查询。

动作 14:查看被执行人是否被纳入失信被执行人名单

1. 动作背景

将被执行人列入失信被执行人名单,是法院依法对被执行人进行的信用惩戒,是因为被执行人存在具有履行能力而不履行生效法律文书确定的义务,或者以伪造证据、暴力、威胁等方法妨碍、抗拒执行,或者以虚假诉讼、虚假仲裁或者以隐匿、转移财产等方法规避执行等情形,故意拖延给申请执行人带来损失。将被执行人列入失信被执行人名单,目的在于督促被执行人能尽快自觉地履行生效法律文书确定的义务。

《最高人民法院关于公布失信被执行人名单信息的若干规定》自 2013 年 10 月 1 日起施行。所以,2013 年 10 月 1 日之前执行的案件,被执行人是没有被列入失信被执行人名单的。所以,当代理人接受执行案件委托时,有必要查询一下在此之前的被执行人是否被列入失信被执行人名单。

2. 法律依据

《最高人民法院关于公布失信被执行人名单信息的若干规定》(法释〔2017〕7 号)

第一条　被执行人未履行生效法律文书确定的义务,并具有下列情形之一的,人民法院应当将其纳入失信被执行人名单,依法对其进行信用惩戒:

(一)有履行能力而拒不履行生效法律文书确定义务的;

(二)以伪造证据、暴力、威胁等方法妨碍、抗拒执行的;

(三)以虚假诉讼、虚假仲裁或者以隐匿、转移财产等方法规避执行的;

(四)违反财产报告制度的;

(五)违反限制消费令的;

(六)无正当理由拒不履行执行和解协议的。

3. 动作步骤

登录"中国执行信息公开网",找到"失信被执行人",并点击进入,输入被执行人信息即可查询。

动作 15:查看被执行人是否被列入限制高消费人员

1. 动作背景

当被执行人未按执行通知书指定的期间履行生效法律文书确定的给付义务时,法院可以对被执行人采取限制消费措施,限制其高消费及非生活或者经营必需的有关消费。限制高消费是一种间接的执行措施,不是为了限制被执行人的生活空间和财产权,而是希望通过限制被执行人进行高消费,让其感受到压力,进而达到让其主动地履行给付义务的目的。

《最高人民法院关于限制被执行人高消费的若干规定》自 2010 年 10 月 1 日起施行。所以,2010 年 10 月 1 日之前执行的案件,被执行人是没有被限制高消费的,尤其是执行的一些大标的沉案、旧案,大都没有对被执行人采取限制高消费及有关消费等措施。所以,当我们接手执行案件的时候,有必要查询一下在此之前的被执行人是否被限制高消费。

2. 法律依据

《最高人民法院关于限制被执行人高消费及有关消费的若干规定》(法释〔2015〕17 号)

第一条 被执行人未按执行通知书指定的期间履行生效法律文书确定的给付义务的,人民法院可以采取限制消费措施,限制其高消费及非生活或者经营必需的有关消费。

纳入失信被执行人名单的被执行人,人民法院应当对其采取限制消费措施。

3. 动作步骤

登录"中国执行信息公开网",找到"限制消费人员",并点击进入,输入被执行人信息即可查询。

动作 16:查询被执行人是否被限制出境

1. 动作背景

在执行案件中,当被执行人拒不履行生效法律文书确定的义务时,除了可以申请法院对被执行人采取限制高消费、列入失信被执行人外，还可以申请法院对被执行人采取限制出境措施。被执行人为单位的，可以对其法定代表人、主要负责人或者影响债务履行的直接责任人员限制出境。那如何查询被执行人限制出境信息呢？首先，可以登录当地法院官网，看是否有开通查询被执行人被限制出境的功能，如果有，直接查询。比如，石狮市人民法院开通了执行查询功能，可以直接查看被执行人是否被限制出境。具体操作流程：登录石狮市人民法院官网，点击“执行公开”一栏，进入之后，点击“执行查询”一栏，输入被执行人姓名或证件号码或案号即可查询其是否被限制出境。该“执行查询”栏还可查询被执行人失信、限高、拘留等信息。如果当地法院官网等无法直接查询，可以向法院申请调查令，持调查令前去出入境管理局调取。

2. 法律依据

《中华人民共和国民事诉讼法》（2021 年修正）

第二百六十二条　被执行人不履行法律文书确定的义务的，人民法院可以对其采取或者通知有关单位协助采取限制出境，在征信系统记录、通过媒体公布不履行义务信息以及法律规定的其他措施。

《最高人民法院关于适用〈中华人民共和国民事诉讼法〉执行程序若干问题的解释》（法释〔2020〕21 号）

第二十三条　依照民事诉讼法第二百五十五条规定对被执行人限制出境的，应当由申请执行人向执行法院提出书面申请；必要时，执行法院可以依职权决定。

第二十四条　被执行人为单位的，可以对其法定代表人、主要负责人或者影响债务履行的直接责任人员限制出境。

被执行人为无民事行为能力人或者限制民事行为能力人的，可以对其法定代理人限制出境。

第二十五条　在限制出境期间，被执行人履行法律文书确定的全部债务的，执行法院应当及时解除限制出境措施；被执行人提供充分、有效的担保或者申请执行人同意的，可以解除限制出境措施。

《中华人民共和国出境入境管理法》

第十二条　中国公民有下列情形之一的，不准出境：

（一）未持有效出境入境证件或者拒绝、逃避接受边防检查的；

（二）被判处刑罚尚未执行完毕或者属于刑事案件被告人、犯罪嫌疑人的；

(三)有未了结的民事案件,人民法院决定不准出境的;

(四)因妨害国(边)境管理受到刑事处罚或者因非法出境、非法居留、非法就业被其他国家或者地区遣返,未满不准出境规定年限的;

(五)可能危害国家安全和利益,国务院有关主管部门决定不准出境的;

(六)法律、行政法规规定不准出境的其他情形。

3. 动作步骤

第一步,登录当地法院官网,看是否可以查询被执行人限制出境信息。

第二步,如果官网无法查询,可以向法院申请调查令,持调查令前去出入境管理局调取。

动作17:查看被执行企业曾用名

1. 动作背景

根据《民法典》的有关规定,企业享有名称权,有依法变更自己企业名称的权利。所以,在执行案件中,当被执行企业无财产可供执行时,一定要查看其是否有过曾用名。查看被执行企业的曾用名,也是获取财产线索、扩大财产范围的一种方式。比如,可以通过查看被执行企业的曾用名,查找被执行企业是否还有其他财产尤其是房产等可供执行;查看被执行企业是否存在隐匿财产的情形;查看被执行企业是否存在恶意转让财产,不履行给付义务的情形,等等。曾用名,一个看似不起眼的企业信息,都可能都会隐藏重要的线索,所以在执行案件中,不要放过任何一个信息,不论大小,应当尽量深挖,发掘财产线索,查找执行财产。

2. 法律依据

《中华人民共和国民法典》

第一百一十条第二款 法人、非法人组织享有名称权、名誉权和荣誉权。

第一千零一十三条 法人、非法人组织享有名称权,有权依法决定、使用、变更、转让或者许可他人使用自己的名称。

3. 动作步骤

第一步,查看判决书、裁定书等法律文书,看是否有标注被执行企业的曾用名。

第二步,如果未查到,可以通过国家企业信用信息公示系统、企查查、天眼查、启信宝等网络平台查询被执行企业曾用名。

第三步,如果上述两种方式都未查到,可以向法院申请调查,并提交书面的调查申请书,之后通过市场监督管理局调取企业工商底档进行查找。

动作 18:探查走访被执行企业注册地

1. 动作背景

南宋诗人陆游在《书巢记》中提道:“闻者不如见者知之为详。”代理执行案件之后,除了查阅相关案卷,了解案件执行基本信息,查找被执行人涉诉案件外,还有一个重要动作,那就是到被执行企业注册地探查走访。因为实践中,很多企业基于利益考量或生产经营需要,将企业注册在某地,而又在另一地经营,导致企业的注册地与实际经营地不一致。如何得知企业的注册地与实际经营地不一致呢?根据《企业经营异常名录管理暂行办法》的规定,通过登记的住所或者经营场所无法联系的,企业将会被列入经营异常名录。所以,通过国家企业信用信息公示系统、企查查、天眼查等平台,可以查看被执行企业是否被列入经营异常名录。如果被列入,很有可能就是注册地与实际经营地不一致。当然,也可以直接去被执行企业注册地进行探查走访。探查走访时,一定不要暴露自己代理人的身份,可以佯装成想跟被执行企业进行合作的人员,与企业门卫、员工甚至企业负责人本人进行交谈,获知有效信息。通过探查走访,如果发现企业的注册地与实际经营地不一致的,就需要去企业的实际经营地再进行探查走访,寻找执行线索。

2. 法律依据

《最高人民法院关于适用〈中华人民共和国民事诉讼法〉的解释》(法释〔2022〕11 号)

第三条　公民的住所地是指公民的户籍所在地,法人或者其他组织的住所地是指法人或者其他组织的主要办事机构所在地。

法人或者其他组织的主要办事机构所在地不能确定的,法人或者其他组织的注册地或者登记地为住所地。

《中华人民共和国公司法》(2018年修正)

第十条 公司以其主要办事机构所在地为住所。

《中华人民共和国市场主体登记管理条例》

第二十七条 市场主体变更住所或者主要经营场所跨登记机关辖区的,应当在迁入新的住所或者主要经营场所前,向迁入地登记机关申请变更登记。迁出地登记机关无正当理由不得拒绝移交市场主体档案等相关材料。

《企业经营异常名录管理暂行办法》

第四条 县级以上工商行政管理部门应当将有下列情形之一的企业列入经营异常名录:

(一)未按照《企业信息公示暂行条例》第八条规定的期限公示年度报告的;

(二)未在工商行政管理部门依照《企业信息公示暂行条例》第十条规定责令的期限内公示有关企业信息的;

(三)公示企业信息隐瞒真实情况、弄虚作假的;

(四)通过登记的住所或者经营场所无法联系的。

3. 动作步骤

第一步,可以通过国家企业信用信息公示系统、企查查、天眼查等平台,查询被执行企业注册地与实际经营地是否存在不一致的可能。

第二步,也可以不经过第一步查询动作,直接去被执行企业注册地探查走访。

动作19:探查走访被执行企业实际经营地

1. 动作背景

通过探查走访被执行企业注册地之后,发现被执行企业的注册地与实际经营地不一致的,就要探查走访被执行企业的实际经营地了。俗话说,耳听为虚,眼见为实。不到被执行企业的实际经营地探查走访,就没有发言权。只有到实际经营地现场查看了,才能真正知道被执行企业是否还在经营,有无业务往来等信息,从而判断被执行企业的还款能力。例如,在笔者代理的一个银行大标的执行案件中,被执行企业多年不还款。到现场查看后发现,该企业虽然大门紧闭，但是经营得红红火火。我们主要是通过以下几个方面判断的：第一，门口马路两侧停满了轿车，基本都是上下班的员工的车；第二，门口有门卫值班；第三，企业院子里有环境测评的电子牌；第四，有进大门的告示，需要登记和测体温。

需要重点说明的是，我们探查走访接触到的第一个人往往都是被执行企业经营场所的门卫。门卫主要分为两种，一种是警惕性很强的，另一种反之。当遇到警惕性很强的门卫时，应当保持隐秘，防止被执行企业的实际控制人在得知消息之后，将财产转移。即便遇到这样棘手的情况，我们也要见缝插针地做一些记录，尽量拍下有说服力的证据。当遇到警惕性不强的门卫时，也要隐藏身份，假装是客户前来寻求合作，套取门卫口中有利执行的证据，如企业的经营情况、财产等。如遇到紧急情况，要佯装成路人经过，及时撤离。需要注意的是，不管遇到哪种门卫，建议便装成一定的身份，尽量不要以催收人或者律师的名义出现。此外，也要多做一些预案，灵活应变，以便获取更多有价值的信息。

2. 注意事项

在探查走访过程中，要注意通过拍照、录像等方式留存证据，以便之后更好地向法院举证。但是现场查看的危险性也较高，要注意保护自身人身安全。因为企业被列为被执行人但却“没有”财产可供执行之后，一定会对来访的陌生人提高警惕，以防被抓到其还在经营和盈利的证据。因此，在进行暗访时，最好不要单独前往。此外，还要配备一定的交通工具，以便调取证据之后能及时撤离。

3. 动作步骤

第一步，准备一辆普通低调的车，建议找一个熟悉本地地形的司机。

第二步，手机充满电，做好拍照和录像准备。

第三步，准备好录音设备，做好录音准备。

第四步，准备好笔记本和笔，做好记录准备。

第五步，穿一些商务偏休闲的衣服，建议不要穿得太正式，西装革履容易引起怀疑；也别穿得太休闲了，背心短裤光膀子也容易引起注意，这些都不合适。

动作20:探查走访被执行企业产品生产地

1. 动作背景

探查走访被执行企业注册地、实际经营地之后,还有必要探查走访被执行企业产品生产地。一是可以了解被执行企业产品生产地是否还在正常生产,如果正常生产,可推测企业还在正常经营;二是可以了解被执行企业产品生产地规模的大小,推测被执行企业的偿债能力;三是被执行企业产品生产地很有可能就是被执行企业的所有的财产,如果产品生产地的厂房、机器设备等都在被执行企业名下,是可以被强制执行的。那如何获知被执行企业产品生产地呢?一般可以通过查询被执行企业官网,看是否有产品生产地的相关信息,通过筛选信息获知产品生产地。此外,还可以找到被执行企业的产品,产品的包装上一般也会显示生产地。获知被执行企业产品生产地之后,探查走访过程中建议佯装成客户,并做好录音准备。

2. 动作步骤

第一步,通过被执行企业官网等渠道获知产品生产地。

第二步,做好准备工作(参考"探查走访被执行企业实际经营地"动作中的准备工作),前去探查走访即可。

动作21:探查走访被执行企业产品销售地

1. 动作背景

探查走访了被执行企业注册地和实际经营地,还有必要探查走访被执行企业的产品销售地。一般而言,企业产品不可能只在一个地方销售,全国各地甚至海外都可能有销售。因此,要通过搜索企业官网等方法获知被执行企业产品的主要销售地。一般情况,建议先去被执行企业最大的销售地了解相关情况。当然,如果因最大销售地路途遥远等暂时无法进行探查走访,可以先去距离自己近且能探查走访的销售地。到了销售地,可以通过以下几种方式探查走访:一是与当地居民交谈,了解被执行企业产品是否被当地人所熟知,以及购买的频率。二是走访当地大型超市和连锁超市,看是否有被执行企业产品,以及产品的数量,甚至可以通过超市工作人员了解产品销售情况。三是去被执行企业销售地的办事机构或服务中心了解情况,看办事机构或服务中心是否还在正常工作。如果正常工作,可以佯装成客户,咨询有关产品销量情况以及是否还有其他销售地等,尽量多问,筛选出有用信息。当然,有条件的可以录音,方便离开之后整理相关信息。

2. 动作步骤

第一步,通过被执行企业官网等渠道,查看其产品销售地。

第二步,做好准备工作(参考"探查走访被执行企业实际经营地"动作中的准备工作),前去探查走访即可。

动作22:查看被执行自然人曾用名

1. 动作背景

根据《民法典》的有关规定,自然人享有姓名权,有依法变更自己姓名的权利。所以,在执行案件中,当被执行自然人无财产可供执行时,可以查看其是否有过曾用名。同查看被执行企业曾用名一样,查看被执行自然人曾用名,除了可以知道其是否存在隐匿财产、恶意转让财产、购买其他房产等情形外,还可以通过自然人曾用名查看其之前是否有过著作权、商标权、专利权等知识产权。因为被执行自然人很容易用曾用名,甚至是用笔名出版一本书籍,或者在网络上连载创作。除了通过被执行人曾用名查找其财产线索外,还可以查看其是否用曾用名有过婚姻登记信息,是否有其他子女等,这些都可能是扩大执行主体范围的线索。

2. 法律依据

《中华人民共和国民法典》

第一百一十条第一款 自然人享有生命权、身体权、健康权、姓名权、肖像权、名誉权、荣誉权、隐私权、婚姻自主权等权利。

第一千零一十二条 自然人享有姓名权,有权依法决定、使用、变更或者许可他人使用自己的姓名,但是不得违背公序良俗。

3. 动作步骤

第一步,通过查看判决书、裁定书等法律文书,看是否有标注被执行自然人的曾用名。

第二步,如未查到,通过百度等搜索被执行自然人是否有曾用名。

第三步,如果上述两种方式均未查到,可以向法院申请调查令,并提交书面的调查令申请书,通过被执行自然人户籍地派出所提供的被执行自然人的户籍信息进行查找。

动作23:探查走访被执行自然人户籍地

1. 动作背景

在执行案件中,当被执行人是自然人时,建议到其户籍地进行探查走访。因为被执行自然人的户籍所在地很可能就是其现居住地,而在其户籍所在地发现房产的可能性也很大。如何找到被执行人户籍所在地呢? 一是可以通过查看裁判文书,看裁判文书上的地址是否是其户籍所在地;二是可以向法院申请调查令,再去相关派出所调取被执行自然人的户籍信息。

知道被执行自然人的户籍信息后,要做一些准备性工作,如手机充满电、准备好录音设备等。需要提醒的是,探查走访建议都要佯装一定的身份,不要暴露自己是债权人或者代理人,以免让人起防备心理。探查走访自然人的,可以佯装成其朋友、远房亲戚等,这样既可以降低当地人的防御心理,又可以获知更多的消息。

2. 动作步骤

第一步,通过查看裁判文书或向法院申请调查令等方式获知被执行自然人的户籍信息。

第二步,做好准备后,前去探查走访即可。

动作24:探查走访被执行自然人现居住地

1.动作背景

现在社会流动性强,自然人的户籍地往往不是其居住地。被执行人为自然人的,除了要到其户籍地探查走访外,建议还要去其现居住地探查走访。探查走访被执行自然人现居住地可以有以下几个作用:第一,了解被执行自然人现居住的房屋是其自己所有的还是租房。一是可以通过物业了解,假装成租客,看物业是否给查询;二是向周边邻居打听;三是搜索无线网络,通过网络查看租房信息。比如,如果是链家旗下自如的房子,无线网络一般显示"ziroom+具体门牌号",如果被执行自然人居住的房屋的无线网络显示"ziroom",一般而言应该就是租房,而通过自如签订的房屋租赁合同,合同中会显示承租人的身份证号、工作单位等信息,此时可以通过向法院申请调查令调取这些信息。第二,通过被执行自然人现居住的位置和小区的环境,判断其还款能力。如果被执行自然人住在市中心或者豪华小区,一般来说还是有还款能力的。第三,通过秘密观察被执行自然人的出行轨迹,获知其工作单位,甚至还能获取一些意想不到的财产线索等消息。一旦发现财产线索,即可报告给法院,申请法院采取保全措施。

2.动作步骤

第一步,通过查看裁判文书等方式获知被执行自然人的现居住地。

第二步,做好准备后,前去探查走访即可。

动作25:探查走访被执行自然人工作单位

1.动作背景

执行案件中,当被执行人是自然人时,其现居住地或者财产线索并不一定好找,但其一般都会有工作以维持生计。所以,探查走访被执行自然人工作单位也是办理执行案件的重要动作之一。第一,可以让单位知晓被执行自然人欠债不还的情况,有的被执行自然人会碍于面子而很快还款;第二,可以了解被执行自然人工资收入情况,判断其还款能力;第三,有的工作单位还会登记员工的基本信息,如身份证号、户籍地、现居住地、婚姻状况等,这也是知晓被执行自然人基本信息的一种方法;第四,还可以通过被执行自然人工作单位的同事,了解被执行自然人的一些其他信息,如了解其是否还有其他房产、车辆等财产线索。那如何得知被执行自然人工作单位呢?一是可以通过查看裁判文书,看裁判文书上是否有写其工作单位;二是可以向法院申请调查令,前往被执行自然人所在地的社会保险基金管理中心及公积金管理中心调取其社保和公积金信息,通过社保和公积金信息知晓其工作单位。

2. 动作步骤

第一步,通过查看裁判文书或申请调查令等方式获知被执行自然人的现居住地工作单位。

第二步,做好准备后,前去探查走访即可。

动作 26:探查走访被执行自然人财产所在地

1. 动作背景

当被执行人为自然人时,同样需要到其财产所在地进行探查走访,及时拍照,了解被执行自然人的财产状况等,调查取证后,及时向法院申请执行,以便能顺利开展接下来的工作。

一般而言,被执行自然人的财产主要分为两类,第一类是不动产,第二类是动产。不动产主要包括被执行自然人个人所有的住房、其投资的企业的厂房、店铺等,这类财产的特点是价值较大,位置固定,很难转移。因此,得知被执行自然人有不动产的具体位置之后,要及时进行探查走访,如可以佯装成买房子或者租房子的客人,向物业、中介甚至是被执行自然人本人了解不动产的有关信息。

动产包括但是不限于名牌手表、首饰、汽车、宠物、家具、古董等。动产的现场探查会更加灵活,而且有一定的难度,因为其位置不固定,容易转移。然而,一旦发现被执行人随身携带或者使用了该动产,要在隐蔽不被发现的前提下,做好记录、拍照或录像工作,及时取证,将此财产线索提供给法院,并申请法院采取进一步的动作,如搜查、扣押等。

2. 动作步骤

第一步,确定到现场查看的是动产还是不动产。

第二步,根据财产类型,采取不同的查看方式。

第三步,一旦发现财产或财产线索,及时提供给法院,并申请法院采取保全措施。

动作27:调取被执行自然人的家庭户籍信息

1. 动作背景

执行案件中,调取被执行自然人的家庭户籍信息,也是扩大被执行财产范围的一种方式。因为被执行自然人很有可能与其家人共同拥有某个房屋等财产,或者被执行自然人很可能将其财产转移给其亲人代为持有,也有可能通过继承、受遗赠等方式与其他家庭人员共同所有某种财物。通过查询被执行自然人的家庭户籍信息,可能查找到与被执行自然人有关的财产线索,查找到被执行自然人财产后,可及时申请法院采取查封、扣押等措施。需要注意的是,调取家庭户籍信息,每个派出所需要的材料可能会有所不同,所以前去调取之前建议打电话联系一下派出所,问清楚所需要的材料,准备齐全之后再前去调取,这样既方便又省时。

2. 法律依据

《中华人民共和国民事诉讼法》(2021年修正)

第六十四条 代理诉讼的律师和其他诉讼代理人有权调查收集证据,可以查阅本案有关材料。查阅本案有关材料的范围和办法由最高人民法院规定。

第六十七条 当事人对自己提出的主张,有责任提供证据。

当事人及其诉讼代理人因客观原因不能自行收集的证据,或者人民法院认为审理案件需要的证据,人民法院应当调查收集。

人民法院应当按照法定程序,全面地、客观地审查核实证据。

《中华人民共和国律师法》(2017年修正)

第三十五条 受委托的律师根据案情的需要,可以申请人民检察院、人民法院收集、调取证据或者申请人民法院通知证人出庭作证。

律师自行调查取证的,凭律师执业证书和律师事务所证明,可以向有关单位或者个人调查与承办法律事务有关的情况。

3. 动作步骤

第一步,向法院申请开具家庭户籍信息调查令,并提交书面的调查令申请书。

第二步,提前咨询好所需材料,准备齐全之后前去调取即可。

动作28:调取被执行自然人的婚姻登记信息

1. 动作背景

执行案件中,被执行人是自然人的,需要调取被执行自然人的婚姻登记信息,查看其婚姻状况,判断其配偶名下的财产是否属于夫妻共同财产,或者是否存在通过离婚的方式隐匿、转让财产等情形,以便能扩大被执行财产范围。调取被执行自然人的婚姻登记信息,需要向法院申请开具律师调查令,并提交书面的调查令申请书,并到相关单位进行调取。需要注意的是,调查令申请书中要明确写明调取的婚姻信息包括离婚协议,因为一般离婚协议都会涉及财产分割情况,这对于查找财产线索至关重要。此外,还需要注意的是,婚姻登记信息的存放单位需要提前确认。以北京市朝阳区为例,朝阳区的婚姻登记处只能查2009年以后登记的档案,2009年以前的要去朝阳区档案馆查,而且律师调查令抬头要明确具体单位名称,所以,要注意调查令的抬头,可与法官沟通先行空着,调取时再填写。

2. 法律依据

《中华人民共和国民事诉讼法》(2021年修正)

第六十四条 代理诉讼的律师和其他诉讼代理人有权调查收集证据,可以查阅本案有关材料。查阅本案有关材料的范围和办法由最高人民法院规定。

第六十七条 当事人对自己提出的主张,有责任提供证据。

当事人及其诉讼代理人因客观原因不能自行收集的证据,或者人民法院认为审理案件需要的证据,人民法院应当调查收集。

人民法院应当按照法定程序,全面地、客观地审查核实证据。

《中华人民共和国律师法》(2017 年修正)

第三十五条　受委托的律师根据案情的需要,可以申请人民检察院、人民法院收集、调取证据或者申请人民法院通知证人出庭作证。

律师自行调查取证的,凭律师执业证书和律师事务所证明,可以向有关单位或者个人调查与承办法律事务有关的情况。

《婚姻登记条例》

第十五条　婚姻登记机关应当建立婚姻登记档案。婚姻登记档案应当长期保管。具体管理办法由国务院民政部门会同国家档案管理部门规定。

《婚姻登记档案管理办法》

第十五条　婚姻登记档案的利用应当遵守下列规定:

(一)婚姻登记档案保管部门应当建立档案利用制度,明确办理程序,维护当事人的合法权益;

(二)婚姻登记机关可以利用本机关移交的婚姻登记档案;

(三)婚姻当事人持有合法身份证件,可以查阅本人的婚姻登记档案;婚姻当事人因故不能亲自前往查阅的,可以办理授权委托书,委托他人代为办理,委托书应当经公证机关公证;

(四)人民法院、人民检察院、公安和安全部门为确认当事人的婚姻关系,持单位介绍信可以查阅婚姻登记档案;律师及其他诉讼代理人在诉讼过程中,持受理案件的法院出具的证明材料及本人有效证件可以查阅与诉讼有关的婚姻登记档案;

(五)其他单位、组织和个人要求查阅婚姻登记档案的,婚姻登记档案保管部门在确认其利用目的合理的情况下,经主管领导审核,可以利用;

(六)利用婚姻登记档案的单位、组织和个人,不得公开婚姻登记档案的内容,不得损害婚姻登记当事人的合法权益;

(七)婚姻登记档案不得外借,仅限于当场查阅;复印的婚姻登记档案需加盖婚姻登记档案保管部门的印章方为有效。

3. 动作步骤

第一步,向法院申请开具婚姻登记信息调查令,并提交书面的调查令申请书。

第二步,提前确定婚姻登记档案的存放单位,并携带调查令等相关文件前去调取。

动作29:查找被执行人配偶名下的财产

1. 动作背景

在执行案件中,经常会遇到被执行自然人名下无可供执行财产,导致执行无法进行下去的情形。此时,可以查找被执行自然人配偶名下有无可供执行的财产,如房产、存款、股权等。当然,此种情况下,需要认真鉴别该债务是否属于夫妻共同债务。如果属于夫妻共同债务,但在提起诉讼时,没有将配偶列为被告,此时不能直接追加配偶为被执行人;如果属于被执行人个人债务,或者执行中只有夫妻一方为被执行人,则需要判断被执行人配偶名下的财产是否属于夫妻共同财产。如果属于夫妻共同财产,则可以申请强制执行被执行人配偶名下的财产(或提起代位析产诉讼,先分出被执行人份额,再执行该份额);如果属于被执行人配偶的个人财产,则不可以申请强制执行该财产或者财产份额。

2. 法律依据

《中华人民共和国民法典》

第一千零六十二条 夫妻在婚姻关系存续期间所得的下列财产,为夫妻的共同财产,归夫妻共同所有:

(一)工资、奖金、劳务报酬;

(二)生产、经营、投资的收益;

(三)知识产权的收益;

(四)继承或者受赠的财产,但是本法第一千零六十三条第三项规定的除外;

(五)其他应当归共同所有的财产。

夫妻对共同财产,有平等的处理权。

第一千零六十三条 下列财产为夫妻一方的个人财产:

(一)一方的婚前财产;

(二)一方因受到人身损害获得的赔偿或者补偿;

(三)遗嘱或者赠与合同中确定只归一方的财产;

(四)一方专用的生活用品;

(五)其他应当归一方的财产。

《最高人民法院关于人民法院民事执行中查封、扣押、冻结财产的规定》（法释〔2020〕21号）

第十二条　对被执行人与其他人共有的财产，人民法院可以查封、扣押、冻结，并及时通知共有人。

共有人协议分割共有财产，并经债权人认可的，人民法院可以认定有效。查封、扣押、冻结的效力及于协议分割后被执行人享有份额内的财产；对其他共有人享有份额内的财产的查封、扣押、冻结，人民法院应当裁定予以解除。

共有人提起析产诉讼或者申请执行人代位提起析产诉讼的，人民法院应当准许。诉讼期间中止对该财产的执行。

《中华人民共和国民法典》

第一千零六十四条　夫妻双方共同签名或者夫妻一方事后追认等共同意思表示所负的债务，以及夫妻一方在婚姻关系存续期间以个人名义为家庭日常生活需要所负的债务，属于夫妻共同债务。

夫妻一方在婚姻关系存续期间以个人名义超出家庭日常生活需要所负的债务，不属于夫妻共同债务；但是，债权人能够证明该债务用于夫妻共同生活、共同生产经营或者基于夫妻双方共同意思表示的除外。

3. 动作步骤

第一步，判断该债务是否属于夫妻共同债务。如果属于，在起诉时将夫妻双方列为被告，便于能执行夫妻双方及名下财产。如果只起诉了一方，那说明只有一方为被执行人。

第二步，判断被执行人名下的财产是否属于夫妻共同财产。如果属于，申请法院采取查封、扣押、冻结等措施。

第三步，分两种情形：一是法院直接处置，也就是法院直接采取拍卖、变卖等措施，并及时通知享有优先购买权的共有人；二是共有人提起析产诉讼或者债权人提起代位析产诉讼，等析产诉讼或者代位析产诉讼结束后，法院再执行被执行人享有的份额。

动作30：查找被执行人未成年子女名下财产

1. 动作背景

现实生活中，有的被执行人欠债之后，往往会想尽一切办法转移财产以逃避债务,这其中的一个很隐秘的手段就是将其名下的财产过户到其未成年子女名下,或者为其未成年子女购买房产、车辆等。因此,当调查到被执行人未成年子女名下有房产、车辆等财产线索时,要查看被执行人未成年子女是否具有独立的经济来源。判断标准是被执行人未成年子女的年龄和劳动方式。如果有独立经济来源,判断是否为其个人财产;如果无独立经济来源,可以向法院申请查封、扣押、冻结等措施,并申请强制执行。需要注意的是,被执行人成年子女名下的财产,一般是不可以直接强制执行的。如果有证据证明被执行人恶意向其成年子女名下转移财产的,需要另案诉讼,进一步确认是否可以强制执行其成年子女名下的财产。

2. 法律依据

《中华人民共和国民法典》

第十九条 八周岁以上的未成年人为限制民事行为能力人,实施民事法律行为由其法定代理人代理或者经其法定代理人同意、追认;但是,可以独立实施纯获利益的民事法律行为或者与其年龄、智力相适应的民事法律行为。

第二十条 不满八周岁的未成年人为无民事行为能力人,由其法定代理人代理实施民事法律行为。

第二十三条 无民事行为能力人、限制民事行为能力人的监护人是其法定代理人。

3. 动作步骤

第一步,了解被执行人未成年子女情况,查找未成年子女名下是否有财产。

第二步,判断被执行人未成年子女财产是否属于被执行人转移或购买的财产,如果属于,向法院申请强制执行。

动作 31:查看执行财产的查封、扣押、冻结截止日期

1. 动作背景

大标的执行案件中,被执行人财产中一般会存在被查封、扣押、冻结的财产,债权人可能对这些被查封、扣押、冻结的财产享有抵押权,有的是第一顺位查封、扣押、冻结,有的是轮候查封、扣押、冻结。无论属于何种情形,根据《民事

诉讼法》及其司法解释的相关规定,查封、扣押、冻结是有期限限制的。比如,法院冻结被执行人的银行存款的期限不得超过一年,查封、扣押动产的期限不得超过两年,查封不动产、冻结其他财产权的期限不得超过三年。因此,代理此类案件的首要工作就是查看案中已经查封、扣押、冻结的截止期限,以免延误申请延长查封、扣押、冻结期限,导致相关措施被解除,给申请执行人带来不可挽回的损失,代理人也可能因过错而承担相应的责任。

2. 法律依据

《最高人民法院关于适用〈中华人民共和国民事诉讼法〉的解释》(法释〔2022〕11号)

第四百八十五条 人民法院冻结被执行人的银行存款的期限不得超过一年,查封、扣押动产的期限不得超过两年,查封不动产、冻结其他财产权的期限不得超过三年。

申请执行人申请延长期限的,人民法院应当在查封、扣押、冻结期限届满前办理续行查封、扣押、冻结手续,续行期限不得超过前款规定的期限。

人民法院也可以依职权办理续行查封、扣押、冻结手续。

《最高人民法院关于人民法院民事执行中查封、扣押、冻结财产的规定》(法释〔2020〕21号)

第二十七条 查封、扣押、冻结期限届满,人民法院未办理延期手续的,查封、扣押、冻结的效力消灭。

查封、扣押、冻结的财产已经被执行拍卖、变卖或者抵债的,查封、扣押、冻结的效力消灭。

3. 动作步骤

第一步,查看法院出具的执行裁定书和协助执行通知书,这些文书上会记载具体的截止日期,且文书一般在申请执行人处。

第二步,如果文书未被送达或者被遗失,可以联系执行法官,看其是否能帮忙查询查封、扣押、冻结的截止日期。

第三步,如果法官不给查询,向法院申请查阅案件卷宗,查看查封、扣押、冻结的截止日期。

动作32:申请延长查封、扣押、冻结期限

1. 动作背景

执行案件中,法院查封、扣押、冻结财产均具有一定的期限。期限即将届满的,申请执行人可以主动向法院申请延长,法院也可以依职权办理续行查封、扣押、冻结手续。虽然司法解释规定法院可以依职权办理续行查封、扣押、冻结手续,但实践中,法官由于工作繁忙,并不一定能依职权主动地采取续行查封、扣押、冻结手续,所以申请执行人要在查封、扣押、冻结期限届满前,主动地向法院申请延长查封、扣押、冻结的期限,以免查封、扣押、冻结期限届满,查控措施解除,导致执行财产被转移、处分,从而使自己的合法债权受到损害。

2. 法律依据

《最高人民法院关于适用〈中华人民共和国民事诉讼法〉的解释》(法释〔2022〕11号)

第四百八十五条 人民法院冻结被执行人的银行存款的期限不得超过一年,查封、扣押动产的期限不得超过两年,查封不动产、冻结其他财产权的期限不得超过三年。

申请执行人申请延长期限的,人民法院应当在查封、扣押、冻结期限届满前办理续行查封、扣押、冻结手续,续行期限不得超过前款规定的期限。

人民法院也可以依职权办理续行查封、扣押、冻结手续。

《最高人民法院关于人民法院民事执行中查封、扣押、冻结财产的规定》(法释〔2020〕21号)

第二十七条 查封、扣押、冻结期限届满,人民法院未办理延期手续的,查封、扣押、冻结的效力消灭。

查封、扣押、冻结的财产已经被执行拍卖、变卖或者抵债的,查封、扣押、冻结的效力消灭。

3. 动作步骤

第一步,申请人向法院提出申请,并提交书面延长查封、扣押、冻结期限申请书。申请事项中列明查封、扣押、冻结财产明细和延长后的截止日期。

第二步,在查封、扣押、冻结期限届满前申请并提交申请书。建议在期限届

满前一两个月申请,预留给法院一定的时间办理续行查封、扣押、冻结手续。因为有些措施需要现场办理,尤其是银行大标的执行案件,可能被执行主体较多,被执行财产也较多,且分布在全国不同的区域,需要预留时间让执行法官安排出差和工作等问题。

第三步,提交申请书后积极与执行法官取得联系,了解续行查封、扣押、冻结的进展,以便续行查封、扣押、冻结手续能顺利办理。

第二章

执行主体

动作1：变更、追加自然人的遗产管理人、继承人、受遗赠人等为申请执行人

1. 动作背景

在执行案件中，有时会遇到作为申请执行人的自然人死亡或者被宣告死亡的情形。此时，还能继续申请执行吗？对此，要首先了解《民法典》关于自然人死亡或者被宣告死亡如何处理遗产的有关规定。为了明确遗产范围，妥善管理、顺利分割遗产，也为了更好地保护继承人和债权人的合法利益，《民法典》规定了遗产管理人制度，即当自然人死亡或者被宣告死亡后，会有遗产管理人管理其遗产。遗产管理人应当依法履行职责，如清理遗产并制作遗产清单，处理被继承人的债权债务，按照遗嘱或者依照法律规定分割遗产等。在执行程序中，如果作为申请执行人的自然人死亡或被宣告死亡，该自然人的遗产管理人、继承人、受遗赠人或其他因该自然人死亡或被宣告死亡依法承受生效法律文书确定权利的主体有权申请变更、追加其为申请执行人，继续申请强制执行，让被执行人履行生效法律文书确定的义务。

2. 法律依据

《最高人民法院关于民事执行中变更、追加当事人若干问题的规定》（法释〔2020〕21号）

第二条第一款　作为申请执行人的自然人死亡或被宣告死亡，该自然人的遗产管理人、继承人、受遗赠人或其他因该自然人死亡或被宣告死亡依法承受生效法律文书确定权利的主体，申请变更、追加其为申请执行人的，人民法院应予支持。

《中华人民共和国民法典》

第一千一百四十五条　继承开始后，遗嘱执行人为遗产管理人；没有遗嘱执行人的，继承人应当及时推选遗产管理人；继承人未推选的，由继承人共同担任遗产管理人；没有继承人或者继承人均放弃继承的，由被继承人生前住所地的民政部门或者村民委员会担任遗产管理人。

第一千一百四十六条　对遗产管理人的确定有争议的，利害关系人可以向人民法院申请指定遗产管理人。

第一千一百四十七条　遗产管理人应当履行下列职责：

(一)清理遗产并制作遗产清单;
(二)向继承人报告遗产情况;
(三)采取必要措施防止遗产毁损、灭失;
(四)处理被继承人的债权债务;
(五)按照遗嘱或者依照法律规定分割遗产;
(六)实施与管理遗产有关的其他必要行为。

3. 动作步骤

第一步,作为申请执行人的自然人死亡或被宣告死亡。

第二步,自然人的遗产管理人、继承人、受遗赠人或其他因该自然人死亡或被宣告死亡依法承受生效法律文书确定权利的主体,向法院提出书面申请,请求变更、追加其为申请执行人。

动作 2:变更、追加自然人的财产代管人为申请执行人

1. 动作背景

在执行案件中,除了会遇到作为被执行人的自然人死亡或者被宣告死亡的情形,也会遇到被执行人失踪的情形。根据《民法典》的规定,当自然人被宣告失踪之后,失踪人的财产会由财产代管人进行代管。财产代管人应当妥善管理失踪人的财产,维护其财产权益。因此,作为申请执行人的自然人被宣告失踪,该自然人的财产代管人有权申请变更、追加其为申请执行人,继续申请强制执行,让被执行人履行生效法律文书确定的义务,维护失踪人的财产利益。

2. 法律依据

《最高人民法院关于民事执行中变更、追加当事人若干问题的规定》(法释〔2020〕21 号)

第二条第二款 作为申请执行人的自然人被宣告失踪,该自然人的财产代管人申请变更、追加其为申请执行人的,人民法院应予支持。

《中华人民共和国民法典》

第四十二条 失踪人的财产由其配偶、成年子女、父母或者其他愿意担任财产代管人的人代管。

代管有争议,没有前款规定的人,或者前款规定的人无代管能力的,由人民法院指定的人代管。

第四十三条 财产代管人应当妥善管理失踪人的财产,维护其财产权益。

失踪人所欠税款、债务和应付的其他费用,由财产代管人从失踪人的财产中支付。

财产代管人因故意或者重大过失造成失踪人财产损失的,应当承担赔偿责任。

3. 动作步骤

第一步,作为申请执行人的自然人被宣告失踪。

第二步,自然人的财产代管人向法院提出书面申请,请求变更、追加其为申请执行人。

动作3:变更、追加配偶为申请执行人

1. 动作背景

在执行案件中,作为申请执行人的自然人可能会出现各种各样的情况,比如死亡或者被宣告死亡、被宣告失踪。当然还有比上述情况更常见的情况,那就是作为申请执行人的自然人离婚。自然人离婚时会涉及财产分割问题,当申请执行人离婚时,如果生效法律文书确定的权利全部或部分分割给其配偶,那配偶就有权向法院申请变更、追加其为申请执行人,让被执行人继续履行生效法律文书确定的义务。需要注意的是,目前法律和司法解释等还没有作出明确规定可以变更、追加被执行人的配偶为被执行人。执行程序中直接变更、追加被执行人,让生效法律文书明确的被执行人以外的其他人承担实体责任,将对各方当事人权利产生极大影响。因此,变更、追加被执行人应当遵循法定主义原则,不能超出法律、司法解释明确规定的变更、追加的范围。

2. 法律依据

《最高人民法院关于民事执行中变更、追加当事人若干问题的规定》(法释〔2020〕21号)

第三条 作为申请执行人的自然人离婚时,生效法律文书确定的权利全部

或部分分割给其配偶,该配偶申请变更、追加其为申请执行人的,人民法院应予支持。

3. 动作步骤

第一步,作为申请执行人的自然人离婚时,生效法律文书确定的权利全部或部分分割给其配偶。

第二步,该自然人的配偶有权向法院提出书面申请,请求变更、追加其为申请执行人。

动作 4:变更、追加法人或非法人组织终止后依法承受生效法律文书确定权利的主体为申请执行人

1. 动作背景

在执行过程中,申请执行人为法人或非法人组织的情况也比较多,如果法人或非法人组织终止了,那强制执行程序还能继续吗?会终结执行吗?当作为申请执行人的法人或非法人组织终止,如果因该法人或非法人组织终止,产生了依法承受生效法律文书确定权利的主体,那么该主体自然依法享有法人或非法人组织享有的申请执行的权利。因为如果不赋予依法承受生效法律文书确定权利的主体享有申请执行的权利,那将会造成其财产损失,被执行人也将逃避履行生效法律文书确定的义务,显然这是不公平的。因此,依法承受生效法律文书确定权利的主体有权向法院申请变更其为申请执行人。

2. 法律依据

《最高人民法院关于民事执行中变更、追加当事人若干问题的规定》(法释〔2020〕21 号)

第四条 作为申请执行人的法人或非法人组织终止,因该法人或非法人组织终止依法承受生效法律文书确定权利的主体,申请变更、追加其为申请执行人的,人民法院应予支持。

3. 动作步骤

第一步,作为申请执行人的法人或非法人组织终止。

第二步，因该法人或非法人组织终止依法承受生效法律文书确定权利的主体可以向法院提出书面申请，请求变更其为申请执行人。

动作5：变更、追加合并后存续或新设的法人、非法人组织为申请执行人

1. 动作背景

在执行案件中，当申请执行人是法人或非法人组织时，有时会遇到法人或非法人组织发生合并的情况，如作为申请执行人的有限责任公司甲吸收了另一个有限责任公司乙，成立了一个新的有限责任公司丙，此时，申请执行人应该是甲公司还是丙公司？根据《公司法》的规定，公司合并时，合并各方的债权、债务，应当由合并后存续的公司或者新设的公司承继。因此，当作为申请执行人的法人或非法人组织因合并而终止时，合并后存续或新设的法人、非法人组织有权申请变更其为申请执行人，继续让被执行人履行生效法律文书确定的义务。

2. 法律依据

《最高人民法院关于民事执行中变更、追加当事人若干问题的规定》（法释〔2020〕21号）

第五条　作为申请执行人的法人或非法人组织因合并而终止，合并后存续或新设的法人、非法人组织申请变更其为申请执行人的，人民法院应予支持。

3. 动作步骤

第一步，作为申请执行人的法人或非法人组织因合并而终止。

第二步，合并后存续或新设的法人、非法人组织可以向法院提出书面申请，请求变更其为申请执行人。

动作6：变更、追加分立后新设法人或非法人组织为申请执行人

1. 动作背景

在执行过程中，除了会遇到作为申请执行人的法人或非法人组织因合并而

终止的情况,也会遇到作为申请执行人的法人或非法人组织分立的情况。以公司为例,公司分立主要有两种形式:新设分立和派生分立。新设分立,是指一个公司将其全部资产分割设立两个或两个以上的公司的行为。在新设分立的情况下,原公司解散,需办理注销登记,新设公司需办理设立登记。派生分立,是指一个公司以其部分资产设立另一个公司的法律行为。在派生分立的情况下,原公司虽存续,却减少了注册资本,应依法办理变更登记,派生的公司则应办理设立登记。因此,如果作为申请执行人的法人或非法人组织分立,依分立协议约定承受生效法律文书确定权利的新设法人或非法人组织,有权向法院申请变更、追加其为申请执行人,继续行使有关强制执行的权利,督促被执行人履行生效法律文书确定的义务。

2. 法律依据

《最高人民法院关于民事执行中变更、追加当事人若干问题的规定》(法释〔2020〕21号)

第六条 作为申请执行人的法人或非法人组织分立,依分立协议约定承受生效法律文书确定权利的新设法人或非法人组织,申请变更、追加其为申请执行人的,人民法院应予支持。

3. 动作步骤

第一步,作为申请执行人的法人或非法人组织分立。

第二步,依分立协议约定承受生效法律文书确定权利的新设法人或非法人组织可以向法院提出书面申请,请求变更其为申请执行人。

动作7:变更、追加清算或破产后享有权利的第三人为申请执行人

1. 动作背景

根据《企业破产法》的规定,企业法人不能清偿到期债务,并且资产不足以清偿全部债务或者明显缺乏清偿能力的,可以向法院提出破产清算。在执行程序中,申请执行人为法人或非法人组织时,有时会面临清算或破产。当作为申请执行人的法人或非法人组织清算或破产时,如果生效法律文书确定的权利依法分配给第三人,该第三人享有申请变更、追加其为申请执行人,依法享有向被

执行人追债的权利，被执行人也要继续履行生效法律文书确定的义务，不得拒绝履行。

2. 法律依据

《最高人民法院关于民事执行中变更、追加当事人若干问题的规定》（法释〔2020〕21 号）

第七条　作为申请执行人的法人或非法人组织清算或破产时，生效法律文书确定的权利依法分配给第三人，该第三人申请变更、追加其为申请执行人的，人民法院应予支持。

3. 动作步骤

第一步，作为申请执行人的法人或非法人组织清算或破产。

第二步，生效法律文书确定的权利依法分配给第三人的，该第三人可以向法院提出书面申请，请求变更、追加其为申请执行人。

动作 8：变更、追加继续履行职能的主体为申请执行人

1. 动作背景

根据《民法典》的规定，有独立经费的机关和承担行政职能的法定机构从成立之日起，具有机关法人资格，可以从事为履行职能所需要的民事活动。机关法人为特别法人。机关法人被撤销的，法人终止，其民事权利和义务由继任的机关法人享有和承担。因此，在执行案件中，当作为申请执行人的机关法人被撤销时，继续履行其职能的主体有权申请变更、追加其为申请执行人，继续强制被执行人履行生效法律文书确定的义务。但是，生效法律文书确定的权利依法应由其他主体承受的除外。

2. 法律依据

《最高人民法院关于民事执行中变更、追加当事人若干问题的规定》（法释〔2020〕21 号）

第八条　作为申请执行人的机关法人被撤销，继续履行其职能的主体申请变更、追加其为申请执行人的，人民法院应予支持，但生效法律文书确定的权利

依法应由其他主体承受的除外;没有继续履行其职能的主体,且生效法律文书确定权利的承受主体不明确,作出撤销决定的主体申请变更、追加其为申请执行人的,人民法院应予支持。

3. 动作步骤

第一步,作为申请执行人的机关法人被撤销,且生效法律文书确定的权利没有被其他主体承受。

第二步,继续履行其职能的主体可以向法院提出书面申请,请求变更、追加其为申请执行人。

动作9:变更、追加作出撤销决定的主体为申请执行人

1. 动作背景

机关法人被撤销的,法人终止,其民事权利和义务由继任的机关法人享有和承担。那如果没有继任的机关法人,该如何处理呢?根据《民法典》的规定,机关法人被撤销的,法人终止,没有继任的机关法人的,其民事权利和义务由作出撤销决定的机关法人享有和承担。因此,在执行案件中,当作为申请执行人的机关法人被撤销,没有继续履行其职能的主体,且生效法律文书确定权利的承受主体不明确时,作出撤销决定的主体有权申请变更、追加其为申请执行人,以继续行使申请执行人的权利,以维护机关法人的合法债权。

2. 法律依据

《最高人民法院关于民事执行中变更、追加当事人若干问题的规定》(法释〔2020〕21号)

第八条 作为申请执行人的机关法人被撤销,继续履行其职能的主体申请变更、追加其为申请执行人的,人民法院应予支持,但生效法律文书确定的权利依法应由其他主体承受的除外;没有继续履行其职能的主体,且生效法律文书确定权利的承受主体不明确,作出撤销决定的主体申请变更、追加其为申请执行人的,人民法院应予支持。

3. 动作步骤

第一步,作为申请执行人的机关法人被撤销,没有继续履行其职能的主体,

且生效法律文书确定权利的承受主体不明确。

第二步,作出撤销决定的主体可以向法院提出书面申请,请求变更、追加其为申请执行人。

动作10:变更、追加取得债权的第三人为申请执行人

1. 动作背景

根据《民法典》的规定,债权人可以将债权的全部或者部分转让给第三人,但根据债权性质不得转让、按照当事人约定不得转让、依照法律规定不得转让的除外。债权人转让债权的,受让人取得与债权有关的从权利,但是该从权利专属于债权人自身的除外。在执行案件中,申请执行人将生效法律文书确定的债权依法转让给第三人,且书面认可第三人取得该债权的,该第三人享有变更、追加其为申请执行人的权利,有权要求被执行人继续履行生效法律文书确定的义务,依法维护自己的合法债权。

2. 法律依据

《最高人民法院关于民事执行中变更、追加当事人若干问题的规定》(法释〔2020〕21号)

第九条　申请执行人将生效法律文书确定的债权依法转让给第三人,且书面认可第三人取得该债权,该第三人申请变更、追加其为申请执行人的,人民法院应予支持。

3. 动作步骤

第一步,申请执行人将生效法律文书确定的债权依法转让给第三人,且书面认可第三人取得该债权。

第二步,该第三人可以向法院申请变更、追加其为申请执行人。

动作11:变更、追加自然人的遗产管理人、继承人、受遗赠人为被执行人

1. 动作背景

在执行案件中,除了会遇到作为申请执行人的自然人死亡或者被宣告死亡的情形,有时也会遇到作为被执行人的自然人死亡或者被宣告死亡的情形。此时,能直接执行被执行人的遗产吗?根据《民法典》的规定,自然人死亡或者被宣告死亡后,会有遗产管理人管理其遗产,履行处理被继承人的债权债务等职责。因此,当作为被执行人的自然人死亡或者被宣告死亡,申请执行人可以查找该自然人的遗产管理人、继承人、受遗赠人或其他因该自然人死亡或被宣告死亡取得遗产的主体,并向法院申请变更、追加上述主体为被执行人,让其在遗产范围内承担责任。

2. 法律依据

《最高人民法院关于民事执行中变更、追加当事人若干问题的规定》(法释〔2020〕21号)

第十条第一款 作为被执行人的自然人死亡或被宣告死亡,申请执行人申请变更、追加该自然人的遗产管理人、继承人、受遗赠人或其他因该自然人死亡或被宣告死亡取得遗产的主体为被执行人,在遗产范围内承担责任的,人民法院应予支持。

《中华人民共和国民法典》

第一千一百四十五条 继承开始后,遗嘱执行人为遗产管理人;没有遗嘱执行人的,继承人应当及时推选遗产管理人;继承人未推选的,由继承人共同担任遗产管理人;没有继承人或者继承人均放弃继承的,由被继承人生前住所地的民政部门或者村民委员会担任遗产管理人。

第一千一百四十六条 对遗产管理人的确定有争议的,利害关系人可以向人民法院申请指定遗产管理人。

第一千一百四十七条 遗产管理人应当履行下列职责:

(一)清理遗产并制作遗产清单;

(二)向继承人报告遗产情况;

(三)采取必要措施防止遗产毁损、灭失;

（四）处理被继承人的债权债务；

（五）按照遗嘱或者依照法律规定分割遗产；

（六）实施与管理遗产有关的其他必要行为。

3.动作步骤

第一步，作为被执行人的自然人死亡或被宣告死亡。

第二步，向法院提出书面申请，申请变更、追加该自然人的遗产管理人、继承人、受遗赠人或其他因该自然人死亡或被宣告死亡取得遗产的主体为被执行人，让其在遗产范围内承担责任。

动作12：变更自然人的财产代管人为被执行人

1.动作背景

在执行案件中，除了会遇到作为被执行人的自然人死亡或者被宣告死亡的情形，也会遇到被执行人失踪的情形。根据《民法典》的规定，当自然人被宣告失踪之后，失踪人的财产会由财产代管人进行代管。财产代管人应当妥善管理失踪人的财产，维护其财产权益。所以在执行程序中，作为被执行人的自然人被宣告失踪的，申请执行人可以向法院提出书面申请，申请变更该自然人的财产代管人为被执行人，让其在代管的财产范围内承担责任。

2.法律依据

《最高人民法院关于民事执行中变更、追加当事人若干问题的规定》（法释〔2020〕21号）

第十条第二款　作为被执行人的自然人被宣告失踪，申请执行人申请变更该自然人的财产代管人为被执行人，在代管的财产范围内承担责任的，人民法院应予支持。

《中华人民共和国民法典》

第四十二条　失踪人的财产由其配偶、成年子女、父母或者其他愿意担任财产代管人的人代管。

代管有争议，没有前款规定的人，或者前款规定的人无代管能力的，由人民法院指定的人代管。

第四十三条 财产代管人应当妥善管理失踪人的财产,维护其财产权益。

失踪人所欠税款、债务和应付的其他费用,由财产代管人从失踪人的财产中支付。

财产代管人因故意或者重大过失造成失踪人财产损失的,应当承担赔偿责任。

3. 动作步骤

第一步,作为被执行人的自然人被宣告失踪。

第二步,向法院提出书面申请,申请变更该自然人的财产代管人为被执行人,让其在代管的财产范围内承担责任。

动作 13:未成年人成年后,追加其为被执行人

1. 动作背景

实践中,经常会遇到未成年人因侵权造成他人损害的情况。根据《民法典》的规定,除了 16 周岁以上的未成年人,以自己的劳动收入为主要生活来源的,视为完全民事行为能力人外,其余的未成年人为无民事行为能力人或者限制民事行为能力人。当未成年人为无民事行为能力人、限制民事行为能力人时,其造成他人损害的,未成年人和其监护人为共同被告。那如果被执行人的监护人没有履行或者没有完全履行生效法律文书确定的义务,那能追加未成年人为被执行人吗?

虽然现有法律、法规和司法解释尚未对追加成年后的侵权人作为被执行人作出明确规定,但国内有的省份已对此作出了有益尝试。比如,《广东省高级人民法院关于办理执行程序中追加、变更被执行人案件的暂行规定》(粤高法发〔2009〕19 号)第 2 条第 1 款第 1 项第 5 目规定,因未成年人侵权引起的民事责任,而执行依据将该未成年人的监护人确定为被执行人,在该未成年人成年后,当事人、利害关系人可以申请追加其为被执行人,让未成年人在成年后承担相应的责任。因为侵权人成年后,一般具有完全民事行为能力,拥有经济能力和责任财产。如果受害人在遭受严重损害后,却因侵权人的监护人无可供执行的财产而多年未获赔偿,仅以监护人的替代责任而豁免侵权人本人的赔偿义务,明显缺乏公平性。因此,当未成年人成年后,可以追加其为被执行人。

2. 法律依据

《最高人民法院关于适用〈中华人民共和国民事诉讼法〉的解释》（法释〔2022〕11号）

第六十七条 无民事行为能力人、限制民事行为能力人造成他人损害的，无民事行为能力人、限制民事行为能力人和其监护人为共同被告。

《广东省高级人民法院关于办理执行程序中追加、变更被执行人案件的暂行规定》（粤高法发〔2009〕19号）

第二条第一款第一项第五目 执行法院立案庭应当在收到追加、变更被执行人的申请材料之日起7日内作出是否立案的审查决定。经审查决定立案的，应于作出立案决定之日起3日内将立案情况书面通知各当事人，并根据不同申请事由，按下列情况分别将有关卷宗材料移送执行机构或相关民事审判庭审查：

（一）当事人、利害关系人以下列事由提出追加、变更被执行人申请的，由执行机构负责审查：

5. 因未成年人侵权引起的民事责任，而执行依据将该未成年人的监护人确定为被执行人，在该未成年人成年后，申请追加其为被执行人的。

3. 动作步骤

第一步，未成年人侵权引起的民事责任，而执行依据将该未成年人的监护人确定为被执行人，且监护人没有履行完毕生效法律文书确定的义务。

第二步，在该未成年人成年后，向法院提出书面申请追加其为被执行人。

动作14：变更合并后存续或新设的法人、非法人组织为被执行人

1. 动作背景

在执行案件中，当被执行人是法人或非法人组织时，有时会遇到法人或非法人组织发生合并的情况，如作为被执行人的甲股份有限公司吸收了乙股份有限公司，成立了一个新的丙股份有限公司，此时，被执行人甲公司的债务应该由谁承担呢？新吸收进来的乙公司需要承担甲公司之前的债务吗？根据《公司法》的规定，公司合并时，合并各方的债权、债务，应当由合并后存续的公司或者

新设的公司承继。由于甲乙两个公司已经合并成了丙公司,所以,不管是甲公司之前的债务,还是乙公司之前的债务,均由新成立的丙公司来承担。在执行程序中也是一样,作为被执行人的法人或非法人组织因合并而终止,申请执行人应当申请变更合并后存续或新设的法人、非法人组织为被执行人,让合并后存续或新设的法人、非法人组织承担责任。

2. 法律依据

《最高人民法院关于民事执行中变更、追加当事人若干问题的规定》(法释〔2020〕21 号)

第十一条 作为被执行人的法人或非法人组织因合并而终止,申请执行人申请变更合并后存续或新设的法人、非法人组织为被执行人的,人民法院应予支持。

《中华人民共和国公司法》(2018 年修正)

第一百七十二条 公司合并可以采取吸收合并或者新设合并。

一个公司吸收其他公司为吸收合并,被吸收的公司解散。两个以上公司合并设立一个新的公司为新设合并,合并各方解散。

第一百七十四条 公司合并时,合并各方的债权、债务,应当由合并后存续的公司或者新设的公司承继。

3. 动作步骤

第一步,查看作为被执行人的法人或非法人组织是否因合并而终止。

第二步,向法院申请变更合并后存续或新设的法人、非法人组织为被执行人,并提交书面的申请书,让合并后存续或新设的法人、非法人组织承担责任。

动作 15:变更、追加分立后新设的法人或非法人组织为被执行人

1. 动作背景

在执行过程中,除了会遇到作为被执行人的法人或非法人组织因合并而终止的情况,也会遇到作为被执行人的法人或非法人组织分立的情况。根据《公司法》的规定,公司分立前的债务由分立后的公司承担连带责任。但是,公司在分立前与债权人就债务清偿达成的书面协议另有约定的除外。据此,在执行程

序中,如果作为被执行人的法人或非法人组织分立,申请执行人可以向法院申请变更、追加分立后新设的法人或非法人组织为被执行人,要求分立后新设的法人或非法人组织对生效法律文书确定的债务承担连带责任,以此来解决法人或非法人组织通过分立来逃避执行义务的问题。但需要注意的是,被执行人在分立前与申请执行人就债务清偿达成的书面协议另有约定的除外。

2. 法律依据

《最高人民法院关于民事执行中变更、追加当事人若干问题的规定》(法释〔2020〕21号)

第十二条 作为被执行人的法人或非法人组织分立,申请执行人申请变更、追加分立后新设的法人或非法人组织为被执行人,对生效法律文书确定的债务承担连带责任的,人民法院应予支持。但被执行人在分立前与申请执行人就债务清偿达成的书面协议另有约定的除外。

《中华人民共和国公司法》(2018年修正)

第一百七十六条 公司分立前的债务由分立后的公司承担连带责任。但是,公司在分立前与债权人就债务清偿达成的书面协议另有约定的除外。

3. 动作步骤

第一步,查看作为被执行人的法人或非法人组织是否已经分立。

第二步,向法院申请变更、追加分立后新设的法人或非法人组织为被执行人,并提交书面的申请书,让分立后新设的法人或非法人组织承担责任。需要注意的是,被执行人在分立前与申请执行人就债务清偿达成的书面协议另有约定的除外。

动作16:变更、追加个人独资企业的出资人为被执行人

1. 动作背景

根据《个人独资企业法》的规定,个人独资企业由一个自然人投资,财产为投资人个人所有,投资人对个人投资企业的财产依法享有所有权,且投资人以其个人财产对个人独资企业债务承担无限责任。在执行案件中,要查看被执行人是否是个人独资企业。当被执行人是个人独资企业,其不能清偿生效法律文

书确定的债务时,申请执行人可以申请变更、追加个人独资企业的出资人为被执行人。

2. 法律依据

《最高人民法院关于民事执行中变更、追加当事人若干问题的规定》(法释〔2020〕21 号)

第十三条第一款 作为被执行人的个人独资企业,不能清偿生效法律文书确定的债务,申请执行人申请变更、追加其出资人为被执行人的,人民法院应予支持。个人独资企业出资人作为被执行人的,人民法院可以直接执行该个人独资企业的财产。

《中华人民共和国个人独资企业法》

第二条 本法所称个人独资企业,是指依照本法在中国境内设立,由一个自然人投资,财产为投资人个人所有,投资人以其个人财产对企业债务承担无限责任的经营实体。

第十七条 个人独资企业投资人对本企业的财产依法享有所有权,其有关权利可以依法进行转让或继承。

3. 动作步骤

第一步,通过国家企业信用信息公示系统、企查查、天眼查等平台查询被执行人是否为个人独资企业。

第二步,申请执行人向法院提出书面申请变更、追加个人独资企业的出资人为被执行人。

动作 17:直接执行个人独资企业的财产

1. 动作背景

由于个人独资企业的投资人以其个人财产对个人独资企业债务承担无限责任,所以当个人独资企业作为被执行人,且不能清偿生效法律文书确定的债务时,申请执行人可以申请变更、追加其出资人为被执行人。根据《最高人民法院关于民事执行中变更、追加当事人若干问题的规定》第 13 条第 1 款的规定,个人独资企业出资人作为被执行人的,法院可以直接执行该个人独资企业的财产。这里需要注意两点：一是当个人独资企业出资人作为被执行人时，无须变更、追加个人独资企业为被执行人；二是个人独资企业出资人的财产能否清偿生效法律文书确定的债务，在所不问。

2. 法律依据

《最高人民法院关于民事执行中变更、追加当事人若干问题的规定》（法释〔2020〕21号）

第十三条第一款 作为被执行人的个人独资企业，不能清偿生效法律文书确定的债务，申请执行人申请变更、追加其出资人为被执行人的，人民法院应予支持。个人独资企业出资人作为被执行人的，人民法院可以直接执行该个人独资企业的财产。

《中华人民共和国个人独资企业法》

第二条 本法所称个人独资企业，是指依照本法在中国境内设立，由一个自然人投资，财产为投资人个人所有，投资人以其个人财产对企业债务承担无限责任的经营实体。

第十七条 个人独资企业投资人对本企业的财产依法享有所有权，其有关权利可以依法进行转让或继承。

3. 动作步骤

第一步，通过国家企业信用信息公示系统、企查查、天眼查等平台查询被执行人是否有个人独资企业。

第二步，查找该个人独资企业的财产或财产线索。

第三步，申请法院对查找到的个人独资企业的财产进行查封、扣押、冻结，并申请直接执行该个人独资企业的财产。

动作18：直接执行个体工商户字号经营者的财产

1. 动作背景

根据《民法典》的规定，自然人从事工商业经营，经依法登记，为个体工商户。个体工商户可以起字号。个体工商户的债务，个人经营的，以个人财产承担；家庭经营的，以家庭财产承担；无法区分的，以家庭财产承担。例如，以个人名义申请登记的个体工商户,个人经营、收益也归个人的,个人以其个人财产对个体工商户的债务承担责任。在执行程序中,个体工商户的字号为被执行人的,申请执行人可以申请法院直接执行该字号经营者的财产,而无须变更、追加该字号经营者为被执行人。

2. 法律依据

《最高人民法院关于民事执行中变更、追加当事人若干问题的规定》(法释〔2020〕21号)

第十三条第二款 个体工商户的字号为被执行人的,人民法院可以直接执行该字号经营者的财产。

《中华人民共和国民法典》

第五十四条 自然人从事工商业经营,经依法登记,为个体工商户。个体工商户可以起字号。

第五十六条第一款 个体工商户的债务,个人经营的,以个人财产承担;家庭经营的,以家庭财产承担;无法区分的,以家庭财产承担。

3. 动作步骤

第一步,通过国家企业信用信息公示系统、企查查、天眼查等平台查询被执行人是否为个体工商户。通过工商登记信息查找字号经营者,查找经营者财产,直接执行经营者财产。

第二步,个体工商户的字号为被执行人的,向法院申请直接执行该字号经营者的财产。

动作19:变更、追加普通合伙企业的普通合伙人为被执行人

1. 动作背景

根据《合伙企业法》的规定,普通合伙企业由普通合伙人组成,合伙人对合伙企业债务承担无限连带责任。在执行程序中,可以查看被执行人是否是普通合伙企业。由于普通合伙企业债务的承担主体是普通合伙人,而普通合伙人又对合伙企业债务承担无限连带责任。因此,当被执行人为普通合伙企业,申请执行人可以向法院申请变更、追加普通合伙人为被执行人,要求普通合伙人对

生效法律文书确定的债务承担责任。

2. 法律依据

《最高人民法院关于民事执行中变更、追加当事人若干问题的规定》（法释〔2020〕21号）

第十四条第一款 作为被执行人的合伙企业，不能清偿生效法律文书确定的债务，申请执行人申请变更、追加普通合伙人为被执行人的，人民法院应予支持。

《中华人民共和国合伙企业法》（2006年修订）

第二条第二款 普通合伙企业由普通合伙人组成，合伙人对合伙企业债务承担无限连带责任。本法对普通合伙人承担责任的形式有特别规定的，从其规定。

3. 动作步骤

第一步，通过国家企业信用信息公示系统、企查查、天眼查等平台查询被执行人是否为普通合伙企业。

第二步，申请执行人向法院提出书面申请变更、追加普通合伙人为被执行人。

动作20：变更、追加未按期足额缴纳出资的有限合伙人为被执行人

1. 动作背景

根据《合伙企业法》的规定，有限合伙企业由普通合伙人和有限合伙人组成，普通合伙人对合伙企业债务承担无限连带责任，有限合伙人以其认缴的出资额为限对合伙企业债务承担责任。在执行程序中，可以查看被执行人是否为有限合伙企业。由于有限合伙企业不同于普通合伙企业，有限合伙人是以其认缴的出资额为限对有限合伙企业债务承担责任的，因此，当被执行人为有限合伙企业时，申请执行人可以向法院申请变更、追加未按期足额缴纳出资的有限合伙人为被执行人，要求其在未足额缴纳出资的范围内承担责任。

2. 法律依据

《最高人民法院关于民事执行中变更、追加当事人若干问题的规定》（法释〔2020〕21号）

第十四条第二款 作为被执行人的有限合伙企业，财产不足以清偿生效法

律文书确定的债务,申请执行人申请变更、追加未按期足额缴纳出资的有限合伙人为被执行人,在未足额缴纳出资的范围内承担责任的,人民法院应予支持。

《中华人民共和国合伙企业法》(2006 年修订)

第二条第三款 有限合伙企业由普通合伙人和有限合伙人组成,普通合伙人对合伙企业债务承担无限连带责任,有限合伙人以其认缴的出资额为限对合伙企业债务承担责任。

3. 动作步骤

第一步,通过国家企业信用信息公示系统、企查查、天眼查等平台查询被执行人是否为有限合伙企业。

第二步,查看有限合伙人是否未按期足额缴纳出资。

第三步,如未按期足额缴纳出资,向法院提交书面申请书,申请变更、追加该有限合伙人为被执行人,要求其在未足额缴纳出资的范围内承担责任。

动作 21:变更、追加分支机构的法人为被执行人

1. 动作背景

根据《公司法》的规定,公司可以设立分公司,分公司不具有法人资格,其民事责任由公司承担。在执行案件中,如果被执行人是法人分支机构,该分支机构不能清偿生效法律文书确定的债务,申请执行人可以向法院申请变更、追加该法人为被执行人。因为分支机构不是独立法人,其民事责任由设立它的法人承担,当然可以变更、追加设立它的法人为被执行人。需要注意的是,不能直接执行设立这个分支机构的法人的财产,需要先变更、追加该法人为被执行人。

2. 法律依据

《最高人民法院关于民事执行中变更、追加当事人若干问题的规定》(法释〔2020〕21 号)

第十五条第一款 作为被执行人的法人分支机构,不能清偿生效法律文书确定的债务,申请执行人申请变更、追加该法人为被执行人的,人民法院应予支

持。法人直接管理的责任财产仍不能清偿债务的,人民法院可以直接执行该法人其他分支机构的财产。

《中华人民共和国公司法》(2018年修正)

第十四条第一款 公司可以设立分公司。设立分公司,应当向公司登记机关申请登记,领取营业执照。分公司不具有法人资格,其民事责任由公司承担。

3. 动作步骤

第一步,法人分支机构不能清偿生效法律文书确定的债务。

第二步,申请执行人向法院提出书面申请,申请变更、追加该法人为被执行人。

第三步,查找该法人的财产,并申请查封、扣押、冻结查找到的财产。

第四步,如果法人直接管理的责任财产仍不能清偿债务,法院可直接执行该法人其他分支机构的财产。

动作22:直接执行法人分支机构的财产

1. 动作背景

在执行案件中,如果被执行人是法人,可以查看其是否有设立分支机构。因为法人分支机构的财产属于该法人的财产。所以,当作为被执行人的法人有分支机构,且法人直接管理的责任财产不能清偿生效法律文书确定债务时,申请执行人可以向法院申请,直接执行该法人分支机构的财产,而无须申请变更、追加法人分支机构为被执行人。

2. 法律依据

《最高人民法院关于民事执行中变更、追加当事人若干问题的规定》(法释〔2020〕21号)

第十五条第二款 作为被执行人的法人,直接管理的责任财产不能清偿生效法律文书确定债务的,人民法院可以直接执行该法人分支机构的财产。

《中华人民共和国公司法》(2018年修正)

第十四条第一款 公司可以设立分公司。设立分公司,应当向公司登记机关申请登记,领取营业执照。分公司不具有法人资格,其民事责任由公司承担。

3. 动作步骤

第一步,被执行人为法人,且其直接管理的责任财产不能清偿生效法律文书确定的债务。

第二步,通过国家企业信用信息公示系统、企查查、天眼查等平台查询该法人是否有分支机构。

第三步,查找该法人分支机构的财产,并申请查封、扣押、冻结查找到的财产。

第四步,直接向法院申请执行该法人分支机构的财产。

动作23:变更、追加对非法人组织的债务承担责任的主体为被执行人

1. 动作背景

根据《民法典》的规定,非法人组织是不具有法人资格,但是能够依法以自己的名义从事民事活动的组织。非法人组织包括个人独资企业、合伙企业、不具有法人资格的专业服务机构等。根据《民事诉讼法》及其司法解释的规定,公民、法人和其他组织可以作为民事诉讼的当事人,其他组织是指合法成立、有一定的组织机构和财产,但又不具备法人资格的组织,包括:(1)依法登记领取营业执照的个人独资企业;(2)依法登记领取营业执照的合伙企业;(3)依法登记领取我国营业执照的中外合作经营企业、外资企业;(4)依法成立的社会团体的分支机构、代表机构;(5)依法设立并领取营业执照的法人的分支机构;(6)依法设立并领取营业执照的商业银行、政策性银行和非银行金融机构的分支机构;(7)经依法登记领取营业执照的乡镇企业、街道企业;(8)其他符合本条规定条件的组织。《民法典》规定,民事主体有自然人、法人和非法人组织。从以上法律、司法解释中可以推断出,其他组织应该就是非法人组织。

根据《民法典》的规定,非法人组织的财产不足以清偿债务的,其出资人或者设立人承担无限责任。因此,在执行程序中,当个人独资企业、合伙企业、法人分支机构以外的非法人组织作为被执行人,且不能清偿生效法律文书确定的债务时,申请执行人可以申请变更、追加对该非法人组织的债务承担责任的主体为被执行人,执行该主体的财产。

2. 法律依据

《最高人民法院关于民事执行中变更、追加当事人若干问题的规定》(法释〔2020〕21号)

第十六条 个人独资企业、合伙企业、法人分支机构以外的非法人组织作为被执行人,不能清偿生效法律文书确定的债务,申请执行人申请变更、追加依法对该非法人组织的债务承担责任的主体为被执行人的,人民法院应予支持。

《中华人民共和国民法典》

第一百零二条 非法人组织是不具有法人资格,但是能够依法以自己的名义从事民事活动的组织。

非法人组织包括个人独资企业、合伙企业、不具有法人资格的专业服务机构等。

第一百零四条 非法人组织的财产不足以清偿债务的,其出资人或者设立人承担无限责任。法律另有规定的,依照其规定。

3. 动作步骤

第一步,通过国家企业信用信息公示系统、企查查、天眼查等平台查询被执行人是否为个人独资企业、合伙企业、法人分支机构以外的非法人组织。

第二步,向法院提出申请,并递交书面申请书,追加对该非法人组织的债务承担责任的主体为被执行人。

动作24:变更、追加未缴纳或未足额缴纳出资的股东、出资人等为被执行人

1. 动作背景

实践中,执行标的额较大,但经多方查找却发现被执行的营利法人几乎无可供执行财产的情况非常普遍,扩大被执行人主体范围是有效推动执行案件的方法之一。例如,当被执行人为有限责任公司时,可以查看股东是否已经按期足额缴纳公司章程中规定的各自所认缴的出资额。如果股东未缴纳或未足额缴纳出资,申请执行人可以向法院书面申请变更、追加未缴纳或未足额缴纳出资的股东为被执行人,要求其在尚未缴纳出资的范围内依法承担责任。可见,

查看被执行人股东的出资情况,可以有效地打破“执行难”的僵局。

2. 法律依据

《最高人民法院关于民事执行中变更、追加当事人若干问题的规定》(法释〔2020〕21号)

第十七条 作为被执行人的营利法人,财产不足以清偿生效法律文书确定的债务,申请执行人申请变更、追加未缴纳或未足额缴纳出资的股东、出资人或依公司法规定对该出资承担连带责任的发起人为被执行人,在尚未缴纳出资的范围内依法承担责任的,人民法院应予支持。

《中华人民共和国公司法》(2018年修正)

第二十八条 股东应当按期足额缴纳公司章程中规定的各自所认缴的出资额。股东以货币出资的,应当将货币出资足额存入有限责任公司在银行开设的账户;以非货币财产出资的,应当依法办理其财产权的转移手续。

股东不按照前款规定缴纳出资的,除应当向公司足额缴纳外,还应当向已按期足额缴纳出资的股东承担违约责任。

3. 动作步骤

第一步,被执行人为营利法人,且其财产不足以清偿生效法律文书确定的债务。

第二步,通过国家企业信用信息公示系统、企查查、天眼查等平台、企业工商档案、银行流水等查询股东是否未缴纳或者未足额缴纳出资。

第三步,向法院提出书面申请变更、追加未缴纳或未足额缴纳出资的股东、出资人或依《公司法》规定对该出资承担连带责任的发起人为被执行人。

动作25:变更、追加抽逃出资的股东、出资人为被执行人

1. 动作背景

《公司法》规定,公司成立后,股东不得抽逃出资。然而实践中,公司成立后,股东抽逃出资的现象不在少数,如有的股东通过虚构债权债务关系将其出资转出,有的股东利用关联交易将其出资转出,这些抽逃出资的行为极易损害公司、股东以及公司债权人的利益。在执行案件中,如果被执行人是营利法人,

可以查看该法人的股东、出资人是否存在抽逃出资的情况。具体而言，申请执行人可以申请查阅被执行人的工商底档、公司章程、发起人协议、股东出资证明、会计凭证、会计账簿、财务会计报表等资料，找出公司股东、出资人抽逃出资的证据，进而向法院提出申请，申请变更、追加抽逃出资的股东、出资人为被执行人。

2. 法律依据

《最高人民法院关于民事执行中变更、追加当事人若干问题的规定》（法释〔2020〕21 号）

第十八条　作为被执行人的营利法人，财产不足以清偿生效法律文书确定的债务，申请执行人申请变更、追加抽逃出资的股东、出资人为被执行人，在抽逃出资的范围内承担责任的，人民法院应予支持。

《中华人民共和国公司法》（2018 年修正）

第三十五条　公司成立后，股东不得抽逃出资。

第二百条　公司的发起人、股东在公司成立后，抽逃其出资的，由公司登记机关责令改正，处以所抽逃出资金额百分之五以上百分之十五以下的罚款。

《最高人民法院关于适用〈中华人民共和国公司法〉若干问题的规定（三）》（法释〔2020〕18 号）

第十二条　公司成立后，公司、股东或者公司债权人以相关股东的行为符合下列情形之一且损害公司权益为由，请求认定该股东抽逃出资的，人民法院应予支持：

（一）制作虚假财务会计报表虚增利润进行分配；

（二）通过虚构债权债务关系将其出资转出；

（三）利用关联交易将出资转出；

（四）其他未经法定程序将出资抽回的行为。

3. 动作步骤

第一步，被执行人为营利法人，且财产不足以清偿生效法律文书确定的债务。

第二步，向法院申请查阅被执行人的工商底档、财务会计报表等资料，找出目标股东、出资人抽逃出资的证据。

第三步，向法院提出书面申请变更、追加抽逃出资的股东、出资人为被执行人。

动作 26:变更、追加未履行出资义务即转让股权的原股东等为被执行人

1. 动作背景

当被执行人是公司时,可以从被执行人的股东入手去寻找财产线索。这里的股东不仅包括现任股东,还包括原股东。在查阅被执行人的工商档案的过程中,也应当注意案件发生前后一段时间内股权转移的情况以及转移股权的股东。因为可能会找到股东恶意转移财产的线索,也有可能会找到未依法履行出资义务即转让股权的股东。当公司的财产不足以清偿生效法律文书确定的债务,且其股东未依法履行出资义务即转让股权时,申请执行人可以向法院提出申请,申请变更、追加该原股东或依《公司法》规定对该出资承担连带责任的发起人为被执行人,并让其在未依法出资的范围内承担责任。

2. 法律依据

《最高人民法院关于民事执行中变更、追加当事人若干问题的规定》(法释〔2020〕21 号)

第十九条 作为被执行人的公司,财产不足以清偿生效法律文书确定的债务,其股东未依法履行出资义务即转让股权,申请执行人申请变更、追加该原股东或依公司法规定对该出资承担连带责任的发起人为被执行人,在未依法出资的范围内承担责任的,人民法院应予支持。

3. 动作步骤

第一步,如果被执行人为公司,申请查阅该公司的工商底档,摘录案件发生之前一段时间内转让股权的股东名单。

第二步,查询该股东的出资情况。

第三步,如果发现该股东未依法履行出资义务即转让股权,向法院申请变更、追加该原股东或依《公司法》规定对该出资承担连带责任的发起人为被执行人,让其在未依法出资的范围内承担责任。

动作 27：变更、追加一人有限责任公司股东为被执行人

1. 动作背景

根据《公司法》的规定，一人有限责任公司，是指只有一个自然人股东或者一个法人股东的有限责任公司。在执行案件中，可以查看被执行人是否属于一人有限责任公司。当被执行人为一人有限责任公司，财产不足以清偿生效法律文书确定的债务，且股东不能证明公司财产独立于自己的财产时，申请执行人可以申请变更、追加该股东为被执行人。被变更、追加的这个股东可能是自然人，也可能是法人。需要注意的是，申请执行人无须承担证明一人有限责任公司与股东财产混同的责任，而是需要作为被执行人的一人有限责任公司的股东承担证明责任，只要该股东不能证明公司财产独立于其自己的财产，就应当对公司债务承担连带责任。

2. 法律依据

《最高人民法院关于民事执行中变更、追加当事人若干问题的规定》（法释〔2020〕21 号）

第二十条 作为被执行人的一人有限责任公司，财产不足以清偿生效法律文书确定的债务，股东不能证明公司财产独立于自己的财产，申请执行人申请变更、追加该股东为被执行人，对公司债务承担连带责任的，人民法院应予支持。

《中华人民共和国公司法》（2018 年修正）

第五十八条 一个自然人只能投资设立一个一人有限责任公司。该一人有限责任公司不能投资设立新的一人有限责任公司。

第六十三条 一人有限责任公司的股东不能证明公司财产独立于股东自己的财产的，应当对公司债务承担连带责任。

3. 动作步骤

第一步，通过国家企业信用信息公示系统、企查查或者天眼查等平台查询被执行人是否为一人有限责任公司。

第二步，确认该一人有限责任公司的财产不足以清偿生效法律文书确定的债务，且股东不能证明公司财产独立于自己的财产。

第三步,申请执行人向法院提出书面申请变更、追加该股东为被执行人,让其对公司债务承担连带责任。

动作 28:变更、追加未清算即注销公司的股东为被执行人

1. 动作背景

在执行案件中,不免会遇到被执行人是公司,可是该公司已经注销的情况。面对这种情况,作为申请执行人,可以向法院申请调查令,申请查阅该公司的工商底档,查看其是否已经进行清算。如果该公司未经清算即办理注销登记,导致公司无法进行清算,申请执行人可以向法院申请变更、追加有限责任公司的股东、股份有限公司的董事和控股股东为被执行人,让其对公司债务承担连带清偿责任。

2. 法律依据

《最高人民法院关于民事执行中变更、追加当事人若干问题的规定》(法释〔2020〕21 号)

第二十一条 作为被执行人的公司,未经清算即办理注销登记,导致公司无法进行清算,申请执行人申请变更、追加有限责任公司的股东、股份有限公司的董事和控股股东为被执行人,对公司债务承担连带清偿责任的,人民法院应予支持。

3. 动作步骤

第一步,通过国家企业信用信息公示系统、企查查、天眼查等平台查询公司的存续状态。

第二步,如果公司已经被注销,可以向法院申请查阅该公司的工商底档,查看公司是否未经清算即办理注销登记。

第三步,如果未经清算即办理注销登记,导致公司无法进行清算,向法院提出书面申请变更、追加有限责任公司的股东、股份有限公司的董事和控股股东为被执行人,让其对公司债务承担连带清偿责任。

动作29：变更、追加被注销或被吊销营业执照的法人的股东、出资人或主管部门为被执行人

1. 动作背景

在执行案件中，可能会遇到作为被执行人的法人被注销或被吊销营业执照的情况。此时应当寻找相关线索，包括但不限于该法人被注销或者被吊销营业执照的原因，股东、出资人或主管部门是否无偿接受其财产，法人是否存在恶意逃债的行为，等等。当发现股东、出资人或主管部门无偿接受该法人财产，致使该法人无遗留财产或遗留财产不足以清偿债务的情形时，可以申请变更、追加该股东、出资人或主管部门为被执行人，让其在接受的财产范围内承担责任。

2. 法律依据

《最高人民法院关于民事执行中变更、追加当事人若干问题的规定》（法释〔2020〕21号）

第二十二条　作为被执行人的法人或非法人组织，被注销或出现被吊销营业执照、被撤销、被责令关闭、歇业等解散事由后，其股东、出资人或主管部门无偿接受其财产，致使该被执行人无遗留财产或遗留财产不足以清偿债务，申请执行人申请变更、追加该股东、出资人或主管部门为被执行人，在接受的财产范围内承担责任的，人民法院应予支持。

3. 动作步骤

第一步，通过国家企业信用信息公示系统、企查查、天眼查等平台查询法人的存续状态。

第二步，如果法人已经被注销或被吊销营业执照，可以查阅相关资料，寻找线索，证明股东、出资人或主管部门无偿接受其财产。

第三步，向法院提出书面申请变更、追加该股东、出资人或主管部门为被执行人，让其在接受的财产范围内承担责任。

动作 30:变更、追加注销登记时作出承诺的第三人为被执行人

1. 动作背景

在执行案件中,可能会遇到作为被执行人的法人未经依法清算即办理注销登记的情况。通过查阅相关资料,如果发现该公司在办理注销登记时,第三人作出过书面承诺,愿意对被执行人的债务承担清偿责任,那么就可以申请变更、追加该第三人为被执行人,让其在承诺范围内承担清偿责任。

2. 法律依据

《最高人民法院关于民事执行中变更、追加当事人若干问题的规定》(法释〔2020〕21 号)

第二十三条 作为被执行人的法人或非法人组织,未经依法清算即办理注销登记,在登记机关办理注销登记时,第三人书面承诺对被执行人的债务承担清偿责任,申请执行人申请变更、追加该第三人为被执行人,在承诺范围内承担清偿责任的,人民法院应予支持。

《最高人民法院关于适用〈中华人民共和国公司法〉若干问题的规定(二)》(法释〔2020〕18 号)

第二十条第二款 公司未经依法清算即办理注销登记,股东或者第三人在公司登记机关办理注销登记时承诺对公司债务承担责任,债权人主张其对公司债务承担相应民事责任的,人民法院应依法予以支持。

3. 动作步骤

第一步,通过国家企业信用信息公示系统、企查查、天眼查等平台查询法人的存续状态。

第二步,如果该法人未经依法清算即办理注销登记,可以查阅相关资料,寻找线索,查看是否存在第三人书面承诺对被执行人的债务承担清偿责任的情况。

第三步,如果存在,向法院提出书面申请变更、追加该第三人为被执行人,让其在承诺范围内承担清偿责任。

动作 31：变更、追加书面承诺自愿承担债务的第三人为被执行人

1. 动作背景

在执行过程中，如果有第三人出具书面承诺，承诺自愿代被执行人履行生效法律文书确定的债务，申请执行人可以向法院提出书面申请，申请变更、追加该第三人为被执行人，让其在承诺范围内承担责任。实践中，这种情况多发生在执行和解中。执行双方通过自愿平等协商，达成执行和解，第三人愿意承担全部或部分还款义务。那么，该第三人被变更、追加为被执行人之后，就需要在承诺范围内承担还款义务。

2. 法律依据

《最高人民法院关于民事执行中变更、追加当事人若干问题的规定》（法释〔2020〕21 号）

第二十四条　执行过程中，第三人向执行法院书面承诺自愿代被执行人履行生效法律文书确定的债务，申请执行人申请变更、追加该第三人为被执行人，在承诺范围内承担责任的，人民法院应予支持。

《最高人民法院关于人民法院办理执行异议和复议案件若干问题的规定》（法释〔2020〕21 号）

第十八条　执行过程中，第三人因书面承诺自愿代被执行人偿还债务而被追加为被执行人后，无正当理由反悔并提出异议的，人民法院不予支持。

3. 动作步骤

第一步，第三人向执行法院书面承诺，自愿代被执行人履行生效法律文书确定的债务。

第二步，申请执行人向法院提出书面申请变更、追加该第三人为被执行人，要求其在承诺范围内承担责任。

4. 注意事项

这里的第三人要与执行担保中的保证人、担保人、第三人区别，执行担保中，法院无须也不能追加保证人或担保人，而是直接执行保证人财产或者担保财产。

动作 32:变更、追加接受行政无偿调拨、划转财产的第三人为被执行人

1. 动作背景

在执行案件中,如果被执行人是法人或非法人组织,其财产依行政命令被无偿调拨、划转给第三人,最终导致该被执行人财产不足以清偿生效法律文书确定的债务,申请执行人可以向法院提出书面申请,申请变更、追加该第三人为被执行人,让其在接受的财产范围内承担责任。

2. 法律依据

《最高人民法院关于民事执行中变更、追加当事人若干问题的规定》(法释〔2020〕21 号)

第二十五条 作为被执行人的法人或非法人组织,财产依行政命令被无偿调拨、划转给第三人,致使该被执行人财产不足以清偿生效法律文书确定的债务,申请执行人申请变更、追加该第三人为被执行人,在接受的财产范围内承担责任的,人民法院应予支持。

3. 动作步骤

第一步,被执行人财产不足以清偿生效法律文书确定的债务。

第二步,经查:被执行人财产不足以清偿债务的原因是,法人或其他组织的财产依行政命令被无偿调拨、划转给第三人。

第三步,申请执行人向法院提出书面申请变更、追加该第三人为被执行人,要求其在接受的财产范围内承担责任。

动作 33:请求滥用公司法人独立地位和股东有限责任的股东承担连带责任

1. 动作背景

在执行过程中,经常会遇到被执行人名下无财产可供执行,导致执行案件无法继续进行的情形。此时,如果被执行人是有限责任公司或者股份有限公

司，可以考虑从《公司法》的角度，以诉讼的方式扩大被执行人的主体范围，推动执行案件继续进行，进而实现申请执行人的合法债权。例如，公司人格独立和股东有限责任是《公司法》的基本原则。然而，为了保护公司债权人利益，矫正有限责任制度在特定法律事实发生时对债权人保护的失衡现象，《公司法》第20条突破了该基本原则，否认了公司独立法人地位和股东的有限责任，让股东在滥用公司法人独立地位和股东有限责任，逃避债务，造成公司债权人利益严重受损时，对公司债务承担连带责任。在执行案件中，如果被执行人是公司，可以查看该公司股东是否存在滥用公司法人独立地位和股东有限责任的情形，如果有，可以通过诉讼的方式让该股东承担连带责任。

2. 法律依据

《中华人民共和国公司法》（2018年修正）

第二十条第一款　公司股东应当遵守法律、行政法规和公司章程，依法行使股东权利，不得滥用股东权利损害公司或者其他股东的利益；不得滥用公司法人独立地位和股东有限责任损害公司债权人的利益。

第三款　公司股东滥用公司法人独立地位和股东有限责任，逃避债务，严重损害公司债权人利益的，应当对公司债务承担连带责任。

3. 动作步骤

第一步，通过查阅工商底档等资料，收集公司股东滥用公司法人独立地位和股东有限责任，逃避债务，严重损害公司债权人利益的证据。

第二步，公司债权人向法院提起诉讼，请求该股东对公司债务承担连带责任。

动作34：请求滥用法人独立地位和出资人有限责任的出资人承担连带责任

1. 动作背景

营利法人除公司外，还有全民所有制企业法人、集体所有制企业法人等，如果他们的出资人滥用法人独立地位或出资人有限责任损害债权人合法利益，应当对法人债务承担连带赔偿责任。

根据《民法典》《公司法》的相关规定,有限责任公司和股份有限公司是营利法人,是企业法人,有独立的法人财产,享有法人财产权,公司以其全部财产对公司的债务承担责任。有限责任公司的股东以其认缴的出资额为限对公司承担责任;股份有限公司的股东以其认购的股份为限对公司承担责任。股东不得滥用公司法人独立地位和股东有限责任损害公司债权人的利益,否则,严重损害公司债权人利益时,应当对公司债务承担连带责任。公司的出资人也一样,不得滥用法人独立地位和出资人有限责任损害法人债权人的利益。如果出资人滥用法人独立地位和出资人有限责任,逃避债务,严重损害法人债权人的利益,债权人可以提起诉讼,请求出资人对法人债务承担连带责任。在执行程序中,这也是通过诉讼扩大主体的一种方式。

2. 法律依据

《中华人民共和国民法典》

第八十三条 营利法人的出资人不得滥用出资人权利损害法人或者其他出资人的利益;滥用出资人权利造成法人或者其他出资人损失的,应当依法承担民事责任。

营利法人的出资人不得滥用法人独立地位和出资人有限责任损害法人债权人的利益;滥用法人独立地位和出资人有限责任,逃避债务,严重损害法人债权人的利益的,应当对法人债务承担连带责任。

3. 动作步骤

第一步,通过查阅工商底档等资料,收集营利法人出资人滥用法人独立地位和出资人有限责任,逃避债务,严重损害营利法人债权人利益的证据。

第二步,营利法人的债权人向法院提起诉讼,请求该出资人对法人债务承担连带责任。

动作35:请求因未尽忠实、勤勉义务而使出资未缴足的董事、高级管理人员承担相应责任

1. 动作背景

根据《公司法》的规定,董事、高级管理人员应当遵守法律、行政法规和公司

章程，对公司负有忠实、勤勉义务。在执行案件中，当公司名下无可供执行的财产时，可以寻找董事、高级管理人员未尽到忠实、勤勉义务的证据。例如，股东在公司增资时未履行或者未全面履行出资义务的，如果公司董事、高级管理人员未尽到忠实、勤勉义务，而导致出资未缴足，公司债权人可以向法院提起诉讼，请求董事、高级管理人员承担相应责任。

2. 法律依据

《最高人民法院关于适用〈中华人民共和国公司法〉若干问题的规定（三）》（法释〔2020〕18号）

第十三条第一款　股东未履行或者未全面履行出资义务，公司或者其他股东请求其向公司依法全面履行出资义务的，人民法院应予支持。

第二款　公司债权人请求未履行或者未全面履行出资义务的股东在未出资本息范围内对公司债务不能清偿的部分承担补充赔偿责任的，人民法院应予支持；未履行或者未全面履行出资义务的股东已经承担上述责任，其他债权人提出相同请求的，人民法院不予支持。

第四款　股东在公司增资时未履行或者未全面履行出资义务，依照本条第一款或者第二款提起诉讼的原告，请求未尽公司法第一百四十七条第一款规定的义务而使出资未缴足的董事、高级管理人员承担相应责任的，人民法院应予支持；董事、高级管理人员承担责任后，可以向被告股东追偿。

3. 动作步骤

第一步，通过查询工商底档等，查看股东在公司增资时是否未履行或者未全面履行出资义务。

第二步，寻找董事、高级管理人员因未尽忠实、勤勉义务而使股东出资未缴足的证据。

第三步，向法院提起诉讼，请求该董事、高级管理人员承担相应责任。

动作36：请求协助抽逃出资的股东、董事等承担责任

1. 动作背景

在执行案件中，当被执行人是有限责任公司或者股份有限公司，且财产不

足以清偿生效法律文书确定的债务时,如果公司的股东、出资人有抽逃出资的情形,申请执行人可以申请变更、追加抽逃出资的股东、出资人为被执行人,请求其在抽逃出资的范围内承担责任。如果股东、出资人抽逃出资时,其他股东、董事、高级管理人员或者实际控制人予以了协助,债权人可以提起诉讼,请求协助抽逃出资的其他股东、董事、高级管理人员或者实际控制人承担连带责任。因为公司股东、出资人抽逃出资实质上是侵犯公司财产权,就行为性质而言,属于侵权行为,而其他股东、董事、高级管理人员或者实际控制人予以了协助,构成共同侵权,理应承担连带责任。

2. 法律依据

《最高人民法院关于适用〈中华人民共和国公司法〉若干问题的规定(三)》(法释〔2020〕18 号)

第十四条 股东抽逃出资,公司或者其他股东请求其向公司返还出资本息、协助抽逃出资的其他股东、董事、高级管理人员或者实际控制人对此承担连带责任的,人民法院应予支持。

公司债权人请求抽逃出资的股东在抽逃出资本息范围内对公司债务不能清偿的部分承担补充赔偿责任、协助抽逃出资的其他股东、董事、高级管理人员或者实际控制人对此承担连带责任的,人民法院应予支持;抽逃出资的股东已经承担上述责任,其他债权人提出相同请求的,人民法院不予支持。

3. 动作步骤

第一步,收集公司其他股东、董事、高级管理人员或者实际控制人协助股东、出资人抽逃出资的证据。

第二步,债权人向法院提起诉讼,请求其他股东、董事、高级管理人员或者实际控制人承担连带责任。

动作 37:请求资产评估、验资或者验证的机构承担赔偿责任

1. 动作背景

在执行过程中,通过诉讼的方式扩大被执行人的主体范围,也是推进执行案件继续进行的一种有效方式。当被执行人是有限责任公司或者股份有限公

司时，经常会涉及资产评估、验资等事项。当承担资产评估、验资或者验证的机构因其出具的评估结果、验资或者验证证明不实，造成公司债权人损失时，除非该机构能证明自己没有过错，否则，需要承担补充赔偿责任，在其评估或者证明不实的金额范围内进行赔偿。需要注意的是，这里资产评估、验资或者验证机构承担的是过错责任。

2. 法律依据

《中华人民共和国公司法》（2018年修正）

第二百零七条第三款 承担资产评估、验资或者验证的机构因其出具的评估结果、验资或者验证证明不实，给公司债权人造成损失的，除能够证明自己没有过错的外，在其评估或者证明不实的金额范围内承担赔偿责任。

3. 动作步骤

第一步，查找评估结果、验资或者验证证明不真实的证据。

第二步，向法院提起诉讼，请求资产评估、验资或者验证的机构承担补充赔偿责任。

动作38：股东人格与公司人格混同时，请求股东对公司债务承担连带责任

1. 动作背景

虽然公司人格独立和股东有限责任是公司法的基本原则，但也存在被滥用的可能。比如，在执行案件中，执行公司财产时，发现公司无财产可供执行。原来公司的财产已被记到了股东名下，由股东占有、使用，公司的财产与股东的财产已经混同且无法区分了。这种行为严重损害了公司债权人的利益，因此，公司债权人可以向法院提起诉讼，请求股东对公司债务承担连带责任。

2. 法律依据

《全国法院民商事审判工作会议纪要》（法〔2019〕254号）

10.【人格混同】认定公司人格与股东人格是否存在混同，最根本的判断标准是公司是否具有独立意思和独立财产，最主要的表现是公司的财产与股东的

财产是否混同且无法区分。在认定是否构成人格混同时,应当综合考虑以下因素:

(1)股东无偿使用公司资金或者财产,不作财务记载的;

(2)股东用公司的资金偿还股东的债务,或者将公司的资金供关联公司无偿使用,不作财务记载的;

(3)公司账簿与股东账簿不分,致使公司财产与股东财产无法区分的;

(4)股东自身收益与公司盈利不加区分,致使双方利益不清的;

(5)公司的财产记载于股东名下,由股东占有、使用的;

(6)人格混同的其他情形。

在出现人格混同的情况下,往往同时出现以下混同:公司业务和股东业务混同;公司员工与股东员工混同,特别是财务人员混同;公司住所与股东住所混同。人民法院在审理案件时,关键要审查是否构成人格混同,而不要求同时具备其他方面的混同,其他方面的混同往往只是人格混同的补强。

3. 动作步骤

第一步,通过调取、查阅工商底档、银行流水、税务信息等资料,收集股东人格与公司人格存在混同的证据。

第二步,向法院提起诉讼,请求股东对公司债务承担连带责任。

动作39:请求过度支配与控制公司的股东承担连带责任

1. 动作背景

实践中,有些有限责任公司或者股份有限公司的控制股东,过度支配与控制公司,操纵公司的决策过程,比如,控制股东让母公司与子公司之间进行交易,收益归子公司,损失却由母公司承担。此种情况下,母公司完全丧失了独立性,沦为了控制股东的工具。控制股东滥用控制权,会严重损害公司债权人利益,因此,公司债权人有权向法院提起诉讼,请求滥用控制权的股东对公司债务承担连带责任。在执行案件中,这也是扩大被执行主体的一种方式。

2. 法律依据

《全国法院民商事审判工作会议纪要》（法〔2019〕254号）

11.【过度支配与控制】公司控制股东对公司过度支配与控制，操纵公司的决策过程，使公司完全丧失独立性，沦为控制股东的工具或躯壳，严重损害公司债权人利益，应当否认公司人格，由滥用控制权的股东对公司债务承担连带责任。实践中常见的情形包括：

（1）母子公司之间或者子公司之间进行利益输送的；

（2）母子公司或者子公司之间进行交易，收益归一方，损失却由另一方承担的；

（3）先从原公司抽走资金，然后再成立经营目的相同或者类似的公司，逃避原公司债务的；

（4）先解散公司，再以原公司场所、设备、人员及相同或者相似的经营目的另设公司，逃避原公司债务的；

（5）过度支配与控制的其他情形。

控制股东或实际控制人控制多个子公司或者关联公司，滥用控制权使多个子公司或者关联公司财产边界不清、财务混同，利益相互输送，丧失人格独立性，沦为控制股东逃避债务、非法经营，甚至违法犯罪工具的，可以综合案件事实，否认子公司或者关联公司法人人格，判令承担连带责任。

3. 动作步骤

第一步，通过调取、查阅工商底档、银行流水、税务信息等资料，收集公司股东过度支配与控制公司，滥用控制权的证据。

第二步，向法院提起诉讼，请求滥用控制权的股东对公司债务承担连带责任。

动作40：请求利用较少资本从事力所不及经营的股东承担连带责任

1. 动作背景

实践中，存在资本显著不足，股东利用较少资本从事力所不及的经营的现象。主要表现为：公司设立后在经营过程中，股东实际投入公司的资本数额与公司经营所隐含的风险相比明显不匹配。这里需要注意以下几点：第一，不匹配需要达到“明显”的程度,且要结合实际情况综合判断。第二,股东具有主观故意。股东主观上没有从事公司经营的诚意,恶意利用公司独立人格和股东有限责任把投资风险转嫁给债权人,存在主观故意。假如股东没有主观故意,或者是市场变化或者其他客观因素导致出资财产贬值的,不宜认定资本显著不足,从而否认公司独立人格。

2. 法律依据

《全国法院民商事审判工作会议纪要》(法〔2019〕254号)

12.【资本显著不足】资本显著不足指的是,公司设立后在经营过程中,股东实际投入公司的资本数额与公司经营所隐含的风险相比明显不匹配。股东利用较少资本从事力所不及的经营,表明其没有从事公司经营的诚意,实质是恶意利用公司独立人格和股东有限责任把投资风险转嫁给债权人。由于资本显著不足的判断标准有很大的模糊性,特别是要与公司采取“以小博大”的正常经营方式相区分,因此在适用时要十分谨慎,应当与其他因素结合起来综合判断。

3. 动作步骤

第一步,通过调取、查阅工商底档、银行流水、税务信息等资料,收集股东故意利用较少资本从事力所不及的经营的证据。

第二步,向法院提起诉讼,请求利用较少资本从事力所不及经营的股东对公司债务承担连带责任。

动作41:请求恶意处置公司财产的股东、实际控制人等承担赔偿责任

1. 动作背景

在执行案件中,也会面临公司解散的情况。在公司解散后,有些有限责任公司的股东、股份有限公司的董事和控股股东,以及公司的实际控制人,会以转移、赠与、不合理的低价出卖等方式恶意处置公司的财产,降低公司的偿债能力,甚至导致公司无任何偿债能力。面对这种主观上恶意处置公司财产,损害公司债权人利益的行为,债权人可以向法院提起诉讼,请求恶意处置公司财产的有限责任公司的股东、股份有限公司的董事和控股股东,以及公司的实际控制人对公司债务承担相应的赔偿责任。

2. 法律依据

《最高人民法院关于适用〈中华人民共和国公司法〉若干问题的规定(二)》(法释〔2020〕18号)

第十九条 有限责任公司的股东、股份有限公司的董事和控股股东,以及公司的实际控制人在公司解散后,恶意处置公司财产给债权人造成损失,或者未经依法清算,以虚假的清算报告骗取公司登记机关办理法人注销登记,债权人主张其对公司债务承担相应赔偿责任的,人民法院应依法予以支持。

3. 动作步骤

第一步,通过查阅工商底档等资料,收集公司解散后,有限责任公司的股东、股份有限公司的董事和控股股东,以及公司的实际控制人恶意处置公司财产,给债权人造成损失的证据。

第二步,向法院提起诉讼,请求有限责任公司的股东、股份有限公司的董事和控股股东,以及公司的实际控制人对公司债务承担相应赔偿责任。

动作42:请求因故意或者重大过失给债权人造成损失的清算组成员承担赔偿责任

1. 动作背景

公司解散的,应当成立清算组进行清算。有限责任公司的清算组由股东组成,股份有限公司的清算组由董事或者股东大会确定的人员组成。逾期不成立清算组进行清算的,债权人可以申请法院指定有关人员组成清算组进行清算。法院应当受理该申请,并及时组织清算组进行清算。清算组成员应当忠于职守,依法履行清算义务。如果清算组成员因故意或者重大过失,给公司或者债权人造成了损失,应当承担赔偿责任。需要注意的是,承担赔偿责任,必须要求清算组成员在主观上是故意或重大过失,一般过失则无须承担赔偿责任。

2. 法律依据

《中华人民共和国公司法》(2018年修正)

第一百八十九条 清算组成员应当忠于职守,依法履行清算义务。

清算组成员不得利用职权收受贿赂或者其他非法收入,不得侵占公司财产。

清算组成员因故意或者重大过失给公司或者债权人造成损失的,应当承担赔偿责任。

3. 动作步骤

第一步,通过查阅工商底档等资料,收集清算组成员因故意或者重大过失给债权人造成损失的证据。

第二步,向法院提起诉讼,请求清算组成员承担赔偿责任。

动作 43:请求未履行通知和公告义务的清算组成员承担赔偿责任

1. 动作背景

清算组应当自成立之日起 10 日内通知债权人,并于 60 日内在报纸上公告。公司清算时,清算组应当将公司解散清算事宜书面通知全体已知债权人,并根据公司规模和营业地域范围在全国或者公司注册登记地省级有影响的报纸上进行公告。如果清算组未按照规定履行通知和公告义务,债权人很有可能不知道有关公司清算的事宜,也就无法及时申报债权,更无法得到清偿。此种情况下,债权人可以向法院起诉,请求清算组成员对因此造成的损失承担赔偿责任。

2. 法律依据

《最高人民法院关于适用〈中华人民共和国公司法〉若干问题的规定(二)》(法释〔2020〕18 号)

第十一条 公司清算时,清算组应当按照公司法第一百八十五条的规定,将公司解散清算事宜书面通知全体已知债权人,并根据公司规模和营业地域范围在全国或者公司注册登记地省级有影响的报纸上进行公告。

清算组未按照前款规定履行通知和公告义务,导致债权人未及时申报债权而未获清偿,债权人主张清算组成员对因此造成的损失承担赔偿责任的,人民法院应依法予以支持。

《中华人民共和国公司法》(2018 年修正)

第一百八十五条 清算组应当自成立之日起十日内通知债权人,并于六十日内在报纸上公告。债权人应当自接到通知书之日起三十日内,未接到通知书的自公告之日起四十五日内,向清算组申报其债权。

债权人申报债权,应当说明债权的有关事项,并提供证明材料。清算组应当对债权进行登记。

在申报债权期间,清算组不得对债权人进行清偿。

3. 动作步骤

第一步,清算组未按照规定履行通知和公告义务,导致债权人未及时申报债权而未获清偿。

第二步,通过查阅工商底档等资料,查找上述证据。

第三步,债权人可以向法院提起诉讼,请求清算组成员对因此造成的损失承担赔偿责任。

动作 44:请求执行未经确认的清算方案,给债权人造成损失的清算组成员承担赔偿责任

1. 动作背景

清算主要分为两种方式:一是公司自行清算,二是法院组织清算。公司自行清算的,清算方案应当报股东会或者股东大会决议确认;法院组织清算的,清算方案应当报法院确认。无论上述哪种清算方式,清算组都不得执行未经确认的清算方案。清算方案是清算组在清查公司财产,确认公司债权后,依法制定的关于如何清偿公司债务、分配公司剩余财产的方案,其涉及公司、股东、债权人的利益,因此,需要报股东会或者股东大会决议确认,或者法院确认。如果清算组执行未经确认的清算方案给公司或者债权人造成损失的,债权人有权主张清算组成员承担赔偿责任。在执行程序中,这也是债权人维护自己合法债权的一种方式。

2. 法律依据

《最高人民法院关于适用〈中华人民共和国公司法〉若干问题的规定(二)》(法释〔2020〕18 号)

第十五条　公司自行清算的,清算方案应当报股东会或者股东大会决议确

认;人民法院组织清算的,清算方案应当报人民法院确认。未经确认的清算方案,清算组不得执行。

执行未经确认的清算方案给公司或者债权人造成损失,公司、股东、董事、公司其他利害关系人或者债权人主张清算组成员承担赔偿责任的,人民法院应依法予以支持。

3. 动作步骤

第一步,清算组执行了未经确认的清算方案,并给债权人造成了损失。

第二步,通过查阅工商底档等资料,查找上述证据。

第三步,债权人向法院提起诉讼,请求清算组成员承担赔偿责任。

动作 45:请求未在法定期限内成立清算组开始清算的有限公司股东、股份公司董事控股股东承担赔偿责任

1. 动作背景

根据《公司法》的规定,有限责任公司或者股份有限公司,因公司章程规定的营业期限届满、股东会或者股东大会决议解散等需要解散公司时,应当在解散事由出现之日起 15 日内成立清算组,开始清算。清算的目的是清理公司债权债务并处分公司剩余财产,最终通过公司登记机关注销公司法人人格。如果有限责任公司的股东、股份有限公司的董事和控股股东,没有在法定期限内成立清算组开始清算,导致公司财产贬值、流失、毁损或者灭失,给公司债权人造成损失,债权人可以向法院提起诉讼,请求上述人员在造成损失范围内对公司债务承担赔偿责任。在执行程序中,这也是通过诉讼扩大执行主体的一种方式。

2. 法律依据

《最高人民法院关于适用〈中华人民共和国公司法〉若干问题的规定(二)》(法释〔2020〕18 号)

第十八条第一款 有限责任公司的股东、股份有限公司的董事和控股股东未在法定期限内成立清算组开始清算,导致公司财产贬值、流失、毁损或者灭

失,债权人主张其在造成损失范围内对公司债务承担赔偿责任的,人民法院应依法予以支持。

《中华人民共和国公司法》(2018 年修正)

第一百八十条　公司因下列原因解散:

(一)公司章程规定的营业期限届满或者公司章程规定的其他解散事由出现;

(二)股东会或者股东大会决议解散;

(三)因公司合并或者分立需要解散;

(四)依法被吊销营业执照、责令关闭或者被撤销;

(五)人民法院依照本法第一百八十二条的规定予以解散。

第一百八十二条　公司经营管理发生严重困难,继续存续会使股东利益受到重大损失,通过其他途径不能解决的,持有公司全部股东表决权百分之十以上的股东,可以请求人民法院解散公司。

第一百八十三条　公司因本法第一百八十条第(一)项、第(二)项、第(四)项、第(五)项规定而解散的,应当在解散事由出现之日起十五日内成立清算组,开始清算。有限责任公司的清算组由股东组成,股份有限公司的清算组由董事或者股东大会确定的人员组成。逾期不成立清算组进行清算的,债权人可以申请人民法院指定有关人员组成清算组进行清算。人民法院应当受理该申请,并及时组织清算组进行清算。

3. 动作步骤

第一步,通过查阅工商底档等资料,发现公司出现解散事由,但股东未在法定期限内成立清算组清算。

第二步,债权人申请法院指定有关人员组成清算组进行清算。

第三步,在清算程序中取得有限公司股东、股份公司董事控股股东未在法定期限内成立清算组清算导致公司财产贬值、流失、毁损或者灭失的证据。

第四步,向法院提起诉讼,请求上述主体在造成损失范围内对公司债务承担赔偿责任。

动作 46:请求怠于履行义务而导致公司无法进行清算的有限公司股东、股份公司董事和控股股东承担连带清偿责任

1. 动作背景

在执行案件中,如果被执行的有限责任公司或股份有限公司面临清算,有限责任公司的股东、股份有限公司的董事等应当组成清算组进行清算。如果有限责任公司的股东、股份有限公司的董事和控股股东怠于履行义务,导致公司主要财产、账册、重要文件等灭失,无法进行清算,公司债权人可以向法院提起诉讼,请求上述人员对公司债务承担连带清偿责任。根据《全国法院民商事审判工作会议纪要》第 14 条的规定,"怠于履行义务",是指有限责任公司的股东在法定清算事由出现后,在能够履行清算义务的情况下,故意拖延、拒绝履行清算义务,或者因过失导致无法进行清算的消极行为。股东举证证明其已经为履行清算义务采取了积极措施,或者小股东举证证明其既不是公司董事会或者监事会成员,也没有选派人员担任该机关成员,且从未参与公司经营管理,以不构成"怠于履行义务"为由,主张其不应当对公司债务承担连带清偿责任的,人民法院依法予以支持。

2. 法律依据

《最高人民法院关于适用〈中华人民共和国公司法〉若干问题的规定(二)》(法释〔2020〕18 号)

第十八条第二款 有限责任公司的股东、股份有限公司的董事和控股股东因怠于履行义务,导致公司主要财产、账册、重要文件等灭失,无法进行清算,债权人主张其对公司债务承担连带清偿责任的,人民法院应依法予以支持。

3. 动作步骤

第一步,通过查阅工商底档等资料,发现公司存在法定清算事由,但有限公司股东、股份公司董事高管能够清算但故意拖延、拒绝或不清算。

第二步,债权人向法院申请对公司进行强制清算,或符合破产条件的,向法院申请对公司进行破产清算。

第三步,在清算程序中收集上述主体怠于履行义务,导致公司主要财产、账册、重要文件等灭失,无法进行清算的证据。

第四步,向法院提起诉讼,请求上述主体对公司债务承担连带清偿责任。

动作 47:请求实际控制人承担公司未在法定期限内成立清算组清算导致公司财产损失的责任

1. 动作背景

根据《公司法》的规定,有限责任公司或者股份有限公司,因公司章程规定的解散事由出现、依法被吊销营业执照、责令关闭或者被撤销等需要解散公司时,应当在解散事由出现之日起 15 日内成立清算组,开始清算。清算的目的是清理公司债权债务并处分公司剩余财产,最终通过公司登记机关注销公司法人人格。如果实际控制人未在法定期限内成立清算组开始清算,导致公司财产贬值、流失、毁损或者灭失,债权人可以向法院提起诉讼,请求实际控制人对公司债务承担相应民事责任。这里的实际控制人是指虽不是公司的股东,但通过投资关系、协议或者其他安排,能够实际支配公司行为的人。

2. 法律依据

《最高人民法院关于适用〈中华人民共和国公司法〉若干问题的规定(二)》(法释〔2020〕18 号)

第十八条第一款 有限责任公司的股东、股份有限公司的董事和控股股东未在法定期限内成立清算组开始清算,导致公司财产贬值、流失、毁损或者灭失,债权人主张其在造成损失范围内对公司债务承担赔偿责任的,人民法院应依法予以支持。

第三款 上述情形系实际控制人原因造成,债权人主张实际控制人对公司债务承担相应民事责任的,人民法院应依法予以支持。

《中华人民共和国公司法》(2018 年修正)

第一百八十条 公司因下列原因解散:

(一)公司章程规定的营业期限届满或者公司章程规定的其他解散事由出现;

(二)股东会或者股东大会决议解散;

(三)因公司合并或者分立需要解散;

(四)依法被吊销营业执照、责令关闭或者被撤销;

(五)人民法院依照本法第一百八十二条的规定予以解散。

第一百八十二条 公司经营管理发生严重困难,继续存续会使股东利益受到重大损失,通过其他途径不能解决的,持有公司全部股东表决权百分之十以上的股东,可以请求人民法院解散公司。

第一百八十三条 公司因本法第一百八十条第(一)项、第(二)项、第(四)项、第(五)项规定而解散的,应当在解散事由出现之日起十五日内成立清算组,开始清算。有限责任公司的清算组由股东组成,股份有限公司的清算组由董事或者股东大会确定的人员组成。逾期不成立清算组进行清算的,债权人可以申请人民法院指定有关人员组成清算组进行清算。人民法院应当受理该申请,并及时组织清算组进行清算。

3. 动作步骤

第一步,通过查阅工商底档等资料,发现公司出现解散事由,但有限公司股东、股份公司董事控股股东未在法定期限内成立清算组清算。

第二步,债权人申请法院指定有关人员组成清算组进行清算。

第三步,在清算程序中发现股东未在法定期限内清算导致公司财产损失,是实际控制人造成的,并取得相关证据。

第四步,向法院提起诉讼,请求实际控制人对公司债务承担相应民事责任。

动作48:请求导致公司无法进行清算的实际控制人承担民事责任

1. 动作背景

在执行案件中,当被执行人为有限责任公司或股份有限公司时,有时会遇到其面临清算的情况。当被执行的有限责任公司或股份有限公司清算时,有限责任公司的股东、股份有限公司的董事等应当组成清算组进行清算。如果由于公司实际控制人的原因,公司主要财产、账册、重要文件等灭失,无法进行清算,债权人有权主张实际控制人对公司债务承担相应民事责任。

2. 法律依据

《最高人民法院关于适用〈中华人民共和国公司法〉若干问题的规定(二)》(法释〔2020〕18号)

第十八条第二款 有限责任公司的股东、股份有限公司的董事和控股股东因怠于履行义务，导致公司主要财产、账册、重要文件等灭失，无法进行清算，债权人主张其对公司债务承担连带清偿责任的，人民法院应依法予以支持。

第三款　上述情形系实际控制人原因造成，债权人主张实际控制人对公司债务承担相应民事责任的，人民法院应依法予以支持。

3. 动作步骤

第一步，通过查阅工商底档等资料，发现公司存在法定清算事由，但有限公司股东、股份公司董事高管能够清算但故意拖延、拒绝或不清算。

第二步，债权人向法院申请对公司进行强制清算，或符合破产条件的，向法院申请对公司进行破产清算。

第三步，在清算程序中发现上述主体怠于履行义务，导致公司主要财产、账册、重要文件等灭失，无法进行清算系实际控制人造成，取得相关证据。

第四步，向法院提起诉讼，请求实际控制人对公司债务承担相应民事责任。

动作49：请求以虚假的清算报告骗取公司登记机关办理法人注销登记的股东等承担赔偿责任

1. 动作背景

在执行案件中，当被执行人为有限责任公司或股份有限公司时，有时会遇到其面临解散的情况，如公司章程规定的营业期限届满、股东会或者股东大会决议解散、因公司合并或者分立需要解散等。当公司解散后，应当在依法成立清算组，开始清算。清算的目的是清理公司债权债务并处分公司剩余财产，最终通过公司登记机关注销公司法人人格。如果公司没有未经依法清算，以虚假的清算报告骗取公司登记机关办理法人注销登记，损害了债权人的利益，债权人有权要求有限责任公司的股东、股份有限公司的董事和控股股东，以及公司的实际控制人承当相应的赔偿责任。

2. 法律依据

《最高人民法院关于适用〈中华人民共和国公司法〉若干问题的规定（二）》（法释〔2020〕18号）

第十九条　有限责任公司的股东、股份有限公司的董事和控股股东，以及公司的实际控制人在公司解散后,恶意处置公司财产给债权人造成损失,或者未经依法清算,以虚假的清算报告骗取公司登记机关办理法人注销登记,债权人主张其对公司债务承担相应赔偿责任的,人民法院应依法予以支持。

3. 动作步骤

第一步,通过查阅工商底档等资料,收集未经依法清算,以虚假的清算报告骗取公司登记机关办理法人注销登记的证据。

第二步,向法院提起诉讼,请求有限责任公司的股东、股份有限公司的董事和控股股东,以及公司的实际控制人对公司债务承担相应赔偿责任。

动作50:请求违反法律、行政法规或者公司章程,给公司或者债权人造成损失的清算组成员承担赔偿责任

1. 动作背景

公司解散的,应当成立清算组进行清算。清算组成员应当法律、行政法规或者公司章程的有关规定,依法履行清算义务。如果清算组成员在从事清算事务时,违反法律、行政法规或者公司章程的规定,并给公司或者债权人造成损失,公司或者债权人主张其承担赔偿责任。在执行程序中,债权人也可以通过此诉讼,请求清算组成员承担赔偿责任。

2. 法律依据

《最高人民法院关于适用〈中华人民共和国公司法〉若干问题的规定(二)》(法释〔2020〕18号)

第二十三条第一款　清算组成员从事清算事务时,违反法律、行政法规或者公司章程给公司或者债权人造成损失,公司或者债权人主张其承担赔偿责任的,人民法院应依法予以支持。

3. 动作步骤

第一步,被执行人公司解散,成立清算组清算。

第二步,发现清算组成员在从事清算事务时,存在违反法律、行政法规或者公司章程的行为,给债权人造成了损失。

第三步，债权人向法院提起诉讼，请求清算组成员承担赔偿责任。

动作 51：提请破产管理人起诉撤销债务人无偿转让财产的行为

1. 动作背景

《企业破产法》第 31 条规定了破产管理人具有撤销权。对破产案件受理前一年内出现的破产财产不正当减少等行为，管理人可以行使撤销权。破产财产不正当减少的表现之一是债务人无偿转让财产。无偿转让财产，指的是债务人以无对价的方式将债务人财产让渡给他人的行为，该行为将导致债务人责任财产的不当减少，从而使全体债权人受偿利益受损。面对此种情况，管理人可以请求法院撤销债务人无偿转让财产的行为，并要求受让人返还财产。需要注意的是，管理人并非撤销权的实际受益人，其行使撤销权追回的财产归入债务人财产。在执行程序中，这也是扩大被执行主体范围和执行财产的一种方式。

2. 法律依据

《中华人民共和国企业破产法》

第三十一条 人民法院受理破产申请前一年内，涉及债务人财产的下列行为，管理人有权请求人民法院予以撤销：

（一）无偿转让财产的；

（二）以明显不合理的价格进行交易的；

（三）对没有财产担保的债务提供财产担保的；

（四）对未到期的债务提前清偿的；

（五）放弃债权的。

第三十四条 因本法第三十一条、第三十二条或者第三十三条规定的行为而取得的债务人的财产，管理人有权追回。

《最高人民法院关于适用〈中华人民共和国企业破产法〉若干问题的规定（二）》（法释〔2020〕18 号）

第九条 管理人依据企业破产法第三十一条和第三十二条的规定提起诉讼，请求撤销涉及债务人财产的相关行为并由相对人返还债务人财产的，人民法院应予支持。

管理人因过错未依法行使撤销权导致债务人财产不当减损,债权人提起诉讼主张管理人对其损失承担相应赔偿责任的,人民法院应予支持。

第十三条 破产申请受理后,管理人未依据企业破产法第三十一条的规定请求撤销债务人无偿转让财产、以明显不合理价格交易、放弃债权行为的,债权人依据民法典第五百三十八条、第五百三十九条等规定提起诉讼,请求撤销债务人上述行为并将因此追回的财产归入债务人财产的,人民法院应予受理。

相对人以债权人行使撤销权的范围超出债权人的债权抗辩的,人民法院不予支持。

3. 动作步骤

第一步,法院受理破产申请前一年内,债务人无偿转让了财产。

第二步,提请管理人起诉撤销该行为,追回被无偿转让的财产。

第三步,管理人不起诉的,债权人提起诉讼,请求撤销债务人上述行为并将因此追回的财产归入债务人财产。

动作 52:提请破产管理人起诉撤销债务人以明显不合理的价格进行交易的行为

1. 动作背景

请求法院撤销债务人以明显不合理的价格进行交易的行为,这也是执行程序中扩大被执行人主体范围的一种方式。法院受理破产申请前一年内,债务人以明显不合理的价格进行交易的,管理人也可以行使撤销权,请求撤销该交易,并由相对人返还债务人财产。

根据《民法典》第 539 条的规定,“以明显不合理的价格”包括以明显不合理的低价转让财产、以明显不合理的高价受让他人财产。根据最高人民法院 2021 年 4 月 6 日发布的《全国法院贯彻实施民法典工作会议纪要》的规定,《民法典》第 539 条规定的明显不合理的低价或者高价,法院应当以交易当地一般经营者的判断,并参考交易当时交易地的物价部门指导价或者市场交易价,结合其他相关因素综合考虑予以认定。转让价格达不到交易时交易地的指导价或者市场交易价 70%的,一般可以视为明显不合理的低价;对转让价格高于当地指导价或者市场交易价 30%的,一般可以视为明显不合理的高价。当事人对于其所主张的交易时交易地的指导价或者市场交易价承担举证责任。

2. 法律依据

《中华人民共和国企业破产法》

第三十一条　人民法院受理破产申请前一年内，涉及债务人财产的下列行为，管理人有权请求人民法院予以撤销：

（一）无偿转让财产的；

（二）以明显不合理的价格进行交易的；

（三）对没有财产担保的债务提供财产担保的；

（四）对未到期的债务提前清偿的；

（五）放弃债权的。

第三十四条　因本法第三十一条、第三十二条或者第三十三条规定的行为而取得的债务人的财产，管理人有权追回。

《最高人民法院关于适用〈中华人民共和国企业破产法〉若干问题的规定（二）》（法释〔2020〕18号）

第九条　管理人依据企业破产法第三十一条和第三十二条的规定提起诉讼，请求撤销涉及债务人财产的相关行为并由相对人返还债务人财产的，人民法院应予支持。

管理人因过错未依法行使撤销权导致债务人财产不当减损，债权人提起诉讼主张管理人对其损失承担相应赔偿责任的，人民法院应予支持。

第十三条　破产申请受理后，管理人未依据企业破产法第三十一条的规定请求撤销债务人无偿转让财产、以明显不合理价格交易、放弃债权行为的，债权人依据民法典第五百三十八条、第五百三十九条等规定提起诉讼，请求撤销债务人上述行为并将因此追回的财产归入债务人财产的，人民法院应予受理。

相对人以债权人行使撤销权的范围超出债权人的债权抗辩的，人民法院不予支持。

《中华人民共和国民法典》

第五百三十九条　债务人以明显不合理的低价转让财产、以明显不合理的高价受让他人财产或者为他人的债务提供担保，影响债权人的债权实现，债务人的相对人知道或者应当知道该情形的，债权人可以请求人民法院撤销债务人的行为。

3. 动作步骤

第一步,发现法院受理破产申请前一年内,债务人以明显不合理的价格进行了交易。

第二步,提请管理人起诉撤销该交易,要求相对人返还财产。

第三步,管理人不起诉的,债权人提起诉讼,请求撤销债务人上述行为并将因此追回的财产归入债务人财产。

动作 53:提请破产管理人起诉撤销债务人对没有财产担保的债务提供财产担保的行为

1. 动作背景

请求撤销债务人对没有财产担保的债务提供财产担保的行为,这也是执行程序中扩大被执行人主体范围的一种方式。法院受理破产申请前一年内,债务人对没有财产担保的债务提供财产担保,管理人也可以行使撤销权,请求撤销该行为。

“中国农业银行股份有限公司辽源分行、吉林麦达斯铝业有限公司破产管理人破产撤销权纠纷再审案”中[①]指出,《企业破产法》第 31 条第 3 项规定的破产管理人有权申请撤销的行为是在人民法院受理破产申请前一年内“对没有财产担保的债务提供财产担保的”行为,应当理解为对原没有财产担保的债务提供财产担保的一种偏颇清偿行为。作出该种理解的理由主要是:破产申请受理后,债务人的无财产担保债权只能作为破产债权受偿,如债务人在可撤销期间内为原无担保的债权人提供财产担保,将使该债权人在破产程序中对特定财产享有优先受偿权,得到个别优惠性清偿,故应予撤销;但债务人与债权人在可撤销期间内签订主合同时一并签订抵押等财产担保从合同的,不在可撤销行为之列,因其不是对原无财产担保的债权提供担保,不具有改善某一债权人原有清偿地位的不公平性质,而且抵押等担保合同的签订往往是债权人决定签订主合同的对价利益和必要保障(如果没有担保,债权人可能不愿签订主合同)。

---

① 最高人民法院民事判决书,(2020)最高法民再 296 号。

2. 法律依据

《中华人民共和国企业破产法》

第三十一条 人民法院受理破产申请前一年内,涉及债务人财产的下列行为,管理人有权请求人民法院予以撤销:

(一)无偿转让财产的;

(二)以明显不合理的价格进行交易的;

(三)对没有财产担保的债务提供财产担保的;

(四)对未到期的债务提前清偿的;

(五)放弃债权的。

第三十四条 因本法第三十一条、第三十二条或者第三十三条规定的行为而取得的债务人的财产,管理人有权追回。

《最高人民法院关于适用〈中华人民共和国企业破产法〉若干问题的规定(二)》(法释〔2020〕18号)

第九条 管理人依据企业破产法第三十一条和第三十二条的规定提起诉讼,请求撤销涉及债务人财产的相关行为并由相对人返还债务人财产的,人民法院应予支持。

管理人因过错未依法行使撤销权导致债务人财产不当减损,债权人提起诉讼主张管理人对其损失承担相应赔偿责任的,人民法院应予支持。

第十三条 破产申请受理后,管理人未依据企业破产法第三十一条的规定请求撤销债务人无偿转让财产、以明显不合理价格交易、放弃债权行为的,债权人依据民法典第五百三十八条、第五百三十九条等规定提起诉讼,请求撤销债务人上述行为并将因此追回的财产归入债务人财产的,人民法院应予受理。

相对人以债权人行使撤销权的范围超出债权人的债权抗辩的,人民法院不予支持。

3. 动作步骤

第一步,发现法院受理破产申请前一年内,债务人对没有财产担保的债务提供了财产担保。

第二步,提请管理人起诉撤销该行为。

第三步,管理人不起诉的,债权人提起诉讼,请求撤销债务人上述行为并将因此追回的财产归入债务人财产。

动作 54:提请破产管理人起诉撤销债务人对未到期的债务提前清偿的行为

1. 动作背景

一般而言,债务人可以对到期的债权提前清偿,法律并不加以限制。但在法院受理企业破产申请前一年内,其作为债务人,仍对未到期的债务提前清偿,将不当减损债务人的财产,损害债权人的合法利益,因此《企业破产法》对此加以了限制,赋予了破产管理人撤销权,让相对人返还债务人的财产,以保障债权人的整体利益。可见,请求撤销债务人对未到期的债务提前清偿的行为,这也是执行程序中扩大被执行人主体范围的一种方式。

2. 法律依据

《中华人民共和国企业破产法》

第三十一条 人民法院受理破产申请前一年内,涉及债务人财产的下列行为,管理人有权请求人民法院予以撤销:

(一)无偿转让财产的;

(二)以明显不合理的价格进行交易的;

(三)对没有财产担保的债务提供财产担保的;

(四)对未到期的债务提前清偿的;

(五)放弃债权的。

第三十四条 因本法第三十一条、第三十二条或者第三十三条规定的行为而取得的债务人的财产,管理人有权追回。

《最高人民法院关于适用〈中华人民共和国企业破产法〉若干问题的规定(二)》(法释〔2020〕18 号)

第九条 管理人依据企业破产法第三十一条和第三十二条的规定提起诉讼,请求撤销涉及债务人财产的相关行为并由相对人返还债务人财产的,人民法院应予支持。

管理人因过错未依法行使撤销权导致债务人财产不当减损,债权人提起诉讼主张管理人对其损失承担相应赔偿责任的,人民法院应予支持。

第十二条 破产申请受理前一年内债务人提前清偿的未到期债务,在破产申请受理前已经到期,管理人请求撤销该清偿行为的,人民法院不予支持。但是，该清偿行为发生在破产申请受理前六个月内且债务人有企业破产法第二条第一款规定情形的除外。

第十三条　破产申请受理后，管理人未依据企业破产法第三十一条的规定请求撤销债务人无偿转让财产、以明显不合理价格交易、放弃债权行为的，债权人依据民法典第五百三十八条、第五百三十九条等规定提起诉讼，请求撤销债务人上述行为并将因此追回的财产归入债务人财产的，人民法院应予受理。

相对人以债权人行使撤销权的范围超出债权人的债权抗辩的，人民法院不予支持。

3. 动作步骤

第一步，发现法院受理破产申请前一年内，债务人对未到期的债务进行了提前清偿。

第二步，提请管理人提起诉讼撤销该行为，要求相对人返还财产。

第三步，管理人不起诉的，债权人提起诉讼，请求撤销债务人上述行为并将因此追回的财产归入债务人财产。

动作 55：提请破产管理人起诉撤销债务人放弃债权的行为

1. 动作背景

法院受理破产申请前一年内，债务人放弃债权的，管理人也可以行使撤销权，请求撤销该行为，这也是执行程序中扩大被执行人主体范围的一种方式。放弃债权主要包括两种方式，一是积极放弃债权，二是消极放弃债权。积极放弃债权，主要是指债务人以积极作为的方式主动放弃债权，如签订放弃债权的协议等；消极放弃债权，主要是指债务人以消极不作为的方式放弃债权，如消极对待债权使债权已过诉讼时效等。不管是积极放弃债权的行为，还是消极放弃债权的行为，都将导致债务人的财产不当减少，影响债权人的利益。因此，有必要赋予管理人撤销权，撤销债务人放弃债权的行为。

2. 法律依据

《中华人民共和国企业破产法》

第三十一条　人民法院受理破产申请前一年内，涉及债务人财产的下列行

为,管理人有权请求人民法院予以撤销:

(一)无偿转让财产的;

(二)以明显不合理的价格进行交易的;

(三)对没有财产担保的债务提供财产担保的;

(四)对未到期的债务提前清偿的;

(五)放弃债权的。

第三十四条 因本法第三十一条、第三十二条或者第三十三条规定的行为而取得的债务人的财产,管理人有权追回。

《最高人民法院关于适用〈中华人民共和国企业破产法〉若干问题的规定(二)》(法释〔2020〕18号)

第九条 管理人依据企业破产法第三十一条和第三十二条的规定提起诉讼,请求撤销涉及债务人财产的相关行为并由相对人返还债务人财产的,人民法院应予支持。

管理人因过错未依法行使撤销权导致债务人财产不当减损,债权人提起诉讼主张管理人对其损失承担相应赔偿责任的,人民法院应予支持。

第十三条 破产申请受理后,管理人未依据企业破产法第三十一条的规定请求撤销债务人无偿转让财产、以明显不合理价格交易、放弃债权行为的,债权人依据民法典第五百三十八条、第五百三十九条等规定提起诉讼,请求撤销债务人上述行为并将因此追回的财产归入债务人财产的,人民法院应予受理。

相对人以债权人行使撤销权的范围超出债权人的债权抗辩的,人民法院不予支持。

3. 动作步骤

第一步,发现法院受理破产申请前一年内,债务人以积极方式放弃了债权。

第二步,提请管理人提起诉讼撤销该行为。

第三步,管理人不起诉的,债权人提起诉讼,请求撤销债务人上述行为并将因此追回的财产归入债务人财产。

动作56:提请破产管理人起诉撤销债务人个别清偿的行为

1. 动作背景

法院受理破产申请后,破产程序开始。根据《企业破产法》第113条的规定,普通破产债权的清偿顺序相同,破产财产不足以清偿普通破产债权的,按照比例分配。第16条规定,法院受理破产申请后,债务人对个别债权人的债务清偿无效。这主要是为了平等地保障各个债权人的合法债权,也是为了防止债务人以个别清偿为名转移财产。如果法院受理破产申请前,债务人清偿个别债权该怎么办呢?为此,《企业破产法》第32条赋予了管理人撤销权。如果法院受理破产申请前6个月内,企业法人不能清偿到期债务,并且资产不足以清偿全部债务或者明显缺乏清偿能力,但仍对个别债权人进行清偿,管理人有权请求法院予以撤销。至于此处债权人个别清偿时是否善意,在所不问。当然,个别清偿使债务人财产受益的除外。

2. 法律依据

《中华人民共和国企业破产法》

第二条第一款　企业法人不能清偿到期债务,并且资产不足以清偿全部债务或者明显缺乏清偿能力的,依照本法规定清理债务。

第三十二条　人民法院受理破产申请前六个月内,债务人有本法第二条第一款规定的情形,仍对个别债权人进行清偿的,管理人有权请求人民法院予以撤销。但是,个别清偿使债务人财产受益的除外。

第一百一十三条　破产财产在优先清偿破产费用和共益债务后,依照下列顺序清偿:

(一)破产人所欠职工的工资和医疗、伤残补助、抚恤费用,所欠的应当划入职工个人账户的基本养老保险、基本医疗保险费用,以及法律、行政法规规定应当支付给职工的补偿金;

(二)破产人欠缴的除前项规定以外的社会保险费用和破产人所欠税款;

(三)普通破产债权。

破产财产不足以清偿同一顺序的清偿要求的,按照比例分配。

破产企业的董事、监事和高级管理人员的工资按照该企业职工的平均工资计算。

《最高人民法院关于适用〈中华人民共和国企业破产法〉若干问题的规定(二)》(法释〔2020〕18号)

第九条　管理人依据企业破产法第三十一条和第三十二条的规定提起诉讼,请求撤销涉及债务人财产的相关行为并由相对人返还债务人财产的,人民法院应予支持。

管理人因过错未依法行使撤销权导致债务人财产不当减损,债权人提起诉讼主张管理人对其损失承担相应赔偿责任的,人民法院应予支持。

第十四条 债务人对以自有财产设定担保物权的债权进行的个别清偿,管理人依据企业破产法第三十二条的规定请求撤销的,人民法院不予支持。但是,债务清偿时担保财产的价值低于债权额的除外。

第十五条 债务人经诉讼、仲裁、执行程序对债权人进行的个别清偿,管理人依据企业破产法第三十二条的规定请求撤销的,人民法院不予支持。但是,债务人与债权人恶意串通损害其他债权人利益的除外。

第十六条 债务人对债权人进行的以下个别清偿,管理人依据企业破产法第三十二条的规定请求撤销的,人民法院不予支持:

(一)债务人为维系基本生产需要而支付水费、电费等的;

(二)债务人支付劳动报酬、人身损害赔偿金的;

(三)使债务人财产受益的其他个别清偿。

3. 动作步骤

第一步,企业法人不能清偿到期债务,并且资产不足以清偿全部债务或者明显缺乏清偿能力。

第二步,法院受理破产申请前 6 个月内,债务人仍对个别债权人进行清偿。

第三步,提请管理人提起诉讼予以撤销。但是,个别清偿使债务人财产受益的除外。

动作 57:请求因过错未依法行使撤销权的管理人承担赔偿责任

1. 动作背景

《企业破产法》赋予了管理人撤销权。在法院受理企业破产申请前一定时期内,对于债务人实施的有害于债权人利益的行为,管理人可以请求法院撤销涉及债务人财产的相关行为,并由相对人返还债务人财产。破产撤销权设立的主要目的是维护债权人的合法债权。需要注意的是,破产撤销权的行使需要管理人以诉讼的方式提出,如果管理人因过错未依法行使撤销权,并造成债权人财产不当减损的后果,债权人可以向法院提起诉讼,请求管理人对其损失承担相应的赔偿责任。

2. 法律依据

《最高人民法院关于适用〈中华人民共和国企业破产法〉若干问题的规定（二）》（法释〔2020〕18 号）

第九条　管理人依据企业破产法第三十一条和第三十二条的规定提起诉讼，请求撤销涉及债务人财产的相关行为并由相对人返还债务人财产的，人民法院应予支持。

管理人因过错未依法行使撤销权导致债务人财产不当减损，债权人提起诉讼主张管理人对其损失承担相应赔偿责任的，人民法院应予支持。

《中华人民共和国企业破产法》

第二条第一款　企业法人不能清偿到期债务，并且资产不足以清偿全部债务或者明显缺乏清偿能力的，依照本法规定清理债务。

第三十一条　人民法院受理破产申请前一年内，涉及债务人财产的下列行为，管理人有权请求人民法院予以撤销：

（一）无偿转让财产的；

（二）以明显不合理的价格进行交易的；

（三）对没有财产担保的债务提供财产担保的；

（四）对未到期的债务提前清偿的；

（五）放弃债权的。

第三十二条　人民法院受理破产申请前六个月内，债务人有本法第二条第一款规定的情形，仍对个别债权人进行清偿的，管理人有权请求人民法院予以撤销。但是，个别清偿使债务人财产受益的除外。

3. 动作步骤

第一步，管理人因过错未依法行使撤销权，并导致债务人财产不当减损。

第二步，债权人可以提起诉讼，请求管理人对其损失承担相应赔偿责任。

动作 58：提请管理人起诉请求实际占有人返还被债务人隐匿、转移的财产

1. 动作背景

当债务人进入破产程序后，可能会为了逃避债务而隐匿、转移财产，损害债

权人的利益,这种隐匿、转移财产的行为是无效的,管理人可以向法院提起诉讼,请求被隐匿、转移财产的实际占有人返还债务人财产。

2. 法律依据

《中华人民共和国企业破产法》

第三十三条 涉及债务人财产的下列行为无效:

(一)为逃避债务而隐匿、转移财产的;

(二)虚构债务或者承认不真实的债务的。

《最高人民法院关于适用〈中华人民共和国企业破产法〉若干问题的规定(二)》(法释〔2020〕18 号)

第十七条 管理人依据企业破产法第三十三条的规定提起诉讼,主张被隐匿、转移财产的实际占有人返还债务人财产,或者主张债务人虚构债务或者承认不真实债务的行为无效并返还债务人财产的,人民法院应予支持。

3. 动作步骤

第一步,发现破产程序开始后,债务人存在隐匿、转移财产的行为。

第二步,提请管理人向法院提起诉讼,请求确认隐匿转移行为无效,要求实际占有人返还被债务人隐匿、转移的财产。

动作 59:提请管理人起诉确认债务人虚构债务或者承认不真实债务的行为无效

1. 动作背景

当进入破产管理程序后,企业除了会为逃避债务而隐匿、转移财产外,还有可能虚构债务或者承认不真实的债务。当然,这种虚构债务或者承认不真实的债务的行为也是无效的,管理人也可以向法院提起诉讼,请求确认债务人虚构债务或者承认不真实债务的行为无效,并要求返还债务人财产。

2. 法律依据

《中华人民共和国企业破产法》

第三十三条 涉及债务人财产的下列行为无效:

（一）为逃避债务而隐匿、转移财产的；

（二）虚构债务或者承认不真实的债务的。

《最高人民法院关于适用〈中华人民共和国企业破产法〉若干问题的规定（二）》（法释〔2020〕18号）

第十七条　管理人依据企业破产法第三十三条的规定提起诉讼，主张被隐匿、转移财产的实际占有人返还债务人财产，或者主张债务人虚构债务或者承认不真实债务的行为无效并返还债务人财产的，人民法院应予支持。

3. 动作步骤

第一步，发现破产程序开始后，债务人有虚构债务或者承认不真实债务的行为。

第二步，提请管理人向法院提起诉讼，请求法院确认债务人虚构债务或者承认不真实债务的行为无效并要求取得财产的相对人返还债务人财产。

动作60：提请管理人起诉追回董监高利用职权获取的非正常收入

1. 动作背景

企业经营并不是一帆风顺的，有时会出现不能清偿到期债务，并且资产不足以清偿全部债务或者明显缺乏清偿能力的情况。如果出现了这种情况，企业的董事、监事和高级管理人员又获取了不正常的收入，如绩效奖金、普遍拖欠职工工资情况下获取的工资性收入等，此时，管理人可以向法院提起诉讼，要求企业的董事、监事和高级管理人员返还所获的财产。需要注意的是，这种不正常收入的获取需要董事、监事和高级管理人员利用了职权。

2. 法律依据

《最高人民法院关于适用〈中华人民共和国企业破产法〉若干问题的规定（二）》（法释〔2020〕18号）

第二十四条　债务人有企业破产法第二条第一款规定的情形时，债务人的董事、监事和高级管理人员利用职权获取的以下收入，人民法院应当认定为企业破产法第三十六条规定的非正常收入：

（一）绩效奖金；

(二)普遍拖欠职工工资情况下获取的工资性收入;

(三)其他非正常收入。

债务人的董事、监事和高级管理人员拒不向管理人返还上述债务人财产,管理人主张上述人员予以返还的,人民法院应予支持。

债务人的董事、监事和高级管理人员因返还第一款第(一)项、第(三)项非正常收入形成的债权,可以作为普通破产债权清偿。因返还第一款第(二)项非正常收入形成的债权,依据企业破产法第一百一十三条第三款的规定,按照该企业职工平均工资计算的部分作为拖欠职工工资清偿;高出该企业职工平均工资计算的部分,可以作为普通破产债权清偿。

《中华人民共和国企业破产法》

第二条第一款 企业法人不能清偿到期债务,并且资产不足以清偿全部债务或者明显缺乏清偿能力的,依照本法规定清理债务。

第一百一十三条 破产财产在优先清偿破产费用和共益债务后,依照下列顺序清偿:

(一)破产人所欠职工的工资和医疗、伤残补助、抚恤费用,所欠的应当划入职工个人账户的基本养老保险、基本医疗保险费用,以及法律、行政法规规定应当支付给职工的补偿金;

(二)破产人欠缴的除前项规定以外的社会保险费用和破产人所欠税款;

(三)普通破产债权。

破产财产不足以清偿同一顺序的清偿要求的,按照比例分配。

破产企业的董事、监事和高级管理人员的工资按照该企业职工的平均工资计算。

3. 动作步骤

第一步,债务人法人不能清偿到期债务,并且资产不足以清偿全部债务或者明显缺乏清偿能力。

第二步,发现债务人的董事、监事和高级管理人员利用职权获取了不正常的收入。

第三步,提请管理人向法院提起诉讼,要求上述人员返还所获的财产。

动作 61：提请管理人起诉请求存在故意或者重大过失的法定代表人和其他直接责任人承担赔偿责任

1. 动作背景

有的企业在法院受理破产申请前，往往会采取一些行为，如无偿转让财产、放弃债权或者清偿个别债权等，如果这些行为导致债权人的利益受到损害，债务人的法定代表人和其他直接责任人员应当依法承担赔偿责任。此时，管理人可以代表债权人向法院提起诉讼，主张上述责任人员承担相应赔偿责任，以维护债权人的合法债权。

2. 法律依据

《最高人民法院关于适用〈中华人民共和国企业破产法〉若干问题的规定（二）》（法释〔2020〕18 号）

第十八条　管理人代表债务人依据企业破产法第一百二十八条的规定，以债务人的法定代表人和其他直接责任人员对所涉债务人财产的相关行为存在故意或者重大过失，造成债务人财产损失为由提起诉讼，主张上述责任人员承担相应赔偿责任的，人民法院应予支持。

《中华人民共和国企业破产法》

第二条第一款　企业法人不能清偿到期债务，并且资产不足以清偿全部债务或者明显缺乏清偿能力的，依照本法规定清理债务。

第三十一条　人民法院受理破产申请前一年内，涉及债务人财产的下列行为，管理人有权请求人民法院予以撤销：

（一）无偿转让财产的；

（二）以明显不合理的价格进行交易的；

（三）对没有财产担保的债务提供财产担保的；

（四）对未到期的债务提前清偿的；

（五）放弃债权的。

第三十二条　人民法院受理破产申请前六个月内，债务人有本法第二条第一款规定的情形，仍对个别债权人进行清偿的，管理人有权请求人民法院予以撤销。但是，个别清偿使债务人财产受益的除外。

第三十三条　涉及债务人财产的下列行为无效：

(一)为逃避债务而隐匿、转移财产的;

(二)虚构债务或者承认不真实的债务的。

第一百二十八条 债务人有本法第三十一条、第三十二条、第三十三条规定的行为,损害债权人利益的,债务人的法定代表人和其他直接责任人员依法承担赔偿责任。

3. 动作步骤

第一步,债务人的法定代表人和其他直接责任人员对所涉债务人财产的相关行为存在故意或者重大过失,并造成了债务人财产的损失。

第二步,提请管理人代表债务人向法院提起诉讼,请求上述人员承担相应的赔偿责任。

动作 62:请求发起人对设立公司所产生的债务承担连带清偿责任

1. 动作背景

公司设立过程中,因承租经营场所、购买机器设备等,都可能会产生债务。如果公司最终依法设立,设立过程中的债务应当由设立后的法人承担。但是,公司设立也并非一帆风顺,如不符合设立公司条件、发起人决议不设立公司等,这些都可能导致公司设立不成功。如果公司未能依法成立,成立过程中产生的债务应当由谁承担呢?当公司不能成立时,设立公司产生的相关债务就失去了“公司”这一承担主体,只能由全体或者部分发起人对设立公司行为所产生的债务承担责任。由于发起人之间的关系类似于合伙人之间的关系,因此全体或者部分发起人对设立公司行为所产生的债务承担的责任是连带清偿责任。当然,部分发起人承担责任后,可以请求其他发起人分担。在执行案件中,这也是通过诉讼扩大主体的一种方式。

2. 法律依据

《最高人民法院关于适用〈中华人民共和国公司法〉若干问题的规定(三)》(法释〔2020〕18 号)

第四条 公司因故未成立,债权人请求全体或者部分发起人对设立公司行为所产生的费用和债务承担连带清偿责任的,人民法院应予支持。

部分发起人依照前款规定承担责任后，请求其他发起人分担的，人民法院应当判令其他发起人按照约定的责任承担比例分担责任；没有约定责任承担比例的，按照约定的出资比例分担责任；没有约定出资比例的，按照均等份额分担责任。

因部分发起人的过错导致公司未成立，其他发起人主张其承担设立行为所产生的费用和债务的，人民法院应当根据过错情况，确定过错一方的责任范围。

3. 动作步骤

第一步，判断公司是否没有依法成立。

第二步，向法院提起诉讼，请求全体或者部分发起人对设立公司行为所产生的费用和债务承担连带清偿责任。

动作 63：请求有过错的股权受让人承担连带责任

1. 动作背景

在执行案件中，当被执行人为公司时，公司财产不足以清偿生效法律文书确定的债务，其股东未依法履行出资义务即转让股权的，申请执行人可以向法院提出申请，请求变更、追加该原股东或依《公司法》规定对该出资承担连带责任的发起人为被执行人，让其在未依法出资的范围内承担责任。有限责任公司的股东未履行或者未全面履行出资义务即转让股权时，还会涉及受让人的问题。如果受让人对此知情，很可能存在恶意串通等情形。为了保护债权人的利益，当受让人对此知道或者应当知道时，债权人可以在向该股东提起诉讼的同时，请求受让人对此承担连带责任。

2. 法律依据

《最高人民法院关于适用〈中华人民共和国公司法〉若干问题的规定（三）》（法释〔2020〕18 号）

第十三条第二款 公司债权人请求未履行或者未全面履行出资义务的股东在未出资本息范围内对公司债务不能清偿的部分承担补充赔偿责任的，人民法院应予支持；未履行或者未全面履行出资义务的股东已经承担上述责任，其他债权人提出相同请求的，人民法院不予支持。

第十八条 有限责任公司的股东未履行或者未全面履行出资义务即转让股权,受让人对此知道或者应当知道,公司请求该股东履行出资义务、受让人对此承担连带责任的,人民法院应予支持;公司债权人依照本规定第十三条第二款向该股东提起诉讼,同时请求前述受让人对此承担连带责任的,人民法院应予支持。

受让人根据前款规定承担责任后,向该未履行或者未全面履行出资义务的股东追偿的,人民法院应予支持。但是,当事人另有约定的除外。

3. 动作步骤

第一步,有限责任公司的股东未履行或者未全面履行出资义务即转让股权,受让人对此知道或者应当知道。

第二步,向法院提起诉讼,请求受让人承担连带责任。

动作 64:析产诉讼

1. 动作背景

根据《民法典》的规定,共有分为按份共有和共同共有。共有关系,尤其是按份共有关系,并不具有天然的稳定性。在没有约定或者约定不明的情况下,按份共有人可以随时请求分割共有财产;而共同共有人在两种情况下可以请求分割共有财产,一是共有的基础丧失,二是有重大理由需要分割。即使共有人为了维持共有关系,约定不得分割共有财产,但当共有人有重大理由需要分割的,仍然可以请求分割。如果共有人对共有财产的分割不能达成一致而向法院提起提起诉讼,该诉讼就是析产诉讼。析产诉讼一般发生在夫妻之间或家庭成员之间。在执行案件中,当一方共有人成为被强制执行人,其他共有人,不管是按份共有人,还是共同共有人,都可以请求以《民法典》第 303 条“有重大理由需要分割”为理由,提出分割共有财产,以维护自己所享有的合法财产份额。

2. 法律依据

《最高人民法院关于人民法院民事执行中查封、扣押、冻结财产的规定》(法释〔2020〕21 号)

第十二条 对被执行人与其他人共有的财产,人民法院可以查封、扣押、冻结，并及时通知共有人。

共有人协议分割共有财产，并经债权人认可的，人民法院可以认定有效。查封、扣押、冻结的效力及于协议分割后被执行人享有份额内的财产；对其他共有人享有份额内的财产的查封、扣押、冻结，人民法院应当裁定予以解除。

共有人提起析产诉讼或者申请执行人代位提起析产诉讼的，人民法院应当准许。诉讼期间中止对该财产的执行。

《中华人民共和国民法典》

第三百零三条　共有人约定不得分割共有的不动产或者动产，以维持共有关系的，应当按照约定，但是共有人有重大理由需要分割的，可以请求分割；没有约定或者约定不明确的，按份共有人可以随时请求分割，共同共有人在共有的基础丧失或者有重大理由需要分割时可以请求分割。因分割造成其他共有人损害的，应当给予赔偿。

3. 动作步骤

第一步，共有人向法院提交析产诉讼起诉状，写明析产的事实和理由，并提供相应的证据。

第二步，法院经审查，符合立案条件的，应当准许立案。

动作65：提起代位析产诉讼

1. 动作背景

共有人可以提起析产诉讼，以维护自己所享有的合法财产份额。那当共有人不积极行使此权利时，申请执行人自己可以提起代位析产诉讼。代位析产诉讼，是指在执行程序中，被执行人与他人享有共有财产而不主动析产清偿债务，申请执行人有权以自己的名义代被执行人之位向法院提起诉讼，请求对共有财产进行析产。申请执行人提起代位析产诉讼，一方面可以使被执行人以共有财产为由不履行义务的想法“破产”，另一方面也为申请执行人拓宽了救济渠道，使其能以被执行人析产分割所得的财产维护自己的合法债权。

2. 法律依据

《最高人民法院关于人民法院民事执行中查封、扣押、冻结财产的规定》(法释〔2020〕21 号)

第十二条 对被执行人与其他人共有的财产,人民法院可以查封、扣押、冻结,并及时通知共有人。

共有人协议分割共有财产,并经债权人认可的,人民法院可以认定有效。查封、扣押、冻结的效力及于协议分割后被执行人享有份额内的财产;对其他共有人享有份额内的财产的查封、扣押、冻结,人民法院应当裁定予以解除。

共有人提起析产诉讼或者申请执行人代位提起析产诉讼的,人民法院应当准许。诉讼期间中止对该财产的执行。

《中华人民共和国民法典》

第三百零三条 共有人约定不得分割共有的不动产或者动产,以维持共有关系的,应当按照约定,但是共有人有重大理由需要分割的,可以请求分割;没有约定或者约定不明确的,按份共有人可以随时请求分割,共同共有人在共有的基础丧失或者有重大理由需要分割时可以请求分割。因分割造成其他共有人损害的,应当给予赔偿。

3. 动作步骤

第一步,查找被执行人婚姻登记信息,获取其配偶信息。

第二步,查找其配偶名下的财产,初步判断是否为共有财产(如取得时间是否在婚姻关系存续期间等),申请查封、扣押、冻结。

第三步,向法院提交代位析产诉讼起诉状,写明代位析产的事实和理由,并提供相应的证据。

需要注意的是:申请执行人已经提起代位析产诉讼的,诉讼期间,法院要中止对该财产的执行。

动作 66:提起债权人代位权纠纷诉讼

1. 动作背景

执行案件中,债务人通常会通过各种方式积极或消极减少自己责任财产以逃避债务,为此,债权人可以采取法律措施阻止债务人责任财产的不当减少。其中,针对债务人消极减少财产的行为,债权人可以向法院提起代位权之诉。提起代位权之诉需要以下条件:一是债权人对债务人的债权合法,次债务到期,债权原则上到期;二是次债务不具有人身性,如人身损害赔偿金、赡养费、抚养费、抚育费等不适用代位权;三是相对人怠于采取诉讼或仲裁等法律措施行使债权及从权利;四是相对人怠于行使债权及从权利影响了债权实现。需要注意的是,代位权之诉只能通过诉讼的方式行使,不能申请仲裁,也不能私下主张。代位权之诉中,债权人为原告,相对人为被告,债务人为第三人。

2. 法律依据

《中华人民共和国民法典》

第五百三十五条　因债务人怠于行使其债权或者与该债权有关的从权利,影响债权人的到期债权实现的,债权人可以向人民法院请求以自己的名义代位行使债务人对相对人的权利,但是该权利专属于债务人自身的除外。

代位权的行使范围以债权人的到期债权为限。债权人行使代位权的必要费用,由债务人负担。

相对人对债务人的抗辩,可以向债权人主张。

第五百三十六条　债权人的债权到期前,债务人的债权或者与该债权有关的从权利存在诉讼时效期间即将届满或者未及时申报破产债权等情形,影响债权人的债权实现的,债权人可以代位向债务人的相对人请求其向债务人履行、向破产管理人申报或者作出其他必要的行为。

第五百三十七条　人民法院认定代位权成立的,由债务人的相对人向债权人履行义务,债权人接受履行后,债权人与债务人、债务人与相对人之间相应的权利义务终止。债务人对相对人的债权或者与该债权有关的从权利被采取保全、执行措施,或者债务人破产的,依照相关法律的规定处理。

3. 动作步骤

第一步,发现债务人存在怠于行使其债权或者与该债权有关的从权利的行为。

第二步,准备相关证据,包括影响债权人到期债权实现的证据。

第三步,向法院提交起诉状,提起债权人代位权纠纷诉讼。

动作67:提起债权人撤销权纠纷诉讼

1.动作背景

执行案件中,债务人通常会通过各种方式积极或消极减少自己责任财产以逃避债务,为此,债权人可以采取法律措施阻止债务人责任财产的不当减少。其中,针对债务人积极减少财产的行为,债权人可以向法院提起撤销权之诉。根据《民法典》的规定,债权人撤销权的行使需要区分相对人是否知情。债务人以放弃其债权、放弃债权担保、无偿转让财产等方式无偿处分财产权益,或者恶意延长其到期债权的履行期限的,只要影响债权人的债权实现,债权人就可以行使撤销权,无须相对人知情。而债务人以明显不合理的低价转让财产、以明显不合理的高价受让他人财产或者为他人的债务提供担保,影响债权人的债权实现的,需要相对人知情,相对人知情的,债权人才能提起撤销权之诉。

2.法律依据

《中华人民共和国民法典》

第五百三十八条 债务人以放弃其债权、放弃债权担保、无偿转让财产等方式无偿处分财产权益,或者恶意延长其到期债权的履行期限,影响债权人的债权实现的,债权人可以请求人民法院撤销债务人的行为。

第五百三十九条 债务人以明显不合理的低价转让财产、以明显不合理的高价受让他人财产或者为他人的债务提供担保,影响债权人的债权实现,债务人的相对人知道或者应当知道该情形的,债权人可以请求人民法院撤销债务人的行为。

第五百四十条 撤销权的行使范围以债权人的债权为限。债权人行使撤销权的必要费用,由债务人负担。

第五百四十一条 撤销权自债权人知道或者应当知道撤销事由之日起一年内行使。自债务人的行为发生之日起五年内没有行使撤销权的,该撤销权消灭。

第五百四十二条 债务人影响债权人的债权实现的行为被撤销的,自始没有法律约束力。

3.动作步骤

第一步,发现债务人存在放弃其债权、放弃债权担保、无偿转让财产等方式无偿处分财产权益,或者恶意延长其到期债权的履行期限的行为。或发现债务人存在以明显不合理的低价转让财产、以明显不合理的高价受让他人财产或者为他人的债务提供担保的行为。

第二步,对于债务人的上述有偿交易行为,通过交易发生时间、交易人之间的关系等因素初步判断相对人是否知道或应当知道。

第三步,准备相关证据,包括上述行为影响债权人的债权实现的证据。

第四步,向法院提交起诉状,提起债权人撤销权纠纷诉讼。

需要注意的是:债权人撤销权的行使期限是1年,自知道或应当知道撤销事由之日起1年内行使。债务人行为发生之日起5年内没行使的,该权利消灭。

动作68:确认合同无效之诉

1. 动作背景

执行案件中,提起确认合同无效之诉,也是扩大财产范围的一种方式。根据《民法典》的规定,合同无效的情形主要有以下几种:一是无民事行为能力人签订的合同;二是当事人以虚假意思签订的合同;三是合同内容违反法律、行政法规的强制性规定;四是合同内容违背公序良俗;五是当事人恶意串通签订合同,且损害他人合法利益。例如,债务人与他人恶意串通签订合同,损害了债权人的利益,债权人有权向法院提起确认合同无效之诉。

2. 法律依据

《中华人民共和国民法典》

第一百四十四条 无民事行为能力人实施的民事法律行为无效。

第一百四十六条 行为人与相对人以虚假的意思表示实施的民事法律行为无效。

以虚假的意思表示隐藏的民事法律行为的效力,依照有关法律规定处理。

第一百五十三条 违反法律、行政法规的强制性规定的民事法律行为无效。但是,该强制性规定不导致该民事法律行为无效的除外。

违背公序良俗的民事法律行为无效。

第一百五十四条 行为人与相对人恶意串通,损害他人合法权益的民事法律行为无效。

3. 动作步骤

第一步,发现债务人与第三人之间有恶意串通行为。

第二步,上述行为损害了债权人利益,收集相关证据。

第三步,向法院提交起诉状,提起确认合同无效的诉讼。

第三章

执行财产

动作1:百度搜索被执行自然人基本信息

1. 动作背景

执行案件中,获取被执行人基本信息是开展执行案件的基础,而获取被执行人基本信息的一个重要方法就是通过百度进行搜索。当被执行人为自然人时,通过百度搜索,一是可以查看百度百科是否有关于被执行自然人的基本介绍,如年龄、籍贯、毕业学校、工作单位等,尤其是如果被执行自然人有一定的社会知名度,百度百科里很有可能就会有关于其更详细的介绍;二是可以查看百度贴吧等有无关于被执行自然人的讨论,或者查看其是否有过留言等,通过这些信息查找相关财产线索;三是如果百度百科、百度贴吧等没有被执行自然人的基本信息,可以通过百度输入被执行自然人姓名等关键词进行搜索,大量浏览涉及被执行自然人的信息,可能会搜到其毕业学校、有无考公务员、事业单位的记录(公务员、事业单位录取一般会网上公示),以及求职时的简历等信息,通过这些信息,可能会获取其毕业学校、工作单位、户籍所在地、现居住地等基本信息。如果通过百度搜索获取的被执行自然人的信息众多,要及时进行记录、整理、归纳,并筛选出其中有用的信息,以便能更加全面地了解被执行自然人,寻找财产线索,突破执行"困境"。

2. 动作步骤

第一步,通过输入被执行人姓名等关键词进行搜索。

第二步,及时进行记录、整理、归纳,并筛选出有用信息。

动作2:百度搜索被执行企业基本信息

1. 动作背景

执行案件中,当被执行人为企业时,也可以通过百度搜索企业的基本信息。一是可以查看百度百科是否有关于被执行企业的基本介绍,尤其是如果被执行企业有一定的社会知名度,百度百科里一般会有关于被执行企业更详细的介绍;二是通过百度直接搜索被执行企业的全称或者关键词,大量浏览涉及被执行企业的信息,如新闻、论坛讨论等,从中获取有价值的信息;三是登录企业官网,企业官网也是了解一个企业的重要渠道,浏览企业官网,了解企业的经营现状、合作企业,看有无相关财产线索。一般通过百度搜索被执行企业会比搜索被执行自然人获取的信息多,所以一定要及时进行记录、整理、归纳,筛选出有价值信息,从中寻找财产线索,寻找突破口。

2. 动作步骤

第一步,通过输入被执行企业全称或关键词进行搜索。

第二步,及时进行记录、整理、归纳,并筛选出有价值信息。

动作3:获取被执行人手机号

1. 动作背景

现代社会中,手机已经成为人与人之间交流、沟通、联系的基本方式,几乎人人一部手机,甚至一人多部手机。而在执行案件中,通过被执行人手机号也是寻找财产线索的重要渠道。一是可以添加其微信,查看其朋友圈;二是存储被执行人手机号到通讯录,通过抖音、快手、支付宝、QQ等查看被执行人是否有相关平台的账号;三是存储被执行人手机号到通讯录,通过淘宝、京东等查看被执行人是否有淘宝、京东账号,以此申请法院查询注册手机号的邮寄地址;四是可拨打移动、联通、电信等公司客服电话,查询被执行人话费;五是可以申请强制执行手机号,因为手机号,尤其是靓号,本身也是一种财产,属于被执行人。

那如何获取被执行人的手机号呢?获取被执行人的手机号的方法有很多,下面主要介绍几种常用的:第一种方法是由申请人提供,申请人一般都知晓被申请人的手机号,通过申请人也是获取被执行人的手机号最快的方法;第二种方法是查阅诉讼卷宗和执行卷宗,诉讼卷宗和执行卷宗中一般都会有被执行人的手机号,尤其是当事人送达地址确认书中“邮寄送达地址”一栏,会显示被执行人“电话(手机)号码”,这也是获取被执行人手机号的有效方法;第三种方法是查阅工商档案,如果被执行人是法人或其他组织,通过查阅法人或其他组织的工商档案,可以得知法人或其他组织的联系方式,甚至还会查到法定代表人的手机号;第四种方法是百度搜索被执行人姓名等关键词,有可能会查找到被执行人的简历等信息,通过这些信息查找被执行人手机号。

2. 动作步骤

第一步,先从申请人处获取被执行人手机号。

第二步,可以查阅诉讼卷宗和执行卷宗获取被执行人手机号。

第三步,通过查阅工商档案获取被执行人手机号。

第四步,可以通过百度搜索等其他方式获取被执行人手机号。

第五步,通过被执行人的手机号按照上述方式获取一定的财产线索。

动作 4:申请调查令调取被执行人手机号

1. 动作背景

现代社会中,寻找一个人最简单、最直接的方式就是知道其手机号。执行案件中也一样,手机号不但是寻找被执行人的有效方式,甚至如果被执行人的手机是靓号,还可以向法院申请强制执行。因为被执行人的手机靓号是被执行人的财产,属于可以强制执行的财产范围。被执行人的手机靓号一般跟随被执行人多年,已经成为被执行人工作和生活不可或缺的工具,一旦手机靓号被强制执行,被执行人很有可能就会积极履行生效裁判文书所确定的义务。之前内容中,介绍了获取被执行人的手机号的几种常用的方式,如果上述几种方式还无法查到被执行人的手机号,可以向法院申请调查令调取被执行人的手机号。

律师调查令,是指民事诉讼当事人及其代理律师因客观原因不能自行收集涉诉案件相关证据时,经代理律师申请,法院审查批准,由代理律师向接受调查的单位或个人调查收集相关证据的法律文件。申请律师调查令,一般应当提供下列材料:申请书;当事人的授权委托书;代理律师所在律师事务所出具的指派律师函或法律援助机构出具的法律援助公函;代理律师有效的执业证书;律师调查令使用承诺书等。其中,律师调查令申请书一般应当载明下列内容:(1)案号或收件编号;(2)申请方当事人的姓名、身份证号码或名称、统一社会信用代码;(3)申请人的姓名、律师执业证号和律师事务所名称;(4)接受调查单位、个人的名称或者姓名;(5)调查取证的目的及理由;(6)需要调查收集的证据、财产线索;(7)其他需要说明的事项。申请书需详细列明调查事项,由代理律师签字或盖章,并加盖律师事务所印章。需要说明的是,多数省、自治区、直辖市高级人民法院已经出台了有关律师调查令的相关规定,如广东省高级人民法院、广东省司法厅发布了《关于在民事诉讼中实行律师调查令的规定》(粤高法〔2020〕34 号),新疆维吾尔自治区高级人民法院发布了《关于民事诉讼证据调查令的若干规定(试行)》,天津市高级人民法院发布了《关于在民事诉讼中实行律师调查令的若干规定(试行)》(津高法〔2017〕244 号)。律师申请调查令之前,可以先行查看当地具体规定。

在我国,手机号一般归属移动、电信、联通三大运营商。向法院申请调查令之后,可以前往移动、电信、联通三大运营商处通过查询被执行人姓名和证件号码,调取被执行人的手机号。

2. 法律依据

《中华人民共和国民事诉讼法》(2021 年修正)

第六十四条 代理诉讼的律师和其他诉讼代理人有权调查收集证据,可以查阅本案有关材料。查阅本案有关材料的范围和办法由最高人民法院规定。

第六十七条 当事人对自己提出的主张,有责任提供证据。

当事人及其诉讼代理人因客观原因不能自行收集的证据,或者人民法院认为审理案件需要的证据,人民法院应当调查收集。

人民法院应当按照法定程序,全面地、客观地审查核实证据。

《中华人民共和国律师法》(2017 年修正)

第三十五条 受委托的律师根据案情的需要,可以申请人民检察院、人民法院收集、调取证据或者申请人民法院通知证人出庭作证。

律师自行调查取证的,凭律师执业证书和律师事务所证明,可以向有关单位或者个人调查与承办法律事务有关的情况。

3. 动作步骤

第一步,查看当地有关律师调查令的具体规定。

第二步,根据具体规定,向法院申请调查令,并提交书面申请书和相关材料。

第三步,律师持调查令和相关证件等,前往移动、电信、联通三大运营商处调取。

动作5:通过被执行人手机号查找社交账号

1. 动作背景

现代社会中,社交媒体占据了我们生活的大部分。在执行案件中,可以通过被执行人手机号查找被执行人的社交账号,如微信、支付宝、微博、QQ、抖音、快手、今日头条、知乎、哔哩哔哩等账号,了解被执行人的相关信息,从而获取有价值的财产线索。由于现在注册社交账号,基本都需要手机号。下载上述社交软件之后,可以直接搜索被执行人手机号,看是否可以查找被执行人的社交账号。例如,有的抖音号会直接写着本人手机号,所以可以直接搜索被执行人手机号,看能否查到其抖音号。此外,将被执行人手机号存储到手机联系人,抖音、快手等可以查看被执行人是否有其平台账号。还有一种比较有意思的方式,那就是直接搜索被执行人手机号,浏览相关内容,看是否跟被执行人有关。因为很多社交平台都有大数据分析,会推送与搜索有关的相关内容。比如在抖音、哔哩哔哩等平台,连续几天搜索被执行人手机号或者姓名等关键词,大数据很可能就会推送与被执行人有关的内容,有时甚至看标题与搜索内容没什么联系,但点击观看之后很有可能会有意想不到的线索。当然,大数据推送的消息也要进行调查、核实。

2. 动作步骤

第一步,下载微信、微博、抖音等社交软件。

第二步,通过下载的社交软件搜索被执行人的手机号,获取相关信息。

动作6:通过被执行人的社交账号查找财产线索

1. 动作背景

获取了被执行人的社交账号之后,就可以开始查找被执行人的财产线索了。一是可以向法院申请调查令调取被执行人的微信、支付宝、微博等账户信息,查看其账户里是否还有余额;二是可以通过其微信朋友圈、微博等查看发布相关视频时是否有显示定位,如果有定位或者几个定位多次重复的,很有可能显示定位的地方就是其房产所在地;三是通过其社交账号,看其是否发过有关房屋、车辆等内容的视频,如果有房屋,车辆,尽量观察周围环境,看能否知晓房屋、车辆所在的具体位置;四是通过其社交账号,看能否知晓其工作单位,如果能找到其工作单位,可以通过其工作单位了解其户籍所在地或者现居住地,而户籍所在地或者现居住地很有可能会有房产等相关财产线索。总之,获取了被执行人的社交账号后,要合法地尽量多了解其相关信息,寻找相关财产线索。

2. 动作步骤

第一步,通过被执行人的社交账号,了解其相关信息。

第二步,通过所获信息,查找财产线索,并调查、核实。

动作7:申请调查令调取被执行人微信账号信息

1. 动作背景

目前,虽然有众多的社交平台,但微信仍然是众多人的选择。2022年3月23日,腾讯公布2021年财报,微信及WeChat合并月活跃账户数为12.68亿,同比增长3.5%。在2022年,微信健康码累计用户达13亿,累计访问量达1800亿次,由此可见微信用户之多。而在执行案件中,被执行人几乎也都拥有微信账号。获取被执行人的微信账号信息也是扩大财产线索,推动执行进行的重要方式。一般情况下,可以在微信里直接添加被执行人手机号进行搜索,查看被执行人的是否有微信账号。如果通过手机号无法搜到或者添加被执行人的微信账号,可以向法院申请调查令调取被执行人的微信账号信息。需要注意的是,调取微信用户的注册信息需要向深圳市腾讯计算机系统有限公司调取,调取微信支付和有关微信钱包的账户转账记录需要向财付通支付科技有限公司调取。所以,要根据申请调取的内容写清调查令的抬头,否则就需要法院重新出具调查令。关于调查令的格式,可以参照各省、自治区、直辖市高级人民法院发布的实施律师调查令制度的文本格式。一般需要写明案号/调查令编号、律师姓名、律师执业证号、律所名称、接受调查单位名称、明确而具体的调查事项、调查令有效期、法院联系人、电话和地址等内容。

2. 法律依据

《中华人民共和国民事诉讼法》(2021年修正)

第六十四条　代理诉讼的律师和其他诉讼代理人有权调查收集证据,可以

查阅本案有关材料。查阅本案有关材料的范围和办法由最高人民法院规定。

第六十七条　当事人对自己提出的主张,有责任提供证据。

当事人及其诉讼代理人因客观原因不能自行收集的证据,或者人民法院认为审理案件需要的证据,人民法院应当调查收集。

人民法院应当按照法定程序,全面地、客观地审查核实证据。

《中华人民共和国律师法》(2017 年修正)

第三十五条　受委托的律师根据案情的需要,可以申请人民检察院、人民法院收集、调取证据或者申请人民法院通知证人出庭作证。

律师自行调查取证的,凭律师执业证书和律师事务所证明,可以向有关单位或者个人调查与承办法律事务有关的情况。

3. 动作步骤

第一步,查看当地有关律师调查令的具体规定。

第二步,根据具体规定,向法院申请调查令,并提交书面申请书和相关材料。

第三步,律师持调查令和相关证件,前往深圳市腾讯计算机系统有限公司或者财付通支付科技有限公司调取。

动作 8:申请调查令调取被执行人支付宝账号信息

1. 动作背景

支付宝目前是我国主要的网络支付平台之一。在执行案件中,获取被执行人的支付宝账号也是扩大财产线索,破解执行僵局的重要方式。如果通过手机号无法搜到或者添加被执行人的支付宝账号,可以向法院申请调查令调取被执行人的支付宝账号信息。2021 年 12 月 28 日,阿里巴巴集团协查团队发布公告:自 2022 年 1 月 1 日起,因办案需要查询支付宝相关证据的,办理窗口变更至蚂蚁集团协查中心。支付宝以外的其他调证需求(如淘宝、天猫等)的办理地址不变,仍在阿里巴巴西溪园区 3 号楼 3-B-31 公检法协查大厅。蚂蚁集团协查中心接待地址:浙江省杭州市西湖区西溪路 569 号蚂蚁 A 空间东门 1 号楼大安全接待中心。联系方式:0571-86564763。接待时间:上午 9:30—11:30,下午 13:30—17:30。文书抬头为支付宝(中国)网络技术有限公司。根据阿里巴巴集团协查团队发布的公告,律师向法院申请调查令之后,可持调查令以及相关证件,前往蚂蚁集团协查中心查询支付宝相关证据。

2. 法律依据

《中华人民共和国民事诉讼法》(2021年修正)

第六十四条 代理诉讼的律师和其他诉讼代理人有权调查收集证据,可以查阅本案有关材料。查阅本案有关材料的范围和办法由最高人民法院规定。

第六十七条 当事人对自己提出的主张,有责任提供证据。

当事人及其诉讼代理人因客观原因不能自行收集的证据,或者人民法院认为审理案件需要的证据,人民法院应当调查收集。

人民法院应当按照法定程序,全面地、客观地审查核实证据。

《中华人民共和国律师法》(2017年修正)

第三十五条 受委托的律师根据案情的需要,可以申请人民检察院、人民法院收集、调取证据或者申请人民法院通知证人出庭作证。

律师自行调查取证的,凭律师执业证书和律师事务所证明,可以向有关单位或者个人调查与承办法律事务有关的情况。

3. 动作步骤

第一步,向法院申请调查令,并提交书面申请书和相关材料。

第二步,律师持调查令和相关证件,前往蚂蚁集团协查中心调取。

动作9:申请调查令调取被执行人银行账户信息

1. 动作背景

在执行案件中,经常会需要调查被执行人的银行账户信息,包括账户余额、交易明细等。一般而言,银行是不接待申请执行人或者律师个人直接查询被执行人银行账户信息的,需要律师向法院申请调查令,并持调查令以及律师执业证等相关证件前去银行调取。然而实践中,每家银行对律师持调查令调取被执行人的银行账户信息要求并不完全相同。比如,有的银行需要两名执业律师,有的银行需要一名执业律师,外加一名陪同人,陪同人不要求是执业律师或实习律师。当然,也有的银行不接收法院调查令。所以,律师在去银行调取被执行人银行账户信息时，建议先联系前去的银行，咨询是否接收调查令调取被执行人银行账户信息。如果接收，咨询调取银行账户所需要的全部材料后，再向法院申请调查令，准备好调取银行账户所需要的全部材料再前去调取，以便节省时间和精力。

2. 法律依据

《中华人民共和国民事诉讼法》（2021 年修正）

第六十四条　代理诉讼的律师和其他诉讼代理人有权调查收集证据，可以查阅本案有关材料。查阅本案有关材料的范围和办法由最高人民法院规定。

第六十七条　当事人对自己提出的主张，有责任提供证据。

当事人及其诉讼代理人因客观原因不能自行收集的证据，或者人民法院认为审理案件需要的证据，人民法院应当调查收集。

人民法院应当按照法定程序，全面地、客观地审查核实证据。

《中华人民共和国律师法》（2017 年修正）

第三十五条　受委托的律师根据案情的需要，可以申请人民检察院、人民法院收集、调取证据或者申请人民法院通知证人出庭作证。

律师自行调查取证的，凭律师执业证书和律师事务所证明，可以向有关单位或者个人调查与承办法律事务有关的情况。

3. 动作步骤

第一步，先联系银行，咨询是否接收调查令调取被执行人银行账户信息。

第二步，如果接收，咨询调取银行账户所需要的全部材料。

第三步，向法院申请调查令，持调查令和银行所需的其他材料前去调取。

动作 10：申请法院调取被执行人银行账户信息

1. 动作背景

在执行案件中，经常会需要调查被执行人的银行账户信息，包括账户余额、交易明细等。有的银行接收调查令，律师持调查令就能直接调取，但是也有的银行并不接收调查令，律师无法通过调查令调取被执行人的银行账户信息。那该怎么办呢？根据《民事诉讼法》第 67 条第 2 款、《最高人民法院关于适用〈中华人民共和国民事诉讼法〉的解释》第 483 条的规定,当事人及其诉讼代理人因客观原因不能自行收集的证据,法院应当调查收集。法院有权查询被执行人的身份信息与财产信息,掌握相关信息的单位和个人必须按照协助执行通知书办理。因此,申请执行人及其代理人可以申请法院调取被执行人银行账户信息,并递交书面申请书和相关证据,请求法院前去调取被执行人的社保信息。需要注意的是,申请书应当写明代理律师身份情况、接受调查的个人或单位名称、申请调查收集的证据名称、申请调查收集的目的,以及无法院调查令律师难以自行取得该证据的原因等内容。

2. 法律依据

《中华人民共和国民事诉讼法》(2021 年修正)

第六十七条第二款 当事人及其诉讼代理人因客观原因不能自行收集的证据,或者人民法院认为审理案件需要的证据,人民法院应当调查收集。

第七十条第一款 人民法院有权向有关单位和个人调查取证,有关单位和个人不得拒绝。

《最高人民法院关于适用〈中华人民共和国民事诉讼法〉的解释》(法释〔2022〕11 号)

第四百八十三条 人民法院有权查询被执行人的身份信息与财产信息,掌握相关信息的单位和个人必须按照协助执行通知书办理。

3. 动作步骤

申请法院调取被执行人的银行账户信息,并提交书面申请书和相关材料。

动作 11:核查、确认被执行人社保信息

1. 动作背景

为了规范社会保险关系,维护公民参加社会保险和享受社会保险待遇的合法权益,国家建立了社会保险制度。社会保险制度主要包括基本养老保险、基本医疗保险、工伤保险、失业保险、生育保险等,用以保障公民在年老、疾病、工伤、失业、生育等情况下依法从国家和社会获得物质帮助的权利。此外,用人单位和个人应依法缴纳社会保险费,并有权查询缴费记录、个人权益记录,可以要

求社会保险经办机构提供社会保险咨询等相关服务。在执行案件中，查询被执行人的社保信息，一般可以得知被执行人的工作单位，并可以此为突破口，获取更多有关被执行人的基本信息甚至财产等线索等。申请执行人及其代理人可以通过社保服务平台核查、确认被执行人有无缴纳社保。例如，当被执行人为黑龙江人时，申请执行人及其代理人可以登录黑龙江人力资源和社会保障厅网站，点击“办事大厅”一栏，进入“黑龙江人力资源和社会保障网上服务大厅”，点击页面的“忘记密码”，接着输入被执行人的手机号进行验证。如果显示“登录失败”，一般则表示被执行人在黑龙江没有缴纳社保，进而推断被执行人很可能没有在黑龙江工作。由于每个省、自治区、直辖市社保服务网站的操作步骤可能有所不同，建议先实际操作一下。

2. 动作步骤

登录省、自治区、直辖市的社保服务网，找到查询社保的相关栏，按照步骤进行实际操作即可。

动作 12：申请调查令调取被执行人社保信息

1. 动作背景

一般而言，申请执行人及其代理人可以通过省、自治区、直辖市的社保服务网查询被执行人的社保信息，但是这种方法也不一定完全有效。当这种方法不奏效时，代理律师可以向法院申请调查令，并持调查令、律师执业证、律所介绍信等证件和材料前去社会保险基金管理中心调取。然而实践中，社会保险基金管理中心对律师持调查令调取被执行人社保信息的要求并不完全相同，有时甚至不接收法院调查令。所以，律师在前去社会保险基金管理中心时，建议先联系人力资源和社会保障局，咨询其是否接收调查令调取被执行人的社保信息。如果接收，咨询调取社保信息所需要的全部材料，准备齐全后再前去调取。

2. 法律依据

《中华人民共和国民事诉讼法》（2021 年修正）

第六十四条 代理诉讼的律师和其他诉讼代理人有权调查收集证据，可以查阅本案有关材料。查阅本案有关材料的范围和办法由最高人民法院规定。

第六十七条 当事人对自己提出的主张,有责任提供证据。

当事人及其诉讼代理人因客观原因不能自行收集的证据,或者人民法院认为审理案件需要的证据,人民法院应当调查收集。

人民法院应当按照法定程序,全面地、客观地审查核实证据。

《中华人民共和国律师法》(2017年修正)

第三十五条 受委托的律师根据案情的需要,可以申请人民检察院、人民法院收集、调取证据或者申请人民法院通知证人出庭作证。

律师自行调查取证的,凭律师执业证书和律师事务所证明,可以向有关单位或者个人调查与承办法律事务有关的情况。

《中华人民共和国社会保险法》(2018年修正)

第二条 国家建立基本养老保险、基本医疗保险、工伤保险、失业保险、生育保险等社会保险制度,保障公民在年老、疾病、工伤、失业、生育等情况下依法从国家和社会获得物质帮助的权利。

第四条第一款 中华人民共和国境内的用人单位和个人依法缴纳社会保险费,有权查询缴费记录、个人权益记录,要求社会保险经办机构提供社会保险咨询等相关服务。

3. 动作步骤

第一步,联系社会保险基金管理中心,咨询其是否接收调查令调取被执行人社保信息。

第二步,如果接收,咨询调取社保信息所需要的全部材料。

第三步,向法院申请调查令,持调查令和社会保险基金管理中心所需的其他材料前去调取。

动作13:申请法院调取被执行人社保信息

1. 动作背景

在执行案件中,经常会需要调查被执行人的社保信息,以此查看被执行人的身份证号、工作单位、户籍所在地、居住地等信息。一般而言,律师通过向法院申请调查令,持调查令和律师执业证等证件和材料即可前去社会保险基金管理中心调取被执行人的社保信息。但实践中,也会遇到社会保险基金管理中心不接收法院调查令的情况。对此，申请执行人及其代理人可以根据《民事诉讼法》第67条第2款、《最高人民法院关于适用〈中华人民共和国民事诉讼法〉的解释》第483条的相关规定，申请法院调取被执行人的社保信息，并递交书面申请书和相关证据，请求法院前去调取被执行人的社保信息。需要注意的是，申请书应当写明代理律师身份情况、接受调查的个人或单位名称、申请调查收集的证据名称、申请调查收集的目的，以及无法院调查令律师难以自行取得该证据的原因等内容。

2. 法律依据

《中华人民共和国民事诉讼法》(2021年修正)

第六十七条第二款　当事人及其诉讼代理人因客观原因不能自行收集的证据，或者人民法院认为审理案件需要的证据，人民法院应当调查收集。

第七十条第一款　人民法院有权向有关单位和个人调查取证，有关单位和个人不得拒绝。

《最高人民法院关于适用〈中华人民共和国民事诉讼法〉的解释》(法释〔2022〕11号)

第四百八十三条　人民法院有权查询被执行人的身份信息与财产信息，掌握相关信息的单位和个人必须按照协助执行通知书办理。

3. 动作步骤

申请法院调取被执行人的社保信息，并提交书面申请书和相关材料。

动作14：核查、确认被执行人养老金信息

1. 动作背景

养老金属于社保的一部分，是为了依法保障公民在年老时能从国家和社会取得物质帮助。之所以单独拿出来讲，是因为最高人民法院针对养老金是否可以执行的问题作出了复函，即《最高人民法院关于能否要求社保机构协助冻结、扣划被执行人的养老金问题的复函》，通过该复函可得知，被执行人应得的养老金应当视为被执行人在第三人处的固定收入，属于其责任财产的范围，法院有权依照《民事诉讼法》的有关规定进行冻结、扣划。那如何核查、确认被执行人

的养老金信息呢?一般而言,可以登录被执行人所在省、自治区、直辖市的国家税务局××省/自治区/直辖市税务局,找到“公众查询”一栏,开具完税证明,输入被执行人手机号即可核查被执行人的养老金信息。不过由于国家税务局××省/自治区/直辖市税务局官方网站的页面布局有所不同,导致操作步骤也会有差异,建议先实际操作一下。

2. 法律依据

《最高人民法院关于能否要求社保机构协助冻结、扣划被执行人的养老金问题的复函》(〔2014〕执他字第22号)

一、被执行人应得的养老金应当视为被执行人在第三人处的固定收入,属于其责任财产的范围,依照《中华人民共和国民事诉讼法》第二百四十三条之规定,人民法院有权冻结、扣划。但是,在冻结、扣划前,应当预留被执行人及其所抚养家属必须的生活费用。

二、《中华人民共和国民事诉讼法》第二百四十二条规定:“人民法院决定扣押、冻结、划拨、变价财产,应当作出裁定,并发出协助执行通知书,有关单位必须办理。”本院《关于人民法院执行工作若干问题的规定(试行)》第36条也规定:“被执行人在有关单位的收入尚未支取的,人民法院应当作出裁定,向该单位发出协助执行通知书,由其协助扣留或提取。”依照前述规定,社会保障机构作为养老金发放机构,有义务协助人民法院冻结、扣划被执行人应得的养老金。

三、在执行被执行人的养老金时,应当注意向社会保障机构做好解释工作,讲清法律规定的精神,取得理解和支持。如其仍拒绝协助的,可以依法制裁。

3. 动作步骤

登录国家税务局××省/自治区/直辖市税务局,找到公众查询相关栏,按照步骤进行实际操作即可。

动作15:申请调查令调取被执行人养老金信息

1. 动作背景

如果登录国家税务局××省/自治区/直辖市税务局无法调查、核实被执行人的养老金信息,申请执行人的代理律师可以向法院申请调查令,并持调查令前去社会保险基金管理中心调取。然而实践中,社会保险基金管理中心对律师持调查令调取被执行人的养老金信息的配合程度并不完全相同,有的甚至不接收法院调查令。所以,律师在前去调取之前,建议先联系社会保险基金管理中心,咨询其是否接收调查令调取被执行人的养老金信息。如果接收,咨询调取所需要的全部材料,准备齐全后再前去调取。

2. 法律依据

《中华人民共和国民事诉讼法》(2021年修正)

第六十四条　代理诉讼的律师和其他诉讼代理人有权调查收集证据,可以查阅本案有关材料。查阅本案有关材料的范围和办法由最高人民法院规定。

第六十七条　当事人对自己提出的主张,有责任提供证据。

当事人及其诉讼代理人因客观原因不能自行收集的证据,或者人民法院认为审理案件需要的证据,人民法院应当调查收集。

人民法院应当按照法定程序,全面地、客观地审查核实证据。

《中华人民共和国律师法》(2017年修正)

第三十五条　受委托的律师根据案情的需要,可以申请人民检察院、人民法院收集、调取证据或者申请人民法院通知证人出庭作证。

律师自行调查取证的,凭律师执业证书和律师事务所证明,可以向有关单位或者个人调查与承办法律事务有关的情况。

《最高人民法院关于能否要求社保机构协助冻结、扣划被执行人的养老金问题的复函》(〔2014〕执他字第22号)

一、被执行人应得的养老金应当视为被执行人在第三人处的固定收入,属于其责任财产的范围,依照《中华人民共和国民事诉讼法》第二百四十三条之规定,人民法院有权冻结、扣划。但是,在冻结、扣划前,应当预留被执行人及其所抚养家属必须的生活费用。

二、《中华人民共和国民事诉讼法》第二百四十二条规定:"人民法院决定扣押、冻结、划拨、变价财产,应当作出裁定,并发出协助执行通知书,有关单位必须办理。"本院《关于人民法院执行工作若干问题的规定(试行)》第36条也规定:"被执行人在有关单位的收入尚未支取的,人民法院应当作出裁定,向该单位发出协助执行通知书,由其协助扣留或提取。"依照前述规定,社会保障机构作为养老金发放机构,有义务协助人民法院冻结、扣划被执行人应得的养老金。

三、在执行被执行人的养老金时,应当注意向社会保障机构做好解释工作,讲清法律规定的精神,取得理解和支持。如其仍拒绝协助的,可以依法制裁。

3. 动作步骤

第一步,联系社会保险基金管理中心,咨询其是否接收调查令调取被执行人养老金信息。

第二步,如果接收,咨询调取养老金所需要的全部材料。

第三步,向法院申请调查令,持调查令和社会保险基金管理中心所需的其他材料前去调取。

动作 16:申请法院调取被执行人养老金信息

1. 动作背景

一般而言,律师通过向法院申请调查令,持调查令和律师执业证等证件和材料即可前去社会保险基金管理中心调取被执行人的养老金信息。然而实践中,也会遇到社会保险基金管理中心不接收法院调查令的情况。对此,申请执行人及其代理人可以根据《民事诉讼法》第 67 条第 2 款、《最高人民法院关于适用〈中华人民共和国民事诉讼法〉的解释》第 483 条的相关规定,申请法院调取被执行人的养老金信息,并递交书面申请书和相关证据,请求法院前去调取被执行人的养老金信息。需要注意的是,申请书应当写明代理律师身份情况、接受调查的个人或单位名称、申请调查收集的证据名称、申请调查收集的目的,以及无法院调查令律师难以自行取得该证据的原因等内容。

2. 法律依据

《中华人民共和国民事诉讼法》(2021 年修正)

第六十七条第二款 当事人及其诉讼代理人因客观原因不能自行收集的证据,或者人民法院认为审理案件需要的证据,人民法院应当调查收集。

第七十条第一款 人民法院有权向有关单位和个人调查取证,有关单位和个人不得拒绝。

《最高人民法院关于适用〈中华人民共和国民事诉讼法〉的解释》(法释〔2022〕11 号)

第四百八十三条 人民法院有权查询被执行人的身份信息与财产信息,掌握相关信息的单位和个人必须按照协助执行通知书办理。

3. 动作步骤

申请法院调取被执行人的养老金信息，并提交书面申请书和相关材料。

动作 17：核查、确认被执行人离休金或者退休金信息

1. 动作背景

在执行案件中会遇到各种各样的情况，比如作为被执行人的公民已经退休或者离休，离休金或者退休金可以被强制执行吗？2002 年，最高人民法院研究室对执行程序中能否扣划离退休人员离休金或退休金清偿其债务问题进行了答复，该答复中明确，在离退休人员的其他可供执行的财产或者收入不足以偿还其债务的情况下，法院可以要求其离退休金发放单位或者社会保障机构协助扣划其离休金或退休金，用以偿还该离退休人员的债务。此外，也要求法院在执行时应当为离退休人员留出必要的生活费用。在申请强制执行被执行人离休金或者退休金时，首先要确认、核实被执行人有无离休金或者退休金。实践中，退休金确认、查询的方法主要有两种：第一种方式是已知被执行人手机号的情况下载老来网 App，通过该手机号添加好友，如果有，证明注册过。因为该 App 是用来领取养老金认证用的，一般注册过的都是有养老金的。第二种方式是，如查询河北省的被执行人的资料，已知被执行人身份证号，可下载河北人社 App，选择待遇认证模块，输入身份证号，如果是退休人员会有显示，如果不是退休人员将进入人脸识别。

2. 法律依据

《最高人民法院研究室关于执行程序中能否扣划离退休人员离休金退休金清偿其债务问题的答复》（法研〔2002〕13 号）

为公平保护债权人和离退休债务人的合法权益，根据《民法通则》和《民事诉讼法》的有关规定，在离退休人员的其他可供执行的财产或者收入不足偿还其债务的情况下，人民法院可以要求其离退休金发放单位或者社会保障机构协助扣划其离休金或退休金，用以偿还该离退休人员的债务。上述单位或者机构应当予以协助。

人民法院在执行时应当为离退休人员留出必要的生活费用。生活费用标准可参照当地的有关标准确定。

3. 动作步骤

根据已知的被执行人的手机号或身份证信息,选择对应的方式进行确认、核实即可。

动作18:申请调查令调取被执行人离休金或者退休金信息

1. 动作背景

如果无法通过老来网等调查、核实被执行人的离休金或者退休金信息,申请执行人的代理律师可以向法院申请调查令,并持调查令前去被执行人离退休金发放单位或者社会保障机构调取。然而实践中,被执行人离退休金发放单位或者社会保障机构对律师持调查令调取被执行人的离休金或者退休金信息的配合程度并不完全相同,有的甚至不接收法院调查令。所以,律师在前去调取之前,建议先联系被执行人离退休金发放单位或者社会保障机构,咨询其是否接收调查令调取被执行人的离休金或者退休金信息。如果接收,咨询调取所需要的全部材料,准备齐全后再前去调取。

2. 法律依据

《中华人民共和国民事诉讼法》(2021年修正)

第六十四条 代理诉讼的律师和其他诉讼代理人有权调查收集证据,可以查阅本案有关材料。查阅本案有关材料的范围和办法由最高人民法院规定。

第六十七条 当事人对自己提出的主张,有责任提供证据。

当事人及其诉讼代理人因客观原因不能自行收集的证据,或者人民法院认为审理案件需要的证据,人民法院应当调查收集。

人民法院应当按照法定程序,全面地、客观地审查核实证据。

《中华人民共和国律师法》(2017年修正)

第三十五条 受委托的律师根据案情的需要,可以申请人民检察院、人民法院收集、调取证据或者申请人民法院通知证人出庭作证。

律师自行调查取证的,凭律师执业证书和律师事务所证明,可以向有关单位或者个人调查与承办法律事务有关的情况。

《最高人民法院研究室关于执行程序中能否扣划离退休人员离休金退休金清偿其债务问题的答复》(法研〔2002〕13号)

为公平保护债权人和离退休债务人的合法权益,根据《民法通则》和《民事诉讼法》的有关规定,在离退休人员的其他可供执行的财产或者收入不足偿还其债务的情况下,人民法院可以要求其离退休金发放单位或者社会保障机构协助扣划其离休金或退休金,用以偿还该离退休人员的债务。上述单位或者机构应当予以协助。

人民法院在执行时应当为离退休人员留出必要的生活费用。生活费用标准可参照当地的有关标准确定。

3. 动作步骤

第一步,联系被执行人离退休金发放单位或者社会保障机构,咨询其是否接收调查令调取被执行人离休金或者退休金信息。

第二步,如果接收,咨询调取离休金或者退休金所需要的全部材料。

第三步,向法院申请调查令,持调查令和被执行人离退休金发放单位或者社会保障机构所需的其他材料前去调取。

动作19:申请法院调取被执行人离休金或者退休金信息

1. 动作背景

一般而言,律师通过向法院申请调查令,持调查令和律师执业证等证件和材料即可前去被执行人离退休金发放单位或者社会保障机构调取被执行人的离休金或者退休金信息。然而实践中,也会遇到被执行人离退休金发放单位或者社会保障机构不接收法院调查令的情况。对此,申请执行人及其代理人可以根据《民事诉讼法》第67条第2款、《最高人民法院关于适用〈中华人民共和国民事诉讼法〉的解释》第483条的相关规定,申请法院调取被执行人的离休金或者退休金信息,并递交书面申请书和相关证据,请求法院前去调取被执行人的离休金或者退休金信息。需要注意的是,申请书应当写明代理律师身份情况、接受调查的个人或单位名称、申请调查收集的证据名称、申请调查收集的目的,以及无法院调查令律师难以自行取得该证据的原因等内容。

2. 法律依据

《中华人民共和国民事诉讼法》(2021 年修正)

第六十七条第二款 当事人及其诉讼代理人因客观原因不能自行收集的证据,或者人民法院认为审理案件需要的证据,人民法院应当调查收集。

第七十条第一款 人民法院有权向有关单位和个人调查取证,有关单位和个人不得拒绝。

《最高人民法院关于适用〈中华人民共和国民事诉讼法〉的解释》(法释〔2022〕11 号)

第四百八十三条 人民法院有权查询被执行人的身份信息与财产信息,掌握相关信息的单位和个人必须按照协助执行通知书办理。

《最高人民法院研究室关于执行程序中能否扣划离退休人员离休金退休金清偿其债务问题的答复》(法研〔2002〕13 号)

为公平保护债权人和离退休债务人的合法权益,根据《民法通则》和《民事诉讼法》的有关规定,在离退休人员的其他可供执行的财产或者收入不足偿还其债务的情况下,人民法院可以要求其离退休金发放单位或者社会保障机构协助扣划其离休金或退休金,用以偿还该离退休人员的债务。上述单位或者机构应当予以协助。

人民法院在执行时应当为离退休人员留出必要的生活费用。生活费用标准可参照当地的有关标准确定。

3. 动作步骤

申请法院调取被执行人的离休金或者退休金信息,并提交书面申请书和相关材料。

动作 20:核查、确认被执行人住房公积金信息

1. 动作背景

住房公积金,是指国家机关、国有企业、城镇集体企业、外商投资企业、城镇私营企业及其他城镇企业、事业单位、民办非企业单位、社会团体及其在职职工缴存的长期住房储金。由于职工个人缴存的公积金和职工所在单位为职工缴

存的住房公积金属于职工个人所有，所以在执行案件中，查找被执行人的住房公积金也是扩大执行财产线索的一种方式。那如何查找被执行人的住房公积金呢？可以登录被执行人户籍所在地或者现居住地的政府住房公积金管理官方网站，点击个人登录页面，输入被执行人身份证号或者手机号，密码可以尝试被执行人的手机号、生日等，如果能验证成功，则可以查看被执行人是否有住房公积金。如果密码错误，可以点击“忘记密码”，如果有显示更换密码的验证，一般表明被执行人注册过该住房公积金管理网站，很有可能缴纳过住房公积金；如果显示登录失败，则一般表明被执行人没有注册过该住房公积金管理网站，很有可能未缴纳过住房公积金。

2. 法律依据

《最高人民法院关于强制执行住房公积金问题的答复》（〔2013〕执他字第14号函）

在保障被执行人依法享有的基本生活及居住条件的情况下，执行法院可以对被执行人住房公积金账户内的存储余额强制执行。

3. 动作步骤

一般可以登录当地政府住房公积金管理官方网站，直接进行个人查询即可。

动作21：申请调查令调取被执行人住房公积金

1. 动作背景

执行案件中，通过调查、核实被执行人的住房公积金，不仅可以推测被执行人是否有工作，还有可能找到其工作单位，促进执行回款进度，甚至还能通过其工作单位知晓一些新的财产线索。一般而言，申请执行人及其代理人可以通过当地政府住房公积金管理官方网站核查、确认被执行人的住房公积金信息，但是这种方法也不一定完全有效。当这种方法不奏效时，代理律师可以向法院申请调查令，并持调查令前去住房公积金管理中心调取。然而实践中，住房公积金管理中心对律师持调查令调取被执行人住房公积金信息的要求并不完全相同，有的住房公积金管理中心甚至不接收法院的调查令。所以，律师在前去调取之前,建议先联系住房公积金管理中心,咨询其是否接收调查令调取被执行人的住房公积金信息。如果接收,再咨询调取住房公积金信息所需要的全部材料,准备齐全之后再前去调取。此外,调取之前要特别注意被执行人住房公积金缴纳和提取的时间、数额等。

2. 法律依据

《中华人民共和国民事诉讼法》(2021年修正)

第六十四条 代理诉讼的律师和其他诉讼代理人有权调查收集证据,可以查阅本案有关材料。查阅本案有关材料的范围和办法由最高人民法院规定。

第六十七条 当事人对自己提出的主张,有责任提供证据。

当事人及其诉讼代理人因客观原因不能自行收集的证据,或者人民法院认为审理案件需要的证据,人民法院应当调查收集。

人民法院应当按照法定程序,全面地、客观地审查核实证据。

《中华人民共和国律师法》(2017年修正)

第三十五条 受委托的律师根据案情的需要,可以申请人民检察院、人民法院收集、调取证据或者申请人民法院通知证人出庭作证。

律师自行调查取证的,凭律师执业证书和律师事务所证明,可以向有关单位或者个人调查与承办法律事务有关的情况。

《最高人民法院关于强制执行住房公积金问题的答复》(〔2013〕执他字第14号函)

在保障被执行人依法享有的基本生活及居住条件的情况下,执行法院可以对被执行人住房公积金账户内的存储余额强制执行。

3. 动作步骤

第一步,联系住房公积金管理中心,咨询其是否接收调查令调取被执行人住房公积金信息。

第二步,如果接收,再咨询调取住房公积金信息所需的全部材料。

第三步,向法院申请调查令,持调查令和住房公积金管理中心所需的其他材料前去调取。

动作22：申请法院调取被执行人住房公积金

1. 动作背景

一般而言，律师通过向法院申请调查令，持调查令和律师执业证等证件和材料即可前去住房公积金管理中心调取被执行人的住房公积金信息。然而实践中，也会遇到住房公积金管理中心不接收法院调查令的情况。对此，申请执行人及其代理人可以根据《民事诉讼法》第67条第2款、《最高人民法院关于适用〈中华人民共和国民事诉讼法〉的解释》第483条的相关规定，申请法院调取被执行人的住房公积金信息，并递交书面申请书和相关证据，请求法院前去调取被执行人的住房公积金信息。需要注意的是，申请书应当写明代理律师身份情况、接受调查的个人或单位名称、申请调查收集的证据名称、申请调查收集的目的，以及无法院调查令律师难以自行取得该证据的原因等内容。

2. 法律依据

《中华人民共和国民事诉讼法》（2021年修正）

第六十七条第二款　当事人及其诉讼代理人因客观原因不能自行收集的证据，或者人民法院认为审理案件需要的证据，人民法院应当调查收集。

第七十条第一款　人民法院有权向有关单位和个人调查取证，有关单位和个人不得拒绝。

《最高人民法院关于适用〈中华人民共和国民事诉讼法〉的解释》（法释〔2022〕11号）

第四百八十三条　人民法院有权查询被执行人的身份信息与财产信息，掌握相关信息的单位和个人必须按照协助执行通知书办理。

《最高人民法院关于强制执行住房公积金问题的答复》（〔2013〕执他字第14号函）

在保障被执行人依法享有的基本生活及居住条件的情况下，执行法院可以对被执行人住房公积金账户内的存储余额强制执行。

3. 动作步骤

申请法院调取被执行人的住房公积金信息，并提交书面申请书和相关材料。

动作23：核查、确认被执行人城乡居民基本医疗保险信息

1. 动作背景

根据《国务院关于整合城乡居民基本医疗保险制度的意见》（国发〔2016〕3号）的规定，城乡居民基本医疗保险制度是指城镇居民基本医疗保险和新型农村合作医疗两项制度。城乡居民医保制度覆盖范围包括现有城镇居民医保和新农合所有应参保（合）人员，即覆盖除职工基本医疗保险应参保人员以外的其他所有城乡居民。

执行案件中，并不是每一个被执行人都参保了职工基本医疗保险，很有可能参保了城乡居民基本医疗保险。因此，有必要核查、确认被执行人是否参保了城乡居民基本医疗保险。那该如何核查、确认呢？一般情况，可以登录被执行人所在省、自治区、直辖市的国家税务局××省/自治区/直辖市税务局，找到公众查询一栏，开具完税证明（城乡居民），输入被执行人手机号即可核查其是否参保了城乡居民基本医疗保险。不过由于国家税务局××省/自治区/直辖市税务局官方网站的页面布局有所不同，导致操作步骤也会有差异，所以可以实际操作一下。

2. 动作步骤

登录国家税务局××省/自治区/直辖市税务局，找到公众查询相关栏，按照步骤进行实际操作即可。

动作24：申请调查令调取被执行人城乡居民基本医疗保险信息

1. 动作背景

如果登录国家税务局××省/自治区/直辖市税务局无法调查、核实被执行人是否参保了城乡居民基本医疗保险，那申请执行人的代理律师可以向法院申请调查令，并持调查令前去城乡居民基本医疗保险管理中心调取。然而实践中，不同的城乡居民基本医疗保险管理中心对律师持调查令调取被执行人的城乡居民基本医疗保险信息的配合程度并不完全相同，有的甚至不接收法院调查令。所以，律师在前去调取之前，建议先联系城乡居民基本医疗保险管理中心，

咨询其是否接收调查令调取被执行人的城乡居民基本医疗保险信息。如果接收,咨询调取所需要的全部材料,准备齐全后再前去调取。

2. 法律依据

《中华人民共和国民事诉讼法》(2021 年修正)

第六十四条　代理诉讼的律师和其他诉讼代理人有权调查收集证据,可以查阅本案有关材料。查阅本案有关材料的范围和办法由最高人民法院规定。

第六十七条　当事人对自己提出的主张,有责任提供证据。

当事人及其诉讼代理人因客观原因不能自行收集的证据,或者人民法院认为审理案件需要的证据,人民法院应当调查收集。

人民法院应当按照法定程序,全面地、客观地审查核实证据。

《中华人民共和国律师法》(2017 年修正)

第三十五条　受委托的律师根据案情的需要,可以申请人民检察院、人民法院收集、调取证据或者申请人民法院通知证人出庭作证。

律师自行调查取证的,凭律师执业证书和律师事务所证明,可以向有关单位或者个人调查与承办法律事务有关的情况。

3. 动作步骤

第一步,联系城乡居民基本医疗保险管理中心,咨询其是否接收调查令调取被执行人城乡居民基本医疗保险信息。

第二步,如果接收,咨询调取所需的全部材料。

第三步,向法院申请调查令,持调查令和城乡居民基本医疗保险管理中心所需的其他材料前去调取。

动作 25:申请法院调取被执行人城乡居民基本医疗保险信息

1. 动作背景

一般而言,律师通过向法院申请调查令,持调查令和律师执业证等证件和材料即可前去城乡居民基本医疗保险管理中心调取被执行人的城乡居民基本医疗保险信息。然而实践中,也会遇到城乡居民基本医疗保险管理中心不接收法院调查令的情况。对此,申请执行人及其代理人可以根据《民事诉讼法》第

67条第2款、《最高人民法院关于适用〈中华人民共和国民事诉讼法〉的解释》第483条的相关规定,申请法院调取被执行人的城乡居民基本医疗保险信息,并递交书面申请书和相关证据,请求法院前去调取被执行人的商业保险信息。需要注意的是,申请书应当写明代理律师身份情况、接受调查的个人或单位名称、申请调查收集的证据名称、申请调查收集的目的,以及无法院调查令律师难以自行取得该证据的原因等内容。

2. 法律依据

《中华人民共和国民事诉讼法》(2021年修正)

第六十七条第二款 当事人及其诉讼代理人因客观原因不能自行收集的证据,或者人民法院认为审理案件需要的证据,人民法院应当调查收集。

第七十条第一款 人民法院有权向有关单位和个人调查取证,有关单位和个人不得拒绝。

《最高人民法院关于适用〈中华人民共和国民事诉讼法〉的解释》(法释〔2022〕11号)

第四百八十三条 人民法院有权查询被执行人的身份信息与财产信息,掌握相关信息的单位和个人必须按照协助执行通知书办理。

《国务院关于整合城乡居民基本医疗保险制度的意见》(国发〔2016〕3号)

二、整合基本制度政策

(一)统一覆盖范围。

城乡居民医保制度覆盖范围包括现有城镇居民医保和新农合所有应参保(合)人员,即覆盖除职工基本医疗保险应参保人员以外的其他所有城乡居民。农民工和灵活就业人员依法参加职工基本医疗保险,有困难的可按照当地规定参加城乡居民医保。各地要完善参保方式,促进应保尽保,避免重复参保。

3. 动作步骤

申请法院调取被执行人的城乡居民基本医疗保险信息,并提交书面申请书和相关材料。

动作 26：通过调查令调取被执行人商业保险信息

1. 动作背景

根据《保险法》的规定，商业保险，是指投保人根据合同约定，向保险人支付保险费，保险人对于合同约定的可能发生的事故因其发生所造成的财产损失承担赔偿保险金责任，或者当被保险人死亡、伤残、疾病或者达到合同约定的年龄、期限等条件时承担给付保险金责任的商业保险行为。商业保险主要包括人身保险和财产保险。人身保险是以人的寿命和身体为保险标的的保险。财产保险是以财产及其有关利益为保险标的的保险。在执行案件中，商业保险并不属于《最高人民法院关于人民法院民事执行中查封、扣押、冻结财产的规定》（法释〔2020〕21 号）第 3 条规定的不得查封、扣押、冻结的财产中“被执行人及其所扶养家属所必需的生活费用”，其仍然可以作为执行财产被强制执行。

那如何得知被执行人的商业保险信息呢？一般情况，律师可以向法院申请调查令，并持调查令前去商业保险公司调取。然而实践中，并不是所有的商业保险公司都接收法院的调查令。所以，律师在前去调取之前，建议先联系商业保险公司，咨询其是否接收调查令调取被执行人的商业保险信息。如果接收，咨询调取商业保险信息所需要的全部材料，准备齐全后再前去调取。

2. 法律依据

《中华人民共和国民事诉讼法》（2021 年修正）

第六十四条　代理诉讼的律师和其他诉讼代理人有权调查收集证据，可以查阅本案有关材料。查阅本案有关材料的范围和办法由最高人民法院规定。

第六十七条　当事人对自己提出的主张，有责任提供证据。

当事人及其诉讼代理人因客观原因不能自行收集的证据，或者人民法院认为审理案件需要的证据，人民法院应当调查收集。

人民法院应当按照法定程序，全面地、客观地审查核实证据。

《中华人民共和国律师法》（2017 年修正）

第三十五条　受委托的律师根据案情的需要，可以申请人民检察院、人民法院收集、调取证据或者申请人民法院通知证人出庭作证。

律师自行调查取证的，凭律师执业证书和律师事务所证明，可以向有关单位或者个人调查与承办法律事务有关的情况。

《中华人民共和国保险法》(2015年修正)

第十八条 保险合同应当包括下列事项:

(一)保险人的名称和住所;

(二)投保人、被保险人的姓名或者名称、住所,以及人身保险的受益人的姓名或者名称、住所;

(三)保险标的;

(四)保险责任和责任免除;

(五)保险期间和保险责任开始时间;

(六)保险金额;

(七)保险费以及支付办法;

(八)保险金赔偿或者给付办法;

(九)违约责任和争议处理;

(十)订立合同的年、月、日。

投保人和保险人可以约定与保险有关的其他事项。

受益人是指人身保险合同中由被保险人或者投保人指定的享有保险金请求权的人。投保人、被保险人可以为受益人。

保险金额是指保险人承担赔偿或者给付保险金责任的最高限额。

3. 动作步骤

第一步,联系商业保险公司,咨询其是否接收调查令调取被执行人商业保险信息。

第二步,如果接收,咨询调取商业保险信息所需要的全部材料。

第三步,向法院申请调查令,持调查令和商业保险公司所需的其他材料前去调取。

动作27:申请法院调取被执行人商业保险信息

1. 动作背景

一般而言,律师通过向法院申请调查令,持调查令和律师执业证等证件和材料即可前去商业保险公司调取被执行人的商业保险信息。然而实践中,也会遇到商业保险公司不接收法院调查令的情况。对此,申请执行人及其代理人可以根据《民事诉讼法》第 67 条第 2 款、《最高人民法院关于适用〈中华人民共和国民事诉讼法〉的解释》第 483 条的相关规定，申请法院调取被执行人的商业保险信息，并递交书面申请书和相关证据，请求法院前去调取被执行人的商业保险信息。需要注意的是，申请书应当写明代理律师身份情况、接受调查的个人或单位名称、申请调查收集的证据名称、申请调查收集的目的，以及无法院调查令律师难以自行取得该证据的原因等内容。

2. 法律依据

《中华人民共和国民事诉讼法》（2021 年修正）

第六十七条第二款　当事人及其诉讼代理人因客观原因不能自行收集的证据，或者人民法院认为审理案件需要的证据，人民法院应当调查收集。

第七十条第一款　人民法院有权向有关单位和个人调查取证，有关单位和个人不得拒绝。

《最高人民法院关于适用〈中华人民共和国民事诉讼法〉的解释》（法释〔2022〕11 号）

第四百八十三条　人民法院有权查询被执行人的身份信息与财产信息，掌握相关信息的单位和个人必须按照协助执行通知书办理。

3. 动作步骤

申请法院调取被执行人的商业保险信息，并提交书面申请书和相关材料。

动作 28：通过调查令调取被执行人金融理财产品信息

1. 动作背景

随着投资方式的多元化，越来越多的人开始购买金融理财产品。根据最高人民法院、中国银行业监督管理委员会发布的《关于人民法院与银行业金融机构开展金融理财产品网络执行查控的意见》的规定，金融理财产品也属于被执行人的财产，当被执行人不履行生效法律文书所确定的义务时，可以被强制执行被执行人购买的金融理财产品。那如何查询被执行人的金融理财产品信息呢？一般情况下，律师可以向法院申请调查令调取被执行人的金融理财产品信息。由于金融理财产品是银行业金融机构及其他金融机构发行的具有财产价值和理财性质的产品,所以,当律师向法院申请调查令之后,可持调查令前往银行或其他金融机构,调取被执行人的金融理财产品信息,如产品的名称、种类、编号/代码、数量/份额、发行人、产品对应的回款资金账户等信息。不过,律师在前去调取之前,建议先联系银行或其他金融机构,咨询调取金融理财产品信息所需要的全部材料,准备齐全后再前去调取。

2. 法律依据

《中华人民共和国民事诉讼法》(2021年修正)

第六十四条 代理诉讼的律师和其他诉讼代理人有权调查收集证据,可以查阅本案有关材料。查阅本案有关材料的范围和办法由最高人民法院规定。

第六十七条 当事人对自己提出的主张,有责任提供证据。

当事人及其诉讼代理人因客观原因不能自行收集的证据,或者人民法院认为审理案件需要的证据,人民法院应当调查收集。

人民法院应当按照法定程序,全面地、客观地审查核实证据。

《中华人民共和国律师法》(2017年修正)

第三十五条 受委托的律师根据案情的需要,可以申请人民检察院、人民法院收集、调取证据或者申请人民法院通知证人出庭作证。

律师自行调查取证的,凭律师执业证书和律师事务所证明,可以向有关单位或者个人调查与承办法律事务有关的情况。

《最高人民法院、中国银行业监督管理委员会关于人民法院与银行业金融机构开展金融理财产品网络执行查控的意见》(法〔2017〕1号)

一、本意见所称金融理财产品(以下简称理财产品)是指被执行人所持有的银行业金融机构(以下简称银行)及其他金融机构发行的具有财产价值和理财性质的产品。包括金融机构直销和代销的银行理财产品、信托产品、基金产品、保险产品、资产管理计划产品等。其中金融机构直销的理财产品是指金融机构自有研发、设计、发行并通过本机构渠道(含营业网点和电子渠道)销售的理财产品。

二、人民法院在执行被执行人持有的理财产品时,银行应当依法予以协助。

人民法院按照法〔2015〕321号文规定的方式通过"总对总"网络查控专线向金融机构发送查控请求,接收金融机构查询、冻结的结果数据和电子回执。

三、人民法院查询的理财产品属于银行机构直销的理财产品的,银行应当协助反馈产品的名称、种类(保本或非保本;直销或代销)、编号/代码、数量/份额、发行人、到期日/开放日、产品对应的回款资金账户(被执行人名下或与他人共有专户)、产品状态(质押/冻结/其他担保/正常)、质押权人、联系电话等信息;

人民法院查询的理财产品属于银行代销的理财产品的,银行应当协助反馈产品的名称、种类(保本或非保本;直销或代销)、编号/代码、数量/份额、发行人/实际管理人、托管人、受益人、期限(成立日、赎回日)、托管账号(本行)、产品对应的回款资金账户(被执行人名下或与他人共有专户)、联系电话等信息;

被执行人未持有理财产品的,银行应当反馈查无理财产品信息。

银行反馈信息,仅以协助办理查控事项时的银行系统的数据为限。

3. 动作步骤

第一步,联系银行或其他金融机构,咨询调取金融理财产品信息所需的全部材料。

第二步,向法院申请调查令,持调查令和银行或其他金融机构所需的其他材料前去调取。

动作 29:申请法院调取被执行人金融理财产品信息

1. 动作背景

根据最高人民法院、中国银行业监督管理委员会发布的《关于人民法院与银行业金融机构开展金融理财产品网络执行查控的意见》的规定,法院在执行被执行人持有的理财产品时,银行应当依法予以协助。一般而言,律师通过向法院申请调查令,持调查令和律师执业证等证件即可前去银行或其他金融机构调取被执行人的金融理财产品信息。然而实践中,银行或其他金融机构对律师持调查令调取被执行人的金融理财产品信息的配合程度并不完全相同,有的甚至不接收法院调查令。对此,申请执行人及其代理人可以根据《民事诉讼法》第67条第2款、《最高人民法院关于适用〈中华人民共和国民事诉讼法〉的解释》第483条的相关规定,申请法院调取被执行人的金融理财产品信息,并递交书面申请书和相关证据,请求法院前去调取被执行人的房产信息。需要注意的是,申请书应当写明代理律师身份情况、接受调查的个人或单位名称、申请调查收集的证据名称、申请调查收集的目的,以及无法院调查令律师难以自行取得该证据的原因等内容。

2. 法律依据

《中华人民共和国民事诉讼法》(2021年修正)

第六十七条第二款 当事人及其诉讼代理人因客观原因不能自行收集的证据,或者人民法院认为审理案件需要的证据,人民法院应当调查收集。

第七十条第一款 人民法院有权向有关单位和个人调查取证,有关单位和个人不得拒绝。

《最高人民法院关于适用〈中华人民共和国民事诉讼法〉的解释》(法释〔2022〕11号)

第四百八十三条 人民法院有权查询被执行人的身份信息与财产信息,掌握相关信息的单位和个人必须按照协助执行通知书办理。

3. 动作步骤

申请法院调取被执行人的金融理财产品信息,并提交书面申请书和相关材料。

动作30:核查、确认被执行人房产信息

1. 动作背景

执行案件中,当知道某房产房号,想核实、确认该房产是否登记在被执行人名下,是否被查封、是否有抵押等信息时,该怎么办呢?一般可以通过不动产登记中心进行核实、确认。实践中,全国各地不动产登记中心的要求并不完全相同,目前笔者遇到过两种情况:第一种情况,持身份证公开查询,当知道具体房产房号,只要持身份证,填写好查询单,即可查询该房产登记信息、查封状态、抵押状态、面积等信息;第二种情况,持律师执业证公开查询,当知道具体房产房号,只需持律师执业证、相关裁判文书、律师事务所介绍信即可查询。查询结果的告知也分两种,一是口头告知,二是出具书面查询结果。除了上述两种方式,还可以通过不动产登记中心等官方网站查询。例如,以北京为例,申请执行人及其代理人可以下载“北京通”App,注册或登录之后,点击“不动产查询—房产信息查询”一栏,进入之后点击“任何人查询”,即可对被执行人房产信息进行查

询。需要注意的是,填写的不动产具体坐落位置、不动产权属证书号、不动产单元号,应与不动产权证书记载的信息完全一致,否则将无法正确显示查询结果。此种方法要求较高,不易查询。

2. 动作步骤

第一步,搜集被执行人的房产信息。

第二步,咨询不动产登记中心查询所需的材料,并准备齐全。

第三步,查看房产状态并做记录,并要求不动产登记中心出具书面查询结果。

动作31:申请调查令调取被执行人房产信息

1. 动作背景

在执行案件中,对于被执行人的房产信息,如果申请执行人及其代理人无法通过不动产登记中心等官方网站自行查询,或者不动产登记中心不允许个人随意查询时,要想获取更多被执行人登记的房产信息,代理律师可以向法院申请调查令调取被执行人房产信息及档案。向法院申请调查令调取被执行人房产信息及档案有明显的优势,即可以快速、准确、全面地获取被执行人的房产信息及档案,并且可能会意外收获该房产之前被查封、以物抵债、交易等有价值的信息。例如,当查询到的交易信息显示,被执行人与第三人进行房屋交易时的价格远低于市场价格,且双方具有亲属等利害关系时,即可合理怀疑该交易涉嫌恶意串通。对此,申请执行人可以向法院提起诉讼,请求确认该房屋买卖合同无效,让第三人将房屋退还给被执行人。除此之外,以物抵债是否存在恶意转移资产的情形,续行查封是否存在中断情形等,这些对推动执行来说都是非常有价值的信息。需要注意的是,律师在前去不动产登记中心调取被执行人房产信息时,建议先联系不动产登记中心,咨询调取房产信息所需要的全部材料,准备齐全后再前去调取。

2. 法律依据

《中华人民共和国民事诉讼法》(2021年修正)

第六十四条 代理诉讼的律师和其他诉讼代理人有权调查收集证据,可以

查阅本案有关材料。查阅本案有关材料的范围和办法由最高人民法院规定。

第六十七条 当事人对自己提出的主张,有责任提供证据。

当事人及其诉讼代理人因客观原因不能自行收集的证据,或者人民法院认为审理案件需要的证据,人民法院应当调查收集。

人民法院应当按照法定程序,全面地、客观地审查核实证据。

《中华人民共和国律师法》(2017 年修正)

第三十五条 受委托的律师根据案情的需要,可以申请人民检察院、人民法院收集、调取证据或者申请人民法院通知证人出庭作证。

律师自行调查取证的,凭律师执业证书和律师事务所证明,可以向有关单位或者个人调查与承办法律事务有关的情况。

《不动产登记资料查询暂行办法》(2019 年修正)

第二条 本办法所称不动产登记资料,包括:

(一)不动产登记簿等不动产登记结果;

(二)不动产登记原始资料,包括不动产登记申请书、申请人身份材料、不动产权属来源、登记原因、不动产权籍调查成果等材料以及不动产登记机构审核材料。

不动产登记资料由不动产登记机构负责保存和管理。

第三条 县级以上人民政府不动产登记机构负责不动产登记资料查询管理工作。

第八条 不动产权利人、利害关系人申请查询不动产登记资料,应当提交查询申请书以及不动产权利人、利害关系人的身份证明材料。

查询申请书应当包括下列内容:

(一)查询主体;

(二)查询目的;

(三)查询内容;

(四)查询结果要求;

(五)提交的申请材料清单。

第二十三条 律师受当事人委托申请查询不动产登记资料的,除提交本办法第八条、第九条规定的材料外,还应当提交律师证和律师事务所出具的证明材料。

律师持人民法院的调查令申请查询不动产登记资料的,除提交本办法第八条规定的材料外,还应当提交律师证、律师事务所出具的证明材料以及人民法院的调查令。

《不动产登记暂行条例实施细则》(2019年修正)

第九十七条　国家实行不动产登记资料依法查询制度。

权利人、利害关系人按照《条例》第二十七条规定依法查询、复制不动产登记资料的,应当到具体办理不动产登记的不动产登记机构申请。

权利人可以查询、复制其不动产登记资料。

因不动产交易、继承、诉讼等涉及的利害关系人可以查询、复制不动产自然状况、权利人及其不动产查封、抵押、预告登记、异议登记等状况。

人民法院、人民检察院、国家安全机关、监察机关等可以依法查询、复制与调查和处理事项有关的不动产登记资料。

其他有关国家机关执行公务依法查询、复制不动产登记资料的,依照本条规定办理。

涉及国家秘密的不动产登记资料的查询,按照保守国家秘密法的有关规定执行。

第九十八条　权利人、利害关系人申请查询、复制不动产登记资料应当提交下列材料:

(一)查询申请书;

(二)查询目的的说明;

(三)申请人的身份材料;

(四)利害关系人查询的,提交证实存在利害关系的材料。

权利人、利害关系人委托他人代为查询的,还应当提交代理人的身份证明材料、授权委托书。权利人查询其不动产登记资料无需提供查询目的的说明。

有关国家机关查询的,应当提供本单位出具的协助查询材料、工作人员的工作证。

第一百零一条　查询人查询不动产登记资料,应当在不动产登记机构设定的场所进行。

不动产登记原始资料不得带离设定的场所。

查询人在查询时应当保持不动产登记资料的完好,严禁遗失、拆散、调换、抽取、污损登记资料,也不得损坏查询设备。

第一百零二条　查询人可以查阅、抄录不动产登记资料。查询人要求复制不动产登记资料的,不动产登记机构应当提供复制。

查询人要求出具查询结果证明的,不动产登记机构应当出具查询结果证明。查询结果证明应注明查询目的及日期,并加盖不动产登记机构查询专用章。

3. 动作步骤

第一步,搜集被执行人的房产信息。

第二步,联系不动产登记中心,咨询其调取房产信息所需的全部材料。

第三步,向法院申请调查令,持调查令和不动产登记中心所需的其他材料前去调取。

动作32:申请法院调取被执行人房产信息

1. 动作背景

一般而言,律师通过向法院申请调查令,持调查令和律师执业证等证件材料即可前去不动产登记中心调取被执行人的房产信息。然而实践中,不同地方的不动产登记中心对律师持调查令调取被执行人的房产信息的配合程度并不完全相同,有的甚至不接收法院调查令。对此,申请执行人及其代理人可以根据《民事诉讼法》第67条第2款、《最高人民法院关于适用〈中华人民共和国民事诉讼法〉的解释》第483条的相关规定,申请法院调取被执行人的房产信息,并递交书面申请书和相关证据,请求法院前去调取被执行人的房产信息。需要注意的是,申请书应当写明代理律师身份情况、接受调查的个人或单位名称、申请调查收集的证据名称、申请调查收集的目的,以及无法院调查令律师难以自行取得该证据的原因等内容。

2. 法律依据

《中华人民共和国民事诉讼法》(2021年修正)

第六十七条第二款 当事人及其诉讼代理人因客观原因不能自行收集的证据,或者人民法院认为审理案件需要的证据,人民法院应当调查收集。

第七十条第一款 人民法院有权向有关单位和个人调查取证,有关单位和个人不得拒绝。

《最高人民法院关于适用〈中华人民共和国民事诉讼法〉的解释》(法释〔2022〕11号)

第四百八十三条　人民法院有权查询被执行人的身份信息与财产信息，掌握相关信息的单位和个人必须按照协助执行通知书办理。

3. 动作步骤

申请法院调取被执行人的房产信息，并提交书面申请书和相关材料。

动作33：申请调查令调取被执行人车辆信息

1. 动作背景

在执行案件中，被执行人名下有车辆时，车辆也属于可供执行的财产，当被执行人不履行生效法律文书确定的义务时，申请执行人可以申请法院强制执行，并申请法院采取查封、扣押等措施。那如何得知被执行人是否有车辆呢？一般情况下，可以先询问申请执行人，看其是否知道被执行人车辆信息，如数量、车牌号等。如果申请执行人也不知道被执行人车辆的相关信息，代理律师可以向法院申请调查令调取被执行人的车辆信息，并持调查令前去当地车管部门，调取被执行人的车辆数量、车牌以及是否有抵押等信息。不过，律师在前去调取之前，建议先联系车管部门，咨询其是否接收调查令调取被执行人的车辆信息。如果接收，咨询调取车辆信息所需要的全部材料，准备齐全后再前去调取。

2. 法律依据

《中华人民共和国民事诉讼法》(2021年修正)

第六十四条　代理诉讼的律师和其他诉讼代理人有权调查收集证据，可以查阅本案有关材料。查阅本案有关材料的范围和办法由最高人民法院规定。

第六十七条　当事人对自己提出的主张，有责任提供证据。

当事人及其诉讼代理人因客观原因不能自行收集的证据，或者人民法院认为审理案件需要的证据，人民法院应当调查收集。

人民法院应当按照法定程序，全面地、客观地审查核实证据。

《中华人民共和国律师法》(2017年修正)

第三十五条　受委托的律师根据案情的需要，可以申请人民检察院、人民法院收集、调取证据或者申请人民法院通知证人出庭作证。

律师自行调查取证的,凭律师执业证书和律师事务所证明,可以向有关单位或者个人调查与承办法律事务有关的情况。

3. 动作步骤

第一步,联系当地县级以上地方人民政府车管部门,咨询其是否接收调查令调取被执行人车辆信息。

第二步,如果接收,咨询调取车辆信息所需的全部材料。

第三步,向法院申请调查令,持调查令和车管部门所需的其他材料前去调取。

动作34:申请法院调取被执行人车辆信息

1. 动作背景

一般而言,律师通过向法院申请调查令,持调查令和律师执业证等证件即可前去当地车管部门调取被执行人的车辆信息。然而实践中,车管部门对律师持调查令调取被执行人的车辆信息的配合程度并不完全相同,有的甚至不接收法院调查令。对此,申请执行人及其代理人可以根据《民事诉讼法》第67条第2款、《最高人民法院关于适用〈中华人民共和国民事诉讼法〉的解释》第483条的相关规定,申请法院调取被执行人的车辆信息,并递交书面申请书和相关证据,请求法院前去调取被执行人的车辆信息。需要注意的是,申请书应当写明代理律师身份情况、接受调查的个人或单位名称、申请调查收集的证据名称、申请调查收集的目的,以及无法院调查令律师难以自行取得该证据的原因等内容。

2. 法律依据

《中华人民共和国民事诉讼法》(2021年修正)

第六十七条第二款 当事人及其诉讼代理人因客观原因不能自行收集的证据,或者人民法院认为审理案件需要的证据,人民法院应当调查收集。

第七十条第一款 人民法院有权向有关单位和个人调查取证,有关单位和个人不得拒绝。

《最高人民法院关于适用〈中华人民共和国民事诉讼法〉的解释》(法释〔2022〕11号)

第四百八十三条 人民法院有权查询被执行人的身份信息与财产信息，掌握相关信息的单位和个人必须按照协助执行通知书办理。

《机动车登记规定》（2021年修订）

第十二条 申请注册登记的，机动车所有人应当交验机动车，确认申请信息，并提交以下证明、凭证：

（一）机动车所有人的身份证明；

（二）购车发票等机动车来历证明；

（三）机动车整车出厂合格证明或者进口机动车进口凭证；

（四）机动车交通事故责任强制保险凭证；

（五）车辆购置税、车船税完税证明或者免税凭证，但法律规定不属于征收范围的除外；

（六）法律、行政法规规定应当在机动车注册登记时提交的其他证明、凭证。

不属于经海关进口的机动车和国务院机动车产品主管部门规定免予安全技术检验的机动车，还应当提交机动车安全技术检验合格证明。

车辆管理所应当自受理申请之日起二日内，查验机动车，采集、核对车辆识别代号拓印膜或者电子资料，审查提交的证明、凭证，核发机动车登记证书、号牌、行驶证和检验合格标志。

机动车安全技术检验、税务、保险等信息实现与有关部门或者机构联网核查的，申请人免予提交相关证明、凭证，车辆管理所核对相关电子信息。

3. 动作步骤

申请法院调取被执行人的车辆信息，并提交书面申请书和相关材料。

动作35：申请调查令调取被执行人客运、货运车辆登记信息

1. 动作背景

在执行案件中，当被执行人为企业时，可以查看其名下是否有客运、货运车辆，因为大多数企业经营都需要运输，一旦需要运输，很有可能就有自己的客运、货运车辆。登记在被执行人名下的客运、货运车辆也属于可供执行的财产，申请执行人也可以申请法院强制执行。那如何查询被执行人的客运、货运车辆信息呢？一般情况下，律师可以向法院申请调查令，并持调查令前去被执行人

所在地的交通管理部门调取。不过,律师在前去调取之前,建议先联系交通管理部门,咨询其是否接收调查令调取被执行人的客运、货运车辆信息。如果接收,咨询清楚调取客运、货运车辆信息所需要的全部材料,准备齐全后再前去调取。

2. 法律依据

《中华人民共和国民事诉讼法》(2021年修正)

第六十四条 代理诉讼的律师和其他诉讼代理人有权调查收集证据,可以查阅本案有关材料。查阅本案有关材料的范围和办法由最高人民法院规定。

第六十七条 当事人对自己提出的主张,有责任提供证据。

当事人及其诉讼代理人因客观原因不能自行收集的证据,或者人民法院认为审理案件需要的证据,人民法院应当调查收集。

人民法院应当按照法定程序,全面地、客观地审查核实证据。

《中华人民共和国律师法》(2017年修正)

第三十五条 受委托的律师根据案情的需要,可以申请人民检察院、人民法院收集、调取证据或者申请人民法院通知证人出庭作证。

律师自行调查取证的,凭律师执业证书和律师事务所证明,可以向有关单位或者个人调查与承办法律事务有关的情况。

《机动车登记规定》(2021年修订)

第十二条 申请注册登记的,机动车所有人应当交验机动车,确认申请信息,并提交以下证明、凭证:

(一)机动车所有人的身份证明;

(二)购车发票等机动车来历证明;

(三)机动车整车出厂合格证明或者进口机动车进口凭证;

(四)机动车交通事故责任强制保险凭证;

(五)车辆购置税、车船税完税证明或者免税凭证,但法律规定不属于征收范围的除外;

(六)法律、行政法规规定应当在机动车注册登记时提交的其他证明、凭证。

不属于经海关进口的机动车和国务院机动车产品主管部门规定免予安全技术检验的机动车,还应当提交机动车安全技术检验合格证明。

车辆管理所应当自受理申请之日起二日内,查验机动车,采集、核对车辆识别代号拓印膜或者电子资料,审查提交的证明、凭证,核发机动车登记证书、号牌、行驶证和检验合格标志。

机动车安全技术检验、税务、保险等信息实现与有关部门或者机构联网核查的，申请人免予提交相关证明、凭证，车辆管理所核对相关电子信息。

3. 动作步骤

第一步，联系当地交通管理部门，咨询其是否接收调查令调取被执行人客运、货运车辆信息。

第二步，如果接收，咨询调取客运、货运车辆信息所需的全部材料。

第三步，向法院申请调查令，持调查令和交通管理部门所需的其他材料前去调取。

动作 36：申请法院调取被执行人客运、货运车辆登记信息

1. 动作背景

一般而言，律师通过向法院申请调查令，持调查令和律师执业证等即可前去被执行人所在地交通管理部门调取被执行人的客运、货运车辆信息。然而实践中，交通管理部门对律师持调查令调取被执行人的客运、货运车辆信息的配合程度并不完全相同，有的甚至不接收法院调查令。对此，申请执行人及其代理人可以根据《民事诉讼法》第 67 条第 2 款、《最高人民法院关于适用〈中华人民共和国民事诉讼法〉的解释》第 483 条的相关规定，申请法院调取被执行人的客运、货运车辆信息，并递交书面申请书和相关证据，请求法院前去调取被执行人的客运、货运车辆信息。需要注意的是，申请书应当写明代理律师身份情况、接受调查的个人或单位名称、申请调查收集的证据名称、申请调查收集的目的，以及无法院调查令律师难以自行取得该证据的原因等内容。

2. 法律依据

《中华人民共和国民事诉讼法》（2021 年修正）

第六十七条第二款　当事人及其诉讼代理人因客观原因不能自行收集的证据，或者人民法院认为审理案件需要的证据，人民法院应当调查收集。

第七十条第一款　人民法院有权向有关单位和个人调查取证，有关单位和个人不得拒绝。

《最高人民法院关于适用〈中华人民共和国民事诉讼法〉的解释》(法释〔2022〕11号)

第四百八十三条 人民法院有权查询被执行人的身份信息与财产信息,掌握相关信息的单位和个人必须按照协助执行通知书办理。

3. 动作步骤

申请法院调取被执行人的客运、货运车辆信息,并提交书面申请书和相关材料。

动作37:申请调查令调取被执行人机器设备信息

1. 动作背景

在执行案件中,当被执行人为法人或其他组织时,多数情况下,其名下都登记有机器设备。登记在被执行人名下的机器设备一般而言也属于可供执行的财产,当被执行人不履行生效法律文书确定的义务时,申请执行人可以申请法院强制执行,并申请法院对机器设备采取查封、扣押措施。那如何得知被执行人是否有机器设备呢?一般情况下,可以先询问申请执行人,看其是否知道被执行人是否拥有机器设备,或者可以去被执行人经营场所亲自查看,当然查看尽量佯装一定的身份,以免被执行人起疑心转移机器设备;还可以通过登陆中国人民银行征信中心动产融资统一登记公示系统查询被执行人动产抵押情况;或者代理律师可以向法院申请调查令调取被执行人的机器设备信息,并持调查令前去当地人民银行,调取被执行人的机器设备数量以及是否有登记、抵押等信息。不过,律师在前去调取之前,建议先联系市场监督管理部门,咨询其是否接收调查令调取被执行人的机器设备信息。如果接收,咨询清楚调取机器设备信息所需要的全部材料,准备齐全后再前去调取。

2. 法律依据

《中华人民共和国民事诉讼法》(2021年修正)

第六十四条 代理诉讼的律师和其他诉讼代理人有权调查收集证据,可以查阅本案有关材料。查阅本案有关材料的范围和办法由最高人民法院规定。

第六十七条 当事人对自己提出的主张,有责任提供证据。

当事人及其诉讼代理人因客观原因不能自行收集的证据,或者人民法院认为审理案件需要的证据,人民法院应当调查收集。

人民法院应当按照法定程序,全面地、客观地审查核实证据。

《中华人民共和国律师法》(2017 年修正)

第三十五条 受委托的律师根据案情的需要,可以申请人民检察院、人民法院收集、调取证据或者申请人民法院通知证人出庭作证。

律师自行调查取证的,凭律师执业证书和律师事务所证明,可以向有关单位或者个人调查与承办法律事务有关的情况。

3. 动作步骤

第一步,联系当地市场监督管理部门,咨询其是否接收调查令调取被执行人机器设备信息。

第二步,如果接收,咨询调取机器设备信息所需要的全部材料。

第三步,向法院申请调查令,持调查令和市场监督管理部门所需的其他材料前去调取。

动作 38:申请法院调取被执行人机器设备信息

1. 动作背景

一般而言,律师通过向法院申请调查令,持调查令和律师执业证等证件即可前去当地市场监督管理部门调取被执行人的机器设备信息。然而实践中,市场监督管理部门对律师持调查令调取被执行人的机器设备信息的配合程度并不完全相同,有的甚至不接收法院调查令。对此,申请执行人及其代理人可以根据《民事诉讼法》第 67 条第 2 款、《最高人民法院关于适用〈中华人民共和国民事诉讼法〉的解释》第 483 条的相关规定,申请法院调取被执行人的机器设备信息,并递交书面申请书和相关证据,请求法院前去调取被执行人的机器设备信息。需要注意的是,申请书应当写明代理律师身份情况、接受调查的个人或单位名称、申请调查收集的证据名称、申请调查收集的目的,以及无法院调查令律师难以自行取得该证据的原因等内容。

2. 法律依据

《中华人民共和国民事诉讼法》(2021 年修正)

第六十七条第二款 当事人及其诉讼代理人因客观原因不能自行收集的证据,或者人民法院认为审理案件需要的证据,人民法院应当调查收集。

第七十条第一款 人民法院有权向有关单位和个人调查取证,有关单位和个人不得拒绝。

《最高人民法院关于适用〈中华人民共和国民事诉讼法〉的解释》(法释〔2022〕11 号)

第四百八十三条 人民法院有权查询被执行人的身份信息与财产信息,掌握相关信息的单位和个人必须按照协助执行通知书办理。

3. 动作步骤

申请法院调取被执行人的机器设备信息,并提交书面申请书和相关材料。

动作 39:申请调查令调取被执行人在建工程信息

1. 动作背景

在执行案件中,当被执行人为企业时,可以查看该企业是否有在建工程,这也是扩大执行财产的一种方式。那如何得知被执行人的在建工程信息呢?一般情况下,律师可以向法院申请调查令调取被执行人的在建工程信息,并持调查令前去当地住建部门调取。不过,律师在前去调取之前,建议先联系住建部门,咨询其是否接收调查令调取被执行人的在建工程信息。如果接收,咨询清楚调取在建工程信息所需要的全部材料,准备齐全后再前去调取。

2. 法律依据

《中华人民共和国民事诉讼法》(2021 年修正)

第六十四条 代理诉讼的律师和其他诉讼代理人有权调查收集证据,可以查阅本案有关材料。查阅本案有关材料的范围和办法由最高人民法院规定。

第六十七条 当事人对自己提出的主张,有责任提供证据。

当事人及其诉讼代理人因客观原因不能自行收集的证据,或者人民法院认为审理案件需要的证据,人民法院应当调查收集。

人民法院应当按照法定程序,全面地、客观地审查核实证据。

《中华人民共和国律师法》(2017 年修正)

第三十五条　受委托的律师根据案情的需要,可以申请人民检察院、人民法院收集、调取证据或者申请人民法院通知证人出庭作证。

律师自行调查取证的,凭律师执业证书和律师事务所证明,可以向有关单位或者个人调查与承办法律事务有关的情况。

《最高人民法院关于在执行工作中进一步强化善意文明执行理念的意见》(法发〔2019〕35 号)

二、严禁超标的查封和乱查封

5. 灵活采取查封措施。对能"活封"的财产,尽量不进行"死封",使查封财产能够物尽其用,避免社会资源浪费。查封被执行企业厂房、机器设备等生产资料的,被执行人继续使用对该财产价值无重大影响的,可以允许其使用。对资金周转困难、暂时无力偿还债务的房地产开发企业,人民法院应按照下列情形分别处理:

(1)查封在建工程后,原则上应当允许被执行人继续建设。

(2)查封在建工程后,对其采取强制变价措施虽能实现执行债权人债权,但会明显贬损财产价值、对被执行人显失公平的,应积极促成双方当事人达成暂缓执行的和解协议,待工程完工后再行变价;无法达成和解协议,但被执行人提供相应担保并承诺在合理期限内完成建设的,可以暂缓采取强制变价措施。

(3)查封在建商品房或现房后,在确保能够控制相应价款的前提下,可以监督被执行人在一定期限内按照合理价格自行销售房屋。人民法院在确定期限时,应当明确具体的时间节点,避免期限过长影响执行效率、损害执行债权人合法权益。

3. 动作步骤

第一步,联系当地住建部门,咨询其是否接收调查令调取被执行人在建工程信息。

第二步,如果接收,咨询调取所需的全部材料。

第三步,向法院申请调查令,持调查令和住建部门所需的其他材料前去调取。

动作40:申请法院调取被执行人在建工程信息

1. 动作背景

一般而言,律师通过向法院申请调查令,持调查令和律师执业证等证件即可前去当地住建部门调取被执行人的在建工程信息。然而实践中,住建部门对律师持调查令调取被执行人的在建工程信息的配合程度并不完全相同,有的甚至不接收法院调查令。对此,申请执行人及其代理人可以根据《民事诉讼法》第67条第2款、《最高人民法院关于适用〈中华人民共和国民事诉讼法〉的解释》第483条的相关规定,申请法院调取被执行人的在建工程信息,并递交书面申请书和相关证据,请求法院前去调取被执行人的在建工程信息。需要注意的是,申请书应当写明代理律师身份情况、接受调查的个人或单位名称、申请调查收集的证据名称、申请调查收集的目的,以及无法院调查令律师难以自行取得该证据的原因等内容。

2. 法律依据

《中华人民共和国民事诉讼法》(2021年修正)

第六十七条第二款 当事人及其诉讼代理人因客观原因不能自行收集的证据,或者人民法院认为审理案件需要的证据,人民法院应当调查收集。

第七十条第一款 人民法院有权向有关单位和个人调查取证,有关单位和个人不得拒绝。

《最高人民法院关于适用〈中华人民共和国民事诉讼法〉的解释》(法释〔2022〕11号)

第四百八十三条 人民法院有权查询被执行人的身份信息与财产信息,掌握相关信息的单位和个人必须按照协助执行通知书办理。

3. 动作步骤

申请法院调取被执行人的在建工程信息,并提交书面申请书和相关材料。

动作 41：申请调查令调取被执行人渔业船舶登记信息

1. 动作背景

在执行案件中，当被执行人为企业时，可以查看该企业是否拥有渔业船舶，这也是扩大执行财产的一种方式。那如何得知被执行人的渔业船舶登记信息呢？一般而言，律师可以向法院申请调查令调取被执行人的渔业船舶信息。根据《渔业船舶登记办法》第 3 条的规定，农业部（现农业农村部）主管全国渔业船舶登记工作，渔政局具体负责全国渔业船舶登记及其监督管理工作，县级以上地方人民政府渔业行政主管部门主管本行政区域内的渔业船舶登记工作。因此，律师可以持调查令前去当地渔政管理部门调取被执行人的渔业船舶登记信息。不过，律师在前去调取之前，建议先联系渔政管理部门，咨询其是否接收调查令调取被执行人的渔业船舶登记信息。如果接收，咨询调取渔业船舶登记信息所需要的全部材料，准备齐全后再前去调取。

2. 法律依据

《中华人民共和国民事诉讼法》（2021 年修正）

第六十四条　代理诉讼的律师和其他诉讼代理人有权调查收集证据，可以查阅本案有关材料。查阅本案有关材料的范围和办法由最高人民法院规定。

第六十七条　当事人对自己提出的主张，有责任提供证据。

当事人及其诉讼代理人因客观原因不能自行收集的证据，或者人民法院认为审理案件需要的证据，人民法院应当调查收集。

人民法院应当按照法定程序，全面地、客观地审查核实证据。

《中华人民共和国律师法》（2017 年修正）

第三十五条　受委托的律师根据案情的需要，可以申请人民检察院、人民法院收集、调取证据或者申请人民法院通知证人出庭作证。

律师自行调查取证的，凭律师执业证书和律师事务所证明，可以向有关单位或者个人调查与承办法律事务有关的情况。

《中华人民共和国渔业船舶登记办法》（2019 年修正）

第六条　渔业船舶所有人应当向户籍所在地或企业注册地的县级以上登记机关申请办理渔业船舶登记。

远洋渔业船舶登记由渔业船舶所有人向所在地省级登记机关申请办理。

中央在京直属企业所属远洋渔业船舶登记由渔业船舶所有人向船舶所在地的省级登记机关申请办理。

渔业船舶登记的港口是渔业船舶的船籍港。每艘渔业船舶只能有一个船籍港。

省级登记机关应当根据本行政区域渔业船舶管理实际确定省级以下登记机关的登记权限和船籍港名称,并对外公告。

第七条 登记机关应当建立渔业船舶登记簿,并将渔业船舶登记的内容载入渔业船舶登记簿。

权利人和利害关系人有权依法查阅渔业船舶登记簿。

第十五条 渔业船舶所有权登记,由渔业船舶所有人申请。共有的渔业船舶,由持股比例最大的共有人申请;持股比例相同的,由约定的共有人一方申请。

申请渔业船舶所有权登记,应当填写渔业船舶所有权登记申请表,并提交下列材料:

(一)渔业船舶所有人户口簿或企业法人营业执照。

(二)取得渔业船舶所有权的证明文件:

1. 制造渔业船舶,提交建造合同和交接文件;

2. 购置渔业船舶,提交买卖合同和交接文件;

3. 因继承、赠与、拍卖以及法院判决等原因取得所有权的,提交具有相应法律效力的证明文件;

4. 渔业船舶共有的,提交共有协议;

5. 其他证明渔业船舶合法来源的文件。

(三)渔业船舶检验证书、依法需要取得的渔业船舶船名核定书。

(四)反映船舶全貌和主要特征的渔业船舶照片。

(五)原船籍港登记机关出具的渔业船舶所有权注销登记证明书(制造渔业船舶除外)。

(六)捕捞渔船和捕捞辅助船的渔业船网工具指标批准书。

(七)养殖渔船所有人持有的养殖证。

(八)进口渔业船舶的准予进口批准文件和办结海关手续的证明。

(九)农业部规定的其他材料。

登记机关准予登记的,向渔业船舶所有人核发渔业船舶所有权登记证书。

3. 动作步骤

第一步，联系当地渔政管理部门，咨询其是否接收调查令调取被执行人的渔业船舶登记信息。

第二步，如果接收，咨询调取所需要的全部材料。

第三步，向法院申请调查令，持调查令和渔政管理部门所需的其他材料前去调取。

动作 42：申请法院调取被执行人渔业船舶登记信息

1. 动作背景

一般而言，律师通过向法院申请调查令，持调查令和律师执业证等证件即可前去当地渔政管理部门调取被执行人的渔业船舶登记信息。然而实践中，渔政管理部门对律师持调查令调取被执行人的渔业船舶登记信息的配合程度并不完全相同，有的甚至不接收法院调查令。对此，申请执行人及其代理人可以根据《民事诉讼法》第 67 条第 2 款、《最高人民法院关于适用〈中华人民共和国民事诉讼法〉的解释》第 483 条的相关规定，申请法院调取被执行人的渔业船舶登记信息，并递交书面申请书和相关证据，请求法院前去调取被执行人的渔业船舶登记信息。需要注意的是，申请书应当写明代理律师身份情况、接受调查的个人或单位名称、申请调查收集的证据名称、申请调查收集的目的，以及无法院调查令律师难以自行取得该证据的原因等内容。

2. 法律依据

《中华人民共和国民事诉讼法》（2021 年修正）

第六十七条第二款　当事人及其诉讼代理人因客观原因不能自行收集的证据，或者人民法院认为审理案件需要的证据，人民法院应当调查收集。

第七十条第一款　人民法院有权向有关单位和个人调查取证，有关单位和个人不得拒绝。

《最高人民法院关于适用〈中华人民共和国民事诉讼法〉的解释》（法释〔2022〕11 号）

第四百八十三条　人民法院有权查询被执行人的身份信息与财产信息，掌握相关信息的单位和个人必须按照协助执行通知书办理。

3. 动作步骤

申请法院调取被执行人的渔业船舶登记信息,并提交书面申请书和相关材料。

动作 43:核查、确认被执行人土地使用权信息

1. 动作背景

根据我国《土地管理法》等相关法律法规的规定,土地使用权是指单位或者个人依法或依合同约定,对国有土地或集体土地所享有的占有、使用、收益和有限处分的权利。土地使用权主要分为划拨、出让两种方式。土地使用权出让是指国家或集体以土地所有者的身份将土地使用权在一定年限内让与土地使用者,并由土地使用者向国家或集体支付土地使用权出让金的行为。划拨土地使用权是指土地使用者通过各种方式依法无偿取得的土地使用权,划拨土地使用权,一般不得转让、出租、抵押。

那在执行案件中,作为被执行人的自然人、法人或者其他组织拥有土地使用权时,该土地使用权可以被强制执行吗?根据《最高人民法院关于民事执行中财产调查若干问题的规定》第 5 条第 1 款的规定,土地使用权属于被执行人应当向法院报告的不动产,可见,土地使用权是属于可供执行财产的。那在执行案件中,如何核查、确认被执行人的土地使用权信息呢?一般而言,可以通过自然资源部、中国土地市场网、全国土地估价监管系统等官方网站的搜索板块输入关键词进行查询,反向核查、确认土地使用权是否属于被执行人。

2. 法律依据

《最高人民法院关于民事执行中财产调查若干问题的规定》(法释〔2020〕21 号)

第五条第一款 被执行人应当在报告财产令载明的期限内向人民法院书面报告下列财产情况:

(一)收入、银行存款、现金、理财产品、有价证券;

(二)土地使用权、房屋等不动产;

（三）交通运输工具、机器设备、产品、原材料等动产；

（四）债权、股权、投资权益、基金份额、信托受益权、知识产权等财产性权利；

（五）其他应当报告的财产。

《中华人民共和国土地管理法》（2019年修正）

第九条　城市市区的土地属于国家所有。

农村和城市郊区的土地，除由法律规定属于国家所有的以外，属于农民集体所有；宅基地和自留地、自留山，属于农民集体所有。

第十条　国有土地和农民集体所有的土地，可以依法确定给单位或者个人使用。使用土地的单位和个人，有保护、管理和合理利用土地的义务。

3. 动作步骤

登录自然资源部、中国土地市场网、全国土地估价监管系统等官方网站，输入关键词，反向核查、确认土地使用权是否属于被执行人。

动作44：申请调查令调取被执行人土地使用权信息

1. 动作背景

当通过自然资源部、中国土地市场网、全国土地估价监管系统等官方网站无法反向核查、确认被执行人的土地使用权时，律师可以向法院申请调查令调取被执行人的土地使用权信息，并持调查令前去当地的县级以上地方人民政府自然资源主管部门调取。不过，律师在前去调取之前，建议先联系自然资源主管部门，咨询其是否接收调查令调取被执行人的土地使用权信息。如果接收，咨询调取土地使用权信息所需要的全部材料，准备齐全后再前去调取。

2. 法律依据

《中华人民共和国民事诉讼法》（2021年修正）

第六十四条　代理诉讼的律师和其他诉讼代理人有权调查收集证据，可以查阅本案有关材料。查阅本案有关材料的范围和办法由最高人民法院规定。

第六十七条　当事人对自己提出的主张，有责任提供证据。

当事人及其诉讼代理人因客观原因不能自行收集的证据，或者人民法院认为审理案件需要的证据,人民法院应当调查收集。

人民法院应当按照法定程序,全面地、客观地审查核实证据。

《中华人民共和国律师法》(2017年修正)

第三十五条 受委托的律师根据案情的需要,可以申请人民检察院、人民法院收集、调取证据或者申请人民法院通知证人出庭作证。

律师自行调查取证的,凭律师执业证书和律师事务所证明,可以向有关单位或者个人调查与承办法律事务有关的情况。

《中华人民共和国土地管理法实施条例》(2021年修订)

第四条第一款 土地调查应当包括下列内容:

(一)土地权属以及变化情况;

(二)土地利用现状以及变化情况;

(三)土地条件。

《不动产登记资料查询暂行办法》(2019年修正)

第二条 本办法所称不动产登记资料,包括:

(一)不动产登记簿等不动产登记结果;

(二)不动产登记原始资料,包括不动产登记申请书、申请人身份材料、不动产权属来源、登记原因、不动产权籍调查成果等材料以及不动产登记机构审核材料。

不动产登记资料由不动产登记机构负责保存和管理。

第三条 县级以上人民政府不动产登记机构负责不动产登记资料查询管理工作。

第八条 不动产权利人、利害关系人申请查询不动产登记资料,应当提交查询申请书以及不动产权利人、利害关系人的身份证明材料。

查询申请书应当包括下列内容:

(一)查询主体;

(二)查询目的;

(三)查询内容;

(四)查询结果要求;

(五)提交的申请材料清单。

第二十三条 律师受当事人委托申请查询不动产登记资料的,除提交本办法第八条、第九条规定的材料外,还应当提交律师证和律师事务所出具的证明材料。

律师持人民法院的调查令申请查询不动产登记资料的，除提交本办法第八条规定的材料外，还应当提交律师证、律师事务所出具的证明材料以及人民法院的调查令。

3. 动作步骤

第一步，联系当地县级以上地方人民政府自然资源主管部门，咨询其是否接收调查令调取被执行人土地使用权信息。

第二步，如果接收，咨询调取土地使用权信息所需的全部材料。

第三步，向法院申请调查令，持调查令和自然资源主管部门所需的其他材料前去调取。

动作45：申请法院调取被执行人土地使用权信息

1. 动作背景

一般而言，律师通过向法院申请调查令，持调查令和律师执业证等证件即可前去当地县级以上地方人民政府自然资源主管部门调取被执行人的土地使用权信息。然而实践中，自然资源主管部门对律师持调查令调取被执行人的土地使用权信息的配合程度并不完全相同，有的甚至不接收法院调查令。对此，申请执行人及其代理人可以根据《民事诉讼法》第67条第2款、《最高人民法院关于适用〈中华人民共和国民事诉讼法〉的解释》第483条的相关规定，申请法院调取被执行人的土地使用权信息，并递交书面申请书和相关证据，请求法院前去调取被执行人的土地使用权信息。需要注意的是，申请书应当写明代理律师身份情况、接受调查的个人或单位名称、申请调查收集的证据名称、申请调查收集的目的，以及无法院调查令律师难以自行取得该证据的原因等内容。

2. 法律依据

《中华人民共和国民事诉讼法》(2021年修正)

第六十七条第二款　当事人及其诉讼代理人因客观原因不能自行收集的证据，或者人民法院认为审理案件需要的证据，人民法院应当调查收集。

第七十条第一款　人民法院有权向有关单位和个人调查取证，有关单位和个人不得拒绝。

《最高人民法院关于适用〈中华人民共和国民事诉讼法〉的解释》(法释〔2022〕11 号)

第四百八十三条 人民法院有权查询被执行人的身份信息与财产信息,掌握相关信息的单位和个人必须按照协助执行通知书办理。

3. 动作步骤

申请法院调取被执行人的土地使用权信息,并提交书面申请书和相关材料。

动作 46:核查、确认被执行人矿产信息

1. 动作背景

根据我国《矿产资源法》的规定,矿产资源属于国家所有,由国务院行使国家对矿产资源的所有权。但是,矿产资源可以被勘查、开采,勘查、开采矿产资源的,必须依法分别申请、经批准取得探矿权、采矿权,并办理登记;但是,已经依法申请取得采矿权的矿山企业在划定的矿区范围内为本企业的生产而进行的勘查除外。从事矿产资源勘查和开采的,必须符合规定的资质条件。探矿权、采矿权需要有偿取得,但国家对探矿权、采矿权有偿取得的费用,可以根据不同情况规定予以减缴、免缴。

在执行案件中,尤其是当被执行人为法人或其他组织时,很有可能有探矿权、采矿权。那如何调查、核实被执行人的矿产信息呢?通常而言,可以通过全国矿业权人勘查开采信息公示系统、矿业权市场网站等平台,搜索被执行人的姓名或名称进行查询。

2. 动作步骤

登录全国矿业权人勘查开采信息公示系统、矿业权市场网站等平台进行关键词搜索即可核查、确认。

动作 47：申请调查令调取被执行人矿产信息

1. 动作背景

在执行案件中，尤其是当被执行人为法人或其他组织时，如果登录全国矿业权人勘查开采信息公示系统、矿业权市场网站等平台进行无法核查、确认被执行人的矿产信息，可以通过当地政府自然资源主管部门查询被执行人的矿产信息，看其是否拥有探矿权、采矿权，是否办理了登记等，从而寻找被执行人通过探矿、采矿可能取得的收益等。然而，自然资源主管部门一般不允许个人随意查询他人的矿产信息，对此，律师可以向法院申请调查令调取被执行人的矿产信息，并持调查令前去自然资源主管部门调取。不过，律师在前去调取之前，建议先联系自然资源主管部门，咨询其是否接收调查令调取被执行人的矿产信息。如果接收，咨询调取矿产信息所需的全部材料，准备齐全后再前去调取。

2. 法律依据

《中华人民共和国民事诉讼法》(2021 年修正)

第六十四条　代理诉讼的律师和其他诉讼代理人有权调查收集证据，可以查阅本案有关材料。查阅本案有关材料的范围和办法由最高人民法院规定。

第六十七条　当事人对自己提出的主张，有责任提供证据。

当事人及其诉讼代理人因客观原因不能自行收集的证据，或者人民法院认为审理案件需要的证据，人民法院应当调查收集。

人民法院应当按照法定程序，全面地、客观地审查核实证据。

《中华人民共和国律师法》(2017 年修正)

第三十五条　受委托的律师根据案情的需要，可以申请人民检察院、人民法院收集、调取证据或者申请人民法院通知证人出庭作证。

律师自行调查取证的，凭律师执业证书和律师事务所证明，可以向有关单位或者个人调查与承办法律事务有关的情况。

《中华人民共和国矿产资源法》(2009 年修正)

第十二条　国家对矿产资源勘查实行统一的区块登记管理制度。矿产资源勘查登记工作，由国务院地质矿产主管部门负责；特定矿种的矿产资源勘查登记工作，可以由国务院授权有关主管部门负责。矿产资源勘查区块登记管理办法由国务院制定。

《矿产资源开采登记管理办法》(2014年修订)

第五条 采矿权申请人申请办理采矿许可证时,应当向登记管理机关提交下列资料:

(一)申请登记书和矿区范围图;

(二)采矿权申请人资质条件的证明;

(三)矿产资源开发利用方案;

(四)依法设立矿山企业的批准文件;

(五)开采矿产资源的环境影响评价报告;

(六)国务院地质矿产主管部门规定提交的其他资料。

申请开采国家规划矿区或者对国民经济具有重要价值的矿区内的矿产资源和国家实行保护性开采的特定矿种的,还应当提交国务院有关主管部门的批准文件。

申请开采石油、天然气的,还应当提交国务院批准设立石油公司或者同意进行石油、天然气开采的批准文件以及采矿企业法人资格证明。

《矿产资源勘查区块登记管理办法》(2014年修订)

第六条 探矿权申请人申请探矿权时,应当向登记管理机关提交下列资料:

(一)申请登记书和申请的区块范围图;

(二)勘查单位的资格证书复印件;

(三)勘查工作计划、勘查合同或者委托勘查的证明文件;

(四)勘查实施方案及附件;

(五)勘查项目资金来源证明;

(六)国务院地质矿产主管部门规定提交的其他资料。

申请勘查石油、天然气的,还应当提交国务院批准设立石油公司或者同意进行石油、天然气勘查的批准文件以及勘查单位法人资格证明。

3. 动作步骤

第一步,联系当地县级以上地方人民政府自然资源主管部门,咨询其是否接收调查令调取被执行人矿产信息。

第二步,如果接收,咨询调取所需的全部材料。

第三步,向法院申请调查令,持调查令和自然资源主管部门所需的其他材料前去调取。

动作 48：申请法院调取被执行人矿产信息

1. 动作背景

一般而言，律师通过向法院申请调查令，持调查令和律师执业证等证件即可前去当地政府自然资源主管部门调取被执行人的矿产信息。然而实践中，自然资源主管部门对律师持调查令调取被执行人的矿产信息的配合程度并不完全相同，有的甚至不接收法院调查令。对此，申请执行人及其代理人可以根据《民事诉讼法》第 67 条第 2 款、《最高人民法院关于适用〈中华人民共和国民事诉讼法〉的解释》第 483 条的相关规定，申请法院调取被执行人的矿产信息，并递交书面申请书和相关证据，请求法院前去调取被执行人的矿产信息。需要注意的是，申请书应当写明代理律师身份情况、接受调查的个人或单位名称、申请调查收集的证据名称、申请调查收集的目的，以及无法院调查令律师难以自行取得该证据的原因等内容。

2. 法律依据

《中华人民共和国民事诉讼法》（2021 年修正）

第六十七条第二款　当事人及其诉讼代理人因客观原因不能自行收集的证据，或者人民法院认为审理案件需要的证据，人民法院应当调查收集。

第七十条第一款　人民法院有权向有关单位和个人调查取证，有关单位和个人不得拒绝。

《最高人民法院关于适用〈中华人民共和国民事诉讼法〉的解释》（法释〔2022〕11 号）

第四百八十三条　人民法院有权查询被执行人的身份信息与财产信息，掌握相关信息的单位和个人必须按照协助执行通知书办理。

3. 动作步骤

申请法院调取被执行人的矿产信息，并提交书面申请书和相关材料。

动作49:核查、确认被执行人著作权信息

1. 动作背景

著作权属于知识产权的一部分,根据我国《著作权法》第10条的规定,著作权包括著作人身权和著作财产权。著作人身权包括发表权、署名权、修改权、保护作品完整权;著作财产权包括复制权、发行权、出租权、展览权、表演权、放映权、广播权、信息网络传播权、摄制权、改编权、翻译权、汇编权以及应当由著作权人享有的其他权利。根据《最高人民法院关于人民法院执行工作若干问题的规定(试行)》第35条的规定,被执行人不履行生效法律文书确定的义务,法院有权裁定禁止被执行人转让其著作权(财产权部分)。可见,在执行案件中,核查、确认被执行人的著作权也是扩大执行财产的一种方式。那如何核查、确认被执行人的著作权呢?一是可以通过淘宝、京东、当当等平台查询,搜索被执行人姓名,查看被执行人是否有正在售卖的书籍等。二是通过中国版权保护中心或当地版权保护中心官方网站进行查询。其中,中国版权保护中心是国家版权登记机构,是我国唯一的软件著作权登记、著作权质权登记机构。具体操作如下:登录中国版权保护中心,点击上方"登记公告"—"作品公告",或直接点击右侧的"作品公告"进行查询。三是联系中国版权保护中心或当地版权保护中心,咨询是否可以查询他人的著作权信息,如果允许,且不需要调查令,则可以直接前去查询。

2. 法律依据

《最高人民法院关于人民法院执行工作若干问题的规定(试行)》(法释〔2020〕21号)

35. 被执行人不履行生效法律文书确定的义务,人民法院有权裁定禁止被执行人转让其专利权、注册商标专用权、著作权(财产权部分)等知识产权。上述权利有登记主管部门的,应当同时向有关部门发出协助执行通知书,要求其不得办理财产权转移手续,必要时可以责令被执行人将产权或使用权证照交人民法院保存。

对前款财产权,可以采取拍卖、变卖等执行措施。

《最高人民法院关于人民法院民事执行中查封、扣押、冻结财产的规定》（法释〔2020〕21号）

第三条　人民法院对被执行人下列的财产不得查封、扣押、冻结：

（一）被执行人及其所扶养家属生活所必需的衣服、家具、炊具、餐具及其他家庭生活必需的物品；

（二）被执行人及其所扶养家属所必需的生活费用。当地有最低生活保障标准的，必需的生活费用依照该标准确定；

（三）被执行人及其所扶养家属完成义务教育所必需的物品；

（四）未公开的发明或者未发表的著作；

（五）被执行人及其所扶养家属用于身体缺陷所必需的辅助工具、医疗物品；

（六）被执行人所得的勋章及其他荣誉表彰的物品；

（七）根据《中华人民共和国缔结条约程序法》，以中华人民共和国、中华人民共和国政府或者中华人民共和国政府部门名义同外国、国际组织缔结的条约、协定和其他具有条约、协定性质的文件中规定免于查封、扣押、冻结的财产；

（八）法律或者司法解释规定的其他不得查封、扣押、冻结的财产。

3. 动作步骤

第一步，通过淘宝、京东、当当等平台搜索被执行人姓名进行核查、确认。

第二步，登录中国版权保护中心或当地版权保护中心官方网站进行核查、确认。

第三步，直接前去版权保护中心进行核查、确认。

动作50：申请调查令调取被执行人著作权信息

1. 动作背景

当通过淘宝、京东、当当等平台，或者版权保护中心官方网站无法查询到被执行人的著作权信息，而版权保护中心也不允许个人随意查询他人的著作权信息时，律师可以向法院申请调查令调取被执行人的著作权信息，并持调查令前去中国版权保护中心调取。不过，律师在前去调取之前，建议先联系版权保护中心,咨询其是否接收调查令调取被执行人的著作权信息。如果接收,咨询调取著作权信息所需的全部材料,准备齐全后再前去调取。

2. 法律依据

《中华人民共和国民事诉讼法》(2021年修正)

第六十四条 代理诉讼的律师和其他诉讼代理人有权调查收集证据,可以查阅本案有关材料。查阅本案有关材料的范围和办法由最高人民法院规定。

第六十七条 当事人对自己提出的主张,有责任提供证据。

当事人及其诉讼代理人因客观原因不能自行收集的证据,或者人民法院认为审理案件需要的证据,人民法院应当调查收集。

人民法院应当按照法定程序,全面地、客观地审查核实证据。

《中华人民共和国律师法》(2017年修正)

第三十五条 受委托的律师根据案情的需要,可以申请人民检察院、人民法院收集、调取证据或者申请人民法院通知证人出庭作证。

律师自行调查取证的,凭律师执业证书和律师事务所证明,可以向有关单位或者个人调查与承办法律事务有关的情况。

《最高人民法院关于人民法院执行工作若干问题的规定(试行)》(法释〔2020〕21号)

35. 被执行人不履行生效法律文书确定的义务,人民法院有权裁定禁止被执行人转让其专利权、注册商标专用权、著作权(财产权部分)等知识产权。上述权利有登记主管部门的,应当同时向有关部门发出协助执行通知书,要求其不得办理财产权转移手续,必要时可以责令被执行人将产权或使用权证照交人民法院保存。

对前款财产权,可以采取拍卖、变卖等执行措施。

《中华人民共和国著作权法》(2020年修正)

第七条 国家著作权主管部门负责全国的著作权管理工作;县级以上地方主管著作权的部门负责本行政区域的著作权管理工作。

3. 动作步骤

第一步,联系版权保护中心,咨询其是否接收调查令调取被执行人著作权信息。

第二步,如果接收,咨询调取所需的全部材料。

第三步，向法院申请调查令，持调查令和版权保护中心所需的其他材料前去调取。

动作 51：申请法院调取被执行人著作权信息

1. 动作背景

一般而言，律师通过向法院申请调查令，持调查令和律师执业证等证件即可前去版权保护中心调取被执行人的著作权信息。然而实践中，版权保护中心对律师持被执行人的著作权信息的配合程度并不完全相同，有的甚至不接收法院调查令。对此，申请执行人及其代理人可以根据《民事诉讼法》第 67 条第 2 款、《最高人民法院关于适用〈中华人民共和国民事诉讼法〉的解释》第 483 条的相关规定，申请法院调取被执行人的著作权信息，并递交书面申请书和相关证据，请求法院前去调取被执行人的著作权信息。需要注意的是，申请书应当写明代理律师身份情况、接受调查的个人姓名或单位名称、申请调查收集的证据名称、申请调查收集的目的，以及无法院调查令律师难以自行取得该证据的原因等内容。

2. 法律依据

《中华人民共和国民事诉讼法》（2021 年修正）

第六十七条第二款　当事人及其诉讼代理人因客观原因不能自行收集的证据，或者人民法院认为审理案件需要的证据，人民法院应当调查收集。

第七十条第一款　人民法院有权向有关单位和个人调查取证，有关单位和个人不得拒绝。

《最高人民法院关于适用〈中华人民共和国民事诉讼法〉的解释》（法释〔2022〕11 号）

第四百八十三条　人民法院有权查询被执行人的身份信息与财产信息，掌握相关信息的单位和个人必须按照协助执行通知书办理。

3. 动作步骤

申请法院调取被执行人的著作权信息，并提交书面申请书和相关材料。

动作 52:核查、确认被执行人商标权信息

1. 动作背景

在执行案件中,尤其是当被执行人为法人或其他组织时,多数都有商标,核查、确认被执行人的商标权也是扩大执行财产的一种方式。根据我国《商标法》的规定,商标权是民事主体享有在特定的商品或服务上以区分来源为目的,排他性使用特定标志的权利。商标权的取得方式包括通过使用取得商标权和通过注册取得商标权两种方式。经商标局核准注册的商标为注册商标,包括商品商标、服务商标和集体商标、证明商标;商标注册人享有商标专用权,受法律保护。通过注册获得商标权又称为注册商标专用权。根据《最高人民法院关于人民法院执行工作若干问题的规定(试行)》第 35 条的规定,被执行人不履行生效法律文书确定的义务,法院有权裁定禁止被执行人转让其注册商标专用权。可见,核查、确认被执行人的商标权也是扩大执行财产的一种方式。那如何核查、确认被执行人的商标权信息呢？通常而言,可以通过国家知识产权局、知识宝等网站,搜索被执行人的姓名或名称,查看其是否拥有注册商标以及注册商标的数量等信息。

2. 法律依据

《最高人民法院关于人民法院执行工作若干问题的规定(试行)》(法释〔2020〕21 号)

35. 被执行人不履行生效法律文书确定的义务,人民法院有权裁定禁止被执行人转让其专利权、注册商标专用权、著作权(财产权部分)等知识产权。上述权利有登记主管部门的,应当同时向有关部门发出协助执行通知书,要求其不得办理财产权转移手续,必要时可以责令被执行人将产权或使用权证照交人民法院保存。

对前款财产权,可以采取拍卖、变卖等执行措施。

3. 动作步骤

登录国家知识产权局、知识宝等网站,通过搜索被执行人的姓名或名称进行核查、确认。

动作53：申请调查令调取被执行人商标权信息

1. 动作背景

2021年8月10日，国家知识产权局官方微信公众号发布了律师查询涉案商标档案应当提交的材料，即律师事务所或商标代理机构代理诉讼活动，需查询涉案商标档案的，经办人应提交以下材料：诉讼代理委托书或档案查询委托书，委托书需说明查询事由和查询内容；法院出具的协助调查函或案件起诉状原件及复印件、案件受理通知书原件及复印件、一审判决书或裁定书原件及复印件等，上述材料需能证明所代理的案件与所查询的商标确有利害关系；律师事务所或商标代理机构的介绍信；经办人的有效身份证明原件及复印件。可见，国家知识产权局是接收律师调查令的，律师可以持调查令和上述所需的材料前去国家知识产权局调取被执行人商标权信息。因此，律师向法院申请调查令，准备好所需的全部材料，直接前去国家知识产权局调取被执行人商标权信息即可。

2. 法律依据

《中华人民共和国民事诉讼法》（2021年修正）

第六十四条　代理诉讼的律师和其他诉讼代理人有权调查收集证据，可以查阅本案有关材料。查阅本案有关材料的范围和办法由最高人民法院规定。

第六十七条　当事人对自己提出的主张，有责任提供证据。

当事人及其诉讼代理人因客观原因不能自行收集的证据，或者人民法院认为审理案件需要的证据，人民法院应当调查收集。

人民法院应当按照法定程序，全面地、客观地审查核实证据。

《中华人民共和国律师法》（2017年修正）

第三十五条　受委托的律师根据案情的需要，可以申请人民检察院、人民法院收集、调取证据或者申请人民法院通知证人出庭作证。

律师自行调查取证的，凭律师执业证书和律师事务所证明，可以向有关单位或者个人调查与承办法律事务有关的情况。

《最高人民法院关于人民法院执行工作若干问题的规定（试行）》（法释〔2020〕21号）

35. 被执行人不履行生效法律文书确定的义务，人民法院有权裁定禁止被执行人转让其专利权、注册商标专用权、著作权（财产权部分）等知识产权。上述权利有登记主管部门的，应当同时向有关部门发出协助执行通知书，要求其不得办理财产权转移手续，必要时可以责令被执行人将产权或使用权证照交人民法院保存。

对前款财产权，可以采取拍卖、变卖等执行措施。

《中华人民共和国商标法》（2019 年修正）

第二条 国务院工商行政管理部门商标局主管全国商标注册和管理的工作。

国务院工商行政管理部门设立商标评审委员会，负责处理商标争议事宜。

3. 动作步骤

向法院申请调查令，持调查令和国家知识产权局商标局所需的其他材料前去调取。

动作 54：申请法院调取被执行人商标权信息

1. 动作背景

国家知识产权局允许律师持调查令和相关材料查询被执行人的商标权信息。然而实践中，一些地方的知识产权保护中心对律师持调查令调取被执行人的商标权信息的配合程度并不完全相同，有的甚至不接收法院调查令。对此，申请执行人及其代理人可以根据《民事诉讼法》第 67 条第 2 款、《最高人民法院关于适用〈中华人民共和国民事诉讼法〉的解释》第 483 条的相关规定，申请法院调取被执行人的商标权信息，并递交书面申请书和相关证据，请求法院前去调取被执行人的商标权信息。需要注意的是，申请书应当写明代理律师身份情况、接受调查的个人姓名或单位名称、申请调查收集的证据名称、申请调查收集的目的，以及无法院调查令律师难以自行取得该证据的原因等内容。

2. 法律依据

《中华人民共和国民事诉讼法》（2021 年修正）

第六十七条第二款 当事人及其诉讼代理人因客观原因不能自行收集的证据，或者人民法院认为审理案件需要的证据，人民法院应当调查收集。

第七十条第一款　人民法院有权向有关单位和个人调查取证，有关单位和个人不得拒绝。

《最高人民法院关于适用〈中华人民共和国民事诉讼法〉的解释》（法释〔2022〕11号）

第四百八十三条　人民法院有权查询被执行人的身份信息与财产信息，掌握相关信息的单位和个人必须按照协助执行通知书办理。

3. 动作步骤

申请法院调取被执行人的商标权信息，并提交书面申请书和相关材料。

动作55：核查、确认被执行人专利权信息

1. 动作背景

根据我国《专利法》的规定，专利权是指国家根据发明人或设计人的申请，依法定程序在一定期限内授予发明人或设计人的一种排他性权利。专利权主要包括独占权、实施许可权、转让权等内容。在执行案件中，当被执行人不履行生效法律文书确定的义务，而名下又无存款、房产等可供执行的财产时，可以查看其名下是否有专利，尤其是当被执行人为法人或其他组织时，名下很可能会有专利。根据《最高人民法院关于人民法院执行工作若干问题的规定（试行）》第35条的规定，被执行人不履行生效法律文书确定的义务，法院有权裁定禁止被执行人转让其专利权。可见，核查、确认被执行人的专利权也是扩大执行财产的一种方式。那如何核查、确认被执行人的专利权信息呢？通常而言，可以通过国家知识产权局、知识宝等网站，搜索被执行人的姓名或名称，查看其是否拥有专利以及专利数量、具体内容等信息。

2. 法律依据

《最高人民法院关于人民法院执行工作若干问题的规定（试行）》（法释〔2020〕21号）

35. 被执行人不履行生效法律文书确定的义务，人民法院有权裁定禁止被执行人转让其专利权、注册商标专用权、著作权（财产权部分）等知识产权。上述权利有登记主管部门的，应当同时向有关部门发出协助执行通知书，要求其

不得办理财产权转移手续,必要时可以责令被执行人将产权或使用权证照交人民法院保存。

对前款财产权,可以采取拍卖、变卖等执行措施。

3. 动作步骤

登录国家知识产权局、知识宝等网站,通过搜索被执行人的姓名或名称进行核查、确认。

动作 56:申请调查令调取被执行人专利权信息

1. 动作背景

当通过国家知识产权局、知识宝等网站无法查询到被执行人的专利权信息,而版权保护中心也不允许个人随意查询他人的专利权信息时,律师可以向法院申请调查令调取被执行人的专利权信息,并持调查令前去国家知识产权局调取。不过,律师在前去调取之前,建议先联系国家知识产权局,咨询其是否接收调查令调取被执行人的专利权信息。如果接收,咨询调取专利权信息所需的全部材料,准备齐全后再前去调取。

2. 法律依据

《中华人民共和国民事诉讼法》(2021 年修正)

第六十四条 代理诉讼的律师和其他诉讼代理人有权调查收集证据,可以查阅本案有关材料。查阅本案有关材料的范围和办法由最高人民法院规定。

第六十七条 当事人对自己提出的主张,有责任提供证据。

当事人及其诉讼代理人因客观原因不能自行收集的证据,或者人民法院认为审理案件需要的证据,人民法院应当调查收集。

人民法院应当按照法定程序,全面地、客观地审查核实证据。

《中华人民共和国律师法》(2017 年修正)

第三十五条 受委托的律师根据案情的需要,可以申请人民检察院、人民法院收集、调取证据或者申请人民法院通知证人出庭作证。

律师自行调查取证的,凭律师执业证书和律师事务所证明,可以向有关单位或者个人调查与承办法律事务有关的情况。

《最高人民法院关于人民法院执行工作若干问题的规定(试行)》(法释〔2020〕21号)

35. 被执行人不履行生效法律文书确定的义务,人民法院有权裁定禁止被执行人转让其专利权、注册商标专用权、著作权(财产权部分)等知识产权。上述权利有登记主管部门的,应当同时向有关部门发出协助执行通知书,要求其不得办理财产权转移手续,必要时可以责令被执行人将产权或使用权证照交人民法院保存。

对前款财产权,可以采取拍卖、变卖等执行措施。

《中华人民共和国专利法》(2020年修正)

第三条　国务院专利行政部门负责管理全国的专利工作;统一受理和审查专利申请,依法授予专利权。

省、自治区、直辖市人民政府管理专利工作的部门负责本行政区域内的专利管理工作。

3. 动作步骤

第一步,联系国家知识产权局,咨询其是否接收调查令调取被执行人专利权信息。

第二步,如果接收,咨询调取所需的全部材料。

第三步,向法院申请调查令,持调查令和国家知识产权局所需的其他材料前去调取。

动作57:申请法院调取被执行人专利权信息

1. 动作背景

一般而言,律师通过向法院申请调查令,持调查令和律师执业证等证件即可前去国家知识产权局调取被执行人的专利权信息。然而实践中,一些地方的知识产权保护中心对律师持调查令调取被执行人的专利权信息的配合程度并不完全相同,有的甚至不接收法院调查令。对此,申请执行人及其代理人可以根据《民事诉讼法》第67条第2款、《最高人民法院关于适用〈中华人民共和国民事诉讼法〉的解释》第483条的相关规定,申请法院调取被执行人的专利权信息,并递交书面申请书和相关证据,请求法院前去调取被执行人的专利权信息。

需要注意的是,申请书应当写明代理律师身份情况、接受调查的个人姓名或单位名称、申请调查收集的证据名称、申请调查收集的目的,以及无法院调查令律师难以自行取得该证据的原因等内容。

2. 法律依据

《中华人民共和国民事诉讼法》(2021 年修正)

第六十七条第二款 当事人及其诉讼代理人因客观原因不能自行收集的证据,或者人民法院认为审理案件需要的证据,人民法院应当调查收集。

第七十条第一款 人民法院有权向有关单位和个人调查取证,有关单位和个人不得拒绝。

《最高人民法院关于适用〈中华人民共和国民事诉讼法〉的解释》(法释〔2022〕11 号)

第四百八十三条 人民法院有权查询被执行人的身份信息与财产信息,掌握相关信息的单位和个人必须按照协助执行通知书办理。

3. 动作步骤

申请法院调取被执行人的专利权信息,并提交书面申请书和相关材料。

动作 58:核查、确认被执行人网络域名信息

1. 动作背景

在现代经济社会中,网络域名具有了一定的商业价值,尤其在企业中占有重要地位。虽然网络域名在民事执行领域尚未明确属于知识产权范围,但其与商标商号类似,与企业自然关联,具备知识产权属性。根据《最高人民法院关于审理涉及计算机网络域名民事纠纷案件适用法律若干问题的解释》等法律法规的规定,域名纠纷被纳入知识产权纠纷审理范围。而《民法典》也规定,对数据、网络虚拟财产进行保护。网络域名以数据形式存在于网络空间,其具备一定价值,并在一定条件下可以转让,属于企业无形财产的一部分。2018 年,最高人民法院发布第一批涉互联网典型案例,并在其中"深圳市玩家文化传播有限公司申请强制执行案"中指出,网络域名可作为被执行人财产由法院进行强制执行。法院可依法向有关单位发出协助执行通知书,由网站运营商协助法院进行查封

并限制登录，迫使被执行人主动履行法定义务。那如何得知被执行人的网络域名信息呢？一般可以通过阿里域名、站长之家等域名查询网站搜索域名进行核查、确认。

2. 法律依据

《最高人民法院关于审理涉及计算机网络域名民事纠纷案件适用法律若干问题的解释》（法释〔2020〕19号）

第一条 对于涉及计算机网络域名注册、使用等行为的民事纠纷，当事人向人民法院提起诉讼，经审查符合民事诉讼法第一百一十九条规定的，人民法院应当受理。

第三条 域名纠纷案件的案由，根据双方当事人争议的法律关系的性质确定，并在其前冠以计算机网络域名；争议的法律关系的性质难以确定的，可以通称为计算机网络域名纠纷案件。

第六条 人民法院审理域名纠纷案件，根据当事人的请求以及案件的具体情况，可以对涉及的注册商标是否驰名依法作出认定。

《中华人民共和国民法典》

第一百二十七条 法律对数据、网络虚拟财产的保护有规定的，依照其规定。

3. 动作步骤

登录阿里域名、站长之家等域名查询网站搜索域名进行核查、确认。

动作59：申请调查令调取被执行人网络域名信息

1. 动作背景

网络域名可作为被执行人财产由法院进行强制执行。当被执行人为企业，尤其是有一定知名度的企业时，查封其网络域名，会降低其在客户中的信誉，影响其经营收益，达到震慑被执行人，迫使其履行法定义务的效果。当通过阿里域名、站长之家等域名查询网站无法查询到被执行人的网络域名信息时该怎么办呢？根据《互联网域名管理办法》的规定，工业和信息化部对全国的域名服务实施监督管理，各省、自治区、直辖市通信管理局对本行政区域内的域名服务实施监督管理。由此可见,可以通过工业和信息化部或者各省、自治区、直辖市通信管理局查询域名注册管理机构。查询到域名注册管理机构之后,可以通过域名注册管理机构查询被执行人的网络域名信息。

一般情况,域名注册管理机构不允许随意查询他人的网络域名。对此,律师可以向法院申请调查令调取被执行人的网络域名信息,并持调查令前去域名注册管理机构调取。不过,律师在前去调取之前,建议先联系域名注册管理机构,咨询其是否接收调查令调取被执行人的网络域名信息。如果接收,咨询调取网络域名信息所需的全部材料,准备齐全后再前去调取。

2. 法律依据

《中华人民共和国民事诉讼法》(2021年修正)

第六十四条 代理诉讼的律师和其他诉讼代理人有权调查收集证据,可以查阅本案有关材料。查阅本案有关材料的范围和办法由最高人民法院规定。

第六十七条 当事人对自己提出的主张,有责任提供证据。

当事人及其诉讼代理人因客观原因不能自行收集的证据,或者人民法院认为审理案件需要的证据,人民法院应当调查收集。

人民法院应当按照法定程序,全面地、客观地审查核实证据。

《中华人民共和国律师法》(2017年修正)

第三十五条 受委托的律师根据案情的需要,可以申请人民检察院、人民法院收集、调取证据或者申请人民法院通知证人出庭作证。

律师自行调查取证的,凭律师执业证书和律师事务所证明,可以向有关单位或者个人调查与承办法律事务有关的情况。

《互联网域名管理办法》

第三条 工业和信息化部对全国的域名服务实施监督管理,主要职责是:

(一)制定互联网域名管理规章及政策;

(二)制定中国互联网域名体系、域名资源发展规划;

(三)管理境内的域名根服务器运行机构和域名注册管理机构;

(四)负责域名体系的网络与信息安全管理;

(五)依法保护用户个人信息和合法权益;

(六)负责与域名有关的国际协调;

(七)管理境内的域名解析服务;

(八)管理其他与域名服务相关的活动。

第四条　各省、自治区、直辖市通信管理局对本行政区域内的域名服务实施监督管理，主要职责是：

（一）贯彻执行域名管理法律、行政法规、规章和政策；

（二）管理本行政区域内的域名注册服务机构；

（三）协助工业和信息化部对本行政区域内的域名根服务器运行机构和域名注册管理机构进行管理；

（四）负责本行政区域内域名系统的网络与信息安全管理；

（五）依法保护用户个人信息和合法权益；

（六）管理本行政区域内的域名解析服务；

（七）管理本行政区域内其他与域名服务相关的活动。

3. 动作步骤

第一步，通过工业和信息化部或者各省、自治区、直辖市通信管理局查询被执行网络域名注册管理机构。

第二步，联系网络域名注册管理机构，咨询其是否接收调查令调取被执行人网络域名信息。

第三步，如果接收，咨询调取所需的全部材料。

第四步，向法院申请调查令，持调查令和网络域名注册管理机构所需的其他材料前去调取。

动作 60：申请法院调取被执行人网络域名信息

1. 动作背景

一般而言，律师通过向法院申请调查令，持调查令和律师执业证等证件即可前去网络域名注册管理机构调取被执行人的网络域名信息。然而实践中，网络域名注册管理机构对律师持调查令调取被执行人的网络域名信息的配合程度并不完全相同，有的甚至不接收法院调查令。对此，申请执行人及其律师可以根据《民事诉讼法》第 67 条第 2 款、《最高人民法院关于适用〈中华人民共和国民事诉讼法〉的解释》第 483 条的相关规定，申请法院调取被执行人的网络域名信息，并递交书面申请书和相关证据，请求法院前去调取被执行人的网络域名信息。需要注意的是，申请书应当写明代理律师身份情况、接受调查的个人姓名或单位名称、申请调查收集的证据名称、申请调查收集的目的,以及无法院调查令律师难以自行取得该证据的原因等内容。

2. 法律依据

《中华人民共和国民事诉讼法》(2021 年修正)

第六十七条第二款 当事人及其诉讼代理人因客观原因不能自行收集的证据,或者人民法院认为审理案件需要的证据,人民法院应当调查收集。

第七十条第一款 人民法院有权向有关单位和个人调查取证,有关单位和个人不得拒绝。

《最高人民法院关于适用〈中华人民共和国民事诉讼法〉的解释》(法释〔2022〕11 号)

第四百八十三条 人民法院有权查询被执行人的身份信息与财产信息,掌握相关信息的单位和个人必须按照协助执行通知书办理。

3. 动作步骤

申请法院调取被执行人的网络域名信息,并提交书面申请书和相关材料。

动作 61:核查、确认被执行人司法拍卖信息

1. 动作背景

在执行案件中,当被执行人不履行生效法律文书所确定的义务时,可以核查、确认被执行人的司法拍卖信息,查看被执行人是否有正在拍卖的房产、车辆等,这也是扩大财产的一种方式。那如何核查、确认被执行人的司法拍卖信息呢?可以通过人民法院诉讼资产网、阿里拍卖、京东法拍、公拍网、工商银行融 e 购、中国拍卖行业协会、北京产权交易所等网站,搜索案号、标的物名称、地址位置等进行核查、确认被执行人的司法拍卖信息。

2. 动作步骤

登录人民法院诉讼资产网、阿里拍卖、京东法拍、公拍网、工商银行融 e 购、中国拍卖行业协会、北京产权交易所等网站进行核查、确认即可。需要特别注意的是,以上 7 大网站不互通,需一一进行检索确认。

动作62：调查、核实被执行人股权信息

1. 动作背景

在执行案件中，当被执行人拒不履行生效法律文书确定的义务时，可以查看被执行人是否拥有股权，包括有限责任公司股权和股份有限公司股份。因为股权也属于被执行人财产的一部分，是可以被强制执行的。那如何调查、核实被执行人呢？股权一是可以通过查阅股权所在公司的章程、股东名册等资料进行查询；二是可以通过公司登记机关的登记、备案信息进行查询；三是可以通过登录国家企业信用信息公示系统、企查查、天眼查等平台进行查询。需要注意的是，法律规定，法院可以冻结平台公示的被执行人的股权，该平台仅限于国家市场监督管理总局主办的国家企业信用信息公示系统，国家企业信用信息公示系统公示的属于被执行人的股权可以被强制执行。

2. 法律依据

《最高人民法院关于人民法院强制执行股权若干问题的规定》（法释〔2021〕20号）

第二条 被执行人是公司股东的，人民法院可以强制执行其在公司持有的股权，不得直接执行公司的财产。

第四条 人民法院可以冻结下列资料或者信息之一载明的属于被执行人的股权：

（一）股权所在公司的章程、股东名册等资料；

（二）公司登记机关的登记、备案信息；

（三）国家企业信用信息公示系统的公示信息。

案外人基于实体权利对被冻结股权提出排除执行异议的，人民法院应当依照民事诉讼法第二百二十七条的规定进行审查。

3. 动作步骤

第一步，登录国家企业信用信息公示系统、企查查、天眼查等平台进行查询。

第二步，通过公司登记机关的登记、备案信息，股权所在公司的章程、股东名册等资料进行查询。

动作63:申请调查令调取被执行人股权信息

1.动作背景

调查、核实被执行人股权信息,除了通过国家企业信用信息公示系统查询最为快捷、高效之外,通过公司登记机关的登记、备案信息和股权所在公司的章程、股东名册等资料查询存在一定难度。一是公司登记机关的登记、备案信息一般不会随意被查看;二是股权所在公司的章程、股东名册等资料都是公司重要的档案资料,一般也很难查询到。在这种情况下,律师可以向法院申请调查令调取被执行人的股权信息。律师申请调查令之后,可持调查令前去工商部门或者股权所在公司前去调取。不过,律师在前去调取之前,建议先联系工商部门或者股权所在公司,咨询其是否接收调查令调取被执行人的股权信息。如果接收,咨询调取股权信息所需的全部材料,准备齐全后再前去调取。

2.法律依据

《中华人民共和国民事诉讼法》(2021年修正)

第六十四条 代理诉讼的律师和其他诉讼代理人有权调查收集证据,可以查阅本案有关材料。查阅本案有关材料的范围和办法由最高人民法院规定。

第六十七条 当事人对自己提出的主张,有责任提供证据。

当事人及其诉讼代理人因客观原因不能自行收集的证据,或者人民法院认为审理案件需要的证据,人民法院应当调查收集。

人民法院应当按照法定程序,全面地、客观地审查核实证据。

《中华人民共和国律师法》(2017年修正)

第三十五条 受委托的律师根据案情的需要,可以申请人民检察院、人民法院收集、调取证据或者申请人民法院通知证人出庭作证。

律师自行调查取证的,凭律师执业证书和律师事务所证明,可以向有关单位或者个人调查与承办法律事务有关的情况。

《最高人民法院关于人民法院强制执行股权若干问题的规定》(法释〔2021〕20号)

第四条 人民法院可以冻结下列资料或者信息之一载明的属于被执行人的股权:

(一)股权所在公司的章程、股东名册等资料;

(二)公司登记机关的登记、备案信息;

(三)国家企业信用信息公示系统的公示信息。

案外人基于实体权利对被冻结股权提出排除执行异议的,人民法院应当依照民事诉讼法第二百二十七条的规定进行审查。

3. 动作步骤

第一步,联系工商部门或者股权所在公司,咨询其是否接收调查令调取被执行人股权信息。

第二步,如果接收,咨询调取所需的全部材料。

第三步,向法院申请调查令,持调查令和工商部门或者股权所在公司所需的其他材料前去调取。

动作 64:申请法院调取被执行人股权信息

1. 动作背景

一般而言,律师通过向法院申请调查令,持调查令和律师执业证等证件即可前去市场监督管理部门调取被执行人的股权信息。然而实践中,市场监督管理部门对律师持调查令调取被执行人的股权信息并不一定完全配合。对此,申请执行人及其代理人可以根据《民事诉讼法》第 67 条第 2 款、《最高人民法院关于适用〈中华人民共和国民事诉讼法〉的解释》第 483 条的相关规定,申请法院调取被执行人的股权信息,并递交书面申请书和相关证据,请求法院前去调取被执行人的股权信息。需要注意的是,申请书应当写明代理律师身份情况、接受调查的个人姓名或单位名称、申请调查收集的证据名称、申请调查收集的目的,以及无法院调查令律师难以自行取得该证据的原因等内容。

2. 法律依据

《中华人民共和国民事诉讼法》(2021 年修正)

第六十七条第二款　当事人及其诉讼代理人因客观原因不能自行收集的证据,或者人民法院认为审理案件需要的证据,人民法院应当调查收集。

第七十条第一款　人民法院有权向有关单位和个人调查取证,有关单位和个人不得拒绝。

《最高人民法院关于适用〈中华人民共和国民事诉讼法〉的解释》(法释〔2022〕11号)

第四百八十三条 人民法院有权查询被执行人的身份信息与财产信息,掌握相关信息的单位和个人必须按照协助执行通知书办理。

3. 动作步骤

申请法院调取被执行人的股权信息,并提交书面申请书和相关材料。

动作65:申请调查令调取被执行人债券信息

1. 动作背景

债券是当政府、金融机构、企业等直接向社会借债筹措资金时,向投资者发行,并且承诺按规定利率支付利息并按约定条件偿还本金的债权债务凭证。债券主要包括政府债券(国债、地方政府债券)、金融债券、企业债券等。在执行案件中,当被执行人未履行生效法律文书确定的义务,又没有存款、房产等财产时,可以查看被执行人是否拥有债券。根据《民事诉讼法》第249条的规定,被执行人未按执行通知履行法律文书确定的义务,法院有权向有关单位查询被执行人的债券情况。可见,查询被执行人的债券信息也是扩大执行财产的一种方式。那如何查询被执行人的债券信息呢?一般而言,律师可以向法院申请调查令调取被执行人的债券信息。根据《中央国债登记结算有限责任公司业务监督管理规则》的规定,中央国债登记结算有限责任公司负责设立和管理债券账户以及债券登记、托管、结算等业务。因此,律师申请调查令之后,可持调查令前去中央国债登记结算有限责任公司调取被执行人的债券信息。不过,律师在前去调取之前,建议先联系中央国债登记结算有限责任公司,咨询其是否接收调查令调取被执行人的债券信息。如果接收,咨询调取债券信息所需的全部材料,准备齐全后再前去调取。

2. 法律依据

《中华人民共和国民事诉讼法》(2021年修正)

第六十四条 代理诉讼的律师和其他诉讼代理人有权调查收集证据,可以查阅本案有关材料。查阅本案有关材料的范围和办法由最高人民法院规定。

第六十七条　当事人对自己提出的主张,有责任提供证据。

当事人及其诉讼代理人因客观原因不能自行收集的证据,或者人民法院认为审理案件需要的证据,人民法院应当调查收集。

人民法院应当按照法定程序,全面地、客观地审查核实证据。

第二百四十九条　被执行人未按执行通知履行法律文书确定的义务,人民法院有权向有关单位查询被执行人的存款、债券、股票、基金份额等财产情况。人民法院有权根据不同情形扣押、冻结、划拨、变价被执行人的财产。人民法院查询、扣押、冻结、划拨、变价的财产不得超出被执行人应当履行义务的范围。

人民法院决定扣押、冻结、划拨、变价财产,应当作出裁定,并发出协助执行通知书,有关单位必须办理。

《中华人民共和国律师法》(2017年修正)

第三十五条　受委托的律师根据案情的需要,可以申请人民检察院、人民法院收集、调取证据或者申请人民法院通知证人出庭作证。

律师自行调查取证的,凭律师执业证书和律师事务所证明,可以向有关单位或者个人调查与承办法律事务有关的情况。

《中央国债登记结算有限责任公司业务监督管理规则》(银发〔2011〕79号)

第二条　中国人民银行依法对中央国债登记结算有限责任公司(以下简称中央结算公司)业务进行监督和指导。

第三条　中央结算公司从事以下业务:

(一)设立和管理债券账户;

(二)债券登记、托管、结算、代理还本付息、债券等质押物的管理服务;

(三)为中国人民银行公开市场业务系统和债券发行提供技术支持;

(四)承担银行间债券市场债券交易结算的日常监测职能;

(五)监督柜台交易承办银行的二级托管业务;

(六)提供业务相关的信息、查询、咨询、培训服务;

(七)经中国人民银行批准的其他业务。

3. 动作步骤

第一步,联系中央国债登记结算有限责任公司,咨询其是否接收调查令调取被执行人债券信息。

第二步,如果接收,咨询调取所需的全部材料。

第三步,向法院申请调查令,持调查令和中央国债登记结算有限责任公司所需的其他材料前去调取。

动作 66:申请法院调取被执行人债券信息

1. 动作背景

一般而言,律师通过向法院申请调查令,持调查令和律师执业证等证件即可前去中央国债登记结算有限责任公司调取被执行人的债券信息。然而实践中,中央国债登记结算有限责任公司对律师持调查令调取被执行人的债券信息并不一定完全配合。对此,申请执行人及其代理人可以根据《民事诉讼法》第 67 条第 2 款、《最高人民法院关于适用〈中华人民共和国民事诉讼法〉的解释》第 483 条的相关规定,申请法院调取被执行人的债券信息,并递交书面申请书和相关证据,请求法院前去调取被执行人的债券信息。需要注意的是,申请书应当写明代理律师身份情况、接受调查的个人姓名或单位名称、申请调查收集的证据名称、申请调查收集的目的,以及无法院调查令律师难以自行取得该证据的原因等内容。

2. 法律依据

《中华人民共和国民事诉讼法》(2021 年修正)

第六十七条第二款 当事人及其诉讼代理人因客观原因不能自行收集的证据,或者人民法院认为审理案件需要的证据,人民法院应当调查收集。

第七十条第一款 人民法院有权向有关单位和个人调查取证,有关单位和个人不得拒绝。

《最高人民法院关于适用〈中华人民共和国民事诉讼法〉的解释》(法释〔2022〕11 号)

第四百八十三条 人民法院有权查询被执行人的身份信息与财产信息,掌握相关信息的单位和个人必须按照协助执行通知书办理。

3. 动作步骤

申请法院调取被执行人的债券信息,并提交书面申请书和相关材料。

动作67：申请调查令调取被执行人上市股票信息

1. 动作背景

随着我国证券市场的发展，以上市公司股票为标的物的执行案件逐渐增多。根据《民事诉讼法》第249条的规定，被执行人未按执行通知履行法律文书确定的义务，法院有权向有关单位查询被执行人的股票情况。可见，查询被执行人的上市股票信息也是扩大执行财产的一种方式。那如何查询被执行人的上市股票信息呢？一般而言，律师可以向法院申请调查令调取被执行人的上市股票信息。根据《证券登记结算管理办法》的规定，证券登记结算机构为股票交易提供集中登记、存管与结算服务，履行股票账户、结算账户的设立和管理等职能。因此，律师申请调查令之后，可持调查令前去证券登记结算机构调取被执行人的上市股票信息。不过，律师在前去调取之前，建议先联系证券登记结算机构，咨询其是否接收调查令调取被执行人的上市股票信息。如果接收，咨询调取上市股票信息所需的全部材料，准备齐全后再前去调取。

需要说明的是，在实践中，已经有法院制定了有关执行上市股票的相关规定，如深圳市中级人民法院于2019年制定了《关于强制执行上市公司股票的工作指引（试行）》，这是我国法院出台的首份关于强制执行上市公司股票的专业办案指引。该指引指出，强制执行上市公司股票，应当查明该股票的下列情况：(1)权属状况、股份性质及股票数量、持股比例；(2)质押登记、信用交易、限售条件等权利负担及司法冻结情况；(3)托管的证券公司及被执行人的证券账户、资金账户等情况。冻结上市公司股票，应当向托管的证券公司营业部或者证券登记结算机构送达执行裁定和协助执行通知书。冻结未在证券公司托管或证券公司自营的上市公司股票，应当向证券登记结算机构送达执行裁定和协助执行通知书。

2. 法律依据

《中华人民共和国民事诉讼法》（2021年修正）

第六十四条　代理诉讼的律师和其他诉讼代理人有权调查收集证据，可以查阅本案有关材料。查阅本案有关材料的范围和办法由最高人民法院规定。

第六十七条　当事人对自己提出的主张，有责任提供证据。

当事人及其诉讼代理人因客观原因不能自行收集的证据，或者人民法院认为审理案件需要的证据,人民法院应当调查收集。

人民法院应当按照法定程序,全面地、客观地审查核实证据。

第二百四十九条 被执行人未按执行通知履行法律文书确定的义务,人民法院有权向有关单位查询被执行人的存款、债券、股票、基金份额等财产情况。人民法院有权根据不同情形扣押、冻结、划拨、变价被执行人的财产。人民法院查询、扣押、冻结、划拨、变价的财产不得超出被执行人应当履行义务的范围。

人民法院决定扣押、冻结、划拨、变价财产,应当作出裁定,并发出协助执行通知书,有关单位必须办理。

《中华人民共和国律师法》(2017年修正)

第三十五条 受委托的律师根据案情的需要,可以申请人民检察院、人民法院收集、调取证据或者申请人民法院通知证人出庭作证。

律师自行调查取证的,凭律师执业证书和律师事务所证明,可以向有关单位或者个人调查与承办法律事务有关的情况。

《中华人民共和国证券法》(2019年修订)

第二条 在中华人民共和国境内,股票、公司债券、存托凭证和国务院依法认定的其他证券的发行和交易,适用本法;本法未规定的,适用《中华人民共和国公司法》和其他法律、行政法规的规定。

政府债券、证券投资基金份额的上市交易,适用本法;其他法律、行政法规另有规定的,适用其规定。

资产支持证券、资产管理产品发行、交易的管理办法,由国务院依照本法的原则规定。

在中华人民共和国境外的证券发行和交易活动,扰乱中华人民共和国境内市场秩序,损害境内投资者合法权益的,依照本法有关规定处理并追究法律责任。

第七条 国务院证券监督管理机构依法对全国证券市场实行集中统一监督管理。

国务院证券监督管理机构根据需要可以设立派出机构,按照授权履行监督管理职责。

《证券登记结算管理办法》(2022年修订)

第二条 在证券交易所和国务院批准的其他全国性证券交易场所(以下统称证券交易场所)交易的股票、债券、存托凭证、证券投资基金份额、资产支持证券等证券及证券衍生品种(以下统称证券)的登记结算,适用本办法。证券可以采用纸面形式、电子簿记形式或者中国证券监督管理委员会(以下简称中国证监会)规定的其他形式。

未在证券交易场所交易的证券,委托证券登记结算机构办理证券登记结算业务的,证券登记结算机构参照本办法执行。

境内上市外资股、存托凭证、内地与香港股票市场交易互联互通等的登记结算业务,法律、行政法规、中国证监会另有规定的,从其规定。

第四条　证券登记结算机构为证券交易提供集中登记、存管与结算服务,不以营利为目的,依法登记,取得法人资格。

证券登记结算业务采取全国集中统一的运营方式,由证券登记结算机构依法集中统一办理。

证券登记结算机构实行行业自律管理,依据业务规则对证券登记结算业务参与人采取自律管理措施。

第九条　证券登记结算机构履行下列职能:

(一)证券账户、结算账户的设立和管理;

(二)证券的存管和过户;

(三)证券持有人名册登记及权益登记;

(四)证券和资金的清算交收及相关管理;

(五)受证券发行人的委托办理派发证券权益等业务;

(六)依法提供与证券登记结算业务有关的查询、信息、咨询和培训服务;

(七)依法担任存托凭证存托人;

(八)中国证监会批准的其他业务。

3. 动作步骤

第一步,联系证券登记结算机构,咨询其是否接收调查令调取被执行人上市股票信息。

第二步,如果接收,咨询调取所需的全部材料。

第三步,向法院申请调查令,持调查令和证券登记结算机构所需的其他材料前去调取。

动作68:申请法院调取被执行人上市股票信息

1. 动作背景

一般而言,律师通过向法院申请调查令,持调查令和律师执业证等证件即可前去证券登记结算机构调取被执行人的上市股票信息。然而实践中,证券登记结算机构对律师持调查令调取被执行人的上市股票信息并不一定完全配合。对此,申请执行人及其代理人可以根据《民事诉讼法》第67条第2款、《最高人民法院关于适用〈中华人民共和国民事诉讼法〉的解释》第483条的相关规定,申请法院调取被执行人的上市股票信息,并递交书面申请书和相关证据,请求法院前去调取被执行人的上市股票信息。需要注意的是,申请书应当写明代理律师身份情况、接受调查的个人姓名或单位名称、申请调查收集的证据名称、申请调查收集的目的,以及无法院调查令律师难以自行取得该证据的原因等内容。

2. 法律依据

《中华人民共和国民事诉讼法》(2021年修正)

第六十七条第二款 当事人及其诉讼代理人因客观原因不能自行收集的证据,或者人民法院认为审理案件需要的证据,人民法院应当调查收集。

第七十条第一款 人民法院有权向有关单位和个人调查取证,有关单位和个人不得拒绝。

《最高人民法院关于适用〈中华人民共和国民事诉讼法〉的解释》(法释〔2022〕11号)

第四百八十三条 人民法院有权查询被执行人的身份信息与财产信息,掌握相关信息的单位和个人必须按照协助执行通知书办理。

3. 动作步骤

申请法院调取被执行人的上市股票信息,并提交书面申请书和相关材料。

动作69:申请调查令调取被执行人基金份额信息

1. 动作背景

在执行案件中,当被执行人未履行生效法律文书确定的义务,又没有存款、房产等财产时,可以查看被执行人是否拥有基金份额。根据《民事诉讼法》第249条的规定,被执行人未按执行通知履行法律文书确定的义务,法院有权向有关单位查询被执行人的基金份额情况。可见,查询被执行人的基金份额信息也是扩大执行财产的一种方式。那如何查询被执行人的基金份额信息呢?一般而言,律师可以向法院申请调查令调取被执行人的基金份额信息。根据《证券登记结算管理办法》的规定,证券登记结算机构为基金交易提供集中登记、存管与结算服务,履行基金账户、结算账户的设立和管理等职能。因此,律师申请调查令之后,可持调查令前去证券登记结算机构调取被执行人的基金份额信息。不过,律师在前去调取之前,建议先联系证券登记结算机构,咨询其是否接收调查令调取被执行人的基金份额信息。如果接收,咨询调取基金份额信息所需的全部材料,准备齐全后再前去调取。

2. 法律依据

《中华人民共和国民事诉讼法》(2021年修正)

第六十四条 代理诉讼的律师和其他诉讼代理人有权调查收集证据,可以查阅本案有关材料。查阅本案有关材料的范围和办法由最高人民法院规定。

第六十七条 当事人对自己提出的主张,有责任提供证据。

当事人及其诉讼代理人因客观原因不能自行收集的证据,或者人民法院认为审理案件需要的证据,人民法院应当调查收集。

人民法院应当按照法定程序,全面地、客观地审查核实证据。

第二百四十九条 被执行人未按执行通知履行法律文书确定的义务,人民法院有权向有关单位查询被执行人的存款、债券、股票、基金份额等财产情况。人民法院有权根据不同情形扣押、冻结、划拨、变价被执行人的财产。人民法院查询、扣押、冻结、划拨、变价的财产不得超出被执行人应当履行义务的范围。

人民法院决定扣押、冻结、划拨、变价财产,应当作出裁定,并发出协助执行通知书,有关单位必须办理。

《中华人民共和国律师法》(2017年修正)

第三十五条 受委托的律师根据案情的需要,可以申请人民检察院、人民法院收集、调取证据或者申请人民法院通知证人出庭作证。

律师自行调查取证的,凭律师执业证书和律师事务所证明,可以向有关单位或者个人调查与承办法律事务有关的情况。

《中华人民共和国证券投资基金法》(2015 年修正)

第二条 在中华人民共和国境内,公开或者非公开募集资金设立证券投资基金(以下简称基金),由基金管理人管理,基金托管人托管,为基金份额持有人的利益,进行证券投资活动,适用本法;本法未规定的,适用《中华人民共和国信托法》、《中华人民共和国证券法》和其他有关法律、行政法规的规定。

《证券登记结算管理办法》(2022 年修订)

第二条 在证券交易所和国务院批准的其他全国性证券交易场所(以下统称证券交易场所)交易的股票、债券、存托凭证、证券投资基金份额、资产支持证券等证券及证券衍生品种(以下统称证券)的登记结算,适用本办法。证券可以采用纸面形式、电子簿记形式或者中国证券监督管理委员会(以下简称中国证监会)规定的其他形式。

未在证券交易场所交易的证券,委托证券登记结算机构办理证券登记结算业务的,证券登记结算机构参照本办法执行。

境内上市外资股、存托凭证、内地与香港股票市场交易互联互通等的登记结算业务,法律、行政法规、中国证监会另有规定的,从其规定。

第四条 证券登记结算机构为证券交易提供集中登记、存管与结算服务,不以营利为目的,依法登记,取得法人资格。

证券登记结算业务采取全国集中统一的运营方式,由证券登记结算机构依法集中统一办理。

证券登记结算机构实行行业自律管理,依据业务规则对证券登记结算业务参与人采取自律管理措施。

第九条 证券登记结算机构履行下列职能:

(一)证券账户、结算账户的设立和管理;

(二)证券的存管和过户;

(三)证券持有人名册登记及权益登记;

(四)证券和资金的清算交收及相关管理;

(五)受证券发行人的委托办理派发证券权益等业务;

(六)依法提供与证券登记结算业务有关的查询、信息、咨询和培训服务;

(七)依法担任存托凭证存托人;

(八)中国证监会批准的其他业务。

3. 动作步骤

第一步,联系证券登记结算机构,咨询其是否接收调查令调取被执行人基金份额信息。

第二步,如果接收,咨询调取所需的全部材料。

第三步,向法院申请调查令,持调查令和证券登记结算机构所需的其他材料前去调取。

动作 70:申请法院调取被执行人基金份额信息

1. 动作背景

一般而言,律师通过向法院申请调查令,持调查令和律师执业证等证件即可前去证券登记结算机构调取被执行人的基金份额信息。然而实践中,证券登记结算机构对律师持调查令调取被执行人的基金份额信息并不一定完全配合。对此,申请执行人及其代理人可以根据《民事诉讼法》第 67 条第 2 款、《最高人民法院关于适用〈中华人民共和国民事诉讼法〉的解释》第 483 条的相关规定,申请法院调取被执行人的基金份额信息,并递交书面申请书和相关证据,请求法院前去调取被执行人的基金份额信息。需要注意的是,申请书应当写明代理律师身份情况、接受调查的个人姓名或单位名称、申请调查收集的证据名称、申请调查收集的目的,以及无法院调查令律师难以自行取得该证据的原因等内容。

2. 法律依据

《中华人民共和国民事诉讼法》(2021 年修正)

第六十七条第二款 当事人及其诉讼代理人因客观原因不能自行收集的证据,或者人民法院认为审理案件需要的证据,人民法院应当调查收集。

第七十条第一款 人民法院有权向有关单位和个人调查取证,有关单位和个人不得拒绝。

《最高人民法院关于适用〈中华人民共和国民事诉讼法〉的解释》(法释〔2022〕11 号)

第四百八十三条 人民法院有权查询被执行人的身份信息与财产信息,掌握相关信息的单位和个人必须按照协助执行通知书办理。

3. 动作步骤

申请法院调取被执行人的基金份额信息,并提交书面申请书和相关材料。

动作71:申请调查令调取被执行人财务审计报告

1. 动作背景

财务审计报告是具有审计资格的会计师事务所的注册会计师出具的关于企业会计的基础工作即计量、记账、核算、会计档案等会计工作是否符合会计制度以及企业的内控制度是否健全等事项的报告,是对企业财务收支、经营成果和经济活动全面审查后作出的客观评价。在执行案件中,当被执行人为法人或其他组织时,可以查看企业财务审计报告,了解企业收入、现金流、资产结构等主要信息,以便能更全面、客观地了解企业还款能力。那如何查询被执行人的财务审计报告呢?一般而言,律师可以向法院申请调查令调取被执行人的财务审计报告,持调查令前去会计师事务所调取被执行人的财务审计报告。不过,律师在前去调取之前,建议先联系会计师事务所,咨询其是否接收调查令调取被执行人的财务审计报告。如果接收,咨询调取财务审计报告所需的全部材料,准备齐全后再前去调取。

2. 法律依据

《中华人民共和国民事诉讼法》(2021年修正)

第六十四条 代理诉讼的律师和其他诉讼代理人有权调查收集证据,可以查阅本案有关材料。查阅本案有关材料的范围和办法由最高人民法院规定。

第六十七条 当事人对自己提出的主张,有责任提供证据。

当事人及其诉讼代理人因客观原因不能自行收集的证据,或者人民法院认为审理案件需要的证据,人民法院应当调查收集。

人民法院应当按照法定程序,全面地、客观地审查核实证据。

《中华人民共和国律师法》(2017年修正)

第三十五条 受委托的律师根据案情的需要,可以申请人民检察院、人民法院收集、调取证据或者申请人民法院通知证人出庭作证。

律师自行调查取证的,凭律师执业证书和律师事务所证明,可以向有关单位或者个人调查与承办法律事务有关的情况。

《中华人民共和国注册会计师法》(2014年修正)

第十四条 注册会计师承办下列审计业务:

(一)审查企业会计报表,出具审计报告;

(二)验证企业资本,出具验资报告;

(三)办理企业合并、分立、清算事宜中的审计业务,出具有关的报告;

(四)法律、行政法规规定的其他审计业务。

注册会计师依法执行审计业务出具的报告,具有证明效力。

3. 动作步骤

第一步,联系会计师事务所,咨询其是否接收调查令调取被执行人财务会计报告。

第二步,如果接收,咨询调取所需的全部材料。

第三步,向法院申请调查令,持调查令和会计师事务所需要的其他材料前去调取。

动作72:申请法院调取被执行人财务审计报告信息

1. 动作背景

一般而言,律师通过向法院申请调查令,持调查令和律师执业证等证件即可前去会计师事务所调取被执行人的财务审计报告。然而实践中,会计师事务所对律师持调查令调取被执行人的财务审计报告的配合程度并不完全相同,有的甚至不接收法院调查令。对此,申请执行人及其律师可以根据《民事诉讼法》第67条第2款、《最高人民法院关于适用〈中华人民共和国民事诉讼法〉的解释》第483条的相关规定,申请法院调取被执行人的财务审计报告,并递交书面申请书和相关证据,请求法院前去调取被执行人的财务审计报告。需要注意的是,申请书应当写明代理律师身份情况、接受调查的个人姓名或单位名称、申请调查收集的证据名称、申请调查收集的目的,以及无法院调查令律师难以自行取得该证据的原因等内容。

2. 法律依据

《中华人民共和国民事诉讼法》(2021年修正)

第六十七条第二款 当事人及其诉讼代理人因客观原因不能自行收集的证据,或者人民法院认为审理案件需要的证据,人民法院应当调查收集。

第七十条第一款 人民法院有权向有关单位和个人调查取证,有关单位和个人不得拒绝。

《最高人民法院关于适用〈中华人民共和国民事诉讼法〉的解释》(法释〔2022〕11号)

第四百八十三条 人民法院有权查询被执行人的身份信息与财产信息,掌握相关信息的单位和个人必须按照协助执行通知书办理。

3. 动作步骤

申请法院调取被执行人的财务审计报告,并提交书面申请书和相关材料。

动作73:申请调查令调取被执行人税务信息

1. 动作背景

根据我国《企业所得税法》的规定,在我国境内,企业和其他取得收入的组织为企业所得税的纳税人,依法缴纳企业所得税。当被执行人为企业时,通过查看企业的税务信息,可以了解企业每一纳税年度的收入总额,了解企业的销售货物收入、提供劳务收入、转让财产收入、股息、红利等权益性投资收益、利息收入、租金收入、特许权使用费收入以及接受捐赠收入等,从而寻找被执行企业的财产线索,扩大执行财产范围。那如何查询被执行人的税务信息呢?一般而言,律师可以向法院申请调查令,持调查令前去税务机关调取被执行人的税务信息。不过,律师在前去调取之前,建议先联系税务机关,咨询其是否接收调查令调取被执行人的税务信息。如果接收,咨询调取税务信息所需的全部材料,准备齐全后再前去调取。

2. 法律依据

《中华人民共和国民事诉讼法》(2021年修正)

第六十四条 代理诉讼的律师和其他诉讼代理人有权调查收集证据,可以查阅本案有关材料。查阅本案有关材料的范围和办法由最高人民法院规定。

第六十七条 当事人对自己提出的主张,有责任提供证据。

当事人及其诉讼代理人因客观原因不能自行收集的证据,或者人民法院认为审理案件需要的证据,人民法院应当调查收集。

人民法院应当按照法定程序,全面地、客观地审查核实证据。

《中华人民共和国律师法》（2017年修正）

第三十五条 受委托的律师根据案情的需要，可以申请人民检察院、人民法院收集、调取证据或者申请人民法院通知证人出庭作证。

律师自行调查取证的，凭律师执业证书和律师事务所证明，可以向有关单位或者个人调查与承办法律事务有关的情况。

《中华人民共和国税收征收管理法》（2015年修正）

第五条 国务院税务主管部门主管全国税收征收管理工作。各地国家税务局和地方税务局应当按照国务院规定的税收征收管理范围分别进行征收管理。

地方各级人民政府应当依法加强对本行政区域内税收征收管理工作的领导或者协调，支持税务机关依法执行职务，依照法定税率计算税额，依法征收税款。

各有关部门和单位应当支持、协助税务机关依法执行职务。

税务机关依法执行职务，任何单位和个人不得阻挠。

第二十五条 纳税人必须依照法律、行政法规规定或者税务机关依照法律、行政法规的规定确定的申报期限、申报内容如实办理纳税申报，报送纳税申报表、财务会计报表以及税务机关根据实际需要要求纳税人报送的其他纳税资料。

扣缴义务人必须依照法律、行政法规规定或者税务机关依照法律、行政法规的规定确定的申报期限、申报内容如实报送代扣代缴、代收代缴税款报告表以及税务机关根据实际需要要求扣缴义务人报送的其他有关资料。

《中华人民共和国税收征收管理法实施细则》（2016年修订）

第二十四条 从事生产、经营的纳税人应当自领取税务登记证件之日起15日内，将其财务、会计制度或者财务、会计处理办法报送主管税务机关备案。

纳税人使用计算机记账的，应当在使用前将会计电算化系统的会计核算软件、使用说明书及有关资料报送主管税务机关备案。

纳税人建立的会计电算化系统应当符合国家有关规定，并能正确、完整核算其收入或者所得。

第二十五条 扣缴义务人应当自税收法律、行政法规规定的扣缴义务发生之日起10日内，按照所代扣、代收的税种，分别设置代扣代缴、代收代缴税款账簿。

3. 动作步骤

第一步，联系税务机关，咨询其是否接收调查令调取被执行人税务信息。

第二步，如果接收，咨询调取所需的全部材料。

第三步，向法院申请调查令，持调查令和税务机关所需的其他材料前去调取。

动作 74:申请法院调取被执行人税务信息

1. 动作背景

一般而言,律师通过向法院申请调查令,持调查令和律师执业证等证件即可前去税务机关调取被执行人的税务信息。然而实践中,税务机关对律师持调查令调取被执行人的税务信息的配合程度并不完全相同,有的甚至不接收法院调查令。对此,申请执行人及其律师可以根据《民事诉讼法》第 67 条第 2 款、《最高人民法院关于适用〈中华人民共和国民事诉讼法〉的解释》第 483 条的相关规定,申请法院调取被执行人的税务信息,并递交书面申请书和相关证据,请求法院前去调取被执行人的税务信息。需要注意的是,申请书应当写明代理律师身份情况、接受调查的个人姓名或单位名称、申请调查收集的证据名称、申请调查收集的目的,以及无法院调查令律师难以自行取得该证据的原因等内容。

2. 法律依据

《中华人民共和国民事诉讼法》(2021 年修正)

第六十七条第二款 当事人及其诉讼代理人因客观原因不能自行收集的证据,或者人民法院认为审理案件需要的证据,人民法院应当调查收集。

第七十条第一款 人民法院有权向有关单位和个人调查取证,有关单位和个人不得拒绝。

《最高人民法院关于适用〈中华人民共和国民事诉讼法〉的解释》(法释〔2022〕11 号)

第四百八十三条 人民法院有权查询被执行人的身份信息与财产信息,掌握相关信息的单位和个人必须按照协助执行通知书办理。

3. 动作步骤

申请法院调取被执行人的税务信息,并提交书面申请书和相关材料。

动作 75:核查、确认被执行人行政许可信息

1. 动作背景

根据我国《行政许可法》的规定,行政许可是指行政机关根据公民、法人或

者其他组织的申请,经依法审查,准予其从事特定活动的行为。行政许可主要分为普通许可、特许、认可、核准、登记等。在执行案件中,当被执行人为企业时,可以查看其行政许可信息。比如被执行人有特许信息时,其很可能会有自然资源开发利用方面的经营,可以从中进一步寻找相关财产线索。那如何核查、确认被执行人的行政许可信息呢？一般而言,可以通过国家企业信用信息公示系统、信用中国、企查查、天查查等网站,核查、确认被执行人的行政许可信息。以国家企业信用信息公示系统为例,登录该网站之后,输入被执行人名称进行搜索,即可查看被执行企业的行政许可信息,包括序号、许可文件编号、许可文件名称、有效期的起止时间,许可机关、许可内容、详情等。

2. 动作步骤

登录国家企业信用信息公示系统、信用中国、企查查、天眼查等网站进行核查、确认即可。

动作 76:申请调查令调取被执行人行政许可信息

1. 动作背景

一般而言,可以通过国家企业信用信息公示系统、信用信息、企查查、天眼查等网站查询被执行人的行政许可信息,而查询之后就需要到市场监督管理部门核实被执行人行政许可信息的真实性,并调取相关文件。一般而言,律师可以向法院申请调查令调取被执行人的行政许可信息,持调查令前去市场监督管理部门调取被执行人的行政许可信息。不过,律师在前去调取之前,建议先联系市场监督管理部门,咨询其是否接收调查令调取被执行人的行政许可信息。如果接收,咨询调取所需的全部材料,准备齐全后再前去调取。

2. 法律依据

《中华人民共和国民事诉讼法》(2021 年修正)

第六十四条　代理诉讼的律师和其他诉讼代理人有权调查收集证据,可以查阅本案有关材料。查阅本案有关材料的范围和办法由最高人民法院规定。

第六十七条　当事人对自己提出的主张,有责任提供证据。

当事人及其诉讼代理人因客观原因不能自行收集的证据,或者人民法院认为审理案件需要的证据,人民法院应当调查收集。

人民法院应当按照法定程序,全面地、客观地审查核实证据。

《中华人民共和国律师法》(2017年修正)

第三十五条 受委托的律师根据案情的需要,可以申请人民检察院、人民法院收集、调取证据或者申请人民法院通知证人出庭作证。

律师自行调查取证的,凭律师执业证书和律师事务所证明,可以向有关单位或者个人调查与承办法律事务有关的情况。

《中华人民共和国行政许可法》(2019年修正)

第十二条 下列事项可以设定行政许可:

(一)直接涉及国家安全、公共安全、经济宏观调控、生态环境保护以及直接关系人身健康、生命财产安全等特定活动,需要按照法定条件予以批准的事项;

(二)有限自然资源开发利用、公共资源配置以及直接关系公共利益的特定行业的市场准入等,需要赋予特定权利的事项;

(三)提供公众服务并且直接关系公共利益的职业、行业,需要确定具备特殊信誉、特殊条件或者特殊技能等资格、资质的事项;

(四)直接关系公共安全、人身健康、生命财产安全的重要设备、设施、产品、物品,需要按照技术标准、技术规范,通过检验、检测、检疫等方式进行审定的事项;

(五)企业或者其他组织的设立等,需要确定主体资格的事项;

(六)法律、行政法规规定可以设定行政许可的其他事项。

3. 动作步骤

第一步,联系市场监督管理部门,咨询其是否接收调查令调取被执行人的行政许可信息。

第二步,如果接收,咨询调取所需的全部材料。

第三步,向法院申请调查令,持调查令和市场监督管理部门所需的其他材料前去调取。

动作77:申请法院调取被执行人行政许可信息

1. 动作背景

一般而言,律师通过向法院申请调查令,持调查令和律师执业证等证件即

可前去市场监督管理部门调取被执行人的行政许可信息。然而实践中，市场监督管理部门对律师持调查令调取被执行人行政许可信息的配合程度并不完全相同，有的甚至不接收法院调查令。对此，申请执行人及其律师可以根据《民事诉讼法》第67条第2款、《最高人民法院关于适用〈中华人民共和国民事诉讼法〉的解释》第483条的相关规定，申请法院调取被执行人的行政许可信息，并递交书面申请书和相关证据，请求法院前去调取被执行人的行政许可信息。需要注意的是，申请书应当写明代理律师身份情况、接受调查的个人姓名或单位名称、申请调查收集的证据名称、申请调查收集的目的，以及无法院调查令律师难以自行取得该证据的原因等内容。

2. 法律依据

《中华人民共和国民事诉讼法》（2021年修正）

第六十七条第二款　当事人及其诉讼代理人因客观原因不能自行收集的证据，或者人民法院认为审理案件需要的证据，人民法院应当调查收集。

第七十条第一款　人民法院有权向有关单位和个人调查取证，有关单位和个人不得拒绝。

《最高人民法院关于适用〈中华人民共和国民事诉讼法〉的解释》（法释〔2022〕11号）

第四百八十三条　人民法院有权查询被执行人的身份信息与财产信息，掌握相关信息的单位和个人必须按照协助执行通知书办理。

3. 动作步骤

申请法院调取被执行人的行政许可信息，并提交书面申请书和相关材料。

动作78：核查、确认被执行人行政处罚信息

1. 动作背景

根据我国《行政处罚法》的规定，行政处罚是指行政机关依法对违反行政管理秩序的公民、法人或者其他组织，以减损权益或者增加义务的方式予以惩戒的行为。执行案件中，当被执行人不履行生效法律文书所确定的义务时，可以查看被执行人的行政处罚信息，获取相关财产线索。比如，当被执行人被罚款

时,查看其被罚款的原因,如果违反交通规则被处罚,那么被执行人很可能开轿车了,并可进一步调查、核实该轿车是否为被执行人所有。又如,被执行人被处罚限制开展生产经营活动,那可以通过其从事何种生产经营活动,进而查看相关业务往来、厂房、机器设备等信息。再如,当被执行人因设施未验收被行政处罚,一般就会知道该设施的具体位置,这个位置的房产很可能属于被执行人所有。那如何核查、确认被执行人的行政处罚信息呢?一般情况下,可以通过国家企业信用信息公示系统、信用中国、企查查、天查查、天天法务等网站,核查、确认被执行人的行政处罚信息。以信用中国为例,登录该网站之后,输入被执行人名称或统一社会信用代码进行搜索,即可查询被执行企业的行政处罚信息,包括行政处罚决定书文号、处罚类别、处罚决定日期、处罚内容、罚款金额、违法行为类型、违法事由、处罚依据、处罚机关、数据来源等内容。

2. 动作步骤

登录国家企业信用信息公示系统、信用中国、企查查、天眼查、天天法务等网站进行核查、确认即可。

动作 79:申请调查令调取被执行人行政处罚信息

1. 动作背景

一般而言,可以通过国家企业信用信息公示系统、信用中国、企查查、天眼查、天天法务等网站查询被执行人的行政处罚信息,查询之后就需要到作出行政处罚的部门核实被执行人行政处罚信息的真实性,并调取相关文件。一般而言,律师可以向法院申请调查令调取被执行人的行政处罚信息,持调查令前去作出行政处罚的部门调取被执行人的行政处罚信息。不过,律师在前去调取之前,建议先联系作出行政处罚的部门,咨询其是否接收调查令调取被执行人的行政处罚信息。如果接收,咨询调取所需的全部材料,准备齐全后再前去调取。

2. 法律依据

《中华人民共和国民事诉讼法》(2021 年修正)

第六十四条 代理诉讼的律师和其他诉讼代理人有权调查收集证据,可以查阅本案有关材料。查阅本案有关材料的范围和办法由最高人民法院规定。

第六十七条　当事人对自己提出的主张,有责任提供证据。

当事人及其诉讼代理人因客观原因不能自行收集的证据,或者人民法院认为审理案件需要的证据,人民法院应当调查收集。

人民法院应当按照法定程序,全面地、客观地审查核实证据。

《中华人民共和国律师法》(2017 年修正)

第三十五条　受委托的律师根据案情的需要,可以申请人民检察院、人民法院收集、调取证据或者申请人民法院通知证人出庭作证。

律师自行调查取证的,凭律师执业证书和律师事务所证明,可以向有关单位或者个人调查与承办法律事务有关的情况。

《中华人民共和国行政处罚法》(2021 年修订)

第三十九条　行政处罚的实施机关、立案依据、实施程序和救济渠道等信息应当公示。

3. 动作步骤

第一步,联系作出行政处罚的部门,咨询其是否接收调查令调取被执行人的行政处罚信息。

第二步,如果接收,咨询调取所需的全部材料。

第三步,向法院申请调查令,持调查令和作出行政处罚的部门所需的其他材料前去调取。

动作 80:申请法院调取被执行人行政处罚信息

1. 动作背景

一般而言,律师通过向法院申请调查令,持调查令和律师执业证等证件即可前去作出行政处罚的部门调取被执行人的行政处罚信息。然而实践中,作出行政处罚的部门对律师持调查令调取被执行人行政处罚信息的配合程度并不完全相同,有的甚至不接收法院调查令。对此,申请执行人及其律师可以根据《民事诉讼法》第 67 条第 2 款、《最高人民法院关于适用〈中华人民共和国民事诉讼法〉的解释》第 483 条的相关规定,申请法院调取被执行人的行政处罚信息,并递交书面申请书和相关证据,请求法院前去调取被执行人的行政处罚信息。需要注意的是,申请书应当写明代理律师身份情况、接受调查的个人姓名或单位名称、申请调查收集的证据名称、申请调查收集的目的,以及无法院调查令律师难以自行取得该证据的原因等内容。

2. 法律依据

《中华人民共和国民事诉讼法》(2021年修正)

第六十七条第二款 当事人及其诉讼代理人因客观原因不能自行收集的证据,或者人民法院认为审理案件需要的证据,人民法院应当调查收集。

第七十条第一款 人民法院有权向有关单位和个人调查取证,有关单位和个人不得拒绝。

《最高人民法院关于适用〈中华人民共和国民事诉讼法〉的解释》(法释〔2022〕11号)

第四百八十三条 人民法院有权查询被执行人的身份信息与财产信息,掌握相关信息的单位和个人必须按照协助执行通知书办理。

3. 动作步骤

申请法院调取被执行人的行政处罚信息,并提交书面申请书和相关材料。

动作81:申请调查令调取被执行人海关认证资格信息

1. 动作背景

在执行案件中,当被执行人为企业时,可以查看其海关认证资格信息。通过查看被执行人的海关认证资格信息,可以了解其是否有海外业务等相关情况,这也是扩大财产线索的一种方式。那如何查询被执行人海关认证资格信息呢?一般而言,律师可以向法院申请调查令,持调查令前去海关部门调取被执行人的海关认证资格信息。不过,律师在前去调取之前,建议先联系海关部门,咨询其是否接收调查令调取被执行人的海关认证资格信息。如果接收,咨询调取所需的全部材料,准备齐全后再前去调取。

2. 法律依据

《中华人民共和国民事诉讼法》(2021年修正)

第六十四条 代理诉讼的律师和其他诉讼代理人有权调查收集证据,可以

查阅本案有关材料。查阅本案有关材料的范围和办法由最高人民法院规定。

第六十七条　当事人对自己提出的主张，有责任提供证据。

当事人及其诉讼代理人因客观原因不能自行收集的证据，或者人民法院认为审理案件需要的证据，人民法院应当调查收集。

人民法院应当按照法定程序，全面地、客观地审查核实证据。

《中华人民共和国律师法》（2017 年修正）

第三十五条　受委托的律师根据案情的需要，可以申请人民检察院、人民法院收集、调取证据或者申请人民法院通知证人出庭作证。

律师自行调查取证的，凭律师执业证书和律师事务所证明，可以向有关单位或者个人调查与承办法律事务有关的情况。

3. 动作步骤

第一步，联系海关部门，咨询其是否接收调查令调取被执行人的海关认证资格信息。

第二步，如果接收，咨询调取所需的全部材料。

第三步，向法院申请调查令，持调查令和海关部门所需的其他材料前去调取。

动作 82：申请法院调取被执行人海关认证资格信息

1. 动作背景

一般而言，律师通过向法院申请调查令，持调查令和律师执业证等证件即可前去海关部门调取被执行人的海关认证资格信息。然而实践中，海关部门对律师持调查令调取被执行人海关认证资格信息的配合程度并不完全相同，有的甚至不接收法院调查令。对此，申请执行人及其律师可以根据《民事诉讼法》第 67 条第 2 款、《最高人民法院关于适用〈中华人民共和国民事诉讼法〉的解释》第 483 条的相关规定，申请法院调取被执行人的海关认证资格信息，并递交书面申请书和相关证据，请求法院前去调取被执行人的海关认证资格信息。需要注意的是，申请书应当写明代理律师身份情况、接受调查的个人姓名或单位名称、申请调查收集的证据名称、申请调查收集的目的，以及无法院调查令律师难以自行取得该证据的原因等内容。

2. 法律依据

《中华人民共和国民事诉讼法》(2021年修正)

第六十七条第二款 当事人及其诉讼代理人因客观原因不能自行收集的证据,或者人民法院认为审理案件需要的证据,人民法院应当调查收集。

第七十条第一款 人民法院有权向有关单位和个人调查取证,有关单位和个人不得拒绝。

《最高人民法院关于适用〈中华人民共和国民事诉讼法〉的解释》(法释〔2022〕11号)

第四百八十三条 人民法院有权查询被执行人的身份信息与财产信息,掌握相关信息的单位和个人必须按照协助执行通知书办理。

《中华人民共和国海关注册登记和备案企业信用管理办法》

第四条 海关根据企业申请,按照本办法规定的标准和程序将企业认证为高级认证企业的,对其实施便利的管理措施。

海关根据采集的信用信息,按照本办法规定的标准和程序将违法违规企业认定为失信企业的,对其实施严格的管理措施。

海关对高级认证企业和失信企业之外的其他企业实施常规的管理措施。

第十条 海关可以采集反映企业信用状况的下列信息:

(一)企业注册登记或者备案信息以及企业相关人员基本信息;

(二)企业进出口以及与进出口相关的经营信息;

(三)企业行政许可信息;

(四)企业及其相关人员行政处罚和刑事处罚信息;

(五)海关与国家有关部门实施联合激励和联合惩戒信息;

(六)AEO互认信息;

(七)其他反映企业信用状况的相关信息。

3. 动作步骤

申请法院调取被执行人的海关认证资格信息,并提交书面申请书和相关材料。

动作83：申请调查令调取被执行人大宗商品交易资金结算账户信息

1. 动作背景

在执行案件中，当被执行人为大宗商品交易公司、证券交易结算机构等时，其名下会有大宗商品交易资金结算账户。通过查看被执行人的大宗商品交易资金结算账户信息，可以明确该账户内资金是被执行人自有资金还是客户交易资金。如果账户内的资金是被执行人的自有资金，是可以申请法院对该自有资金进行强制执行的；然而，如果账户内的资金是客户交易资金，则不能申请法院强制执行。那如何查询被执行人大宗商品交易资金结算账户信息呢？一般而言，律师可以向法院申请调查令，持调查令前去银行调取被执行人大宗商品交易资金结算账户信息。不过，律师在前去调取之前，建议先联系银行，咨询其是否接收调查令调取被执行人大宗商品交易资金结算账户信息。如果接收，咨询调取所需的全部材料，准备齐全后再前去调取。

2. 法律依据

《中华人民共和国民事诉讼法》（2021年修正）

第六十四条　代理诉讼的律师和其他诉讼代理人有权调查收集证据，可以查阅本案有关材料。查阅本案有关材料的范围和办法由最高人民法院规定。

第六十七条　当事人对自己提出的主张，有责任提供证据。

当事人及其诉讼代理人因客观原因不能自行收集的证据，或者人民法院认为审理案件需要的证据，人民法院应当调查收集。

人民法院应当按照法定程序，全面地、客观地审查核实证据。

《中华人民共和国律师法》（2017年修正）

第三十五条　受委托的律师根据案情的需要，可以申请人民检察院、人民法院收集、调取证据或者申请人民法院通知证人出庭作证。

律师自行调查取证的，凭律师执业证书和律师事务所证明，可以向有关单位或者个人调查与承办法律事务有关的情况。

《最高人民法院关于被执行人大宗商品交易资金结算账户内资金能否采取执行措施的答复》（〔2012〕执他字第7号）

山东省高级人民法院：

你院〔2012〕鲁执他字第5号《关于被执行人大宗商品交易资金结算账户内的资金能否采取冻结、扣划措施问题的请示》收悉。我院经研究认为：对于山东新龙鼎电子商务股份有限公司(以下简称龙鼎公司)名下大宗商品交易资金结算账户,执行法院应当查明账户资金的性质,严格区分账户内龙鼎公司自有资金与客户交易资金,并只能对龙鼎公司自有资金予以执行。

在本案执行过程中,应当切实保障当事人举证权利,审慎查明案涉账户内资金情况,维护市场秩序安全,避免影响社会稳定。

此复。

3. 动作步骤

第一步,联系银行,咨询其是否接收调查令调取被执行人大宗商品交易资金结算账户信息。

第二步,如果接收,咨询调取所需的全部材料。

第三步,向法院申请调查令,持调查令和银行所需的其他材料前去调取。

动作84:申请法院调取被执行人大宗商品交易资金结算账户信息

1. 动作背景

一般而言,律师通过向法院申请调查令,持调查令和律师执业证等证件即可前去银行调取被执行人大宗商品交易资金结算账户信息。然而在实践中,银行对律师持调查令调取被执行人大宗商品交易资金结算账户信息的配合程度并不完全相同,有的甚至不接收法院调查令。对此,申请执行人及其律师可以根据《民事诉讼法》第67条第2款、《最高人民法院关于适用〈中华人民共和国民事诉讼法〉的解释》第483条的相关规定,申请法院调取被执行人大宗商品交易资金结算账户信息,并递交书面申请书和相关证据,请求法院前去调取被执行人大宗商品交易资金结算账户信息。需要注意的是,申请书应当写明代理律师身份情况、接受调查的个人姓名或单位名称、申请调查收集的证据名称、申请调查收集的目的,以及无法院调查令律师难以自行取得该证据的原因等内容。

2. 法律依据

《中华人民共和国民事诉讼法》(2021年修正)

第六十七条第二款 当事人及其诉讼代理人因客观原因不能自行收集的

证据，或者人民法院认为审理案件需要的证据，人民法院应当调查收集。

第七十条第一款　人民法院有权向有关单位和个人调查取证，有关单位和个人不得拒绝。

《最高人民法院关于适用〈中华人民共和国民事诉讼法〉的解释》（法释〔2022〕11号）

第四百八十三条　人民法院有权查询被执行人的身份信息与财产信息，掌握相关信息的单位和个人必须按照协助执行通知书办理。

3. 动作步骤

申请法院调取被执行人大宗商品交易资金结算账户信息，并提交书面申请书和相关材料。

动作85：申请调查令调取被执行企业发放职工工资的银行账户信息

1. 动作背景

当被执行人是企业时，可以查询被执行企业发放职工工资的银行账户信息。通过查询被执行企业发放职工工资的银行账户信息，一是可以了解被执行企业是否还在正常运营；二是可以了解被执行企业员工的薪酬情况，大致推断企业经营状况。那如何查询被执行企业发放职工工资的银行账户信息呢？一般而言，律师可以向法院申请调查令，持调查令前去银行调取被执行企业发放职工工资的银行账户信息。不过，律师在前去调取之前，建议先联系银行，咨询其是否接收调查令调取被执行企业发放职工工资的银行账户信息。如果接收，咨询调取所需的全部材料，准备齐全后再前去调取。

2. 法律依据

《中华人民共和国民事诉讼法》（2021年修正）

第六十四条　代理诉讼的律师和其他诉讼代理人有权调查收集证据，可以查阅本案有关材料。查阅本案有关材料的范围和办法由最高人民法院规定。

第六十七条　当事人对自己提出的主张，有责任提供证据。

当事人及其诉讼代理人因客观原因不能自行收集的证据，或者人民法院认为审理案件需要的证据，人民法院应当调查收集。

人民法院应当按照法定程序,全面地、客观地审查核实证据。

《中华人民共和国律师法》(2017 年修正)

第三十五条 受委托的律师根据案情的需要,可以申请人民检察院、人民法院收集、调取证据或者申请人民法院通知证人出庭作证。

律师自行调查取证的,凭律师执业证书和律师事务所证明,可以向有关单位或者个人调查与承办法律事务有关的情况。

3. 动作步骤

第一步,联系银行,咨询其是否接收调查令调取被执行企业发放职工工资的银行账户信息。

第二步,如果接收,咨询调取所需的全部材料。

第三步,向法院申请调查令,持调查令和银行所需的其他材料前去调取。

动作 86:申请法院调取被执行企业发放职工工资银行账户信息

1. 动作背景

一般而言,律师通过向法院申请调查令,持调查令和律师执业证等证件即可前去银行调取被执行企业发放职工工资的银行账户信息。然而实践中,银行对律师持调查令调取被执行企业发放职工工资的银行账户信息的配合程度并不完全相同,有的甚至不接收法院调查令。对此,申请执行人及其律师可以根据《民事诉讼法》第 67 条第 2 款、《最高人民法院关于适用〈中华人民共和国民事诉讼法〉的解释》第 483 条的相关规定,申请法院调取被执行企业发放职工工资的银行账户信息,并递交书面申请书和相关证据,请求法院前去调取被执行企业发放职工工资的银行账户信息。需要注意的是,申请书应当写明代理律师身份情况、接受调查的个人姓名或单位名称、申请调查收集的证据名称、申请调查收集的目的,以及无法院调查令律师难以自行取得该证据的原因等内容。

2. 法律依据

《中华人民共和国民事诉讼法》(2021 年修正)

第六十七条第二款 当事人及其诉讼代理人因客观原因不能自行收集的证据,或者人民法院认为审理案件需要的证据,人民法院应当调查收集。

第七十条第一款　人民法院有权向有关单位和个人调查取证，有关单位和个人不得拒绝。

《最高人民法院关于适用〈中华人民共和国民事诉讼法〉的解释》（法释〔2022〕11 号）

第四百八十三条　人民法院有权查询被执行人的身份信息与财产信息，掌握相关信息的单位和个人必须按照协助执行通知书办理。

3. 动作步骤

申请法院调取被执行企业发放职工工资的银行账户信息，并提交书面申请书和相关材料。

动作 87：申请调查令调取被执行人企业电话费缴纳账户信息

1. 动作背景

在执行案件中，当被执行人为企业时，可以查看被执行企业电话费缴纳账户信息。通过查看被执行企业电话费缴纳账户信息，一是可以推断该企业是否还在正常经营，一般而言，如果缴费正常，说明该企业应该还在正常经营；二是可以知道该企业电话费缴纳账户余额，该账户余额也属于被执行企业财产，是可以被强制执行的。那如何查询被执行企业电话费缴纳账户信息呢？一般而言，律师可以向法院申请调查令，持调查令前去移动、电信、联通等公司调取被执行企业电话费缴纳账户信息。不过，律师在前去调取之前，建议先联系移动、电信、联通等公司，咨询其是否接收调查令调取被执行企业电话费缴纳账户信息。如果接收，咨询调取所需的全部材料，准备齐全后再前去调取。

2. 法律依据

《中华人民共和国民事诉讼法》（2021 年修正）

第六十四条　代理诉讼的律师和其他诉讼代理人有权调查收集证据，可以查阅本案有关材料。查阅本案有关材料的范围和办法由最高人民法院规定。

第六十七条　当事人对自己提出的主张，有责任提供证据。

当事人及其诉讼代理人因客观原因不能自行收集的证据，或者人民法院认为审理案件需要的证据，人民法院应当调查收集。

人民法院应当按照法定程序,全面地、客观地审查核实证据。

《中华人民共和国律师法》(2017 年修正)

第三十五条 受委托的律师根据案情的需要,可以申请人民检察院、人民法院收集、调取证据或者申请人民法院通知证人出庭作证。

律师自行调查取证的,凭律师执业证书和律师事务所证明,可以向有关单位或者个人调查与承办法律事务有关的情况。

《供电所营销管理办法》

第九条 加强电费的票据管理,所有电费票据由县及县以上的供电企业统一印制,并严格领用和使用程序,电费票据应反映出电能表起止码、电量、电价和各种电费等内容,全面推行计算机开票到户。

3. 动作步骤

第一步,联系移动、电信、联通等公司,咨询其是否接收调查令调取被执行企业电话费缴纳账户信息。

第二步,如果接收,咨询调取所需的全部材料。

第三步,向法院申请调查令,持调查令和移动、电信、联通等公司所需的其他材料前去调取。

动作 88:申请法院调取被执行人企业电话费缴纳账户信息

1. 动作背景

一般而言,律师通过向法院申请调查令,持调查令和律师执业证等证件即可前去移动、电信、联通等公司调取被执行企业的电话费缴纳信息。然而实践中,移动、电信、联通等公司对律师持调查令调取被执行企业的电话费缴纳信息的配合程度并不完全相同,有的甚至不接收法院调查令。对此,申请执行人及其律师可以根据《民事诉讼法》第 67 条第 2 款、《最高人民法院关于适用〈中华人民共和国民事诉讼法〉的解释》第 483 条的相关规定,申请法院调取被执行企业的电话费缴纳信息,并递交书面申请书和相关证据,请求法院前去调取被执行企业的电话费缴纳信息。需要注意的是,申请书应当写明代理律师身份情况、接受调查的个人姓名或单位名称、申请调查收集的证据名称、申请调查收集的目的,以及无法院调查令律师难以自行取得该证据的原因等内容。

2. 法律依据

《中华人民共和国民事诉讼法》(2021 年修正)

第六十七条第二款 当事人及其诉讼代理人因客观原因不能自行收集的证据,或者人民法院认为审理案件需要的证据,人民法院应当调查收集。

第七十条第一款 人民法院有权向有关单位和个人调查取证,有关单位和个人不得拒绝。

《最高人民法院关于适用〈中华人民共和国民事诉讼法〉的解释》(法释〔2022〕11 号)

第四百八十三条 人民法院有权查询被执行人的身份信息与财产信息,掌握相关信息的单位和个人必须按照协助执行通知书办理。

3. 动作步骤

申请法院调取被执行企业的电话费缴纳信息,并提交书面申请书和相关材料。

动作 89:申请调查令调取被执行人水费缴纳信息

1. 动作背景

在执行案件中,可以查询被执行人的水费缴纳信息,查看其账户余额。尤其是当被执行人为企业时,通过查看其水费缴纳信息,一是可以推断该企业是否还在经营以及经营状况的好坏,一般而言,如果缴费正常,且符合产生经营企业的正常用水量,说明该企业应该还在正常经营;二是可以知道该企业水费账户余额,该账户余额也属于被执行企业财产,可以被强制执行。那如何查询被执行人水费缴纳信息呢?一般而言,律师可以向法院申请调查令,持调查令前去自来水公司调取被执行人的水费信息。不过,律师在前去调取之前,建议先联系自来水公司,咨询其是否接收调查令调取被执行人水费信息。如果接收,咨询调取所需的全部材料,准备齐全后再前去调取。

2. 动作步骤

第一步,联系自来水公司,咨询其是否接收调查令调取被执行人水费缴纳信息。

第二步,如果接收,咨询调取所需的全部材料。

第三步,向法院申请调查令,持调查令和自来水公司所需的其他材料前去调取。

动作90:申请法院调取被执行人水费缴纳信息

1. 动作背景

一般而言,律师通过向法院申请调查令,持调查令和律师执业证等证件即可前去自来水公司调取被执行人的水费缴纳信息。然而实践中,自来水公司对律师持调查令调取被执行人水费缴纳信息的配合程度并不完全相同,有的甚至不接收法院调查令。对此,申请执行人及其律师可以根据《民事诉讼法》第67条第2款、《最高人民法院关于适用〈中华人民共和国民事诉讼法〉的解释》第483条的相关规定,申请法院调取被执行人的水费缴纳信息,并递交书面申请书和相关证据,请求法院前去调取被执行人的水费缴纳信息。需要注意的是,申请书应当写明代理律师身份情况、接受调查的个人姓名或单位名称、申请调查收集的证据名称、申请调查收集的目的,以及无法院调查令律师难以自行取得该证据的原因等内容。

2. 法律依据

《中华人民共和国民事诉讼法》(2021年修正)

第六十七条第二款 当事人及其诉讼代理人因客观原因不能自行收集的证据,或者人民法院认为审理案件需要的证据,人民法院应当调查收集。

第七十条第一款 人民法院有权向有关单位和个人调查取证,有关单位和个人不得拒绝。

《最高人民法院关于适用〈中华人民共和国民事诉讼法〉的解释》(法释〔2022〕11号)

第四百八十三条 人民法院有权查询被执行人的身份信息与财产信息,掌握相关信息的单位和个人必须按照协助执行通知书办理。

《城市供水条例》(2020年修订)

第二十四条 用水单位和个人应当按照规定的计量标准和水价标准按时缴纳水费。

3. 动作步骤

申请法院调取被执行人的水费缴纳信息,并提交书面申请书和相关材料。

动作 91:申请调查令调取被执行人电费缴纳信息

1. 动作背景

执行案件中,当被执行人不履行生效法律文书所确定的义务时,可以查看被执行人的电费缴纳信息,尤其是当被执行人是企业时,通过查询被执行企业电费缴纳信息,一是可以了解被执行企业是否还在正常经营;二是可以知道被执行企业电费账户余额,该余额也属于被执行企业财产,是可以申请强制执行的。那如何查询被执行人电费缴纳信息呢?一般而言,律师可以向法院申请调查令,持调查令前去电力公司调取被执行人电费缴纳信息。不过,律师在前去调取之前,建议先联系电力公司,咨询其是否接收调查令调取被执行人电费缴纳信息。如果接收,咨询调取所需的全部材料,准备齐全后再前去调取。

2. 法律依据

《中华人民共和国民事诉讼法》(2021 年修正)

第六十四条　代理诉讼的律师和其他诉讼代理人有权调查收集证据,可以查阅本案有关材料。查阅本案有关材料的范围和办法由最高人民法院规定。

第六十七条　当事人对自己提出的主张,有责任提供证据。

当事人及其诉讼代理人因客观原因不能自行收集的证据,或者人民法院认为审理案件需要的证据,人民法院应当调查收集。

人民法院应当按照法定程序,全面地、客观地审查核实证据。

《中华人民共和国律师法》(2017 年修正)

第三十五条　受委托的律师根据案情的需要,可以申请人民检察院、人民法院收集、调取证据或者申请人民法院通知证人出庭作证。

律师自行调查取证的,凭律师执业证书和律师事务所证明,可以向有关单位或者个人调查与承办法律事务有关的情况。

《中华人民共和国电力法》(2018 年修正)

第三十一条　用户应当安装用电计量装置。用户使用的电力电量,以计量检定机构依法认可的用电计量装置的记录为准。

用户受电装置的设计、施工安装和运行管理,应当符合国家标准或者电力行业标准。

第三十三条 供电企业应当按照国家核准的电价和用电计量装置的记录,向用户计收电费。

供电企业查电人员和抄表收费人员进入用户,进行用电安全检查或者抄表收费时,应当出示有关证件。

用户应当按照国家核准的电价和用电计量装置的记录,按时交纳电费;对供电企业查电人员和抄表收费人员依法履行职责,应当提供方便。

3. 动作步骤

第一步,联系电力公司,咨询其是否接收调查令调取被执行人的电费缴纳信息。

第二步,如果接收,咨询调取所需的全部材料。

第三步,向法院申请调查令,持调查令和电力公司所需的其他材料前去调取。

动作92:申请法院调取被执行人电费缴纳信息

1. 动作背景

一般而言,律师通过向法院申请调查令,持调查令和律师执业证等证件即可前去电力公司调取被执行人的电费缴纳信息。然而实践中,公司对律师持调查令调取被执行人电费缴纳信息的配合程度并不完全相同,有的甚至不接收法院调查令。对此,申请执行人及其律师可以根据《民事诉讼法》第67条第2款、《最高人民法院关于适用〈中华人民共和国民事诉讼法〉的解释》第483条的相关规定,申请法院调取被执行人的电费缴纳信息,并递交书面申请书和相关证据,请求法院前去调取被执行人的电费缴纳信息。需要注意的是,申请书应当写明代理律师身份情况、接受调查的个人姓名或单位名称、申请调查收集的证据名称、申请调查收集的目的,以及无法院调查令律师难以自行取得该证据的原因等内容。

2. 法律依据

《中华人民共和国民事诉讼法》(2021 年修正)

第六十七条第二款　当事人及其诉讼代理人因客观原因不能自行收集的证据,或者人民法院认为审理案件需要的证据,人民法院应当调查收集。

第七十条第一款　人民法院有权向有关单位和个人调查取证,有关单位和个人不得拒绝。

《最高人民法院关于适用〈中华人民共和国民事诉讼法〉的解释》(法释〔2022〕11 号)

第四百八十三条　人民法院有权查询被执行人的身份信息与财产信息,掌握相关信息的单位和个人必须按照协助执行通知书办理。

3. 动作步骤

申请法院调取被执行人的电费缴纳信息,并提交书面申请书和相关材料。

动作 93:申请调查令调取被执行人燃气费缴纳信息

1. 动作背景

执行案件中,当被执行人不履行生效法律文书所确定的义务时,可以查看被执行人的燃气费缴纳信息,尤其是当被执行人是企业时,通过查询被执行企业燃气费缴纳信息,一是可以推断被执行企业是否还在正常经营;二是可以知道被执行企业燃气费余额,该余额也属于被执行企业财产,也是可以申请强制执行的。那如何查询被执行人燃气费缴纳信息呢?一般而言,律师可以向法院申请调查令,持调查令前去燃气公司调取被执行人燃气费缴纳信息。不过,律师在前去调取之前,建议先联系燃气公司,咨询其是否接收调查令调取被执行人燃气费缴纳信息。如果接收,咨询调取所需的全部材料,准备齐全后再前去调取。

2. 法律依据

《中华人民共和国民事诉讼法》(2021 年修正)

第六十四条　代理诉讼的律师和其他诉讼代理人有权调查收集证据,可以

查阅本案有关材料。查阅本案有关材料的范围和办法由最高人民法院规定。

第六十七条 当事人对自己提出的主张,有责任提供证据。

当事人及其诉讼代理人因客观原因不能自行收集的证据,或者人民法院认为审理案件需要的证据,人民法院应当调查收集。

人民法院应当按照法定程序,全面地、客观地审查核实证据。

《中华人民共和国律师法》(2017 年修正)

第三十五条 受委托的律师根据案情的需要,可以申请人民检察院、人民法院收集、调取证据或者申请人民法院通知证人出庭作证。

律师自行调查取证的,凭律师执业证书和律师事务所证明,可以向有关单位或者个人调查与承办法律事务有关的情况。

《城镇燃气管理条例》(2016 年修订)

第十七条 燃气经营者应当向燃气用户持续、稳定、安全供应符合国家质量标准的燃气,指导燃气用户安全用气、节约用气,并对燃气设施定期进行安全检查。

燃气经营者应当公示业务流程、服务承诺、收费标准和服务热线等信息,并按照国家燃气服务标准提供服务。

第二十七条 燃气用户应当遵守安全用气规则,使用合格的燃气燃烧器具和气瓶,及时更换国家明令淘汰或者使用年限已届满的燃气燃烧器具、连接管等,并按照约定期限支付燃气费用。

3. 动作步骤

第一步,联系燃气公司,咨询其是否接收调查令调取被执行人的燃气费缴纳信息。

第二步,如果接收,咨询调取所需的全部材料。

第三步,向法院申请调查令,持调查令和燃气公司所需的其他材料前去调取。

动作 94:申请法院调取被执行人燃气费缴纳信息

1. 动作背景

一般而言,律师通过向法院申请调查令,持调查令和律师执业证等证件即

可前去燃气公司调取被执行人的燃气费缴纳信息。然而实践中，燃气公司对律师持调查令调取被执行人燃气费缴纳信息的配合程度并不完全相同，有的甚至不接收法院调查令。对此，申请执行人及其律师可以根据《民事诉讼法》第 67 条第 2 款、《最高人民法院关于适用〈中华人民共和国民事诉讼法〉的解释》第 483 条的相关规定，申请法院调取被执行人的燃气费缴纳信息，并递交书面申请书和相关证据，请求法院前去调取被执行人的燃气费缴纳信息。需要注意的是，申请书应当写明代理律师身份情况、接受调查的个人姓名或单位名称、申请调查收集的证据名称、申请调查收集的目的，以及无法院调查令律师难以自行取得该证据的原因等内容。

2. 法律依据

《中华人民共和国民事诉讼法》（2021 年修正）

第六十七条第二款　当事人及其诉讼代理人因客观原因不能自行收集的证据，或者人民法院认为审理案件需要的证据，人民法院应当调查收集。

第七十条第一款　人民法院有权向有关单位和个人调查取证，有关单位和个人不得拒绝。

《最高人民法院关于适用〈中华人民共和国民事诉讼法〉的解释》（法释〔2022〕11 号）

第四百八十三条　人民法院有权查询被执行人的身份信息与财产信息，掌握相关信息的单位和个人必须按照协助执行通知书办理。

3. 动作步骤

申请法院调取被执行人的燃气费缴纳信息，并提交书面申请书和相关材料。

动作 95：申请调查令调取被执行人暖气费缴纳信息

1. 动作背景

执行案件中，当被执行人不履行生效法律文书所确定的义务时，可以查看被执行人的暖气费缴纳信息，尤其是当被执行人是北方企业时，通过查询被执行企业暖气费缴纳信息，一是可以推断被执行企业是否还在正常经营；二是可以知道被执行企业暖气费余额,该余额也属于被执行企业财产,也是可以申请强制执行的。那如何查询被执行人暖气费缴纳信息呢?一般而言,律师可以向法院申请调查令,持调查令前去热力公司调取被执行人暖气费缴纳信息。不过,律师在前去调取之前,建议先联系热力公司,咨询其是否接收调查令调取被执行人暖气费缴纳信息。如果接收,咨询调取所需的全部材料,准备齐全后再前去调取。

2. 法律依据

《中华人民共和国民事诉讼法》(2021 年修正)

第六十四条 代理诉讼的律师和其他诉讼代理人有权调查收集证据,可以查阅本案有关材料。查阅本案有关材料的范围和办法由最高人民法院规定。

第六十七条 当事人对自己提出的主张,有责任提供证据。

当事人及其诉讼代理人因客观原因不能自行收集的证据,或者人民法院认为审理案件需要的证据,人民法院应当调查收集。

人民法院应当按照法定程序,全面地、客观地审查核实证据。

《中华人民共和国律师法》(2017 年修正)

第三十五条 受委托的律师根据案情的需要,可以申请人民检察院、人民法院收集、调取证据或者申请人民法院通知证人出庭作证。

律师自行调查取证的,凭律师执业证书和律师事务所证明,可以向有关单位或者个人调查与承办法律事务有关的情况。

3. 动作步骤

第一步,联系热力公司,咨询其是否接收调查令调取被执行人的暖气费缴纳信息。

第二步,如果接收,咨询调取所需的全部材料。

第三步,向法院申请调查令,持调查令和热力公司所需的其他材料前去调取。

动作 96:申请法院调取被执行人暖气费缴纳信息

1. 动作背景

一般而言,律师通过向法院申请调查令,持调查令和律师执业证等证件即

可前去热力公司调取被执行人的暖气费缴纳信息。然而实践中，热力公司对律师持调查令调取被执行人暖气费缴纳信息的配合程度并不完全相同，有的甚至不接收法院调查令。对此，申请执行人及其律师可以根据《民事诉讼法》第67条第2款、《最高人民法院关于适用〈中华人民共和国民事诉讼法〉的解释》第483条的相关规定，申请法院调取被执行人的暖气费缴纳信息，并递交书面申请书和相关证据，请求法院前去调取被执行人的暖气费缴纳信息。需要注意的是，申请书应当写明代理律师身份情况、接受调查的个人姓名或单位名称、申请调查收集的证据名称、申请调查收集的目的，以及无法院调查令律师难以自行取得该证据的原因等内容。

2. 法律依据

《中华人民共和国民事诉讼法》（2021年修正）

第六十七条第二款　当事人及其诉讼代理人因客观原因不能自行收集的证据，或者人民法院认为审理案件需要的证据，人民法院应当调查收集。

第七十条第一款　人民法院有权向有关单位和个人调查取证，有关单位和个人不得拒绝。

《最高人民法院关于适用〈中华人民共和国民事诉讼法〉的解释》（法释〔2022〕11号）

第四百八十三条　人民法院有权查询被执行人的身份信息与财产信息，掌握相关信息的单位和个人必须按照协助执行通知书办理。

3. 动作步骤

申请法院调取被执行人的暖气费缴纳信息，并提交书面申请书和相关材料。

动作97：申请调查令调取被执行人快递信息

1. 动作背景

执行案件中，当被执行人不履行生效法律文书所确定的义务时，可以查看被执行人的快递信息，通过快递信息了解被执行人现状，并从中寻找财产线索。比如当被执行人是企业时，通过查询被执行企业快递信息，了解企业是否有频繁的业务往来以及跟哪些企业有业务往来,通过业务往来进一步查询被执行企业的财产线索。那如何查询被执行人快递信息呢?一般而言,律师可以向法院申请调查令,持调查令前去快递公司调取被执行人快递信息。不过,律师在前去调取之前,建议先联系快递公司,咨询其是否接收调查令调取被执行人快递信息。如果接收,咨询调取所需的全部材料,准备齐全后再前去调取。

2. 法律依据

《中华人民共和国民事诉讼法》(2021年修正)

第六十四条 代理诉讼的律师和其他诉讼代理人有权调查收集证据,可以查阅本案有关材料。查阅本案有关材料的范围和办法由最高人民法院规定。

第六十七条 当事人对自己提出的主张,有责任提供证据。

当事人及其诉讼代理人因客观原因不能自行收集的证据,或者人民法院认为审理案件需要的证据,人民法院应当调查收集。

人民法院应当按照法定程序,全面地、客观地审查核实证据。

《中华人民共和国律师法》(2017年修正)

第三十五条 受委托的律师根据案情的需要,可以申请人民检察院、人民法院收集、调取证据或者申请人民法院通知证人出庭作证。

律师自行调查取证的,凭律师执业证书和律师事务所证明,可以向有关单位或者个人调查与承办法律事务有关的情况。

3. 动作步骤

第一步,联系快递公司,咨询其是否接收调查令调取被执行人的快递信息。

第二步,如果接收,咨询调取所需的全部材料。

第三步,向法院申请调查令,持调查令和快递公司所需的其他材料前去调取。

动作98:申请法院调取被执行人快递信息

1. 动作背景

一般而言,律师通过向法院申请调查令,持调查令和律师执业证等证件即可前去快递公司调取被执行人快递信息。然而实践中,快递公司对律师持调查令调取被执行人快递信息的配合程度并不完全相同,有的甚至不接收法院调查令。对此,申请执行人及其律师可以根据《民事诉讼法》第 67 条第 2 款、《最高人民法院关于适用〈中华人民共和国民事诉讼法〉的解释》第 483 条的相关规定,申请法院调取被执行人快递信息,并递交书面申请书和相关证据,请求法院前去调取被执行人快递信息。需要注意的是,申请书应当写明代理律师身份情况、接受调查的个人姓名或单位名称、申请调查收集的证据名称、申请调查收集的目的,以及无法院调查令律师难以自行取得该证据的原因等内容。

2. 法律依据

《中华人民共和国民事诉讼法》(2021 年修正)

第六十七条第二款　当事人及其诉讼代理人因客观原因不能自行收集的证据,或者人民法院认为审理案件需要的证据,人民法院应当调查收集。

第七十条第一款　人民法院有权向有关单位和个人调查取证,有关单位和个人不得拒绝。

《最高人民法院关于适用〈中华人民共和国民事诉讼法〉的解释》(法释〔2022〕11 号)

第四百八十三条　人民法院有权查询被执行人的身份信息与财产信息,掌握相关信息的单位和个人必须按照协助执行通知书办理。

《快递暂行条例》(2019 年修订)

第二十二条　寄件人交寄快件,应当如实提供以下事项:

(一)寄件人姓名、地址、联系电话;

(二)收件人姓名(名称)、地址、联系电话;

(三)寄递物品的名称、性质、数量。

除信件和已签订安全协议用户交寄的快件外,经营快递业务的企业收寄快件,应当对寄件人身份进行查验,并登记身份信息,但不得在快递运单上记录除姓名(名称)、地址、联系电话以外的用户身份信息。寄件人拒绝提供身份信息或者提供身份信息不实的,经营快递业务的企业不得收寄。

3. 动作步骤

申请法院调取被执行人快递信息,并提交书面申请书和相关材料。

第四章

执 行 措 施

动作1:向法院提交财产线索

1. 动作背景

在执行案件中,申请执行人要主动提供被执行人的财产线索,以便法院能及时进行调查、核实,进一步推进执行程序。一般情况下,被执行人财产线索主要包括以下几种:一是不动产,如被执行人名下房产以及房产坐落的位置、产权号等;二是动产,如被执行人名下车辆以及车辆存放地、车牌号等;三是银行存款,如被执行人名下银行账户以及开户行等;四是公积金,如被执行人名下公积金账户以及所属公积金管理中心等;五是知识产权,如被执行人名下的著作权、商标权、专利权等;六是有价证券,如股票、基金等。除了上述这些,被执行人财产线索还有很多,只要发现了被执行人的财产线索,申请执行人就都可以向法院提交,提交的同时需要填写财产调查表。法院应当根据财产线索的具体情况,进行调查核实。线索属实的,法院应当采取相应的执行措施。

2. 法律依据

《最高人民法院关于民事执行中财产调查若干问题的规定》(法释〔2020〕21号)

第一条 执行过程中,申请执行人应当提供被执行人的财产线索;被执行人应当如实报告财产;人民法院应当通过网络执行查控系统进行调查,根据案件需要应当通过其他方式进行调查的,同时采取其他调查方式。

第二条第一款 申请执行人提供被执行人财产线索,应当填写财产调查表。财产线索明确、具体的,人民法院应当在七日内调查核实;情况紧急的,应当在三日内调查核实。财产线索确实的,人民法院应当及时采取相应的执行措施。

3. 动作步骤

第一步,查找被执行人动产、不动产等财产线索。

第二步,向法院提供被执行人财产线索,并填写财产调查表。

动作2:申请法院调查被执行人财产

1. 动作背景

在执行案件中,申请执行人应当主动向法院提供被执行人的财产线索,但是申请执行人也会遇到一些客观原因而无法自行查明被执行人的财产,比如银行、市场监督管理局等有关单位不允许申请执行人查询被执行人财产,或者申请执行人遭遇不可抗力而使自己无法查明被执行人财产等。遇到这些情况,申请执行人可以申请法院调查被执行人财产。

2. 法律依据

《最高人民法院关于民事执行中财产调查若干问题的规定》(法释〔2020〕21号)

第一条 执行过程中,申请执行人应当提供被执行人的财产线索;被执行人应当如实报告财产;人民法院应当通过网络执行查控系统进行调查,根据案件需要应当通过其他方式进行调查的,同时采取其他调查方式。

第二条第二款 申请执行人确因客观原因无法自行查明财产的,可以申请人民法院调查。

3. 动作步骤

第一步,申请执行人遇到客观原因无法自行查明被执行人财产。

第二步,申请执行人向法院递交查询财产申请书,请求法院调查被执行人财产。

动作3:申请查询被执行人财产

1. 动作背景

在执行案件中,当被执行人拒不履行生效法律文书所确定的义务时,申请执行人需要寻找被执行人财产线索,查询被执行人财产。查询被执行人财产的方法有很多,一是申请执行人可以自己查询;二是申请执行人可以委托律师,由律师通过律师调查令查询;三是申请执行人还可以申请法院查询被执行人财产。比如,申请法院向有关单位查询被执行人的银行账户以及存款等情况;申请法院查询被执行人的债券、股票、基金份额等财产状况;申请法院查询被执行企业设立、变更、对外投资以及行政许可、行政处罚等情况。法院对查询到的被执行人财产可以采取查封、扣押、冻结等措施。需要注意的是,申请法院查询被执行人财产,需要提交查询财产申请书。查询财产申请书要写明申请人与被申请人的基本情况、申请事项、事实与理由等内容。其中,事实与理由部分要写明案件基本信息、财产保全基本情况、需要查询的财产种类以及所依据的法律等内容。

2. 法律依据

《中华人民共和国民事诉讼法》(2021 年修正)

第二百四十九条　被执行人未按执行通知履行法律文书确定的义务,人民法院有权向有关单位查询被执行人的存款、债券、股票、基金份额等财产情况。人民法院有权根据不同情形扣押、冻结、划拨、变价被执行人的财产。人民法院查询、扣押、冻结、划拨、变价的财产不得超出被执行人应当履行义务的范围。

人民法院决定扣押、冻结、划拨、变价财产,应当作出裁定,并发出协助执行通知书,有关单位必须办理。

3. 动作步骤

第一步,申请执行人获取了被执行人动产、不动产等财产线索,而法院又没有主动查询。

第二步,申请法院查询被执行人财产,并提交书面查询财产申请书。

动作 4:发出报告财产令

1. 动作背景

报告财产令是法院发出的具有强制性法律效力的法律文书,是一项严格的执行措施。报告财产令的发出有两种方式,一种方式是申请人向法院提出申请,请求法院发出;另一种方式是法院依职权发出,责令被执行人报告财产。报告财产令应当载明下列事项:(1)提交财产报告的期限;(2)报告财产的范围、期间;(3)补充报告财产的条件及期间;(4)违反报告财产义务应承担的法律责任;(5)法院认为有必要载明的其他事项。报告财产令应附财产调查表,被执行人必须按照要求逐项填写。法院发出报告财产令之后,被执行人应当如实报告当前以及收到执行通知之日前一年的财产情况。如果被执行人拒绝报告或者虚假报告,法院可以根据情节轻重对被执行人或者其法定代理人、有关单位的主要负责人或者直接责任人员予以罚款、拘留。

2. 法律依据

《中华人民共和国民事诉讼法》(2021年修正)

第二百四十八条 被执行人未按执行通知履行法律文书确定的义务,应当报告当前以及收到执行通知之日前一年的财产情况。被执行人拒绝报告或者虚假报告的,人民法院可以根据情节轻重对被执行人或者其法定代理人、有关单位的主要负责人或者直接责任人员予以罚款、拘留。

《最高人民法院关于民事执行中财产调查若干问题的规定》(法释〔2020〕21号)

第三条 人民法院依申请执行人的申请或依职权责令被执行人报告财产情况的,应当向其发出报告财产令。金钱债权执行中,报告财产令应当与执行通知同时发出。

人民法院根据案件需要再次责令被执行人报告财产情况的,应当重新向其发出报告财产令。

第四条 报告财产令应当载明下列事项:

(一)提交财产报告的期限;

(二)报告财产的范围、期间;

(三)补充报告财产的条件及期间;

(四)违反报告财产义务应承担的法律责任;

(五)人民法院认为有必要载明的其他事项。

报告财产令应附财产调查表,被执行人必须按照要求逐项填写。

3. 动作步骤

法院依职权或依申请执行人的申请向被执行人发出报告财产令。申请执行人申请法院发出报告财产令的,应当提交向被执行人发出报告财产令申请书。

动作5:重新发出报告财产令

1. 动作背景

在执行案件中,当被执行人未按执行通知履行法律文书确定的义务时,法院可依申请执行人的申请或依职权责令被执行人报告财产情况,并向被执行人发出报告财产令。法院发出报告财产令之后,被执行人应当如实报告当前以及收到执行通知之日前一年的财产情况。如果法院根据案件需要再次责令被执行人报告财产情况的,应当重新向其发出报告财产令。

2. 法律依据

《最高人民法院关于民事执行中财产调查若干问题的规定》(法释〔2020〕21号)

第三条第二款　人民法院根据案件需要再次责令被执行人报告财产情况的,应当重新向其发出报告财产令。

3. 动作步骤

第一步,法院根据案件需要再次责令被执行人报告财产情况。

第二步,法院应当重新向被执行人发出报告财产令。

动作6:申请调查核实被执行人报告的财产

1. 动作背景

执行案件中,当法院向被执行人发出报告财产令之后,被执行人需要在报告财产令载明的期限内向法院书面报告自己的财产情况,如房屋、车辆、知识产权等动产、不动产和财产性权利等。然而,一般情况下,被执行人为了逃避执行,很少在报告财产令中如实报告自己的财产,多数都存在拒绝报告或者虚假报告等情况。因此,对于被执行人报告的财产情况,就需要法院及时调查核实。如果法院没有主动调查核实的,申请执行人可以向法院提交调查核实被执行人报告的财产申请书,申请法院调查核实被执行人报告的财产。申请执行人可以根据法院调查核实的结果,再行采取下一步动作,如被执行人存在虚假报告的情况,则可以申请法院根据情节轻重对被执行人或者其法定代理人、有关单位的主要负责人或者直接责任人员予以罚款、拘留。

2. 法律依据

《最高人民法院关于民事执行中财产调查若干问题的规定》(法释〔2020〕21号)

第五条 被执行人应当在报告财产令载明的期限内向人民法院书面报告下列财产情况:

(一)收入、银行存款、现金、理财产品、有价证券;

(二)土地使用权、房屋等不动产;

(三)交通运输工具、机器设备、产品、原材料等动产;

(四)债权、股权、投资权益、基金份额、信托受益权、知识产权等财产性权利;

(五)其他应当报告的财产。

被执行人的财产已出租、已设立担保物权等权利负担,或者存在共有、权属争议等情形的,应当一并报告;被执行人的动产由第三人占有,被执行人的不动产、特定动产、其他财产权等登记在第三人名下的,也应当一并报告。

被执行人在报告财产令载明的期限内提交书面报告确有困难的,可以向人民法院书面申请延长期限;申请有正当理由的,人民法院可以适当延长。

第六条 被执行人自收到执行通知之日前一年至提交书面财产报告之日,其财产情况发生下列变动的,应当将变动情况一并报告:

(一)转让、出租财产的;

(二)在财产上设立担保物权等权利负担的;

(三)放弃债权或延长债权清偿期的;

(四)支出大额资金的;

(五)其他影响生效法律文书确定债权实现的财产变动。

第七条 被执行人报告财产后,其财产情况发生变动,影响申请执行人债权实现的,应当自财产变动之日起十日内向人民法院补充报告。

第八条 对被执行人报告的财产情况,人民法院应当及时调查核实,必要时可以组织当事人进行听证。

申请执行人申请查询被执行人报告的财产情况的,人民法院应当准许。申请执行人及其代理人对查询过程中知悉的信息应当保密。

3. 动作步骤

申请执行人向法院提交书面的调查核实被执行人报告的财产申请书，申请法院调查核实被执行人报告的财产。

动作7：申请查询被执行人报告的财产情况

1. 动作背景

法院向被执行人发出报告财产令之后，被执行人应当在报告财产令载明的期限内向法院书面报告自己的财产情况。对被执行人报告的财产情况，申请执行人除了可以申请法院调查核实外，还可以申请查询被执行人报告的财产情况。通过申请查询被执行人报告财产的情况，一是可以了解被执行人名下有多少动产、不动产以及财产性权利；二是可以针对财产的不同种类，申请法院采取查封、扣押、冻结等不同的执行措施；三是申请执行人可以根据法院在查询过程中核实的房产等不动产进行调查走访；四是也可以了解法院的调查核实工作是否做得精细，是否有遗漏未调查核实的财产；五是如果发现被执行人有拒绝报告、虚假报告财产情况的，申请法院对被执行人进行罚款、拘留、列入失信被执行人等。需要注意的是，申请执行人及其代理人对查询过程中知悉的信息应当保密。

2. 法律依据

《最高人民法院关于民事执行中财产调查若干问题的规定》（法释〔2020〕21号）

第八条第二款　申请执行人申请查询被执行人报告的财产情况的，人民法院应当准许。申请执行人及其代理人对查询过程中知悉的信息应当保密。

第九条　被执行人拒绝报告、虚假报告或者无正当理由逾期报告财产情况的，人民法院可以根据情节轻重对被执行人或者其法定代理人予以罚款、拘留；构成犯罪的，依法追究刑事责任。

人民法院对有前款规定行为之一的单位，可以对其主要负责人或者直接责任人员予以罚款、拘留；构成犯罪的，依法追究刑事责任。

第十条　被执行人拒绝报告、虚假报告或者无正当理由逾期报告财产情况的,人民法院应当依照相关规定将其纳入失信被执行人名单。

3. 动作步骤

申请执行人向法院申请查询被执行人报告的财产情况,并提交查阅被执行人报告的财产情况申请书。

动作 8:查封、扣押、冻结被执行人的财产

1. 动作背景

在执行案件中,被执行人一般很少积极主动履行生效法律文书所确定的义务,多数都存在通过隐匿、转移财产等手段逃避执行的情况。为了保护债权人的合法债权,《民事诉讼法》赋予了申请执行人向法院申请对被执行人的财产进行查封、扣押、冻结的权利。查封、扣押、冻结的被执行人财产范围包括被执行人占有的动产、登记在被执行人名下的不动产、特定动产及其他财产权。法院作出查封、扣押、冻结裁定书之后,需要送达申请执行人。采取查封、扣押、冻结措施需要有关单位或者个人协助的,法院应当制作协助执行通知书,连同裁定书副本一并送达协助执行人。查封、扣押、冻结裁定书和协助执行通知书送达时发生法律效力。

2. 法律依据

《中华人民共和国民事诉讼法》(2021 年修正)

第二百四十九条 被执行人未按执行通知履行法律文书确定的义务,人民法院有权向有关单位查询被执行人的存款、债券、股票、基金份额等财产情况。人民法院有权根据不同情形扣押、冻结、划拨、变价被执行人的财产。人民法院查询、扣押、冻结、划拨、变价的财产不得超出被执行人应当履行义务的范围。

人民法院决定扣押、冻结、划拨、变价财产,应当作出裁定,并发出协助执行通知书,有关单位必须办理。

《最高人民法院关于人民法院民事执行中查封、扣押、冻结财产的规定》(法释〔2020〕21 号)

第一条 人民法院查封、扣押、冻结被执行人的动产、不动产及其他财产权,应当作出裁定,并送达被执行人和申请执行人。

采取查封、扣押、冻结措施需要有关单位或者个人协助的，人民法院应当制作协助执行通知书，连同裁定书副本一并送达协助执行人。查封、扣押、冻结裁定书和协助执行通知书送达时发生法律效力。

第二条第一款　人民法院可以查封、扣押、冻结被执行人占有的动产、登记在被执行人名下的不动产、特定动产及其他财产权。

3. 动作步骤

第一步，查找被执行人财产。

第二步，申请执行人向法院提出查封、扣押、冻结执行人财产的申请，并提交书面申请书。

动作9：查封、扣押、冻结担保财产

1. 动作背景

在执行案件中，为了担保被执行人履行生效法律文书确定的全部或者部分义务，担保人可以向法院提供担保。执行担保提供方式有两种，一种是由被执行人提供财产担保，另一种是由他人提供财产担保或者保证。被执行人或者他人提供执行担保的，需要向法院提交担保书，法院应当将担保书副本送交给申请执行人。被执行人或者他人提供执行担保，申请执行人同意的，应当向法院出具书面同意意见，也可以由执行人员将其同意的内容记入笔录，并由申请执行人签名或者盖章。被执行人或者他人提供财产担保，可以依照民法典规定办理登记等担保物权公示手续；已经办理公示手续的，申请执行人可以依法主张优先受偿权。申请执行人申请法院查封、扣押、冻结担保财产的，法院应当准许，但担保书另有约定的除外。法院决定暂缓执行的，可以暂缓全部执行措施的实施，但担保书另有约定的除外。此外，申请执行人要及时关注执行案件进展，如果执行期届满，被执行人仍未偿还债务的，申请执行人应当及时向法院申请强制执行该担保财产。

2. 法律依据

《最高人民法院关于执行担保若干问题的规定》（法释〔2020〕21号）

第七条　被执行人或者他人提供财产担保，可以依照民法典规定办理登记等担保物权公示手续;已经办理公示手续的,申请执行人可以依法主张优先受偿权。

申请执行人申请人民法院查封、扣押、冻结担保财产的,人民法院应当准许,但担保书另有约定的除外。

《最高人民法院关于人民法院民事执行中查封、扣押、冻结财产的规定》(法释〔2020〕21号)

第十一条 查封、扣押、冻结担保物权人占有的担保财产,一般应当指定该担保物权人作为保管人;该财产由人民法院保管的,质权、留置权不因转移占有而消灭。

3. 动作步骤

第一步,被执行人或者他人提供了财产担保。

第二步,申请执行人向法院提出查封、扣押、冻结担保财产的申请,并提交书面申请书。

动作10:查封、扣押、冻结设定最高额抵押权的抵押物

1. 动作背景

根据《民法典》的规定,最高额抵押,是指抵押人与抵押权人协议,在最高债权额限度内,以抵押物对一定期间连续发生的债权作担保。当债务人不履行到期债务或者发生当事人约定的实现抵押权的情形,抵押权人有权在最高债权额限度内就该担保财产优先受偿。

对于被执行人设定最高额抵押权的抵押物的,申请执行人可以申请法院查封、扣押、冻结。法院查封、扣押被执行人设定最高额抵押权的抵押物的,应当通知抵押权人。这是因为普通抵押权是先有债权,然后再设定抵押权,而最高额抵押是为将来的债权而设定的抵押。由于最高额抵押权所担保的债权是一定期间连续发生的债权,在最高额抵押权没有确定时,债权总额是不确定的,是随时发生变化的。正是由于最高额抵押的这种特殊性,当法院查封、扣押、冻结了被执行人设定最高额抵押权的抵押物时,法院应当及时通知抵押权人,让抵押权人知道抵押物已经被查封。当然,这样做的另一个作用就是关于担保的债权数额的确定,当抵押权人收到法院通知时,受抵押担保的债权数额就确定了,

就不再增加。

2. 法律依据

《最高人民法院关于人民法院民事执行中查封、扣押、冻结财产的规定》(法释〔2020〕21号)

第二十五条 人民法院查封、扣押被执行人设定最高额抵押权的抵押物的,应当通知抵押权人。抵押权人受抵押担保的债权数额自收到人民法院通知时起不再增加。

人民法院虽然没有通知抵押权人,但有证据证明抵押权人知道或者应当知道查封、扣押事实的,受抵押担保的债权数额从其知道或者应当知道该事实时起不再增加。

3. 动作步骤

第一步,被执行人设定了最高额抵押权。

第二步,申请执行人向法院提出查封、扣押、冻结被执行人设定最高额抵押权的抵押物的申请,并提交书面申请书。

动作11:查封、扣押、冻结被第三人占有的财产

1. 动作背景

执行程序中,法院可以查封、扣押、冻结被执行人占有的动产、登记在被执行人名下的不动产、特定动产及其他财产权。那第三人占有的被执行人的财产,可以被查封、扣押、冻结吗?依占有是否依据本权的标准进行划分,占有分为有权占有和无权占有。无权占有情况下,法院可以直接采取措施,责令第三人限期返还。接下来主要分析第三人有权占有财产的两种情况:第一种情况是第三人为被执行人的利益占有的被执行人的财产。当第三人为了被执行人的利益而占有了被执行人的财产,此时财产仍然属于被执行人,可以被法院查封、扣押、冻结。如果该财产被指定给第三人继续保管的,第三人不得将其交付给被执行人。第二种情况是第三人为自己的利益依法占有的被执行人的财产。当第三人为自己的利益依法占有被执行人的财产时,此时财产仍然属于被执行人,可以被法院查封、扣押、冻结。第三人可以继续占有和使用该财产,但不得

将其交付给被执行人。

2. 法律依据

《最高人民法院关于人民法院民事执行中查封、扣押、冻结财产的规定》(法释〔2020〕21号)

第二条第三款 对于第三人占有的动产或者登记在第三人名下的不动产、特定动产及其他财产权,第三人书面确认该财产属于被执行人的,人民法院可以查封、扣押、冻结。

第十三条 对第三人为被执行人的利益占有的被执行人的财产,人民法院可以查封、扣押、冻结;该财产被指定给第三人继续保管的,第三人不得将其交付给被执行人。

对第三人为自己的利益依法占有的被执行人的财产,人民法院可以查封、扣押、冻结,第三人可以继续占有和使用该财产,但不得将其交付给被执行人。

第三人无偿借用被执行人的财产的,不受前款规定的限制。

3. 动作步骤

第一步,第三人为被执行人的利益或者自己的利益,占有了被执行人财产。

第二步,申请执行人向法院提出查封、扣押、冻结申请,并提交书面申请书。

动作12:查封、扣押、冻结保留所有权的财产

1. 动作背景

所有权保留是商业活动中比较常见的一种交易方式,《民法典》第641条对此作出了明确规定。该条款允许买卖双方在合同中约定保留所有权,在买受人未依约履行所有权保留条款所设定的条件下,所有权不发生转移,标的物依旧为出卖人所有。在执行程序中,也会遇到所有权保留的情况。在一般的金钱债权执行程序中,基于货币占有即所有的外观推定规则,法院可以对被执行人占有的货币直接采取冻结等措施。对于保留所有权的财产,也分两种情况。

第一种情况,被执行人将其财产出卖给第三人,被执行人保留所有权。当被执行人将其财产出卖给第三人时,第三人已经支付部分价款并实际占有了该财产,但根据合同约定被执行人保留所有权的,申请执行人可以申请法院查封、

扣押、冻结该财产。如果第三人要求继续履行合同的,需要向法院交付全部余款,余款全部交付后,法院裁定解除查封、扣押、冻结。

第二种情况,被执行人购买第三人的财产,第三人保留所有权。当被执行人购买第三人的财产时,被执行人已经支付部分价款并实际占有了该财产,第三人依合同约定保留所有权的,法院可以查封、扣押、冻结。保留所有权已办理登记的,第三人的剩余价款从该财产变价款中优先支付;第三人主张取回该财产的,可以依据民事诉讼法的规定提出执行异议。

2. 法律依据

《最高人民法院关于人民法院民事执行中查封、扣押、冻结财产的规定》(法释〔2020〕21 号)

第十四条　被执行人将其财产出卖给第三人,第三人已经支付部分价款并实际占有该财产,但根据合同约定被执行人保留所有权的,人民法院可以查封、扣押、冻结;第三人要求继续履行合同的,向人民法院交付全部余款后,裁定解除查封、扣押、冻结。

第十六条　被执行人购买第三人的财产,已经支付部分价款并实际占有该财产,第三人依合同约定保留所有权的,人民法院可以查封、扣押、冻结。保留所有权已办理登记的,第三人的剩余价款从该财产变价款中优先支付;第三人主张取回该财产的,可以依据民事诉讼法第二百二十七条规定(2021 年民事诉讼法修正之后为第二百三十四条)提出异议。

《中华人民共和国民事诉讼法》(2021 年修正)

第二百三十四条　执行过程中,案外人对执行标的提出书面异议的,人民法院应当自收到书面异议之日起十五日内审查,理由成立的,裁定中止对该标的的执行;理由不成立的,裁定驳回。案外人、当事人对裁定不服,认为原判决、裁定错误的,依照审判监督程序办理;与原判决、裁定无关的,可以自裁定送达之日起十五日内向人民法院提起诉讼。

3. 动作步骤

第一步,判断保留所有权的财产是否符合可以查封、扣押、冻结的法定条件。

第二步,如果符合,申请执行人向法院提出查封、扣押、冻结申请,并提交书面申请书。

动作 13:查封、扣押、冻结尚未办理产权过户登记的财产

1. 动作背景

现实生活中,由于各种原因,存在不少买房不过户的现象。那么在执行过程中,如果被执行人购买的房屋尚未办理产权过户登记,那该房屋可以被查封、扣押、冻结吗?根据《民法典》的规定,我国不动产物权原则上实行登记生效主义,也就是说诸如房屋这样的不动产需要经过登记才发生物权变动的效力。换句话说,被执行人购买的房屋需要办理了产权过户登记,才属于被执行人财产,才能被查封、扣押、冻结。也就是说,被执行人购买的需要办理过户登记的第三人的财产,只有办理了过户登记,申请人才能申请法院对该财产采取查封、扣押、冻结措施。但是,如果被执行人购买了需要办理过户登记的第三人的财产,已经支付部分或者全部价款,并实际占有了该财产,虽然没有办理产权过户登记手续,但是申请执行人已向第三人支付剩余价款或者第三人同意剩余价款从该财产变价款中优先支付的,法院也可以查封、扣押、冻结该财产。这主要也是为了促使执行程序顺利进行,尽快实现债权人的合法债权。

2. 法律依据

《最高人民法院关于人民法院民事执行中查封、扣押、冻结财产的规定》(法释〔2020〕21 号)

第十七条 被执行人购买需要办理过户登记的第三人的财产,已经支付部分或者全部价款并实际占有该财产,虽未办理产权过户登记手续,但申请执行人已向第三人支付剩余价款或者第三人同意剩余价款从该财产变价款中优先支付的,人民法院可以查封、扣押、冻结。

3. 动作步骤

第一步,判断被执行人购买的需要办理过户登记的第三人的财产是否符合可以查封、扣押、冻结的法定条件。

第二步,如果符合,申请执行人向法院提出查封、扣押、冻结申请,并提交书面申请书。

动作 14：查封、扣押从物和天然孳息

1. 动作背景

孳息，是指由原物所产生的额外收益，分为天然孳息和法定孳息。天然孳息是指依物的本性天然而生长，不需要人力作用就能获得的出产物、收获物，如植物的果实，动物的幼仔等；法定孳息是指物因某种法律关系所产生的收益，如租金、利息等。天然孳息为独立物，故与原物分离之前为其构成部分，不能称为孳息；至于分离原因是自然的还是人工的，在所不论。天然孳息，由所有权人取得；既有所有权人又有用益物权人的，由用益物权人取得；当事人另有约定的，按照其约定。那在执行程序中，当被执行人的财产有天然孳息的，查封、扣押的效力及于查封、扣押物的天然孳息。至于从物，除当事人另有约定的外，主物转让的，从物随主物转让，所以查封、扣押的效力也及于查封、扣押物的从物。

2. 法律依据

《最高人民法院关于人民法院民事执行中查封、扣押、冻结财产的规定》（法释〔2020〕21 号）

第二十条　查封、扣押的效力及于查封、扣押物的从物和天然孳息。

3. 动作步骤

第一步，查封、扣押物有从物和天然孳息。

第二步，申请执行人向法院提出查封、扣押从物和天然孳息的申请，并提交书面申请书。

动作 15：查封、扣押、冻结替代物、赔偿款

1. 动作背景

执行程序并不是一帆风顺的，往往会出现各种各样的情况。例如，当被执行人的财产被查封、扣押、冻结后，由于保管不当或者遭遇自然灾害等不可抗力，被执行人的财产很可能会出现毁损甚至灭失的情况。面对这种情况，如果有替代物或者赔偿款最好。因为既然有替代物或者赔偿款，那么查封、扣押、冻

结的效力当然及于该替代物或者赔偿款,法院应当及时作出查封、扣押、冻结该替代物或者赔偿款的裁定,以最大限度地保护申请执行人的合法债权,促进执行程序的实现。当然,如果法院没有及时作出裁定,申请执行人可以申请查封、扣押、冻结该财产的替代物、赔偿款,以实现自己的合法债权。

2. 法律依据

《最高人民法院关于人民法院民事执行中查封、扣押、冻结财产的规定》(法释〔2020〕21号)

第二十二条 查封、扣押、冻结的财产灭失或者毁损的,查封、扣押、冻结的效力及于该财产的替代物、赔偿款。人民法院应当及时作出查封、扣押、冻结该替代物、赔偿款的裁定。

3. 动作步骤

第一步,查封、扣押、冻结的财产已经毁损或者灭失,且有替代物、赔偿款。

第二步,法院没有及时作出查封、扣押、冻结该替代物、赔偿款的裁定。

第三步,申请执行人向法院提出查封、扣押、冻结该替代物、赔偿款的申请,并提交书面申请书。

动作16:申请法院解除第三人对被查封、扣押、冻结的财产的占有

1. 动作背景

根据法律的相关规定,查封、扣押、冻结的效力在于禁止或限制被执行人处分其特定财产。被执行人的财产在被查封、扣押、冻结期间,被执行人是不能有转让、出租、出借等处分行为的。既然被执行人都不能随意处分被查封、扣押、冻结的财产,那么,当未经法院准许,第三人就占有查封、扣押、冻结财产时,申请执行人可以申请法院排除第三人对查封物的占有,以保障自己的合法债权能顺利实现。当然,除了申请执行人主动申请外,法院也可以依职权解除第三人的占有。

2. 法律依据

《最高人民法院关于人民法院民事执行中查封、扣押、冻结财产的规定》（法释〔2020〕21号）

第二十四条第二款　第三人未经人民法院准许占有查封、扣押、冻结的财产或者实施其他有碍执行的行为的，人民法院可以依据申请执行人的申请或者依职权解除其占有或者排除其妨害。

3. 动作步骤

第一步，第三人未经法院准许占有了查封、扣押、冻结的财产。

第二步，申请执行人向法院提出申请，请求法院解除第三人占有。

动作17：轮候查封、扣押、冻结

1. 动作背景

在执行案件中，经常会遇到这样的情况：被执行人的财产被查封、扣押、冻结，且不是被一个法院而是被两个及两个以上法院查封、扣押、冻结。那既然有至少两个法院查封、扣押、冻结被执行人的财产，那必然会涉及先后顺序问题，这时就出现了轮候查封、扣押、冻结。轮候查封、扣押、冻结是指已被其他法院查封、扣押、冻结的财产，执行法院依次按时间顺序在登记机关或其他查封、扣押、冻结法院进行登记，在先的查封、扣押、冻结解除后，在后的查封、扣押、冻结即生效的制度。设立轮候查封、扣押、冻结制度的目的在于平等保护生效法律文书所确定的债权人以及优先债权人的合法权益。轮候查封、扣押、冻结在法律上不具有正式查封、扣押、冻结的效力，若轮候查封、扣押、冻结在先的法院解除轮候查封、扣押、冻结，或者在先轮候查封、扣押、冻结期限到期未续，则轮候查封、扣押、冻结自动生效，此时轮候查封、扣押、冻结才具有正式轮候查封、扣押、冻结的法律效力。所以，申请执行人及其代理人要及时了解轮候查封、扣押、冻结的生效时间及期限。在轮候查封、扣押、冻结期限届满之前，应当及时申请续期，确保顺位靠前。

2. 法律依据

《最高人民法院关于人民法院民事执行中查封、扣押、冻结财产的规定》(法释〔2020〕21 号)

第二十六条 对已被人民法院查封、扣押、冻结的财产,其他人民法院可以进行轮候查封、扣押、冻结。查封、扣押、冻结解除的,登记在先的轮候查封、扣押、冻结即自动生效。

其他人民法院对已登记的财产进行轮候查封、扣押、冻结的,应当通知有关登记机关协助进行轮候登记,实施查封、扣押、冻结的人民法院应当允许其他人民法院查阅有关文书和记录。

其他人民法院对没有登记的财产进行轮候查封、扣押、冻结的,应当制作笔录,并经实施查封、扣押、冻结的人民法院执行人员及被执行人签字,或者书面通知实施查封、扣押、冻结的人民法院。

3. 动作步骤

申请执行人向法院提出轮候查封、扣押、冻结申请,并提交书面申请书。

动作 18:议价

1. 动作背景

法院查封、扣押、冻结财产后,对需要拍卖、变卖的财产,应当启动确定财产处置参考价程序。法院确定参考价前,应当查明财产的权属、权利负担、占有使用、欠缴税费、质量瑕疵等事项。法院确定财产处置参考价,主要有当事人议价、定向询价、网络询价、委托评估四种方式。确定财产的处置价格时,应当先经当事人议价;议价无法达成一致的,可采取定向询价方式;定向询价不能或者不成的,可采取网络询价的方式,参考市场价进行定价;以上方式穷尽但仍无法达成合意的,可采取委托评估的方式最终确定处置价格。当事人议价是确定被执行财产处置价格的首要方式,通常应避免直接进行委托评估。

采取当事人议价方式确定参考价的,除一方当事人拒绝议价或者下落不明外,法院应当以适当的方式通知或者组织当事人进行协商,当事人应当在指定期限内提交议价结果。双方当事人提交的议价结果一致,且不损害他人合法权益的，议价结果为参考价。然而，一般到了执行阶段，申请执行人与被执行人的关系相对比较紧张，一般很难议价成功，但当事人议价又是确定财产处置参考价的必经程序，如何解决成为难题。司法实践中一般有两种做法，一是申请执行人向法院出具一份放弃议价承诺书，让法院直接进入下一定向询价阶段；二是法院对申请执行人做议价笔录，申请执行人作出放弃议价的意思表示，以尽快进入下一定向询价阶段。

2. 法律依据

《最高人民法院关于人民法院确定财产处置参考价若干问题的规定》（法释〔2018〕15 号）

第二条　人民法院确定财产处置参考价，可以采取当事人议价、定向询价、网络询价、委托评估等方式。

第四条　采取当事人议价方式确定参考价的，除一方当事人拒绝议价或者下落不明外，人民法院应当以适当的方式通知或者组织当事人进行协商，当事人应当在指定期限内提交议价结果。

双方当事人提交的议价结果一致，且不损害他人合法权益的，议价结果为参考价。

3. 动作步骤

第一步，案件进入执行程序，有可供执行的财产，申请执行人立刻申请议价。

第二步，为了尽快确定财产处置参考价，同时申请放弃议价。

当然，如果有议价成功的可能性，还是要尊重申请执行人和被执行人双方的意愿，通过议价确定被执行财产的处置参考价。

动作 19：定向询价

1. 动作背景

执行程序中，在确定财产的处置价格时，应当先经当事人议价；议价无法达成一致的，可采取定向询价方式。定向询价是向确定参考价时财产所在地的有关机构进行定向询价，但前提是该财产必须有计税基准价、政府定价或者政府指导价，否则无法进行定向询价。采取定向询价方式确定参考价的，法院需要向有关机构出具询价函,询价函应当载明询价要求、完成期限等内容。接受定向询价的机构在指定期限内出具的询价结果即为参考价。

2. 法律依据

《最高人民法院关于人民法院确定财产处置参考价若干问题的规定》(法释〔2018〕15号)

第二条 人民法院确定财产处置参考价,可以采取当事人议价、定向询价、网络询价、委托评估等方式。

第五条 当事人议价不能或者不成,且财产有计税基准价、政府定价或者政府指导价的,人民法院应当向确定参考价时财产所在地的有关机构进行定向询价。

双方当事人一致要求直接进行定向询价,且财产有计税基准价、政府定价或者政府指导价的,人民法院应当准许。

第六条 采取定向询价方式确定参考价的,人民法院应当向有关机构出具询价函,询价函应当载明询价要求、完成期限等内容。

接受定向询价的机构在指定期限内出具的询价结果为参考价。

3. 动作步骤

第一步,当法院确定标的财产的定价时,当事人议价不能或者不成,且财产有计税基准价、政府定价或者政府指导价。

第二步,人民法院应当向确定参考价时财产所在地的有关机构进行定向询价。

动作20:网络询价

1. 动作背景

执行程序中,在确定财产的处置价格时,应当先经当事人议价;议价无法达成一致的,可采取定向询价方式。定向询价不能或者不成的,财产无须由专业人员现场勘验或者鉴定,且具备网络询价条件的,应当通过司法网络询价平台进行网络询价。当然,如果双方当事人一致要求或者同意直接进行网络询价,财产无须由专业人员现场勘验或者鉴定,且具备网络询价条件的,法院也应当准许。采取网络询价方式确定参考价的，法院应当同时向名单库中的全部司法网络询价平台发出网络询价委托书。网络询价委托书应当载明财产名称、物理特征、规格数量、目的要求、完成期限以及其他需要明确的内容等。

2. 法律依据

《最高人民法院关于人民法院确定财产处置参考价若干问题的规定》（法释〔2018〕15号）

第二条 人民法院确定财产处置参考价，可以采取当事人议价、定向询价、网络询价、委托评估等方式。

第七条 定向询价不能或者不成，财产无需由专业人员现场勘验或者鉴定，且具备网络询价条件的，人民法院应当通过司法网络询价平台进行网络询价。

双方当事人一致要求或者同意直接进行网络询价，财产无需由专业人员现场勘验或者鉴定，且具备网络询价条件的，人民法院应当准许。

第十条 采取网络询价方式确定参考价的，人民法院应当同时向名单库中的全部司法网络询价平台发出网络询价委托书。网络询价委托书应当载明财产名称、物理特征、规格数量、目的要求、完成期限以及其他需要明确的内容等。

第十二条 人民法院应当对网络询价报告进行审查。网络询价报告均存在财产基本信息错误、超出财产范围或者遗漏财产等情形的，应当通知司法网络询价平台在三日内予以补正；部分网络询价报告不存在上述情形的，无需通知其他司法网络询价平台补正。

第十三条 全部司法网络询价平台均在期限内出具询价结果或者补正结果的，人民法院应当以全部司法网络询价平台出具结果的平均值为参考价；部分司法网络询价平台在期限内出具询价结果或者补正结果的，人民法院应当以该部分司法网络询价平台出具结果的平均值为参考价。

当事人、利害关系人依据本规定第二十二条的规定对全部网络询价报告均提出异议，且所提异议被驳回或者司法网络询价平台已作出补正的，人民法院应当以异议被驳回或者已作出补正的各司法网络询价平台出具结果的平均值为参考价；对部分网络询价报告提出异议的，人民法院应当以网络询价报告未被提出异议的各司法网络询价平台出具结果的平均值为参考价。

3. 动作步骤

第一步，定向询价不能或者不成，抑或双方当事人一致要求或者同意直接进行网络询价。

第二步,财产无须由专业人员现场勘验或者鉴定,且具备网络询价条件。

第三步,通过司法网络询价平台进行网络询价。

动作21:委托评估

1.动作背景

执行案件中,当法律、行政法规规定必须委托评估时,或者双方当事人要求委托评估时,抑或网络询价不能或不成时,法院应当委托评估机构进行评估。委托专业评估机构进行评估之后,评估机构应当在规定期限内出具评估报告,评估报告应当载明评估财产的基本情况、评估方法、评估标准、评估结果及有效期等内容。委托专业评估机构进行评估,优点是比较专业和权威,缺点就是费用较高,当事人容易在费用分担上产生分歧。这也是委托评估作为最后方法出现的原因。

2.法律依据

《最高人民法院关于人民法院确定财产处置参考价若干问题的规定》(法释〔2018〕15号)

第二条 人民法院确定财产处置参考价,可以采取当事人议价、定向询价、网络询价、委托评估等方式。

第十一条 司法网络询价平台应当在收到人民法院网络询价委托书之日起三日内出具网络询价报告。网络询价报告应当载明财产的基本情况、参照样本、计算方法、询价结果及有效期等内容。

司法网络询价平台不能在期限内完成询价的,应当在期限届满前申请延长期限。全部司法网络询价平台均未能在期限内出具询价结果的,人民法院应当根据各司法网络询价平台的延期申请延期三日;部分司法网络询价平台在期限内出具网络询价结果的,人民法院对其他司法网络询价平台的延期申请不予准许。

全部司法网络询价平台均未在期限内出具或者补正网络询价报告,且未按照规定申请延长期限的,人民法院应当委托评估机构进行评估。

人民法院未在网络询价结果有效期内发布一拍拍卖公告或者直接进入变卖程序的,应当通知司法网络询价平台在三日内重新出具网络询价报告。

第十四条　法律、行政法规规定必须委托评估、双方当事人要求委托评估或者网络询价不能或不成的，人民法院应当委托评估机构进行评估。

《人民法院委托评估工作规范》（法办〔2018〕273 号）

九、具有下列情形之一，人民法院应当委托评估机构进行评估：

（一）涉及国有资产或者公共利益等事项的；

（二）企业国有资产法、公司法、合伙企业法、证券法、拍卖法、公路法等法律、行政法规规定必须委托评估的；

（三）双方当事人要求委托评估的；

（四）司法网络询价平台不能或者在期限内均未出具网络询价结果的；

（五）法律、法规有明确规定的。

3. 动作步骤

第一步，法律、行政法规规定必须委托评估，双方当事人要求委托评估或者网络询价不能或不成。

第二步，申请执行人向法院提出委托评估申请，并提交书面申请书。

动作 22：拍卖

1. 动作背景

在执行案件中，当被执行人财产被查封、扣押、冻结后，被执行人仍然在规定期限内不履行生效法律所确定的义务的，申请执行人可以向法院申请拍卖被查封、扣押的财产，以实现自己的合法债权。一般情况下，法院对查封、扣押、冻结的财产进行变价处理时，应当首先采取拍卖的方式。法院以拍卖方式处置财产的，应当采取网络司法拍卖方式，但法律、行政法规和司法解释规定必须通过其他途径处置，或者不宜采取网络拍卖方式处置的除外。可见，拍卖是执行程序中一项重要的执行措施。

2. 法律依据

《中华人民共和国民事诉讼法》（2021 年修正）

第二百五十四条　财产被查封、扣押后，执行员应当责令被执行人在指定期间履行法律文书确定的义务。被执行人逾期不履行的，人民法院应当拍卖被查封、扣押的财产;不适于拍卖或者当事人双方同意不进行拍卖的,人民法院可以委托有关单位变卖或者自行变卖。国家禁止自由买卖的物品,交有关单位按照国家规定的价格收购。

《最高人民法院关于人民法院民事执行中拍卖、变卖财产的规定》(法释〔2020〕21号)

第一条 在执行程序中,被执行人的财产被查封、扣押、冻结后,人民法院应当及时进行拍卖、变卖或者采取其他执行措施。

第二条 人民法院对查封、扣押、冻结的财产进行变价处理时,应当首先采取拍卖的方式,但法律、司法解释另有规定的除外。

《最高人民法院关于人民法院网络司法拍卖若干问题的规定》(法释〔2016〕18号)

第一条 本规定所称的网络司法拍卖,是指人民法院依法通过互联网拍卖平台,以网络电子竞价方式公开处置财产的行为。

第二条 人民法院以拍卖方式处置财产的,应当采取网络司法拍卖方式,但法律、行政法规和司法解释规定必须通过其他途径处置,或者不宜采用网络拍卖方式处置的除外。

第三条 网络司法拍卖应当在互联网拍卖平台上向社会全程公开,接受社会监督。

3. 动作步骤

申请执行人向法院提出拍卖申请,并提交书面申请书。

动作23:撤回拍卖委托

1. 动作背景

在执行案件中,当法院拍卖被执行人财产,除法律、司法解释另有规定外,应当委托具有相应资质的拍卖机构进行,并对拍卖机构的拍卖进行监督。但是在拍卖之前,也会出现各种各样的情况:第一种是没有履行的基础了,比如据以执行的生效法律文书被撤销了;第二种是无须执行了,比如申请执行人撤回了执行申请,或者被执行人全部履行了法律文书确定的金钱债务,抑或是当事人达成了执行和解协议,不需要拍卖财产了;第三种是拍卖的财产被案外人提出了确有理由的异议;第四种是拍卖机构与竞买人恶意串通,破坏了拍卖的公正性,损害了申请执行人和被执行人的合法利益。当然,以上只是常见的几种情形,如果出现了其他应当撤回拍卖委托的情形,申请执行人也可以申请法院撤回拍卖委托。

2. 法律依据

《最高人民法院关于人民法院民事执行中拍卖、变卖财产的规定》(法释〔2020〕21号)

第十七条　在拍卖开始前,有下列情形之一的,人民法院应当撤回拍卖委托:

(一)据以执行的生效法律文书被撤销的;

(二)申请执行人及其他执行债权人撤回执行申请的;

(三)被执行人全部履行了法律文书确定的金钱债务的;

(四)当事人达成了执行和解协议,不需要拍卖财产的;

(五)案外人对拍卖财产提出确有理由的异议的;

(六)拍卖机构与竞买人恶意串通的;

(七)其他应当撤回拍卖委托的情形。

3. 动作步骤

第一步,拍卖尚未开始。

第二步,出现了法律规定的应当撤回拍卖委托的情形,申请执行人可以向法院提出撤回拍卖委托申请,并提交书面申请书。

动作24:停止拍卖

1. 动作背景

在执行过程中,拍卖的被执行人的财产可能不止一项,因为一项财产很可能不足以清偿全部债务。如果被执行人的部分财产卖得的价款足以清偿债务和支付被执行人应当负担的费用,对剩余的财产应当停止拍卖,但是如果被执行人同意全部拍卖,也可以不停止拍卖。当然,如果被执行人在拍卖日之前向法院提交足额金钱清偿债务,拍卖也应当停止。如果拍卖已经开始,遇到了依法应当暂缓执行或者中止执行的情形,法院应当决定暂缓执行或者裁定中止执行,并及时通知拍卖机构和当事人。拍卖机构收到通知后,也应当立即停止拍卖,并通知竞买人。

2. 法律依据

《最高人民法院关于人民法院民事执行中拍卖、变卖财产的规定》(法释〔2020〕21号)

第十四条 拍卖多项财产时,其中部分财产卖得的价款足以清偿债务和支付被执行人应当负担的费用的,对剩余的财产应当停止拍卖,但被执行人同意全部拍卖的除外。

第十八条 人民法院委托拍卖后,遇有依法应当暂缓执行或者中止执行的情形的,应当决定暂缓执行或者裁定中止执行,并及时通知拍卖机构和当事人。拍卖机构收到通知后,应当立即停止拍卖,并通知竞买人。

暂缓执行期限届满或者中止执行的事由消失后,需要继续拍卖的,人民法院应当在十五日内通知拍卖机构恢复拍卖。

第十九条 被执行人在拍卖日之前向人民法院提交足额金钱清偿债务,要求停止拍卖的,人民法院应当准许,但被执行人应当负担因拍卖支出的必要费用。

3. 动作步骤

第一步,执行过程,出现了法律规定的应当停止拍卖的情形。

第二步,申请执行人或被执行人可以向法院提出停止拍卖申请,并提交书面申请书。

动作25:重新拍卖

1. 动作背景

在执行案件,被执行人财产被拍卖后,如果拍卖成交,或者以流拍的财产抵债后,买受人没有在规定期限内支付价款,或者承受人在规定期限内没有补交差价,导致拍卖、抵债的目的难以实现,法院可以裁定重新拍卖。由于买受人存在过错,所以重新拍卖时,原买受人不得参加竞买。重新拍卖也是为了使被执行人的财产能尽快变现,尽早使申请执行人实现其合法债权。

2. 法律依据

《最高人民法院关于人民法院民事执行中拍卖、变卖财产的规定》（法释〔2020〕21号）

第二十二条　拍卖成交或者以流拍的财产抵债后，买受人逾期未支付价款或者承受人逾期未补交差价而使拍卖、抵债的目的难以实现的，人民法院可以裁定重新拍卖。重新拍卖时，原买受人不得参加竞买。

重新拍卖的价款低于原拍卖价款造成的差价、费用损失及原拍卖中的佣金，由原买受人承担。人民法院可以直接从其预交的保证金中扣除。扣除后保证金有剩余的，应当退还原买受人；保证金数额不足的，可以责令原买受人补交；拒不补交的，强制执行。

3. 动作步骤

第一步，拍卖成交或者以流拍的财产抵债后，买受人逾期未支付价款或者承受人逾期未补交差价而使拍卖、抵债的目的难以实现。

第二步，申请执行人向法院提出重新拍卖申请，并提交书面申请书。

动作26：变卖

1. 动作背景

在执行案件中，当被执行人财产被查封、扣押、冻结后，被执行人仍然逾期不履行生效法律所确定的义务的，申请执行人可以向法院申请拍卖被查封、扣押的财产。当然，如果被执行人财产不适于拍卖或者当事人双方同意不进行拍卖的，法院可以委托有关单位变卖或者自行变卖。如果是国家禁止自由买卖的物品，需要交有关单位按照国家规定的价格收购。对查封、扣押、冻结的财产，当事人双方及有关权利人同意变卖的，可以变卖。如果是金银及其制品、当地市场有公开交易价格的动产、易腐烂变质的物品、季节性商品、保管困难或者保管费用过高的物品，即使当事人双方及有关权利人不同意变卖，法院也可以决定变卖，这主要也是为了促进执行程序的顺利进行，尽早实现申请执行人的合法债权。

2. 法律依据

《中华人民共和国民事诉讼法》(2021年修正)

第二百五十四条 财产被查封、扣押后,执行员应当责令被执行人在指定期间履行法律文书确定的义务。被执行人逾期不履行的,人民法院应当拍卖被查封、扣押的财产;不适于拍卖或者当事人双方同意不进行拍卖的,人民法院可以委托有关单位变卖或者自行变卖。国家禁止自由买卖的物品,交有关单位按照国家规定的价格收购。

《最高人民法院关于人民法院民事执行中拍卖、变卖财产的规定》(法释〔2020〕21号)

第三十一条 对查封、扣押、冻结的财产,当事人双方及有关权利人同意变卖的,可以变卖。

金银及其制品、当地市场有公开交易价格的动产、易腐烂变质的物品、季节性商品、保管困难或者保管费用过高的物品,人民法院可以决定变卖。

《最高人民法院关于人民法院执行工作若干问题的规定(试行)》(法释〔2020〕21号)

33. 被执行人申请对人民法院查封的财产自行变卖的,人民法院可以准许,但应当监督其按照合理价格在指定的期限内进行,并控制变卖的价款。

34. 拍卖、变卖被执行人的财产成交后,必须即时钱物两清。

委托拍卖、组织变卖被执行人财产所发生的实际费用,从所得价款中优先扣除。所得价款超出执行标的数额和执行费用的部分,应当退还被执行人。

3. 动作步骤

申请执行人向法院提出变卖申请,并提交书面申请书。

动作27:划拨

1. 动作背景

在执行案件中,当被执行人未按执行通知履行法律文书确定的义务时,申请执行人可以申请法院查询被执行人的存款、债券、股票、基金份额等财产情况。法院查询之后,可以根据不同情形采取不同的执行措施,其中之一的执行措施就是划拨。比如当被执行人为金融机构时,该金融机构在本机构、其他金融机构的存款,及其在人民银行的其他存款,可以被划拨。划拨一般是在冻结的基础上进行的,当然也可以不经冻结而直接划拨。法院划拨的财产不得超出被执行人应当履行义务的范围。法院向相关单位发出协助执行通知书的,相关单位必须办理,不得拒绝。

2. 法律依据

《中华人民共和国民事诉讼法》(2021 年修正)

第二百四十九条 被执行人未按执行通知履行法律文书确定的义务,人民法院有权向有关单位查询被执行人的存款、债券、股票、基金份额等财产情况。人民法院有权根据不同情形扣押、冻结、划拨、变价被执行人的财产。人民法院查询、扣押、冻结、划拨、变价的财产不得超出被执行人应当履行义务的范围。

人民法院决定扣押、冻结、划拨、变价财产,应当作出裁定,并发出协助执行通知书,有关单位必须办理。

《最高人民法院关于人民法院执行工作若干问题的规定(试行)》(法释〔2020〕21 号)

27. 被执行人为金融机构的,对其交存在人民银行的存款准备金和备付金不得冻结和扣划,但对其在本机构、其他金融机构的存款,及其在人民银行的其他存款可以冻结、划拨,并可对被执行人的其他财产采取执行措施,但不得查封其营业场所。

3. 动作步骤

第一步,被执行人未按执行通知履行法律文书确定的义务,且有存款等财产。

第二步,申请执行人向法院提出划拨申请,并提交书面申请书,请求划拨被执行人存款等财产。但划拨的财产不得超出被执行人应当履行义务的范围。

动作 28:扣留收入

1. 动作背景

执行案件中,当被执行人拒不履行生效法律文书所确定的义务时,除了可以查封、扣押被执行人房产、车辆,冻结、划拨被执行人银行存款等财产外,法院还可以采取扣留措施,扣留被执行人应当履行义务部分的收入,该收入虽然尚未转移到被执行人名下,但仍然属于被执行人财产的一部分,法院是可以采取强制执行措施的。当然,扣留也不是毫无限制的,应当保留被执行人及其所扶养家属的生活必需费用。法院扣留被执行人应当履行义务部分的收入时,应当作出裁定,并向被执行人所在单位发出协助执行通知书,被执行人所在单位必须办理。

2. 法律依据

《中华人民共和国民事诉讼法》(2021 年修正)

第一百一十七条 有义务协助调查、执行的单位有下列行为之一的,人民法院除责令其履行协助义务外,并可以予以罚款:

(一)有关单位拒绝或者妨碍人民法院调查取证的;

(二)有关单位接到人民法院协助执行通知书后,拒不协助查询、扣押、冻结、划拨、变价财产的;

(三)有关单位接到人民法院协助执行通知书后,拒不协助扣留被执行人的收入、办理有关财产权证照转移手续、转交有关票证、证照或者其他财产的;

(四)其他拒绝协助执行的。

人民法院对有前款规定的行为之一的单位,可以对其主要负责人或者直接责任人员予以罚款;对仍不履行协助义务的,可以予以拘留;并可以向监察机关或者有关机关提出予以纪律处分的司法建议。

第二百五十条 被执行人未按执行通知履行法律文书确定的义务,人民法院有权扣留、提取被执行人应当履行义务部分的收入。但应当保留被执行人及其所扶养家属的生活必需费用。

人民法院扣留、提取收入时,应当作出裁定,并发出协助执行通知书,被执行人所在单位、银行、信用合作社和其他有储蓄业务的单位必须办理。

《最高人民法院关于人民法院执行工作若干问题的规定(试行)》(法释〔2020〕21 号)

29. 被执行人在有关单位的收入尚未支取的,人民法院应当作出裁定,向该单位发出协助执行通知书,由其协助扣留或提取。

3. 动作步骤

第一步,被执行人未按执行通知履行法律文书确定的义务,且有工作收入。

第二步,申请执行人向法院提出申请,请求扣留被执行人应当履行义务部分的收入,并提交书面申请书。

动作 29:提取收入

1. 动作背景

执行案件中,当被执行人拒不履行生效法律文书所确定的义务,且被执行人有工作收入时,法院有权扣留、提取被执行人应当履行义务部分的收入。扣留被执行人应当履行义务部分的收入之后,督促被执行人限期履行。如果逾期还不履行的,法院有权将该收入进行提取。当然,提取也应当保留被执行人及其所扶养家属的生活必需费用。法院提取收入时,应当作出裁定,并向银行、信用合作社和其他有储蓄业务的单位发出协助执行通知书,相关单位必须办理。需要说明的是,实践中,扣留、提取两个措施经常连起来使用,所以提交申请书时也可以提交扣留、提取申请书,不单独提交扣留申请书或提取申请书。

2. 法律依据

《中华人民共和国民事诉讼法》(2021 年修正)

第一百一十七条 有义务协助调查、执行的单位有下列行为之一的,人民法院除责令其履行协助义务外,并可以予以罚款:

(一)有关单位拒绝或者妨碍人民法院调查取证的;

(二)有关单位接到人民法院协助执行通知书后,拒不协助查询、扣押、冻结、划拨、变价财产的;

(三)有关单位接到人民法院协助执行通知书后,拒不协助扣留被执行人的收入、办理有关财产权证照转移手续、转交有关票证、证照或者其他财产的;

(四)其他拒绝协助执行的。

人民法院对有前款规定的行为之一的单位,可以对其主要负责人或者直接责任人员予以罚款;对仍不履行协助义务的,可以予以拘留;并可以向监察机关或者有关机关提出予以纪律处分的司法建议。

第二百五十条 被执行人未按执行通知履行法律文书确定的义务,人民法院有权扣留、提取被执行人应当履行义务部分的收入。但应当保留被执行人及其所扶养家属的生活必需费用。

人民法院扣留、提取收入时,应当作出裁定,并发出协助执行通知书,被执行人所在单位、银行、信用合作社和其他有储蓄业务的单位必须办理。

《最高人民法院关于人民法院执行工作若干问题的规定(试行)》(法释〔2020〕21号)

29. 被执行人在有关单位的收入尚未支取的,人民法院应当作出裁定,向该单位发出协助执行通知书,由其协助扣留或提取。

3. 动作步骤

第一步,被执行人未按执行通知履行法律文书确定的义务,且有工作收入。

第二步,申请执行人向法院提出申请,请求提取被执行人应当履行义务部分的收入,并提交书面申请书。

动作30:搜查被执行人住所

1. 动作背景

在执行案件中,一般情况下,很少有被执行人能主动积极地履行生效法律文书确定的义务,反而往往通过各种方法逃避执行。比如,被执行人将财产隐藏起来,让人找不到其财产,导致无法采取查封、扣押、冻结等执行措施。此时,为了解决被执行人隐匿财产的行为,更是为了保护申请执行人的合法债权,法院有权向被执行人发出搜查令,对被执行人及其住所进行搜查。搜查时,搜查人员应当按规定着装并出示搜查令和工作证件。如果搜查中发现应当依法采取查封、扣押措施的财产,执行员必须造具清单,由在场人签名或者盖章后,交被执行人一份。被执行人是公民的,也可以交他的成年家属一份。

2. 法律依据

《中华人民共和国民事诉讼法》(2021年修正)

第二百五十二条第二款 对被查封、扣押的财产,执行员必须造具清单,由在场人签名或者盖章后,交被执行人一份。被执行人是公民的,也可以交他的成年家属一份。

第二百五十四条 财产被查封、扣押后,执行员应当责令被执行人在指定期间履行法律文书确定的义务。被执行人逾期不履行的,人民法院应当拍卖被查封、扣押的财产；不适于拍卖或者当事人双方同意不进行拍卖的，人民法院可以委托有关单位变卖或者自行变卖。国家禁止自由买卖的物品，交有关单位按照国家规定的价格收购。

第二百五十五条　被执行人不履行法律文书确定的义务，并隐匿财产的，人民法院有权发出搜查令，对被执行人及其住所或者财产隐匿地进行搜查。

采取前款措施，由院长签发搜查令。

《最高人民法院关于适用〈中华人民共和国民事诉讼法〉的解释》（法释〔2022〕11号）

第四百九十五条　搜查人员应当按规定着装并出示搜查令和工作证件。

第四百九十六条　人民法院搜查时禁止无关人员进入搜查现场；搜查对象是公民的，应当通知被执行人或者他的成年家属以及基层组织派员到场；搜查对象是法人或者其他组织的，应当通知法定代表人或者主要负责人到场。拒不到场的，不影响搜查。

搜查妇女身体，应当由女执行人员进行。

第四百九十八条　搜查应当制作搜查笔录，由搜查人员、被搜查人及其他在场人签名、捺印或者盖章。拒绝签名、捺印或者盖章的，应当记入搜查笔录。

3. 动作步骤

第一步，被执行人不履行法律文书确定的义务，并隐匿财产。

第二步，申请执行人向法院提出搜查申请，并提交书面申请书，请求对被执行人及其住所进行搜查。

动作31：搜查财产隐匿地

1. 动作背景

在执行案件中，当被执行人不履行法律文书确定的义务，有时会将财产隐匿，导致法院无法采取查封、扣押、冻结等执行措施。针对这种情况，法院除了可以对被执行人及其住所进行搜查外，一旦发现被执行人隐匿财产的具体位置，还可以对该财产隐匿地进行搜查。当然，搜查时，搜查人员同样应当按规定着装并出示搜查令和工作证件。如果搜查中发现应当依法采取查封、扣押措施的财产，执行员必须造具清单，由在场人签名或者盖章后，交被执行人一份。被执行人是公民的,也可以交他的成年家属一份。

2. 法律依据

《中华人民共和国民事诉讼法》(2021年修正)

第二百五十二条第二款 对被查封、扣押的财产,执行员必须造具清单,由在场人签名或者盖章后,交被执行人一份。被执行人是公民的,也可以交他的成年家属一份。

第二百五十四条 财产被查封、扣押后,执行员应当责令被执行人在指定期间履行法律文书确定的义务。被执行人逾期不履行的,人民法院应当拍卖被查封、扣押的财产;不适于拍卖或者当事人双方同意不进行拍卖的,人民法院可以委托有关单位变卖或者自行变卖。国家禁止自由买卖的物品,交有关单位按照国家规定的价格收购。

第二百五十五条 被执行人不履行法律文书确定的义务,并隐匿财产的,人民法院有权发出搜查令,对被执行人及其住所或者财产隐匿地进行搜查。

采取前款措施,由院长签发搜查令。

《最高人民法院关于适用〈中华人民共和国民事诉讼法〉的解释》(法释〔2022〕11号)

第四百九十五条 搜查人员应当按规定着装并出示搜查令和工作证件。

第四百九十七条 搜查中发现应当依法采取查封、扣押措施的财产,依照民事诉讼法第二百五十二条第二款和第二百五十四条规定办理。

第四百九十八条 搜查应当制作搜查笔录,由搜查人员、被搜查人及其他在场人签名、捺印或者盖章。拒绝签名、捺印或者盖章的,应当记入搜查笔录。

3. 动作步骤

第一步,被执行人不履行法律文书确定的义务,并隐匿财产。

第二步,申请执行人向法院提出搜查申请,并提交书面申请书,请求对财产隐匿地进行搜查。

动作32:搜查会计账簿等资料

1. 动作背景

在执行案件中,一般情况,很少有被执行人能主动积极地履行生效法律文书确定的义务，反而往往通过各种方法逃避执行。比如法院责令被执行人提交会计凭证、会计账簿、财务会计报告等与审计事项有关的资料时，被执行人往往以丢失或毁损等各种理由不提供或者提供不完整，有的甚至隐匿审计资料，拒不交出。为了解决被执行人这种逃避执行的行为，更是为了保护申请执行人的合法债权，法院可以依法采取搜查措施，对会计账簿等资料进行搜查。

2. 法律依据

《最高人民法院关于适用〈中华人民共和国民事诉讼法〉的解释》（法释〔2022〕11 号）

第四百九十四条　在执行中，被执行人隐匿财产、会计账簿等资料的，人民法院除可依照民事诉讼法第一百一十四条第一款第六项规定对其处理外，还应责令被执行人交出隐匿的财产、会计账簿等资料。被执行人拒不交出的，人民法院可以采取搜查措施。

《中华人民共和国民事诉讼法》（2021 年修正）

第一百一十四条第一款第六项　诉讼参与人或者其他人有下列行为之一的，人民法院可以根据情节轻重予以罚款、拘留；构成犯罪的，依法追究刑事责任：

（六）拒不履行人民法院已经发生法律效力的判决、裁定的。

《最高人民法院关于民事执行中财产调查若干问题的规定》（法释〔2020〕21 号）

第十四条　被执行人隐匿财产、会计账簿等资料拒不交出的，人民法院可以依法采取搜查措施。

人民法院依法搜查时，对被执行人可能隐匿财产或者资料的处所、箱柜等，经责令被执行人开启而拒不配合的，可以强制开启。

第十八条第二款　被执行人隐匿审计资料的，人民法院可以依法采取搜查措施。

3. 动作步骤

第一步，被执行人隐匿会计账簿等资料拒不交出。

第二步，申请执行人向法院提出搜查会计账簿等资料的申请，并提交书面申请书。

动作33:强制开启处所、箱柜

1. 动作背景

为了解决被执行人隐匿财产等逃避执行的行为,法院可以依法对被执行人可能隐匿财产或者资料的处所、箱柜进行搜查。搜查时,法院可以责令被执行人开启该可能隐匿财产或者资料的处所、箱柜,经责令被执行人开启而其拒不配合的,法院可以强制开启。如果法院没有强制开启的,申请执行人可以向法院提出申请,请求法院强制开启被执行人可能隐匿财产或者资料的处所、箱柜等,以便能搜查被执行人隐匿的财产或资料。

2. 法律依据

《最高人民法院关于民事执行中财产调查若干问题的规定》(法释〔2020〕21号)

第十四条 被执行人隐匿财产、会计账簿等资料拒不交出的,人民法院可以依法采取搜查措施。

人民法院依法搜查时,对被执行人可能隐匿财产或者资料的处所、箱柜等,经责令被执行人开启而拒不配合的,可以强制开启。

3. 动作步骤

第一步,法院依法搜查时,责令被执行人开启可能隐匿财产或者资料的处所、箱柜,被执行人拒不配合,法院又没有强制开启。

第二步,申请执行人向法院提出强制开启申请,并提交书面申请书,请求强制开启可能隐匿财产或者资料的处所、箱柜。

动作34:强制交出财物或者票证

1. 动作背景

在执行案件中,法律文书指定交付的财物或者票证,可以由执行员当面交付给双方当事人;也可以由执行员转交,并由被交付人签收。如果该项财物或者票证由有关单位持有,有关单位应当根据法院的协助执行通知书转交,并由被交付人签收。如果该项财物或者票证由有关公民持有,法院通知其交出。如果有关公民拒不交出,申请执行人可以提出申请,请求被执行人强制交出该项财物或者票证。

2. 法律依据

《中华人民共和国民事诉讼法》(2021 年修正)

第二百五十六条 法律文书指定交付的财物或者票证,由执行员传唤双方当事人当面交付,或者由执行员转交,并由被交付人签收。

有关单位持有该项财物或者票证的,应当根据人民法院的协助执行通知书转交,并由被交付人签收。

有关公民持有该项财物或者票证的,人民法院通知其交出。拒不交出的,强制执行。

3. 动作步骤

第一步,有关公民持有财物或者票证的,法院通知其交出后拒不交出。

第二步,申请执行人向法院提出强制交出申请,并提交书面申请书。

动作 35:强制迁出房屋

1. 动作背景

在执行案件中,当被执行人拒不履行生效法律文书所确定的义务时,法院可以对被执行人名下的房屋进行拍卖、变卖,这是实现债权人合法债权的重要手段。如果被执行人的房屋被拍卖、变卖之后,被执行人拒不搬出房屋的,申请执行人可以向法院提出申请,请求强制被执行人迁出房屋。强制迁出房屋的,需要由院长签发公告,责令被执行人在指定期间履行。如果被执行人逾期仍不履行的,由执行员强制执行。强制迁出房屋被搬出的财物,由法院派人运至指定处所,交给被执行人。被执行人是公民的,也可以交给他的成年家属。因拒绝接收而造成的损失,由被执行人承担。

2. 法律依据

《中华人民共和国民事诉讼法》(2021 年修正)

第二百五十七条 强制迁出房屋或者强制退出土地,由院长签发公告,责令被执行人在指定期间履行。被执行人逾期不履行的,由执行员强制执行。

强制执行时,被执行人是公民的,应当通知被执行人或者他的成年家属到场;被执行人是法人或者其他组织的,应当通知其法定代表人或者主要负责人到场。拒不到场的,不影响执行。被执行人是公民的,其工作单位或者房屋、土地所在地的基层组织应当派人参加。执行员应当将强制执行情况记入笔录,由在场人签名或者盖章。

强制迁出房屋被搬出的财物,由人民法院派人运至指定处所,交给被执行人。被执行人是公民的,也可以交给他的成年家属。因拒绝接收而造成的损失,由被执行人承担。

3. 动作步骤

第一步,被执行人应依法迁出房屋而拒不迁出。

第二步,申请执行人向法院提出强制迁出申请,并提交书面申请书,请求强制迁出房屋。

动作 36:强制退出土地

1. 动作背景

实践中,经常会遇到因为土地而产生的纠纷。当案件进入执行阶段,需要被执行人依法退出土地,而其拒不退出的,申请执行人可以向法院提出申请,请求强制被执行人退出土地,以保护自己的合法利益。强制退出土地的,需要由院长签发公告,责令被执行人在指定期间履行。如果被执行人逾期仍不履行的,由执行员强制执行。被执行人是公民的,其工作单位或者房屋、土地所在地的基层组织应当派人参加。执行员应当将强制执行情况记入笔录,由在场人签名或者盖章。

2. 法律依据

《中华人民共和国民事诉讼法》(2021 年修正)

第二百五十七条第一款　强制迁出房屋或者强制退出土地,由院长签发公告,责令被执行人在指定期间履行。被执行人逾期不履行的,由执行员强制执行。

第二款 强制执行时，被执行人是公民的，应当通知被执行人或者他的成年家属到场；被执行人是法人或者其他组织的，应当通知其法定代表人或者主要负责人到场。拒不到场的，不影响执行。被执行人是公民的，其工作单位或者房屋、土地所在地的基层组织应当派人参加。执行员应当将强制执行情况记入笔录，由在场人签名或者盖章。

3. 动作步骤

第一步，被执行人应依法退出土地而拒不退出。

第二步，申请执行人向法院提出强制退出申请，并提交书面申请书，请求被执行人强制退出土地。

动作 37：强制履行法律文书指定的行为

1. 动作背景

在执行案件中，被执行人需要履行生效法律文书所确定的义务。该义务可能是金钱给付义务，也可能是完成一定的行为，如被执行人需要在法律文书确定期限内履行办理涉案房屋过户登记的义务。如果被执行人不履行生效法律文书确定的行为义务，且该义务可以由他人完成的，法院可以选定代履行人，由代履行人完成。比如被执行人需要在法律文书确定期限内履行环境修复义务，但其拒不履行，由于该环境修复义务是可以由他人完成的，并不一定需要被执行人亲自履行，那么，法院就可以选定代履行人，如环境修复公司等代为完成。代履行费用的数额由法院根据案件具体情况确定，并由被执行人在指定期限内预先支付。被执行人未预付的，法院可以对该费用强制执行。当然，如果该项行为只能由被执行人完成，而被执行人拒不履行的，法院可以根据情节轻重予以罚款、拘留；构成犯罪的，依法追究刑事责任。

2. 法律依据

《中华人民共和国民事诉讼法》（2021 年修正）

第一百一十四条第一款第六项 诉讼参与人或者其他人有下列行为之一的，人民法院可以根据情节轻重予以罚款、拘留；构成犯罪的，依法追究刑事责任：

（六）拒不履行人民法院已经发生法律效力的判决、裁定的。

第二百五十九条 对判决、裁定和其他法律文书指定的行为,被执行人未按执行通知履行的,人民法院可以强制执行或者委托有关单位或者其他人完成,费用由被执行人承担。

《最高人民法院关于适用〈中华人民共和国民事诉讼法〉的解释》(法释〔2022〕11 号)

第五百零一条 被执行人不履行生效法律文书确定的行为义务,该义务可由他人完成的,人民法院可以选定代履行人;法律、行政法规对履行该行为义务有资格限制的,应当从有资格的人中选定。必要时,可以通过招标的方式确定代履行人。

申请执行人可以在符合条件的人中推荐代履行人,也可以申请自己代为履行,是否准许,由人民法院决定。

第五百零二条 代履行费用的数额由人民法院根据案件具体情况确定,并由被执行人在指定期限内预先支付。被执行人未预付的,人民法院可以对该费用强制执行。

代履行结束后,被执行人可以查阅、复制费用清单以及主要凭证。

第五百零三条 被执行人不履行法律文书指定的行为,且该项行为只能由被执行人完成的,人民法院可以依照民事诉讼法第一百一十四条第一款第六项规定处理。

被执行人在人民法院确定的履行期间内仍不履行的,人民法院可以依照民事诉讼法第一百一十四条第一款第六项规定再次处理。

《最高人民法院关于人民法院执行工作若干问题的规定(试行)》(法释〔2020〕21 号)

4. 被执行人拒不履行生效法律文书中指定的行为的,人民法院可以强制其履行。

对于可以替代履行的行为,可以委托有关单位或他人完成,因完成上述行为发生的费用由被执行人承担。

对于只能由被执行人完成的行为,经教育,被执行人仍拒不履行的,人民法院应当按照妨害执行行为的有关规定处理。

3. 动作步骤

第一步,被执行人不履行生效法律文书确定的行为义务,判断该义务是否可由他人完成。

第二步，如果可由他人完成，选定代履行人。

第三步，如果必须由被执行人完成，其又拒绝履行，法院视情节轻重予以罚款、拘留；构成犯罪的，依法追究刑事责任。

动作 38：要求支付

1. 动作背景

执行案件中，当被执行人有股息或者红利等收益，且已经到期时，该到期的股息或红利等收益属于被执行人的财产，可以被强制执行。此时，为了防止被执行人得到该财产后进行转移、隐匿以逃避执行，申请执行人可以向法院提出申请，请求有关企业将被执行人从该企业中应得的已到期的股息或红利等收益直接支付给自己，以实现自己的合法债权。

2. 法律依据

《最高人民法院关于人民法院执行工作若干问题的规定（试行）》（法释〔2020〕21 号）

36. 对被执行人从有关企业中应得的已到期的股息或红利等收益，人民法院有权裁定禁止被执行人提取和有关企业向被执行人支付，并要求有关企业直接向申请执行人支付……

3. 动作步骤

第一步，被执行人从有关企业中应得的股息或红利等收益已到期。

第二步，法院有权要求有关企业直接向申请执行人支付。

动作 39：禁止支付

1. 动作背景

执行案件中，当被执行人有股息或者红利等收益，且已经到期时，该到期的股息或红利等收益属于被执行人的财产，可以被强制执行。此时，为了防止被执行人得到该财产后进行转移、隐匿，申请执行人可以向法院申请，禁止有关企业向被执行人支付。此外,对被执行人预期从有关企业中应得的股息或红利等收益,法院可以先行冻结,禁止到期后有关企业向被执行人支付,而等待其到期之后可以再从有关企业中提取。

2. 法律依据

《最高人民法院关于人民法院执行工作若干问题的规定(试行)》(法释〔2020〕21 号)

36. 对被执行人从有关企业中应得的已到期的股息或红利等收益,人民法院有权裁定禁止被执行人提取和有关企业向被执行人支付,并要求有关企业直接向申请执行人支付。

对被执行人预期从有关企业中应得的股息或红利等收益,人民法院可以采取冻结措施,禁止到期后被执行人提取和有关企业向被执行人支付。到期后人民法院可从有关企业中提取,并出具提取收据。

3. 动作步骤

第一步,被执行人从有关企业中应得的股息或红利等收益已到期。

第二步,法院有权裁定禁止有关企业向被执行人支付。

动作 40:禁止转让知识产权

1. 动作背景

现在社会中,拥有知识产权的人越来越多。在执行程序中,当被执行人不履行生效法律文书确定的义务时,可以查询被执行人是否拥有著作权、商标权、专利权等知识产权。如果发现被执行人拥有相关知识产权,法院有权裁定禁止被执行人转让其专利权、注册商标专用权、著作权(财产权部分)等知识产权。上述权利有登记主管部门的,法院应当向有关部门发出协助执行通知书,要求其不得办理财产权转移手续,必要时还可以责令被执行人将产权或使用权证照交法院保存。此外,对专利权、注册商标专用权、著作权(财产权部分)等知识产权,还可以采取拍卖、变卖等执行措施,以实现申请执行人的合法债权。

2. 法律依据

《最高人民法院关于人民法院执行工作若干问题的规定(试行)》(法释〔2020〕21号)

35. 被执行人不履行生效法律文书确定的义务,人民法院有权裁定禁止被执行人转让其专利权、注册商标专用权、著作权(财产权部分)等知识产权。上述权利有登记主管部门的,应当同时向有关部门发出协助执行通知书,要求其不得办理财产权转移手续,必要时可以责令被执行人将产权或使用权证照交人民法院保存。

对前款财产权,可以采取拍卖、变卖等执行措施。

3. 动作步骤

第一步,被执行人拥有著作权、商标权、专利权等知识产权。

第二步,法院有权裁定禁止被执行人转让其专利权、注册商标专用权、著作权(财产权部分)等知识产权。

动作41:责令限期追回

1. 动作背景

执行案件中,法院有权责令限期追回的情形主要有以下几种:一是金融机构擅自解冻被人民法院冻结的款项,致冻结款项被转移的;二是有关单位收到法院协助执行被执行人收入的通知后,擅自向被执行人或其他人支付的;三是被执行人或其他人擅自处分已被查封、扣押、冻结财产的;四是有关组织或者个人持有法律文书指定交付的财物或票证,在接到法院协助执行通知书或通知书后,协同被执行人转移财物或票证的。如果上述金融机构或者有关单位等在规定期限内未追回的,应当承担相应的责任。

2. 法律依据

《最高人民法院关于人民法院执行工作若干问题的规定(试行)》(法释〔2020〕21号)

26. 金融机构擅自解冻被人民法院冻结的款项,致冻结款项被转移的,人民法院有权责令其限期追回已转移的款项。在限期内未能追回的,应当裁定该金融机构在转移的款项范围内以自己的财产向申请执行人承担责任。

30. 有关单位收到人民法院协助执行被执行人收入的通知后,擅自向被执行人或其他人支付的,人民法院有权责令其限期追回;逾期未追回的,应当裁定其在支付的数额内向申请执行人承担责任。

32. 被执行人或其他人擅自处分已被查封、扣押、冻结财产的,人民法院有权责令责任人限期追回财产或承担相应的赔偿责任。

42. 有关组织或者个人持有法律文书指定交付的财物或票证,在接到人民法院协助执行通知书或通知书后,协同被执行人转移财物或票证的,人民法院有权责令其限期追回;逾期未追回的,应当裁定其承担赔偿责任。

3. 动作步骤

第一步,出现了上述四种需要限期追回的情形。

第二步,法院责令有关金融机构、单位等限期追回。如未在规定期限内追回的,有关金融机构、单位等应当承担相应的责任。

动作42:责令交出储蓄存单

1. 动作背景

在执行案件中,被执行人往往为了逃避执行会想出各种各样的办法。比如,被执行的自然人将其收入转为储蓄存单,然后将储蓄传单藏匿起来。此时,法院可以责令被执行人交出该储蓄存单。如果被执行人拒不交出,法院应当作出裁定,裁定提取其存款,并向金融机构发出协助执行通知书。金融机构接到协助执行通知书后,应当及时地提取被执行人的存款交给法院或者存入法院指定的账户。

2. 法律依据

《最高人民法院关于人民法院执行工作若干问题的规定(试行)》(法释〔2020〕21号)

28. 作为被执行人的自然人,其收入转为储蓄存款的,应当责令其交出存单。拒不交出的,人民法院应当作出提取其存款的裁定,向金融机构发出协助执行通知书，由金融机构提取被执行人的存款交人民法院或存入人民法院指定的账户。

3. 动作步骤

第一步，作为被执行人的自然人，将其收入转为了储蓄存款。

第二步，法院责令被执行人交出存单。

动作43：强制转让股份凭证（股票）

1. 动作背景

在执行案件中，当被执行人拒不履行生效法律文书所确定的义务时，可以查看被执行人是否在其他股份有限公司中持有股份凭证（股票）。如果被执行人在其他股份有限公司中持有股份凭证（股票），法院可以扣押该股份凭证（股票），强制被执行人按照公司法的有关规定转让。这主要是为了使被执行人拥有的股份凭证（股票）能尽快变现，从而偿还被执行人的债务。

2. 法律依据

《最高人民法院关于人民法院执行工作若干问题的规定（试行）》（法释〔2020〕21号）

37. 对被执行人在其他股份有限公司中持有的股份凭证（股票），人民法院可以扣押，并强制被执行人按照公司法的有关规定转让，也可以直接采取拍卖、变卖的方式进行处分，或直接将股票抵偿给债权人，用于清偿被执行人的债务。

3. 动作步骤

第一步，被执行人在其他股份有限公司中持有股份凭证（股票）。

第二步，法院可以扣押该股份凭证（股票），并强制被执行人按照公司法的有关规定转让。

动作44：禁止自行转让

1. 动作背景

在执行案件中，当被执行人拒不履行生效法律文书所确定的义务时，可以查看被执行人是否在有限责任公司、其他法人企业中有投资权益或者股权。如果被执行人在有限责任公司、其他法人企业中有投资权益或股权,该投资收益或股权属于被执行人的财产,法院可以采取冻结措施。同时,为了防止被执行人处分该投资权益或股权,法院还应当通知有关企业不得办理被冻结投资权益或股权的转移手续。被冻结的投资权益或股权,被执行人也不得自行转让。

2. 法律依据

《最高人民法院关于人民法院执行工作若干问题的规定(试行)》(法释〔2020〕21号)

38. 对被执行人在有限责任公司、其他法人企业中的投资权益或股权,人民法院可以采取冻结措施。

冻结投资权益或股权的,应当通知有关企业不得办理被冻结投资权益或股权的转移手续,不得向被执行人支付股息或红利。被冻结的投资权益或股权,被执行人不得自行转让。

3. 动作步骤

第一步,对被执行人在有限责任公司、其他法人企业中的投资权益或股权,法院已经采取了冻结措施。

第二步,被冻结的投资权益或股权,被执行人不得自行转让。

动作45:抵销互负到期债务

1. 动作背景

根据《民法典》的规定,抵销是合同之债消灭的原因之一。抵销分为法定抵销、合意抵销。法定抵销需要当事人互负债务,且该债务的标的物种类、品质相同。法定抵销因一方当事人主张抵销权而生效,无须对方同意,也无须双方合意,因此又称为单方抵销。而合意抵销,需要双方当事人协商一致,即使标的物种类、品质不相同,也可抵销。在执行过程中,当事人互负到期债务也可以抵销。当然,抵销也需要符合以下条件:一是当事人需要互负到期债务,且依照法律规定或者按照债务性质可以抵销;二是请求抵销的债务已经生效法律文书确定或者经申请执行人认可;三是与被执行人所负债务的标的物种类、品质相同。

需要注意的是，执行程序中的抵销需要由被执行人提出。

2. 法律依据

《最高人民法院关于人民法院办理执行异议和复议案件若干问题的规定》（法释〔2020〕21号）

第十九条 当事人互负到期债务，被执行人请求抵销，请求抵销的债务符合下列情形的，除依照法律规定或者按照债务性质不得抵销的以外，人民法院应予支持：

（一）已经生效法律文书确定或者经申请执行人认可；

（二）与被执行人所负债务的标的物种类、品质相同。

《中华人民共和国民法典》

第五百六十八条 当事人互负债务，该债务的标的物种类、品质相同的，任何一方可以将自己的债务与对方的到期债务抵销；但是，根据债务性质、按照当事人约定或者依照法律规定不得抵销的除外。

当事人主张抵销的，应当通知对方。通知自到达对方时生效。抵销不得附条件或者附期限。

第五百六十九条 当事人互负债务，标的物种类、品质不相同的，经协商一致，也可以抵销。

3. 动作步骤

第一步，抵销符合法定条件。

第二步，被执行人提出抵销申请，并提交书面申请书。

动作46：合意以物抵债

1. 动作背景

在执行程序中，以物抵债也是实现申请执行人合法债权的一种有效方式。当被执行人财产被查封、扣押后，法院应当责令被执行人在指定期间履行法律文书确定的义务。被执行人逾期不履行的，法院应当拍卖被查封、扣押的财产。但是，如果申请执行人和被执行人双方同意，且在不损害其他债权人合法权益和社会公共利益的前提下，法院可以不经拍卖、变卖，直接将被执行人的财产作价交申请执行人抵偿债务。由于不经过拍卖、变卖等公开程序,申请执行人与被执行人很可能恶意串通损害其他债权人的利益,因此,为了保护其他债权人的合法债权,规定了“不损害其他债权人合法权益和社会公共利益”这个前提。

2. 法律依据

《最高人民法院关于适用〈中华人民共和国民事诉讼法〉的解释》(法释〔2022〕11号)

第四百八十九条 经申请执行人和被执行人同意,且不损害其他债权人合法权益和社会公共利益的,人民法院可以不经拍卖、变卖,直接将被执行人的财产作价交申请执行人抵偿债务。对剩余债务,被执行人应当继续清偿。

《最高人民法院关于执行和解若干问题的规定》(法释〔2020〕21号)

第六条 当事人达成以物抵债执行和解协议的,人民法院不得依据该协议作出以物抵债裁定。

3. 动作步骤

第一步,申请执行人和被执行人达成合意,且不损害其他债权人合法权益和社会公共利益。

第二步,申请执行人或者被执行人向法院申请以物抵债,并提交书面申请书。

动作47:无法拍卖、变卖后以物抵债

1. 动作背景

当被执行人财产被查封、扣押后,法院应当责令被执行人在指定期间履行法律文书确定的义务。被执行人逾期不履行的,法院应当拍卖被查封、扣押的财产。但是,如果被执行人的财产无法拍卖或者变卖的,经申请执行人同意,法院可以将该项财产作价后交付申请执行人抵偿债务或者交付申请执行人管理。当然,这里的以物抵债也有“不损害其他债权人合法权益和社会公共利益”这个前提条件,目的也是保护其他债权人的合法债权。如果交付申请执行人管理,申请执行人拒绝接收或者管理的,退回被执行人。

2. 法律依据

《最高人民法院关于适用〈中华人民共和国民事诉讼法〉的解释》（法释〔2022〕11 号）

第四百九十条　被执行人的财产无法拍卖或者变卖的，经申请执行人同意，且不损害其他债权人合法权益和社会公共利益的，人民法院可以将该项财产作价后交付申请执行人抵偿债务，或者交付申请执行人管理；申请执行人拒绝接收或者管理的，退回被执行人。

3. 动作步骤

第一步，被执行人的财产无法拍卖或者变卖的，经申请执行人同意，且不损害其他债权人的合法权益和社会公共利益。

第二步，法院可以将该项财产作价后交付申请执行人抵偿债务。

动作 48：流拍后以物抵债

1. 动作背景

在案件执行过程中，法院对查封、扣押、冻结的财产进行变价处理时，除法律、司法解释另有规定外，应当首先采取拍卖的方式。那当出现无人竞买或者竞买人的最高应价低于保留价，即流拍时，是否可以以物抵债呢？

一次流拍后，到场的申请执行人或者其他执行债权人申请或者同意以该次拍卖所定的保留价接受拍卖财产的，应当将该财产交其抵债。有两个以上执行债权人申请以拍卖财产抵债的，由法定受偿顺位在先的债权人优先承受；受偿顺位相同的，以抽签方式决定承受人。承受人应受清偿的债权额低于抵债财产的价额的，法院应当责令其在指定的期间内补交差额。

二次流拍后，财产将被作价交申请执行人或者其他执行债权人抵债，如果申请执行人或者其他执行债权人拒绝接受或者依法不能交付其抵债的动产，法院应当解除查封、扣押，并将该动产退还被执行人；不动产或者其他财产权，应当在 60 日内进行第三次拍卖。

三次流拍后，如果申请执行人或者其他执行债权人拒绝接受或者依法不能接受流拍的不动产或者其他财产权抵债的，法院应当于第三次拍卖终结之日起

7 日内发出变卖公告。自公告之日起 60 日内没有买受人愿意以第三次拍卖的保留价买受该财产,且申请执行人、其他执行债权人仍不表示接受该财产抵债的,应当解除查封、冻结,将该财产退还被执行人,但对该财产可以采取其他执行措施的除外。

2. 法律依据

《最高人民法院关于人民法院民事执行中拍卖、变卖财产的规定》(法释〔2020〕21 号)

第十六条 拍卖时无人竞买或者竞买人的最高应价低于保留价,到场的申请执行人或者其他执行债权人申请或者同意以该次拍卖所定的保留价接受拍卖财产的,应当将该财产交其抵债。

有两个以上执行债权人申请以拍卖财产抵债的,由法定受偿顺位在先的债权人优先承受;受偿顺位相同的,以抽签方式决定承受人。承受人应受清偿的债权额低于抵债财产的价额的,人民法院应当责令其在指定的期间内补交差额。

第二十条 拍卖成交或者以流拍的财产抵债的,人民法院应当作出裁定,并于价款或者需要补交的差价全额交付后十日内,送达买受人或者承受人。

第二十二条第一款 拍卖成交或者以流拍的财产抵债后,买受人逾期未支付价款或者承受人逾期未补交差价而使拍卖、抵债的目的难以实现的,人民法院可以裁定重新拍卖。重新拍卖时,原买受人不得参加竞买。

第二十四条 对于第二次拍卖仍流拍的动产,人民法院可以依照本规定第十六条的规定将其作价交申请执行人或者其他执行债权人抵债。申请执行人或者其他执行债权人拒绝接受或者依法不能交付其抵债的,人民法院应当解除查封、扣押,并将该动产退还被执行人。

第二十五条 对于第二次拍卖仍流拍的不动产或者其他财产权,人民法院可以依照本规定第十六条的规定将其作价交申请执行人或者其他执行债权人抵债。申请执行人或者其他执行债权人拒绝接受或者依法不能交付其抵债的,应当在六十日内进行第三次拍卖。

第三次拍卖流拍且申请执行人或者其他执行债权人拒绝接受或者依法不能接受该不动产或者其他财产权抵债的,人民法院应当于第三次拍卖终结之日起七日内发出变卖公告。自公告之日起六十日内没有买受人愿意以第三次拍卖的保留价买受该财产,且申请执行人、其他执行债权人仍不表示接受该财产抵债的，应当解除查封、冻结，将该财产退还被执行人，但对该财产可以采取其他执行措施的除外。

第二十六条 不动产、动产或者其他财产权拍卖成交或者抵债后，该不动产、动产的所有权、其他财产权自拍卖成交或者抵债裁定送达买受人或者承受人时起转移。

第二十七条 人民法院裁定拍卖成交或者以流拍的财产抵债后，除有依法不能移交的情形外，应当于裁定送达后十五日内，将拍卖的财产移交买受人或者承受人。被执行人或者第三人占有拍卖财产应当移交而拒不移交的，强制执行。

3. 动作步骤

第一步，判断流拍所属的阶段，是属于一次流拍、二次流拍，还是三次流拍。

第二步，根据流拍的不同阶段，采取上述相应的措施。

动作 49：向第三人发出履行到期债务通知书

1. 动作背景

在执行案件中，当被执行人的财产不足以清偿全部债务时，可以查看被执行人对本案以外的第三人是否享有到期债权。如果被执行人对本案以外的第三人享有到期债权，申请执行人或者被执行人可以向法院提出申请，请求法院向第三人发出履行到期债务的通知。履行到期债务的通知必须直接送达第三人。履行到期债务的通知应当明确以下内容：一是第三人履行债务的对象是申请执行人，而不是被执行人，履行债务的范围为其对被执行人所负的债务；二是第三人向申请执行人履行债务的时间为收到履行通知后的 15 日内；三是第三人对履行到期债权有异议的，可以向执行法院提出，提出异议的时间为收到履行通知后的 15 日内；四是违背上述义务的第三人应当承担相应的法律后果。

2. 法律依据

《最高人民法院关于人民法院执行工作若干问题的规定（试行）》（法释〔2020〕21 号）

45. 被执行人不能清偿债务，但对本案以外的第三人享有到期债权的，人民法院可以依申请执行人或被执行人的申请,向第三人发出履行到期债务的通知(以下简称履行通知)。履行通知必须直接送达第三人。

履行通知应当包含下列内容:

(1)第三人直接向申请执行人履行其对被执行人所负的债务,不得向被执行人清偿;

(2)第三人应当在收到履行通知后的十五日内向申请执行人履行债务;

(3)第三人对履行到期债权有异议的,应当在收到履行通知后的十五日内向执行法院提出;

(4)第三人违背上述义务的法律后果。

3. 动作步骤

第一步,被执行人不能清偿债务,但对本案以外的第三人享有到期债权。

第二步,申请执行人或被执行人提出申请,并提交书面申请书,请求法院向第三人发出履行到期债务的通知。

4. 特别注意

履行到期债务通知书与协助执行通知书属于不同的法律文书,适用的情形也不同。实务中,执行法院容易混淆。作为申请执行人或代理人,务必提示法院向第三人发出的是履行到期债务通知书,而不是协助执行通知书。

动作50:加倍支付迟延履行期间的债务利息

1. 动作背景

被执行人应当积极履行生效法律文书所确定的义务。被执行人未按判决、裁定和其他法律文书指定的期间履行给付金钱义务的,应当加倍支付迟延履行期间的债务利息。迟延履行期间的一般债务利息,根据生效法律文书确定的方法计算;生效法律文书未确定给付该利息的,不予计算。加倍部分债务利息的计算方法为:加倍部分债务利息=债务人尚未清偿的生效法律文书确定的除一般债务利息之外的金钱债务×日万分之一点七五×迟延履行期间。加倍部分债务利息自生效法律文书确定的履行期间届满之日起计算;生效法律文书确定分期履行的,自每次履行期间届满之日起计算;生效法律文书未确定履行期间的,自法律文书生效之日起计算。

2. 法律依据

《中华人民共和国民事诉讼法》(2021 年修正)

第二百六十条　被执行人未按判决、裁定和其他法律文书指定的期间履行给付金钱义务的,应当加倍支付迟延履行期间的债务利息。被执行人未按判决、裁定和其他法律文书指定的期间履行其他义务的,应当支付迟延履行金。

《最高人民法院关于适用〈中华人民共和国民事诉讼法〉的解释》(法释〔2022〕11 号)

第五百零四条　被执行人迟延履行的,迟延履行期间的利息或者迟延履行金自判决、裁定和其他法律文书指定的履行期间届满之日起计算。

《最高人民法院关于执行程序中计算迟延履行期间的债务利息适用法律若干问题的解释》(法释〔2014〕8 号)

第一条　根据民事诉讼法第二百五十三条规定加倍计算之后的迟延履行期间的债务利息,包括迟延履行期间的一般债务利息和加倍部分债务利息。

迟延履行期间的一般债务利息,根据生效法律文书确定的方法计算;生效法律文书未确定给付该利息的,不予计算。

加倍部分债务利息的计算方法为:加倍部分债务利息=债务人尚未清偿的生效法律文书确定的除一般债务利息之外的金钱债务×日万分之一点七五×迟延履行期间。

第二条　加倍部分债务利息自生效法律文书确定的履行期间届满之日起计算;生效法律文书确定分期履行的,自每次履行期间届满之日起计算;生效法律文书未确定履行期间的,自法律文书生效之日起计算。

3. 动作步骤

第一步,被执行人未按判决、裁定和其他法律文书指定的期间履行给付金钱义务。

第二步,被执行人应当加倍支付迟延履行期间的债务利息。

动作51:支付迟延履行金

1. 动作背景

迟延履行金是在判决、裁定和其他法律文书指定的期间,被执行人未履行金钱给付义务之外的其他义务时,法院作出的用于督促被执行人自觉履行义务,弥补申请执行人损失的一种执行措施。被执行人未按判决、裁定和其他法律文书指定的期间履行非金钱给付义务的,无论是否已给申请执行人造成损失,都应当支付迟延履行金。已经造成损失的,双倍补偿申请执行人已经受到的损失;没有造成损失的,迟延履行金可以由法院根据具体案件情况决定。

2. 法律依据

《中华人民共和国民事诉讼法》(2021年修正)

第二百六十条 被执行人未按判决、裁定和其他法律文书指定的期间履行给付金钱义务的,应当加倍支付迟延履行期间的债务利息。被执行人未按判决、裁定和其他法律文书指定的期间履行其他义务的,应当支付迟延履行金。

《最高人民法院关于适用〈中华人民共和国民事诉讼法〉的解释》(法释〔2022〕11号)

第五百零四条 被执行人迟延履行的,迟延履行期间的利息或者迟延履行金自判决、裁定和其他法律文书指定的履行期间届满之日起计算。

第五百零五条 被执行人未按判决、裁定和其他法律文书指定的期间履行非金钱给付义务的,无论是否已给申请执行人造成损失,都应当支付迟延履行金。已经造成损失的,双倍补偿申请执行人已经受到的损失;没有造成损失的,迟延履行金可以由人民法院根据具体案件情况决定。

3. 动作步骤

第一步,被执行人未按判决、裁定和其他法律文书指定的期间履行非金钱给付义务。

第二步,无论是否已给申请执行人造成损失,被执行人都应当支付迟延履行金。

动作52:继续履行义务

1. 动作背景

在执行案件中,被执行人未按执行通知履行法律文书确定的义务的,法院可以采取查询、查封、扣押、冻结、划拨、变价、扣留、提取等执行措施。法院采取了这些执行措施之后,被执行人仍然不能偿还所负债务的,不能免去被执行人剩余的债务,其应当继续履行义务。如果债权人发现被执行人还有其他动产、不动产等财产,可以随时请求法院执行,让被执行人继续承担法律文书确定的义务。

2. 法律依据

《中华人民共和国民事诉讼法》(2021年修正)

第二百四十九条 被执行人未按执行通知履行法律文书确定的义务,人民法院有权向有关单位查询被执行人的存款、债券、股票、基金份额等财产情况。人民法院有权根据不同情形扣押、冻结、划拨、变价被执行人的财产。人民法院查询、扣押、冻结、划拨、变价的财产不得超出被执行人应当履行义务的范围。

人民法院决定扣押、冻结、划拨、变价财产,应当作出裁定,并发出协助执行通知书,有关单位必须办理。

第二百五十条 被执行人未按执行通知履行法律文书确定的义务,人民法院有权扣留、提取被执行人应当履行义务部分的收入。但应当保留被执行人及其所扶养家属的生活必需费用。

人民法院扣留、提取收入时,应当作出裁定,并发出协助执行通知书,被执行人所在单位、银行、信用合作社和其他有储蓄业务的单位必须办理。

第二百五十一条 被执行人未按执行通知履行法律文书确定的义务,人民法院有权查封、扣押、冻结、拍卖、变卖被执行人应当履行义务部分的财产。但应当保留被执行人及其所扶养家属的生活必需品。

采取前款措施,人民法院应当作出裁定。

第二百六十一条 人民法院采取本法第二百四十九条、第二百五十条、第二百五十一条规定的执行措施后,被执行人仍不能偿还债务的,应当继续履行义务。债权人发现被执行人有其他财产的,可以随时请求人民法院执行。

3. 动作步骤

第一步,法院采取了查询、查封、扣押、冻结、划拨、变价、扣留、提取等执行措施之后,被执行人仍不能偿还债务。

第二步,被执行人应当继续履行义务。

动作 53:审计调查

1. 动作背景

审计调查,是指在强制执行中,法院依法委托专业审计机构,运用审计方法,对被执行人的资产、负债、所有者权益等进行强制审查,调查发现被执行人财产线索,认定被执行人履行义务能力的执行措施。执行案件中,当被执行人为法人或非法人组织时,往往存在拒绝报告、虚假报告财产情况,隐匿、转移财产等逃避债务情形或者其股东、出资人有出资不实、抽逃出资等情形,其目的是不履行生效法律文书确定的义务。申请执行人一旦发现被执行的法人或非法人组织有上述情形,可以向法院提出书面申请,并提交审计调查申请书,请求法院委托审计机构对该被执行人进行审计。审计调查申请书应写明请求审计调查的事实和理由,并提供被执行人存在拒绝报告、虚假报告,隐匿、转移财产等情形的证据线索。法院应当自收到书面申请之日起 10 日内决定是否准许。

2. 法律依据

《最高人民法院关于民事执行中财产调查若干问题的规定》(法释〔2020〕21 号)

第十七条 作为被执行人的法人或非法人组织不履行生效法律文书确定的义务,申请执行人认为其有拒绝报告、虚假报告财产情况,隐匿、转移财产等逃避债务情形或者其股东、出资人有出资不实、抽逃出资等情形的,可以书面申请人民法院委托审计机构对该被执行人进行审计。人民法院应当自收到书面申请之日起十日内决定是否准许。

第十八条 人民法院决定审计的,应当随机确定具备资格的审计机构,并责令被执行人提交会计凭证、会计账簿、财务会计报告等与审计事项有关的资料。

被执行人隐匿审计资料的，人民法院可以依法采取搜查措施。

第十九条　被执行人拒不提供、转移、隐匿、伪造、篡改、毁弃审计资料，阻挠审计人员查看业务现场或者有其他妨碍审计调查行为的，人民法院可以根据情节轻重对被执行人或其主要负责人、直接责任人员予以罚款、拘留；构成犯罪的，依法追究刑事责任。

第二十条　审计费用由提出审计申请的申请执行人预交。被执行人存在拒绝报告或虚假报告财产情况，隐匿、转移财产或者其他逃避债务情形的，审计费用由被执行人承担；未发现被执行人存在上述情形的，审计费用由申请执行人承担。

3. 动作步骤

第一步，被执行人有拒绝报告、虚假报告财产情况，隐匿、转移财产等逃避债务情形或者其股东、出资人有出资不实、抽逃出资等情形。

第二步，申请执行人向法院提出书面申请，并提交审计调查申请书，请求法院委托审计机构对被执行人进行审计。

动作 54：责令被执行人提交会计凭证、会计账簿、财务会计报告

1. 动作背景

执行案件中，法院经审查准许对作为被执行人的法人或非法人组织进行审计之后，应当随机确定具备资格的审计机构。为了使审计机构能尽快、顺利地开展审计工作，推动执行程序的进行，法院应当责令作为被执行人的法人或非法人组织提交会计凭证、会计账簿、财务会计报告等与审计事项有关的资料。被执行人隐匿审计资料的，法院可以依法采取搜查措施。

2. 法律依据

《最高人民法院关于民事执行中财产调查若干问题的规定》（法释〔2020〕21号）

第十八条　人民法院决定审计的，应当随机确定具备资格的审计机构，并责令被执行人提交会计凭证、会计账簿、财务会计报告等与审计事项有关的资料。

被执行人隐匿审计资料的,人民法院可以依法采取搜查措施。

3. 动作步骤

第一步,法院决定审计。

第二步,法院责令被执行人提交会计凭证、会计账簿、财务会计报告等与审计事项有关的资料。

动作55:责令评估机构书面说明或补正

1. 动作背景

执行案件中,被执行人财产被查封、扣押、冻结之后,对需要拍卖、变卖的财产,应当启动确定财产处置参考价程序。法院确定财产处置参考价,可以采取当事人议价、定向询价、网络询价、委托评估等方式。采取委托评估方式确定参考价的,评估机构应当出具评估报告,法院应当对评估报告进行审查,审查内容包括评估财产的基本情况、评估方法、评估标准、评估结果及有效期等。当法院发现评估报告中出现财产基本信息错误、超出财产范围或者遗漏财产、选定的评估机构与评估报告上签章的评估机构不符、评估人员执业资格证明与评估报告上署名的人员不符等情形时,应当责令评估机构在3日内予以书面说明或者补正。

2. 法律依据

《最高人民法院关于人民法院确定财产处置参考价若干问题的规定》(法释〔2018〕15号)

第二十条 人民法院应当对评估报告进行审查。具有下列情形之一的,应当责令评估机构在三日内予以书面说明或者补正:

(一)财产基本信息错误;

(二)超出财产范围或者遗漏财产;

(三)选定的评估机构与评估报告上签章的评估机构不符;

(四)评估人员执业资格证明与评估报告上署名的人员不符;

(五)具有其他应当书面说明或者补正的情形。

3. 动作步骤

第一步，评估报告出现财产基本信息错误、超出财产范围或者遗漏财产、选定的评估机构与评估报告上签章的评估机构不符、评估人员执业资格证明与评估报告上署名的人员不符等情形。

第二步，法院应当责令评估机构在 3 日内予以书面说明或者补正。

动作 56：责令被保全人书面报告特殊动产的权属和占有、使用等情况

1. 动作背景

在执行案件中，被执行人的动产、不动产可以被采取保全措施。当被保全财产系机动车、航空器等特殊动产时，除了被保全人下落不明，找不到被保全人外，法院应当责令被保全人书面报告该动产的权属和占有、使用等情况。这也是为了方便法院能及时调查核实机动车、航空器等特殊动产的具体情况，推动执行程序的进展，尽快实现债权人的合法债权。

2. 法律依据

《最高人民法院关于人民法院办理财产保全案件若干问题的规定》（法释〔2020〕21 号）

第十四条　被保全财产系机动车、航空器等特殊动产的，除被保全人下落不明的以外，人民法院应当责令被保全人书面报告该动产的权属和占有、使用等情况，并予以核实。

3. 动作步骤

第一步，确认被保全财产系机动车、航空器等特殊动产，且被保全人没有下落不明。

第二步，法院应当责令被保全人书面报告该动产的权属和占有、使用等情况，并予以核实。

动作57:责令将产权或使用权证照交法院保存

1.动作背景

当被执行人不履行生效法律文书确定的义务时,可以查询被执行人是否拥有著作权、商标权、专利权等知识产权。如果发现被执行人拥有相关知识产权时,法院有权裁定禁止被执行人转让其专利权、注册商标专用权、著作权(财产权部分)等知识产权。上述权利有登记主管部门的,法院应当向有关部门发出协助执行通知书,要求其不得办理财产权转移手续,必要时还可以责令被执行人将产权或使用权证照交法院保存。之所以责令被执行人将产权或使用权证照交法院保存,是为了防止被执行人处分自己的知识产权,损害申请执行人和第三人的利益。

2.法律依据

《最高人民法院关于人民法院执行工作若干问题的规定(试行)》(法释〔2020〕21号)

35.被执行人不履行生效法律文书确定的义务,人民法院有权裁定禁止被执行人转让其专利权、注册商标专用权、著作权(财产权部分)等知识产权。上述权利有登记主管部门的,应当同时向有关部门发出协助执行通知书,要求其不得办理财产权转移手续,必要时可以责令被执行人将产权或使用权证照交人民法院保存。

对前款财产权,可以采取拍卖、变卖等执行措施。

3.动作步骤

第一步,法院裁定禁止被执行人转让其专利权、注册商标专用权、著作权(财产权部分)等知识产权。

第二步,法院责令被执行人将产权或使用权证照交法院保存。

动作58:发出协助执行通知书

1.动作背景

协助执行通知书是法院在执行过程中,依法向有关单位和个人等发出一种协助执行的法律文书,要求有关单位和个人等协助法院查封、扣押、冻结、扣留、提取等有关财产。比如,法院扣留、提取被执行人收入时,向被执行人所在单位、银行、信用合作社和其他有储蓄业务的单位发出协助执行通知书,上述单位应当积极配合予以协助。法院发出协助执行通知书的目的在于限制被执行人处分其财产,以督促被执行人积极履行生效法律文书所确定的义务,尽快实现债权人的合法债权。任何单位和个人在收到法院的协助执行通知书后,都应当承担协助义务,否则,可能会被罚款、拘留,情节严重的,还可能被追究刑事责任。

2. 法律依据

《中华人民共和国民事诉讼法》(2021 年修正)

第二百四十九条　被执行人未按执行通知履行法律文书确定的义务,人民法院有权向有关单位查询被执行人的存款、债券、股票、基金份额等财产情况。人民法院有权根据不同情形扣押、冻结、划拨、变价被执行人的财产。人民法院查询、扣押、冻结、划拨、变价的财产不得超出被执行人应当履行义务的范围。

人民法院决定扣押、冻结、划拨、变价财产,应当作出裁定,并发出协助执行通知书,有关单位必须办理。

第二百五十条　被执行人未按执行通知履行法律文书确定的义务,人民法院有权扣留、提取被执行人应当履行义务部分的收入。但应当保留被执行人及其所扶养家属的生活必需费用。

人民法院扣留、提取收入时,应当作出裁定,并发出协助执行通知书,被执行人所在单位、银行、信用合作社和其他有储蓄业务的单位必须办理。

第二百五十六条　法律文书指定交付的财物或者票证,由执行员传唤双方当事人当面交付,或者由执行员转交,并由被交付人签收。

有关单位持有该项财物或者票证的,应当根据人民法院的协助执行通知书转交,并由被交付人签收。

有关公民持有该项财物或者票证的,人民法院通知其交出。拒不交出的,强制执行。

第二百五十八条　在执行中,需要办理有关财产权证照转移手续的,人民法院可以向有关单位发出协助执行通知书,有关单位必须办理。

3. 动作步骤

第一步,在执行过程中,法院依法需要有关单位和个人协助。

第二步,法院依法发出协助执行通知书,有关单位和个人应当协助。

动作 59:保存价款

1. 动作背景

在执行案件中,当被执行人拒不履行生效法律文书确定的义务时,法院可以对被执行人的车辆、房产等动产、不动产采取查封、扣押等保全措施。然而实践中,被执行人的财产并不一定都是车辆、房产这种可以长期保存的财产,有可能是季节性商品、鲜活、易腐烂变质以及其他不宜长期保存的物品。当对这些不宜长期保存的物品采取保全措施时,法院可以责令当事人及时处理,并由法院保存价款;必要的时候,法院还可以予以变卖,保存价款。

2. 法律依据

《最高人民法院关于适用〈中华人民共和国民事诉讼法〉的解释》(法释〔2022〕11 号)

第一百五十三条 人民法院对季节性商品、鲜活、易腐烂变质以及其他不宜长期保存的物品采取保全措施时,可以责令当事人及时处理,由人民法院保存价款;必要时,人民法院可予以变卖,保存价款。

3. 动作步骤

第一步,法院对季节性商品、鲜活、易腐烂变质以及其他不宜长期保存的物品采取保全措施。

第二步,法院可以责令当事人及时处理,并由法院保存价款。

第三步,必要时,法院可予以变卖,保存价款。

动作 60:折价赔偿

1. 动作背景

在执行案件中,如果生效法律文书确定被执行人需要交付特定标的物的,应当执行原物。因为特定标的物往往对申请执行人有不一样的价值,能执行原物时应当执行原物。如果原物被隐匿或非法转移的,法院有权责令被执行人交出。如果原物确已毁损或灭失的,双方当事人经过协商,同意折价赔偿的,可以折价赔偿。未协商一致的,法院应当终结执行程序。申请执行人可以另行起诉。

2. 法律依据

《最高人民法院关于适用〈中华人民共和国民事诉讼法〉的解释》(法释〔2022〕11号)

第四百九十二条　执行标的物为特定物的,应当执行原物。原物确已毁损或者灭失的,经双方当事人同意,可以折价赔偿。

双方当事人对折价赔偿不能协商一致的,人民法院应当终结执行程序。申请执行人可以另行起诉。

《最高人民法院关于人民法院执行工作若干问题的规定(试行)》(法释〔2020〕21号)

41. 生效法律文书确定被执行人交付特定标的物的,应当执行原物。原物被隐匿或非法转移的,人民法院有权责令其交出。原物确已毁损或灭失的,经双方当事人同意,可以折价赔偿。

双方当事人对折价赔偿不能协商一致的,人民法院应当终结执行程序。申请执行人可以另行起诉。

3. 动作步骤

第一步,生效法律文书确定被执行人交付特定标的物,但原物确已毁损或灭失。

第二步,经双方当事人同意,可以折价赔偿。

动作61:网络执行查控

1. 动作背景

网络执行查控是法院查找、调查核实被执行人财产的有力措施。当申请执行人提供被执行人的财产线索之后,法院应当通过网络执行查控系统进行调查。比如,2021年10月20日,北京市高级人民法院发布了《北京市高级人民法院关于进一步提升财产查控处置质效的意见》,该意见指出,承办法官收到财产线索的,应当在 7 个工作日内发起点对点、总对总查询。点对点查询通过北京法院执行办案系统发起,范围包括北京市公安局、住建委、民政局、银行、公积金中心等;总对总查询通过全国网络执行查控系统发起,查询范围包括人行、银行、网络资金、不动产、车辆、证券、保险、民政、税务信息等。通过网络执行查控,能准确高效地对被执行人的身份信息和财产信息进行查询,有利于查找被执行人的财产,尽快实现债权人的合法债权。此外,法院通过网络执行查控系统进行调查,与现场调查具有同等法律效力。

2. 法律依据

《最高人民法院关于民事执行中财产调查若干问题的规定》(法释〔2020〕21 号)

第一条 执行过程中,申请执行人应当提供被执行人的财产线索;被执行人应当如实报告财产;人民法院应当通过网络执行查控系统进行调查,根据案件需要应当通过其他方式进行调查的,同时采取其他调查方式。

第十二条第一款 被执行人未按执行通知履行生效法律文书确定的义务,人民法院有权通过网络执行查控系统、现场调查等方式向被执行人、有关单位或个人调查被执行人的身份信息和财产信息,有关单位和个人应当依法协助办理。

第十三条第一款 人民法院通过网络执行查控系统进行调查,与现场调查具有同等法律效力。

3. 动作步骤

第一步,被执行人未按执行通知履行生效法律文书确定的义务。

第二步,法院可以通过网络执行查控系统调查被执行人的身份信息和财产信息。

动作 62:现场调查

1. 动作背景

“执行难,难执行。”执行案件之“难”主要体现在两个方面,一是查找被执行人财产,二是找寻被执行人。上一个动作介绍了查找被执行人财产的有力措施——网络执行查控。除了网络执行查控,现场调查也是法院查找、调查核实被执行人财产的有力措施之一。当然,现场调查也是法院找寻被执行人的措施之一。在执行案件中,当被执行人没有按照执行通知履行生效法律文书确定的义务时,法院有权通过现场调查的方式向被执行人、有关单位或个人调查被执行人的身份信息和财产信息。例如,法院在查封被执行人房屋、车辆等不动产、动产之后,为进一步确认其财产状况或者找寻被执行人,法院往往需要到被执行人的户籍所在地或者经常居住地、公司注册地或者实际经营地等,通过现场调查的方式进一步调查、核查被执行人的财产情况或者找寻被执行人的下落。现场调查作为执行工作的重要一环,法院应当主动为之。然而实践中,由于执行工作繁重等种种原因,法官并不一定主动去现场调查。此时,申请执行人可以向法院提出书面申请,请求法院进行现场调查,以便调查被执行人的身份信息和财产信息。

2. 法律依据

《最高人民法院关于民事执行中财产调查若干问题的规定》(法释〔2020〕21号)

第十二条第一款 被执行人未按执行通知履行生效法律文书确定的义务,人民法院有权通过网络执行查控系统、现场调查等方式向被执行人、有关单位或个人调查被执行人的身份信息和财产信息,有关单位和个人应当依法协助办理。

《最高人民法院关于进一步规范近期执行工作相关问题的通知》(法〔2018〕141号)

二、关于终结本次执行程序相关问题

(五)人民法院终结本次执行程序前,应严格执行《最高人民法院关于民事执行中财产调查若干问题的规定》,积极采取现场调查等方式,查明被执行人财产状况和履行义务能力,一般应当完成下列调查事项:

1. 对申请执行人提供的财产线索,必须予以核实,并将核实情况记录入卷;

2. 向被执行人发出报告财产令时,应及时传唤被执行人或其法定代表人、负责人、实际控制人到人民法院接受调查询问;

3. 住房公积金、金融理财产品、收益类保险、股息红利等未实现网络查控的财产,应前往现场调查,并制作调查笔录附卷为凭;

4. 被执行人是自然人的,向被执行人所在单位及居住地周边群众调查了解

被执行人生活居住、劳动就业、收入、债权、股权等情况,并制作调查笔录附卷为凭;

5. 被执行人是法人或其他组织的,对其住所地、经营场所进行现场调查;全面核查被执行人企业性质及设立、合并分立、投资经营、债权债务、变更终止等情况,并可依申请进行审计调查。

3. 动作步骤

第一步,确认被执行人未按执行通知履行生效法律文书确定的义务。

第二步,法院可以通过现场调查的方式向被执行人、有关单位或个人调查被执行人的身份信息和财产信息。

第三步,法院没有进行现场调查。

第四步,申请执行人可以向法院提出书面申请,请求法院进行现场调查,调查被执行人的身份信息和财产信息。

动作 63:发布悬赏公告

1. 动作背景

在执行案件中,当被执行人不履行生效法律文书确定的义务时,申请执行人需要寻找被执行人的财产线索。然而,被执行人往往已经将财产进行转移、藏匿,申请执行人很难查找到被执行人的财产。当申请执行人通过合法途径仍然无法寻找到被执行人的财产线索时,可以向法院提出申请,请求法院发布悬赏公告查找被执行人的财产。申请执行人提出申请的,应当提交书面申请书,申请书应当载明悬赏金的数额或计算方法;有关人员提供人民法院尚未掌握的财产线索,使该申请执行人的债权得以全部或部分实现时,自愿支付悬赏金的承诺;悬赏公告的发布方式等事项。除了当事人申请,法院也可以依职权发出悬赏公告,查找被执行人财产,以便能尽快实现债权人的合法债权。

2. 法律依据

《最高人民法院关于民事执行中财产调查若干问题的规定》(法释〔2020〕21 号)

第二十一条 被执行人不履行生效法律文书确定的义务,申请执行人可以向人民法院书面申请发布悬赏公告查找可供执行的财产。申请书应当载明下列事项：

（一）悬赏金的数额或计算方法；

（二）有关人员提供人民法院尚未掌握的财产线索，使该申请执行人的债权得以全部或部分实现时，自愿支付悬赏金的承诺；

（三）悬赏公告的发布方式；

（四）其他需要载明的事项。

人民法院应当自收到书面申请之日起十日内决定是否准许。

第二十二条　人民法院决定悬赏查找财产的，应当制作悬赏公告。悬赏公告应当载明悬赏金的数额或计算方法、领取条件等内容。

悬赏公告应当在全国法院执行悬赏公告平台、法院微博或微信等媒体平台发布，也可以在执行法院公告栏或被执行人住所地、经常居住地等处张贴。申请执行人申请在其他媒体平台发布，并自愿承担发布费用的，人民法院应当准许。

第二十三条　悬赏公告发布后，有关人员向人民法院提供财产线索的，人民法院应当对有关人员的身份信息和财产线索进行登记；两人以上提供相同财产线索的，应当按照提供线索的先后顺序登记。

人民法院对有关人员的身份信息和财产线索应当保密，但为发放悬赏金需要告知申请执行人的除外。

第二十四条　有关人员提供人民法院尚未掌握的财产线索，使申请发布悬赏公告的申请执行人的债权得以全部或部分实现的，人民法院应当按照悬赏公告发放悬赏金。

悬赏金从前款规定的申请执行人应得的执行款中予以扣减。特定物交付执行或者存在其他无法扣减情形的，悬赏金由该申请执行人另行支付。

有关人员为申请执行人的代理人、有义务向人民法院提供财产线索的人员或者存在其他不应发放悬赏金情形的，不予发放。

第二十五条　执行人员不得调查与执行案件无关的信息，对调查过程中知悉的国家秘密、商业秘密和个人隐私应当保密。

《最高人民法院关于依法制裁规避执行行为的若干意见》（法〔2011〕195号）

5.建立财产举报机制。执行法院可以依据申请执行人的悬赏执行申请，向社会发布举报被执行人财产线索的悬赏公告。举报人提供的财产线索经查证属实并实际执行到位的,可按申请执行人承诺的标准或者比例奖励举报人。奖励资金由申请执行人承担。

3. 动作步骤

第一步,申请执行人无法查找到被执行人的财产线索。

第二步,申请执行人向法院提出申请,并提交书面申请书,请求法院发布悬赏公告,查找可供执行的财产。

动作 64:列入被执行人

1. 动作背景

法院作出的民事判决书、裁定书,仲裁机构作出的仲裁裁决书等发生法律效力之后,当事人必须履行。一方当事人在指定的履行期间内拒不履行的,对方当事人可以申请法院强制执行,这时未履行义务被法院强制执行的当事人就会成为被执行人。需要说明的是,被执行人不同于失信被执行人,被执行人只有在特定情况下才会成为失信被执行人,如被执行人有能力执行而拒不执行,甚至暴力抗拒执行等。被执行人在被执行完毕后和一般人无异,无须承担失信后果。

2. 法律依据

《中华人民共和国民事诉讼法》(2021 年修正)

第二百四十三条 发生法律效力的民事判决、裁定,当事人必须履行。一方拒绝履行的,对方当事人可以向人民法院申请执行,也可以由审判员移送执行员执行。

调解书和其他应当由人民法院执行的法律文书,当事人必须履行。一方拒绝履行的,对方当事人可以向人民法院申请执行。

3. 动作步骤

第一步,登录中国执行信息公开网,看当事人是否被列入被执行人。

第二步,如果没有,且当事人不履行生效法律文书确定的义务,申请执行人可向法院申请强制执行,并请求法院将对方当事人列入被执行人。

动作 65:列入失信被执行人

1. 动作背景

当被执行人未履行生效法律文书确定的义务时,法院除了可以对被执行人予以罚款、拘留外,还可以根据情节将其列入失信被执行人,将其不履行或者不完全履行义务的信息向其所在单位、征信机构以及其他相关机构通报。将被执行人列入失信被执行人,是法院依法对被执行人进行的信用惩戒。当然,并不是只要被执行人不履行生效法律文书所确定的义务就会被列为失信被执行人,而是需要有下列情形之一,才会被列入失信被执行人:(1)有履行能力而拒不履行生效法律文书确定义务的;(2)以伪造证据、暴力、威胁等方法妨碍、抗拒执行的;(3)以虚假诉讼、虚假仲裁或者以隐匿、转移财产等方法规避执行的;(4)违反财产报告制度的;(5)违反限制消费令的;(6)无正当理由拒不履行执行和解协议的。将被执行人列入失信被执行人名单,目的在于督促被执行人能尽快自觉地履行生效法律文书确定的义务,实现申请执行人的合法债权。

2. 法律依据

《最高人民法院关于适用〈中华人民共和国民事诉讼法〉的解释》(法释〔2022〕11号)

第五百一十六条　被执行人不履行法律文书确定的义务的,人民法院除对被执行人予以处罚外,还可以根据情节将其纳入失信被执行人名单,将被执行人不履行或者不完全履行义务的信息向其所在单位、征信机构以及其他相关机构通报。

《最高人民法院关于公布失信被执行人名单信息的若干规定》(法释〔2017〕7号)

第一条　被执行人未履行生效法律文书确定的义务,并具有下列情形之一的,人民法院应当将其纳入失信被执行人名单,依法对其进行信用惩戒:

(一)有履行能力而拒不履行生效法律文书确定义务的;

(二)以伪造证据、暴力、威胁等方法妨碍、抗拒执行的;

(三)以虚假诉讼、虚假仲裁或者以隐匿、转移财产等方法规避执行的;

(四)违反财产报告制度的;

(五)违反限制消费令的;

(六)无正当理由拒不履行执行和解协议的。

第二条 被执行人具有本规定第一条第二项至第六项规定情形的,纳入失信被执行人名单的期限为二年。被执行人以暴力、威胁方法妨碍、抗拒执行情节严重或具有多项失信行为的,可以延长一至三年。

失信被执行人积极履行生效法律文书确定义务或主动纠正失信行为的,人民法院可以决定提前删除失信信息。

第六条 记载和公布的失信被执行人名单信息应当包括:

(一)作为被执行人的法人或者其他组织的名称、统一社会信用代码(或组织机构代码)、法定代表人或者负责人姓名;

(二)作为被执行人的自然人的姓名、性别、年龄、身份证号码;

(三)生效法律文书确定的义务和被执行人的履行情况;

(四)被执行人失信行为的具体情形;

(五)执行依据的制作单位和文号、执行案号、立案时间、执行法院;

(六)人民法院认为应当记载和公布的不涉及国家秘密、商业秘密、个人隐私的其他事项。

第七条 各级人民法院应当将失信被执行人名单信息录入最高人民法院失信被执行人名单库,并通过该名单库统一向社会公布。

各级人民法院可以根据各地实际情况,将失信被执行人名单通过报纸、广播、电视、网络、法院公告栏等其他方式予以公布,并可以采取新闻发布会或者其他方式对本院及辖区法院实施失信被执行人名单制度的情况定期向社会公布。

第八条 人民法院应当将失信被执行人名单信息,向政府相关部门、金融监管机构、金融机构、承担行政职能的事业单位及行业协会等通报,供相关单位依照法律、法规和有关规定,在政府采购、招标投标、行政审批、政府扶持、融资信贷、市场准入、资质认定等方面,对失信被执行人予以信用惩戒。

人民法院应当将失信被执行人名单信息向征信机构通报,并由征信机构在其征信系统中记录。

国家工作人员、人大代表、政协委员等被纳入失信被执行人名单的,人民法院应当将失信情况通报其所在单位和相关部门。

国家机关、事业单位、国有企业等被纳入失信被执行人名单的,人民法院应当将失信情况通报其上级单位、主管部门或者履行出资人职责的机构。

《最高人民法院关于民事执行中财产调查若干问题的规定》(法释〔2020〕21号)

第十条 被执行人拒绝报告、虚假报告或者无正当理由逾期报告财产情况的,人民法院应当依照相关规定将其纳入失信被执行人名单。

3. 动作步骤

第一步,登录中国执行信息公开网查询被执行人是否被列入失信被执行人。

第二步,如果没有,且符合被列入失信被执行人法定情形的,可以向法院申请将该被执行人列入失信被执行人,并提交书面申请书。

动作 66:限制消费

1. 动作背景

根据法律规定,当被执行人为自然人,被采取限制消费措施后,不得有以下高消费及非生活和工作必需的消费行为:(1)乘坐交通工具时,选择飞机、列车软卧、轮船二等以上舱位;(2)在星级以上宾馆、酒店、夜总会、高尔夫球场等场所进行高消费;(3)购买不动产或者新建、扩建、高档装修房屋;(4)租赁高档写字楼、宾馆、公寓等场所办公;(5)购买非经营必需车辆;(6)旅游、度假;(7)子女就读高收费私立学校;(8)支付高额保费购买保险理财产品;(9)乘坐 G 字头动车组列车全部座位、其他动车组列车一等以上座位等其他非生活和工作必需的消费行为。被执行人为单位的,被采取限制消费措施后,被执行人及其法定代表人、主要负责人、影响债务履行的直接责任人员、实际控制人也不得实施上述行为。

以上九种消费行为可算是涉及生活的方方面面,申请执行人可以将此作为打击被执行人的一个重要武器,在被执行人不履行生效裁判确定的义务时向法院提出。限制消费是一种间接执行措施,不是为了限制被执行人的生活空间和财产权,而是希望通过限制被执行人进行高消费,让其感受到压力,进而可以督促其主动地履行生效法律文书所确定的义务。

2. 法律依据

《最高人民法院关于限制被执行人高消费及有关消费的若干规定》(法释〔2015〕17 号)

第一条　被执行人未按执行通知书指定的期间履行生效法律文书确定的

给付义务的,人民法院可以采取限制消费措施,限制其高消费及非生活或者经营必需的有关消费。

纳入失信被执行人名单的被执行人,人民法院应当对其采取限制消费措施。

第二条 人民法院决定采取限制消费措施时,应当考虑被执行人是否有消极履行、规避执行或者抗拒执行的行为以及被执行人的履行能力等因素。

第四条 限制消费措施一般由申请执行人提出书面申请,经人民法院审查决定;必要时人民法院可以依职权决定。

第五条 人民法院决定采取限制消费措施的,应当向被执行人发出限制消费令。限制消费令由人民法院院长签发。限制消费令应当载明限制消费的期间、项目、法律后果等内容。

第六条 人民法院决定采取限制消费措施的,可以根据案件需要和被执行人的情况向有义务协助调查、执行的单位送达协助执行通知书,也可以在相关媒体上进行公告。

3. 动作步骤

第一步,登录中国执行信息公开网查询被执行人是否被列入限制消费人员。

第二步,如果没有,但被执行人未按执行通知书指定的期间履行生效法律文书确定的给付义务的,申请人可以向法院提出限制消费申请,并提交书面申请书,请求限制其高消费及非生活或者经营必需的有关消费。

第三步,被执行人被限制其高消费及非生活或者经营必需的有关消费之后,申请执行人要及时观察被执行人是否有违反限制消费令的情形。如果有,申请法院对其进行拘留、罚款,甚至追究其拒不执行判决、裁定罪的刑事责任。

动作67:限制出境

1. 动作背景

限制出境措施与限制消费、列入失信被执行人均为间接执行措施,是通过对被执行人的特定行为进行限制,以间接手段对被执行人拒不履行法律文书确定义务的行为进行惩戒。在执行案件中,被执行人很可能会转移财产、携款潜逃,因此,申请执行人要及时向法院提出申请,请求限制被执行人出境。此外,如果被执行人在境内可能没有财产、没有工作、没有家庭,但是其在境外可能有财产、工作、家庭,所以,限制其出境,也可以给其压力,督促其尽快履行法律文书确定义务。

2. 法律依据

《中华人民共和国民事诉讼法》(2021 年修正)

第二百六十二条　被执行人不履行法律文书确定的义务的,人民法院可以对其采取或者通知有关单位协助采取限制出境,在征信系统记录、通过媒体公布不履行义务信息以及法律规定的其他措施。

《最高人民法院关于适用〈中华人民共和国民事诉讼法〉执行程序若干问题的解释》(法释〔2020〕21 号)

第二十三条　依照民事诉讼法第二百五十五条规定对被执行人限制出境的,应当由申请执行人向执行法院提出书面申请;必要时,执行法院可以依职权决定。

第二十四条　被执行人为单位的,可以对其法定代表人、主要负责人或者影响债务履行的直接责任人员限制出境。

被执行人为无民事行为能力人或者限制民事行为能力人的,可以对其法定代理人限制出境。

第二十五条　在限制出境期间,被执行人履行法律文书确定的全部债务的,执行法院应当及时解除限制出境措施;被执行人提供充分、有效的担保或者申请执行人同意的,可以解除限制出境措施。

《中华人民共和国出境入境管理法》

第十二条　中国公民有下列情形之一的,不准出境:

(一)未持有效出境入境证件或者拒绝、逃避接受边防检查的;

(二)被判处刑罚尚未执行完毕或者属于刑事案件被告人、犯罪嫌疑人的;

(三)有未了结的民事案件,人民法院决定不准出境的;

(四)因妨害国(边)境管理受到刑事处罚或者因非法出境、非法居留、非法就业被其他国家或者地区遣返,未满不准出境规定年限的;

(五)可能危害国家安全和利益,国务院有关主管部门决定不准出境的;

(六)法律、行政法规规定不准出境的其他情形。

《最高人民法院关于人民法院办理执行异议和复议案件若干问题的规定》(法释〔2020〕21号)

第九条 被限制出境的人认为对其限制出境错误的,可以自收到限制出境决定之日起十日内向上一级人民法院申请复议。上一级人民法院应当自收到复议申请之日起十五日内作出决定。复议期间,不停止原决定的执行。

3. 动作步骤

第一步,被执行人不履行法律文书确定的义务。

第二步,申请执行人可以向法院提出限制出境申请,并提交书面申请,请求对被执行人采取限制出境措施。

动作68:通过媒体公布不履行义务信息

1. 动作背景

在执行案件中,当被执行人拒不履行法律文书确定的义务时,除了可以对其限制消费、列入失信被执行人、限制出境外,法院还可以依职权或者依申请执行人的申请,通过报纸、广播、电视、互联网等媒体,公布被执行人不履行义务的信息,给被执行人施加压力,督促其积极履行义务。媒体公布的有关费用,由被执行人负担;申请执行人申请在媒体公布的,先行垫付有关费用。

2. 法律依据

《中华人民共和国民事诉讼法》(2021年修正)

第二百六十二条 被执行人不履行法律文书确定的义务的,人民法院可以对其采取或者通知有关单位协助采取限制出境,在征信系统记录、通过媒体公布不履行义务信息以及法律规定的其他措施。

《最高人民法院关于适用〈中华人民共和国民事诉讼法〉执行程序若干问题的解释》(法释〔2020〕21号)

第二十六条 依照民事诉讼法第二百五十五条的规定,执行法院可以依职权或者依申请执行人的申请,将被执行人不履行法律文书确定义务的信息,通过报纸、广播、电视、互联网等媒体公布。

媒体公布的有关费用，由被执行人负担；申请执行人申请在媒体公布的，应当垫付有关费用。

3. 动作步骤

第一步，被执行人不履行法律文书确定的义务。

第二步，申请执行人向法院提出申请，请求通过媒体公布被执行人不履行义务的信息。

动作 69：发布公告或公布生效裁判文书

1. 动作背景

人格权是民事主体享有的生命权、身体权、健康权、姓名权、名称权、肖像权、名誉权、荣誉权、隐私权等权利。除上述人格权外，自然人享有基于人身自由、人格尊严产生的其他人格权益。民事主体的人格权受法律保护，任何组织或者个人不得侵害。当人格权受到侵害时，受害人有权依照《民法典》和其他法律的规定请求行为人承担民事责任。受害人的停止侵害、排除妨碍、消除危险、消除影响、恢复名誉、赔礼道歉请求权，不适用诉讼时效的规定。行为人因侵害人格权承担消除影响、恢复名誉、赔礼道歉等民事责任，应当与行为的具体方式和造成的影响范围相当。如果行为人不承担消除影响、恢复名誉、赔礼道歉等民事责任，法院可以采取在报刊、网络等媒体上发布公告或者公布生效裁判文书等方式执行，产生的费用由行为人负担。

2. 法律依据

《中华人民共和国民法典》

第一千条　行为人因侵害人格权承担消除影响、恢复名誉、赔礼道歉等民事责任的，应当与行为的具体方式和造成的影响范围相当。

行为人拒不承担前款规定的民事责任的，人民法院可以采取在报刊、网络等媒体上发布公告或者公布生效裁判文书等方式执行，产生的费用由行为人负担。

3. 动作步骤

第一步，被执行人拒不承担消除影响、恢复名誉、赔礼道歉等民事责任。

第二步,申请人向法院提出书面申请,请求法院在报刊、网络等媒体上发布公告或者公布生效裁判文书。

动作70:委托经营

1. 动作背景

在执行案件中,当被执行人拒不履行生效法律文书确定的义务时,申请执行人可以申请法院采取查封、扣押、冻结、拍卖、变卖、以物抵债等常规的执行措施。为了最大限度地维护申请执行人的合法债权,依法保障胜诉当事人及时实现权益,切实解决执行难,2019年7月14日,中央全面依法治国委员会发布了《关于加强综合治理从源头切实解决执行难问题的意见》,该意见指出,探索资产经营等执行措施。可见,资产经营可能也会在不久的将来成为一项重要的执行措施,推动执行程序的顺利进行。

2. 法律依据

《关于加强综合治理从源头切实解决执行难问题的意见》(中法委发〔2019〕1号)

三、加强和改进人民法院执行工作

(四)创新和拓展执行措施。人民法院可以根据当事人申请,要求被执行人或协助执行人就其重大资产处置和重要事项变更等向人民法院申报和备案。执行程序中,除查封、扣押、冻结、拍卖、变卖、以物抵债等传统执行手段外,探索直接交付、资产重组、委托经营等执行措施,加快推进委托审计调查、依公证方式取证、悬赏举报等制度。推进将涉诉政府债务纳入预算管理。区分执行权核心事务与辅助性事务,明确执行辅助事务外包的范围,建立辅助事务分流机制,探索将案款发送、送达,以及财产查控、司法拍卖中的执行辅助事务适度外包。

3. 动作步骤

第一步,企业拒不履行生效法律文书确定的义务,且符合委托经营的法定条件。

第二步,申请执行人向法院提出资产重组申请,并提交书面申请书。

动作 71:资产重组

1. 动作背景

资产重组主要包括上市公司资产重组和非上市公司资产重组。比如,上市公司及其控股或者控制的公司在日常经营活动之外购买、出售资产或者通过其他方式进行资产交易达到规定的比例,导致上市公司的主营业务、资产、收入发生重大变化的资产交易行为,为上市公司重大资产重组。又如,公众公司及其控股或者控制的公司在日常经营活动之外购买、出售资产或者通过其他方式进行资产交易,导致公众公司的业务、资产发生重大变化的资产交易行为,为非上市公司重大资产重组。2019 年 7 月 14 日,中央全面依法治国委员会发布了《关于加强综合治理从源头切实解决执行难问题的意见》,该意见指出,探索资产重组等执行措施。可见,资产重组可能也会在不久的将来成为一项重要的执行措施,推动执行程序的顺利进行。

2. 法律依据

《关于加强综合治理从源头切实解决执行难问题的意见》(中法委发〔2019〕1 号)

三、加强和改进人民法院执行工作

(四)创新和拓展执行措施。人民法院可以根据当事人申请,要求被执行人或协助执行人就其重大资产处置和重要事项变更等向人民法院申报和备案。执行程序中,除查封、扣押、冻结、拍卖、变卖、以物抵债等传统执行手段外,探索直接交付、资产重组、委托经营等执行措施,加快推进委托审计调查、依公证方式取证、悬赏举报等制度。推进将涉诉政府债务纳入预算管理。区分执行权核心事务与辅助性事务,明确执行辅助事务外包的范围,建立辅助事务分流机制,探索将案款发送、送达,以及财产查控、司法拍卖中的执行辅助事务适度外包。

3. 动作步骤

第一步,上市公司或者非上市公司拒不履行生效法律文书确定的义务,且符合资产重组的法定条件。

第二步,申请执行人向法院提出资产重组申请,并提交书面申请书。

动作72:暂缓执行

1. 动作背景

暂缓执行,是指执行程序开始后,法院因法定事由,依职权或者依当事人申请,决定对某一项或者某几项执行措施在规定的期限内暂缓实施的一种制度。暂缓执行只能发生在执行程序开始后,且必须出于法定事由,否则法院不得决定暂缓执行。暂缓执行的法定事由包括:(1)执行措施或者执行程序违反法律规定的;(2)执行标的物存在权属争议的;(3)被执行人对申请执行人享有抵销权的;(4)上级人民法院已经受理执行争议案件并正在处理的;(5)法院发现据以执行的生效法律文书确有错误,并正在按照审判监督程序进行审查的。此外,在执行中,被执行人向法院提供担保,并经申请执行人同意的,法院可以决定暂缓执行及暂缓执行的期限。被执行人逾期仍不履行的,法院有权执行被执行人的担保财产或者担保人的财产。

2. 法律依据

《中华人民共和国民事诉讼法》(2021年修正)

第二百三十八条 在执行中,被执行人向人民法院提供担保,并经申请执行人同意的,人民法院可以决定暂缓执行及暂缓执行的期限。被执行人逾期仍不履行的,人民法院有权执行被执行人的担保财产或者担保人的财产。

《最高人民法院关于正确适用暂缓执行措施若干问题的规定》(法发〔2002〕16号)

第三条 有下列情形之一的,经当事人或者其他利害关系人申请,人民法院可以决定暂缓执行:

(一)执行措施或者执行程序违反法律规定的;

(二)执行标的物存在权属争议的;

(三)被执行人对申请执行人享有抵销权的。

第四条 人民法院根据本规定第三条决定暂缓执行的,应当同时责令申请暂缓执行的当事人或者其他利害关系人在指定的期限内提供相应的担保。

被执行人或者其他利害关系人提供担保申请暂缓执行,申请执行人提供担保要求继续执行的,执行法院可以继续执行。

第七条 有下列情形之一的,人民法院可以依职权决定暂缓执行:

(一)上级人民法院已经受理执行争议案件并正在处理的;

(二)人民法院发现据以执行的生效法律文书确有错误,并正在按照审判监督程序进行审查的。

人民法院依照前款规定决定暂缓执行的,一般应由申请执行人或者被执行人提供相应的担保。

第八条 依照本规定第七条第一款第(一)项决定暂缓执行的,由上级人民法院作出决定。依照本规定第七条第一款第(二)项决定暂缓执行的,审判机构应当向本院执行机构发出暂缓执行建议书,执行机构收到建议书后,应当办理暂缓相关执行措施的手续。

3. 动作步骤

第一步,执行中出现了暂缓执行的法定情形。

第二步,申请执行人向法院提出暂缓执行申请,并提交书面申请书。

动作 73:中止执行

1. 动作背景

执行中止,是指在执行过程中,由于某种特殊情况而暂时停止执行程序,待该情况消除后再恢复执行的制度。中止执行只是执行程序的暂时停止,不是执行程序的结束,造成中止执行的情况消失后,应当恢复执行。恢复执行可以由法院依职权恢复,也可以由当事人申请,经法院同意后恢复。中止执行的裁定书应当写明中止执行的理由和法律依据。中止的裁定,送达当事人后立即生效。根据法律、司法解释等相关规定,主要归纳出 13 种中止执行的法定事由:

(1)申请人表示可以延期执行的;

(2)案外人对执行标的提出确有理由的异议的;

(3)作为一方当事人的公民死亡,需要等待继承人继承权利或者承担义务的;

(4)作为一方当事人的法人或者其他组织终止,尚未确定权利义务承受人的;

(5)法院受理第三人撤销之诉案件后,原告提供相应担保并请求中止执行的;

(6)按照审判监督程序决定再审的案件,但追索赡养费、扶养费、抚养费、抚恤金、医疗费用、劳动报酬等可以不中止执行的除外;

(7)按照审判监督程序提审的案件;

(8)申请执行人与被执行人达成和解协议后请求中止执行的;

(9)各方当事人共同向人民法院提交书面和解协议的;

(10)一方当事人向人民法院提交书面和解协议,其他当事人予以认可的;

(11)当事人达成口头和解协议,执行人员将和解协议内容记入笔录,由各方当事人签名或者盖章的;

(12)法院在执行过程中,发现有非法集资犯罪嫌疑的;

(13)人民法院认为应当中止执行的其他情形。

2. 法律依据

《中华人民共和国民事诉讼法》(2021年修正)

第二百六十三条 有下列情形之一的,人民法院应当裁定中止执行:

(一)申请人表示可以延期执行的;

(二)案外人对执行标的提出确有理由的异议的;

(三)作为一方当事人的公民死亡,需要等待继承人继承权利或者承担义务的;

(四)作为一方当事人的法人或者其他组织终止,尚未确定权利义务承受人的;

(五)人民法院认为应当中止执行的其他情形。

中止的情形消失后,恢复执行。

第二百六十五条 中止和终结执行的裁定,送达当事人后立即生效。

《最高人民法院关于适用〈中华人民共和国民事诉讼法〉的解释》(法释〔2022〕11号)

第二百九十七条 受理第三人撤销之诉案件后,原告提供相应担保,请求中止执行的,人民法院可以准许。

第四百六十四条 申请执行人与被执行人达成和解协议后请求中止执行或者撤回执行申请的,人民法院可以裁定中止执行或者终结执行。

《最高人民法院关于执行和解若干问题的规定》(法释〔2020〕21号)

第二条 和解协议达成后,有下列情形之一的,人民法院可以裁定中止执行:

（一）各方当事人共同向人民法院提交书面和解协议的；

（二）一方当事人向人民法院提交书面和解协议，其他当事人予以认可的；

（三）当事人达成口头和解协议，执行人员将和解协议内容记入笔录，由各方当事人签名或者盖章的。

《中华人民共和国仲裁法》（2017年修正）

第六十四条第一款 一方当事人申请执行裁决，另一方当事人申请撤销裁决的，人民法院应当裁定中止执行。

《最高人民法院关于人民法院执行工作若干问题的规定（试行）》（法释〔2020〕21号）

59.按照审判监督程序提审或再审的案件，执行机构根据上级法院或本院作出的中止执行裁定书中止执行。

60.中止执行的情形消失后，执行法院可以根据当事人的申请或依职权恢复执行。

恢复执行应当书面通知当事人。

62.中止执行和终结执行的裁定书应当写明中止或终结执行的理由和法律依据。

63.人民法院执行生效法律文书，一般应当在立案之日起六个月内执行结案，但中止执行的期间应当扣除。确有特殊情况需要延长的，由本院院长批准。

《最高人民法院、最高人民检察院、公安部关于办理非法集资刑事案件适用法律若干问题的意见》（公通字〔2014〕16号）

七、关于涉及民事案件的处理问题

人民法院在审理民事案件或者执行过程中，发现有非法集资犯罪嫌疑的，应当裁定驳回起诉或者中止执行，并及时将有关材料移送公安机关或者检察机关。

3.动作步骤

第一步，执行中出现了中止执行的法定情形。

第二步，法院作出中止执行的裁定。

动作74：终结本次执行

1.动作背景

终结本次执行，是指法院已穷尽财产调查措施，未发现被执行人有可供执行的财产或者发现的财产不能处置的,将暂时中止执行程序并作结案处理,待发现可供执行财产后继续恢复执行的一项制度。终结本次执行是执行结案的一种方式,但只是暂时性地退出案件的执行,这与执行终结不同。执行终结是执行完毕后的执行结案,执行本次执行是执行未完毕,但是本次已经不具备执行条件的执行结案。终结本次执行后,被执行人负有继续向申请执行人履行债务的义务;申请执行人如发现被执行人有新的可供执行的财产线索,可随时向法院申请恢复执行。

2. 法律依据

《最高人民法院关于适用〈中华人民共和国民事诉讼法〉的解释》(法释〔2022〕11号)

第五百一十七条 经过财产调查未发现可供执行的财产,在申请执行人签字确认或者执行法院组成合议庭审查核实并经院长批准后,可以裁定终结本次执行程序。

依照前款规定终结执行后,申请执行人发现被执行人有可供执行财产的,可以再次申请执行。再次申请不受申请执行时效期间的限制。

《最高人民法院关于严格规范终结本次执行程序的规定(试行)》(法〔2016〕373号)

第一条 人民法院终结本次执行程序,应当同时符合下列条件:

(一)已向被执行人发出执行通知、责令被执行人报告财产;

(二)已向被执行人发出限制消费令,并将符合条件的被执行人纳入失信被执行人名单;

(三)已穷尽财产调查措施,未发现被执行人有可供执行的财产或者发现的财产不能处置;

(四)自执行案件立案之日起已超过三个月;

(五)被执行人下落不明的,已依法予以查找;被执行人或者其他人妨害执行的,已依法采取罚款、拘留等强制措施,构成犯罪的,已依法启动刑事责任追究程序。

《最高人民法院关于执行案件立案、结案若干问题的意见》(法发〔2014〕26号)

第十六条第一款 有下列情形之一的,可以以"终结本次执行程序"方式结案:

(一)被执行人确无财产可供执行,申请执行人书面同意人民法院终结本次执行程序的;

(二)因被执行人无财产而中止执行满两年,经查证被执行人确无财产可供执行的;

(三)申请执行人明确表示提供不出被执行人的财产或财产线索,并在人民法院穷尽财产调查措施之后,对人民法院认定被执行人无财产可供执行书面表示认可的;

(四)被执行人的财产无法拍卖变卖,或者动产经两次拍卖、不动产或其他财产权经三次拍卖仍然流拍,申请执行人拒绝接受或者依法不能交付其抵债,经人民法院穷尽财产调查措施,被执行人确无其他财产可供执行的;

(五)经人民法院穷尽财产调查措施,被执行人确无财产可供执行或虽有财产但不宜强制执行,当事人达成分期履行和解协议,且未履行完毕的;

(六)被执行人确无财产可供执行,申请执行人属于特困群体,执行法院已经给予其适当救助的。

3. 动作步骤

第一步,经法院调查,被执行人已无可供执行的财产。

第二步,法院在询问申请执行人意见之后,裁定终止本次执行,或者依职权裁定终结本次执行。

第三步,申请执行人如果针对法院依职权作出的终结本次执行不服,可以提出执行行为异议,要求撤销终结本次执行的裁定。

第四步,申请执行人查找到财产线索或者有法定变更、追加被执行人的情形,可申请恢复执行,并提交书面申请书。

动作 75:申请告知查询结果

1. 动作背景

根据《最高人民法院关于严格规范终结本次执行程序的规定(试行)》第 9 条第 2 款的规定,终结本次执行程序后的 5 年内,执行法院应当每 6 个月通过网络执行查控系统查询一次被执行人的财产,并将查询结果告知申请执行人。符合恢复执行条件的,执行法院应当及时恢复执行。可见,执行法院对执行案件作出终结本次执行裁定后并不是可以束之高阁,不再理睬的,该条款给执行法院设定了一项较为长期的任务,即终结本次执行程序后的5年内,执行法院应当每6个月通过网络执行查控系统查询一次被执行人的财产,并将查询结果告知申请执行人。需要注意的是,法院需要主动将查询结果告知申请执行人,而无须申请执行人提出申请。然而实践中,有的执行法院可能基于工作繁忙等各种原因,没有主动将查询结果告知被执行人。此时,申请执行人可以主动向执行法院提出申请,请求告知查询结果。

2. 法律依据

《最高人民法院关于严格规范终结本次执行程序的规定(试行)》(法〔2016〕373号)

第九条 终结本次执行程序后,申请执行人发现被执行人有可供执行财产的,可以向执行法院申请恢复执行。申请恢复执行不受申请执行时效期间的限制。执行法院核查属实的,应当恢复执行。

终结本次执行程序后的五年内,执行法院应当每六个月通过网络执行查控系统查询一次被执行人的财产,并将查询结果告知申请执行人。符合恢复执行条件的,执行法院应当及时恢复执行。

3. 动作步骤

第一步,出现了恢复执行的法定情形。

第二步,申请执行人向执行法院提出告知查询结果申请,并提交书面申请书。

动作76:恢复执行

1. 动作背景

根据我国法律、司法解释等相关规定,恢复执行案件的范围包括四种:和解案件、中止执行案件、暂缓执行、裁定终结本次执行程序案件。

(1)和解案件。申请执行人因受欺诈、胁迫与被执行人达成和解协议,或者当事人不履行和解协议的,法院可以根据当事人的申请,恢复对原生效法律文书的执行。

(2)中止执行案件。中止的情形消失后,恢复执行。

(3)暂缓执行案件。暂缓执行期限届满后被执行人仍不履行义务,或者暂缓执行期间担保人有转移、隐藏、变卖、毁损担保财产等行为的,法院可以依申请执行人的申请恢复执行。

(4)终结本次执行程序案件。一是终结本次执行程序后,申请执行人发现被执行人有可供执行财产的,可以向执行法院申请恢复执行。需要注意的是,此处的申请恢复执行不受申请执行时效期间的限制。执行法院核查属实的,应当恢复执行。二是终结本次执行程序后的 5 年内,执行法院应当每 6 个月通过网络执行查控系统查询一次被执行人的财产,并将查询结果告知申请执行人。符合恢复执行条件的,执行法院应当及时恢复执行。三是终结本次执行程序后,变更、追加被执行人后,申请执行人申请恢复执行的,法院应予支持。

无论是上述哪种类型的案件,必须在符合恢复执行的法定事由的情况下,才可以申请恢复执行。

2. 法律依据

《中华人民共和国民事诉讼法》(2021 年修正)

第二百三十七条 在执行中,双方当事人自行和解达成协议的,执行员应当将协议内容记入笔录,由双方当事人签名或者盖章。

申请执行人因受欺诈、胁迫与被执行人达成和解协议,或者当事人不履行和解协议的,人民法院可以根据当事人的申请,恢复对原生效法律文书的执行。

第二百六十三条 有下列情形之一的,人民法院应当裁定中止执行:

(一)申请人表示可以延期执行的;

(二)案外人对执行标的提出确有理由的异议的;

(三)作为一方当事人的公民死亡,需要等待继承人继承权利或者承担义务的;

(四)作为一方当事人的法人或者其他组织终止,尚未确定权利义务承受人的;

(五)人民法院认为应当中止执行的其他情形。

中止的情形消失后,恢复执行。

《最高人民法院关于严格规范终结本次执行程序的规定(试行)》(法〔2016〕373 号)

第九条 终结本次执行程序后,申请执行人发现被执行人有可供执行财产的,可以向执行法院申请恢复执行。申请恢复执行不受申请执行时效期间的限制。执行法院核查属实的,应当恢复执行。

终结本次执行程序后的五年内,执行法院应当每六个月通过网络执行查控系统查询一次被执行人的财产,并将查询结果告知申请执行人。符合恢复执行条件的,执行法院应当及时恢复执行。

第十六条 终结本次执行程序后,申请执行人申请延长查封、扣押、冻结期限的,人民法院应当依法办理续行查封、扣押、冻结手续。

终结本次执行程序后,当事人、利害关系人申请变更、追加执行当事人,符合法定情形的,人民法院应予支持。变更、追加被执行人后,申请执行人申请恢复执行的,人民法院应予支持。

《最高人民法院关于执行案件立案、结案若干问题的意见》(法发〔2014〕26号)

第六条 下列案件,人民法院应当按照恢复执行案件予以立案:

(一)申请执行人因受欺诈、胁迫与被执行人达成和解协议,申请恢复执行原生效法律文书的;

(二)一方当事人不履行或不完全履行执行和解协议,对方当事人申请恢复执行原生效法律文书的;

(三)执行实施案件以裁定终结本次执行程序方式报结后,如发现被执行人有财产可供执行,申请执行人申请或者人民法院依职权恢复执行的;

(四)执行实施案件因委托执行结案后,确因委托不当被已立案的受托法院退回委托的;

(五)依照民事诉讼法第二百五十七条的规定而终结执行的案件,申请执行的条件具备时,申请执行人申请恢复执行的。

《最高人民法院关于执行担保若干问题的规定》(法释〔2020〕21号)

第九条 担保书内容与事实不符,且对申请执行人合法权益产生实质影响的,人民法院可以依申请执行人的申请恢复执行。

第十一条 暂缓执行期限届满后被执行人仍不履行义务,或者暂缓执行期间担保人有转移、隐藏、变卖、毁损担保财产等行为的,人民法院可以依申请执行人的申请恢复执行,并直接裁定执行担保财产或者保证人的财产,不得将担保人变更、追加为被执行人。

执行担保财产或者保证人的财产,以担保人应当履行义务部分的财产为限。被执行人有便于执行的现金、银行存款的,应当优先执行该现金、银行存款。

《最高人民法院关于正确适用暂缓执行措施若干问题的规定》（法发〔2002〕16号）

第十三条　暂缓执行期限届满后，人民法院应当立即恢复执行。

暂缓执行期限届满前，据以决定暂缓执行的事由消灭的，如果该暂缓执行的决定是由执行法院作出的，执行法院应当立即作出恢复执行的决定；如果该暂缓执行的决定是由执行法院的上级人民法院作出的，执行法院应当将该暂缓执行事由消灭的情况及时报告上级人民法院，该上级人民法院应当在收到报告后十日内审查核实并作出恢复执行的决定。

3. 动作步骤

第一步，出现了恢复执行的法定情形。

第二步，申请执行人向法院提出恢复执行申请，并提交书面申请书。

动作77：终结执行

1. 动作背景

终结执行，是指在执行过程中，由于发生某些特殊情况，执行程序不可能或者没有必要继续执行，从而裁定执行终结，非正常结束执行程序的制度。终结执行的裁定书应当写明终结执行的理由和法律依据。终结的裁定，送达当事人后立即生效。终结执行是执行案件的一种彻底性退出方式，终结执行通常适用于已经没有必要或者没有可能继续实施执行而结束执行程序的情况，原则上，案件终结执行后，执行程序不可能再次启动。根据法律、司法解释等相关规定，主要归纳出10种终结执行的法定事由：

(1)申请人撤销申请的；

(2)据以执行的法律文书被撤销的；

(3)作为被执行人的公民死亡，无遗产可供执行，又无义务承担人的；

(4)追索赡养费、扶养费、抚育费案件的权利人死亡的；

(5)作为被执行人的公民因生活困难无力偿还借款，无收入来源，又丧失劳动能力的；

(6)双方当事人对折价赔偿不能协商一致的；

(7)申请执行人与被执行人达成和解协议后撤回执行申请的；

(8)法院裁定撤销裁决的;

(9)在执行中,被执行人被法院裁定宣告破产的;

(10)人民法院认为应当终结执行的其他情形。

2. 法律依据

《中华人民共和国民事诉讼法》(2021 年修正)

第二百六十四条 有下列情形之一的,人民法院裁定终结执行:

(一)申请人撤销申请的;

(二)据以执行的法律文书被撤销的;

(三)作为被执行人的公民死亡,无遗产可供执行,又无义务承担人的;

(四)追索赡养费、扶养费、抚育费案件的权利人死亡的;

(五)作为被执行人的公民因生活困难无力偿还借款,无收入来源,又丧失劳动能力的;

(六)人民法院认为应当终结执行的其他情形。

第二百六十五条 中止和终结执行的裁定,送达当事人后立即生效。

《最高人民法院关于适用〈中华人民共和国民事诉讼法〉的解释》(法释〔2022〕11 号)

第四百六十四条 申请执行人与被执行人达成和解协议后请求中止执行或者撤回执行申请的,人民法院可以裁定中止执行或者终结执行。

第四百九十二条 执行标的物为特定物的,应当执行原物。原物确已毁损或者灭失的,经双方当事人同意,可以折价赔偿。

双方当事人对折价赔偿不能协商一致的,人民法院应当终结执行程序。申请执行人可以另行起诉。

《中华人民共和国仲裁法》(2017 年修正)

第六十四条第二款 人民法院裁定撤销裁决的,应当裁定终结执行。撤销裁决的申请被裁定驳回的,人民法院应当裁定恢复执行。

《最高人民法院关于人民法院执行工作若干问题的规定(试行)》(法释〔2020〕21 号)

61. 在执行中,被执行人被人民法院裁定宣告破产的,执行法院应当依照民事诉讼法第二百五十七条第六项的规定,裁定终结执行。

62. 中止执行和终结执行的裁定书应当写明中止或终结执行的理由和法律依据。

3. 动作步骤

第一步，执行中出现了终结执行的法定情形。

第二步，法院作出终结执行的裁定。

动作 78：传唤

1. 动作背景

在执行案件中，如果执行法院裁定被执行人没有可供执行的财产，申请执行人及其代理人可以通过调查走访、前去不动产登记中心查询相关资料等合法手段查找被执行人财产。获取财产线索后，可以将相关财产情况梳理成为表格或者思维导图，条分缕析地和执行法官沟通，以此获得法官的认同。必要时，还可以向执行法院提交请求传唤被执行人接受调查询问申请书，要求被执行人到法院说明自己的财产情况。比如当被执行人为自然人时，可以要求被执行人说明房产、车辆等情况；当被执行人为公司时，可以要求公司的法定代表人、负责人或者实际控制人说明有关公司经营、股东的相关情况等，以达到强制执行目的。需要注意的是，申请执行人及其代理人在申请书中应当尽量写全财产线索，言简意赅表达自己的请求，并附上相关证据，让法院尽可能地批准传唤。当然，法院在认为需要时，也可依职权传唤。

2. 法律依据

《最高人民法院关于适用〈中华人民共和国民事诉讼法〉的解释》（法释〔2022〕11 号）

第四百八十二条　对必须接受调查询问的被执行人、被执行人的法定代表人、负责人或者实际控制人，经依法传唤无正当理由拒不到场的，人民法院可以拘传其到场。

人民法院应当及时对被拘传人进行调查询问，调查询问的时间不得超过八小时；情况复杂，依法可能采取拘留措施的，调查询问的时间不得超过二十四小时。

人民法院在本辖区以外采取拘传措施时，可以将被拘传人拘传到当地人民法院，当地人民法院应予协助。

3. 动作步骤

第一步,被执行人拒不履行生效的法律文书,但有证据证明被执行人有可供执行的财产。

第二步,汇总财产线索,找出有价值、可以迅速变现的部分着重研究。

第三步,申请执行人向法院提交传唤被执行人(被执行人的法定代表人、负责人或者实际控制人)接受调查询问申请书,请求法院传唤。

动作79:拘传

1. 动作背景

执行案件中,申请执行人向法院提交传唤被执行人接受调查询问申请书,请求法院传唤被执行人、被执行人的法定代表人、负责人或者实际控制人,法院审查批准后,可以依法传唤被执行人。然而,并不是每一个被传唤人都能准时到场。如果经依法传唤,被传唤人无正当理由拒不到场的,法院可以拘传其到场。法院没有拘传的,申请执行人可以主动向法院提交书面申请书,请求法院拘传被执行人、被执行人的法定代表人、负责人或者实际控制人。拘传后,被执行人准时到场的,法院应当及时对被拘传人进行调查询问,调查询问的时间不得超过8个小时;如果情况复杂,依法可能采取拘留措施的,调查询问的时间也不得超过24小时。异地拘传的,既可以将被拘传人拘传到执行法院,也可以将被拘传人拘传到当地法院。拘传到当地法院的,当地法院应当予协助。

2. 法律依据

《最高人民法院关于适用〈中华人民共和国民事诉讼法〉的解释》(法释〔2022〕11号)

第四百八十二条 对必须接受调查询问的被执行人、被执行人的法定代表人、负责人或者实际控制人,经依法传唤无正当理由拒不到场的,人民法院可以拘传其到场。

人民法院应当及时对被拘传人进行调查询问,调查询问的时间不得超过八小时;情况复杂,依法可能采取拘留措施的,调查询问的时间不得超过二十四小时。

人民法院在本辖区以外采取拘传措施时，可以将被拘传人拘传到当地人民法院，当地人民法院应予协助。

3. 动作步骤

第一步，必须接受调查询问的被执行人、被执行人的法定代表人、负责人或者实际控制人，经依法传唤无正当理由拒不到场。

第二步，法院可以拘传其到场。

第三步，法院没有拘传的，申请执行人向法院提交拘传被执行人（被执行人的法定代表人、负责人或者实际控制人）接受调查询问申请书，请求法院拘传。

动作80：罚款

1. 动作背景

执行案件中，罚款的对象可以是被执行人，也可以是有义务协助调查、执行的单位。当被执行人与他人恶意串通，通过诉讼、仲裁、调解等方式逃避履行法律文书确定的义务的，法院对情节较轻的予以罚款。经院长批准，对个人可以予以人民币10万元以下罚款；对单位可以予以人民币5万元以上100万元以下罚款。罚款应当用决定书。对决定不服的，可以向上一级人民法院申请复议一次。复议期间不停止执行。

2. 法律依据

《中华人民共和国民事诉讼法》（2021年修正）

第一百一十六条　被执行人与他人恶意串通，通过诉讼、仲裁、调解等方式逃避履行法律文书确定的义务的，人民法院应当根据情节轻重予以罚款、拘留；构成犯罪的，依法追究刑事责任。

第一百一十七条　有义务协助调查、执行的单位有下列行为之一的，人民法院除责令其履行协助义务外，并可以予以罚款：

（一）有关单位拒绝或者妨碍人民法院调查取证的；

（二）有关单位接到人民法院协助执行通知书后，拒不协助查询、扣押、冻结、划拨、变价财产的；

（三）有关单位接到人民法院协助执行通知书后，拒不协助扣留被执行人的

收入、办理有关财产权证照转移手续、转交有关票证、证照或者其他财产的;

(四)其他拒绝协助执行的。

人民法院对有前款规定的行为之一的单位,可以对其主要负责人或者直接责任人员予以罚款;对仍不履行协助义务的,可以予以拘留;并可以向监察机关或者有关机关提出予以纪律处分的司法建议。

第一百一十八条第一款 对个人的罚款金额,为人民币十万元以下。对单位的罚款金额,为人民币五万元以上一百万元以下。

第一百一十九条第一款、第三款 拘传、罚款、拘留必须经院长批准。

罚款、拘留应当用决定书。对决定不服的,可以向上一级人民法院申请复议一次。复议期间不停止执行。

3. 动作步骤

第一步,被执行人或者有义务协助调查、执行的单位具备罚款的法定情形。

第二步,法院可以予以罚款。

动作 81:拘留

1. 动作背景

执行案件中,拘留的对象可以是被执行人,也可以是有义务协助调查、执行的单位的主要负责人或者直接责任人员。当被执行人与他人恶意串通,通过诉讼、仲裁、调解等方式逃避履行法律文书确定的义务的,法院对情节较重但不构成犯罪的予以拘留。有义务协助调查、执行的单位的主要负责人或者直接责任人员被罚款后仍拒不履行协助义务的,法院可以予以拘留。拘留须经院长批准,拘留的期限为 15 日以下。拘留应当用决定书,被拘留人对决定不服的,可以向上一级人民法院申请复议一次。复议期间不停止执行。被拘留的人,由法院交公安机关看管。在拘留期间,被拘留人承认并改正错误的,法院可以决定提前解除拘留。

2. 法律依据

《中华人民共和国民事诉讼法》(2021 年修正)

第一百一十六条 被执行人与他人恶意串通,通过诉讼、仲裁、调解等方式逃避履行法律文书确定的义务的，人民法院应当根据情节轻重予以罚款、拘留；构成犯罪的，依法追究刑事责任。

第一百一十七条　有义务协助调查、执行的单位有下列行为之一的，人民法院除责令其履行协助义务外，并可以予以罚款：

（一）有关单位拒绝或者妨碍人民法院调查取证的；

（二）有关单位接到人民法院协助执行通知书后，拒不协助查询、扣押、冻结、划拨、变价财产的；

（三）有关单位接到人民法院协助执行通知书后，拒不协助扣留被执行人的收入、办理有关财产权证照转移手续、转交有关票证、证照或者其他财产的；

（四）其他拒绝协助执行的。

人民法院对有前款规定的行为之一的单位，可以对其主要负责人或者直接责任人员予以罚款；对仍不履行协助义务的，可以予以拘留；并可以向监察机关或者有关机关提出予以纪律处分的司法建议。

第一百一十八条第二款、第三款　拘留的期限，为十五日以下。

被拘留的人，由人民法院交公安机关看管。在拘留期间，被拘留人承认并改正错误的，人民法院可以决定提前解除拘留。

第一百一十九条第一款、第三款　拘传、罚款、拘留必须经院长批准。

罚款、拘留应当用决定书。对决定不服的，可以向上一级人民法院申请复议一次。复议期间不停止执行。

3. 动作步骤

第一步，被执行人或者有义务协助调查、执行的单位的主要负责人或直接责任人员具备拘留的法定情形。

第二步，法院可以予以拘留。

动作 82：追究被执行人虚假诉讼罪

1. 动作背景

虚假诉讼，主要是指单独或者与他人恶意串通，采取伪造证据、虚假陈述等手段，捏造民事案件基本事实，虚构民事纠纷，向法院提起民事诉讼，损害国家利益、社会公共利益或者他人合法权益，妨害司法秩序的行为。虚假诉讼不止发生在诉讼领域,执行领域甚至也成为虚假诉讼的高发区。2021 年 11 月 9 日,最高人民法院发布了 10 起法院整治虚假诉讼的典型案例,并在案例中指出,执行异议和执行异议之诉是当前虚假诉讼增长较快的领域。那么,执行阶段的虚假诉讼主要表现为哪几种情形呢?

第一种情形,向法院申请执行基于捏造的事实作出的仲裁裁决、调解书及公证债权文书。例如,当事人故意虚构、捏造事实,以虚构、捏造的事实提起仲裁,当仲裁机构作出仲裁裁决书后,又据此向法院申请强制执行,以此损害他人的合法权益。

第二种情形,在民事执行过程中以捏造的事实对执行标的提出异议。例如,被执行人为阻止法院对其名下房产进行强制执行,冒用他人身份,虚构购房事实,向法院提供虚假证据材料,以案外购房人的名义,向法院提出执行异议。

第三种情形,在民事执行过程中以捏造的事实申请参与分配。例如,被执行人与其债权人恶意串通,隐瞒一部分债权债务关系已经因清偿而消灭的事实,以该部分债权债务关系仍然存在为由提起民事诉讼,并在诉讼过程中达成调解协议,致使法院基于捏造的事实作出民事调解书。债权人以此调解书为执行依据,申请参与分配执行财产。

当遇到被执行人虚假诉讼的情形,申请执行人可以向检察院提出书面申请,请求检察院依职权进行民事执行检察监督。检察院可以通过向法院提出检察建议等方式,推动执行过程中虚假诉讼的解决。如果情节严重,构成犯罪的,可以依法追究被执行人的虚假诉讼罪。

2. 法律依据

《中华人民共和国刑法》(2020 年修正)

第三百零七条之一 【虚假诉讼罪】以捏造的事实提起民事诉讼,妨害司法秩序或者严重侵害他人合法权益的,处三年以下有期徒刑、拘役或者管制,并处或者单处罚金;情节严重的,处三年以上七年以下有期徒刑,并处罚金。

单位犯前款罪的,对单位判处罚金,并对其直接负责的主管人员和其他直接责任人员,依照前款的规定处罚。

有第一款行为,非法占有他人财产或者逃避合法债务,又构成其他犯罪的,依照处罚较重的规定定罪从重处罚。

司法工作人员利用职权,与他人共同实施前三款行为的,从重处罚;同时构成其他犯罪的,依照处罚较重的规定定罪从重处罚。

3. 动作步骤

第一步，有证据证明被执行人有虚假诉讼的行为。

第二步，申请执行人依法向公安机关提出控告。

动作83：追究被执行人妨害公务罪

1. 动作背景

妨害公务罪，是指以暴力、威胁方法阻碍国家工作人员依法执行职务的行为。在民事案件执行过程中，有的被执行人不但拒不履行生效法律文书确定的义务，甚至还以暴力手段抗拒执行法官执行职务。此时，对于以暴力手段抗拒执行法官执行职务的被执行人，应当追究其妨害公务罪，对其进行刑事处罚。

2. 法律依据

《中华人民共和国刑法》（2020年修正）

第二百七十七条　【妨害公务罪】以暴力、威胁方法阻碍国家机关工作人员依法执行职务的，处三年以下有期徒刑、拘役、管制或者罚金。

3. 动作步骤

第一步，有证据证明被执行人以暴力、威胁方法阻碍国家机关工作人员依法执行职务。

第二步，申请执行人依法向公安机关提出控告。

动作84：追究被执行人拒不执行判决、裁定罪

1. 动作背景

在执行案件中，被执行人、协助执行义务人、担保人等负有执行义务的人对法院的判决、裁定有能力执行而拒不执行，情节严重的，应当依照刑法的规定，以拒不执行判决、裁定罪处罚。申请执行人有证据证明负有执行义务的人拒不执行判决、裁定，侵犯了申请执行人的人身、财产权利，应当依法追究刑事责任，

申请执行人曾经提出控告,而公安机关或者检察院对负有执行义务的人不予追究刑事责任的,申请执行人可以向法院提出自诉,请求追究被执行人拒不执行判决、裁定罪。追究被执行人的刑事责任是一个强有力的法律武器,可以最大限度上起到警示被执行人的作用,该措施也是申请执行中常用的有效方式之一。

2. 法律依据

《中华人民共和国刑法》(2020年修正)

第三百一十三条 【拒不执行判决、裁定罪】对人民法院的判决、裁定有能力执行而拒不执行,情节严重的,处三年以下有期徒刑、拘役或者罚金;情节特别严重的,处三年以上七年以下有期徒刑,并处罚金。

单位犯前款罪的,对单位判处罚金,并对其直接负责的主管人员和其他直接责任人员,依照前款的规定处罚。

《最高人民法院关于审理拒不执行判决、裁定刑事案件适用法律若干问题的解释》(法释〔2020〕21号)

第一条 被执行人、协助执行义务人、担保人等负有执行义务的人对人民法院的判决、裁定有能力执行而拒不执行,情节严重的,应当依照刑法第三百一十三条的规定,以拒不执行判决、裁定罪处罚。

第二条 负有执行义务的人有能力执行而实施下列行为之一的,应当认定为全国人民代表大会常务委员会关于刑法第三百一十三条的解释中规定的"其他有能力执行而拒不执行,情节严重的情形":

(一)具有拒绝报告或者虚假报告财产情况、违反人民法院限制高消费及有关消费令等拒不执行行为,经采取罚款或者拘留等强制措施后仍拒不执行的;

(二)伪造、毁灭有关被执行人履行能力的重要证据,以暴力、威胁、贿买方法阻止他人作证或者指使、贿买、胁迫他人作伪证,妨碍人民法院查明被执行人财产情况,致使判决、裁定无法执行的;

(三)拒不交付法律文书指定交付的财物、票证或者拒不迁出房屋、退出土地,致使判决、裁定无法执行的;

(四)与他人串通,通过虚假诉讼、虚假仲裁、虚假和解等方式妨害执行,致使判决、裁定无法执行的;

(五)以暴力、威胁方法阻碍执行人员进入执行现场或者聚众哄闹、冲击执行现场,致使执行工作无法进行的;

(六)对执行人员进行侮辱、围攻、扣押、殴打,致使执行工作无法进行的;

（七）毁损、抢夺执行案件材料、执行公务车辆和其他执行器械、执行人员服装以及执行公务证件，致使执行工作无法进行的；

（八）拒不执行法院判决、裁定，致使债权人遭受重大损失的。

第三条　申请执行人有证据证明同时具有下列情形，人民法院认为符合刑事诉讼法第二百一十条第三项规定的，以自诉案件立案审理：

（一）负有执行义务的人拒不执行判决、裁定，侵犯了申请执行人的人身、财产权利，应当依法追究刑事责任的；

（二）申请执行人曾经提出控告，而公安机关或者人民检察院对负有执行义务的人不予追究刑事责任的。

3. 动作步骤

公诉：

第一步，有证据证明被执行人、协助执行义务人、担保人等负有执行义务的人对法院的判决、裁定有能力执行而拒不执行，且情节严重。

第二步，申请执行人依法向公安机关提出控告。

自诉：

第一步，负有执行义务的人拒不执行判决、裁定，侵犯了申请执行人的人身、财产权利，应当依法追究刑事责任。

第二步，申请执行人曾经提出控告，而公安机关或者检察院对负有执行义务的人不予追究刑事责任。

第三步，申请执行人有证据证明上述情况，向法院提起自诉。

动作85：追究被执行人非法处置查封、扣押、冻结的财产罪

1. 动作背景

执行案件中，很少有被执行人积极主动地履行生效法律文书确定的义务，被执行人常常隐匿、转移财产，甚至隐藏、转移、变卖、故意毁损已被司法机关查封、扣押、冻结的财产，以逃避法院生效判决、裁定所确定的义务。为有效遏制部分被执行人或相关人员逃避执行、抗拒执行、阻碍执行甚至暴力抗执等现象，改善执行环境，保障申请执行人合法权益，可以依法追究被执行人非法处置查封、扣押、冻结的财产罪。

2. 法律依据

《中华人民共和国刑法》(2020年修正)

第三百一十四条 【非法处置查封、扣押、冻结的财产罪】隐藏、转移、变卖、故意毁损已被司法机关查封、扣押、冻结的财产,情节严重的,处三年以下有期徒刑、拘役或者罚金。

《最高人民法院、司法部、中华全国律师协会关于深入推进律师参与人民法院执行工作的意见》(法发〔2019〕34号)

7. 充分发挥律师在防范和打击规避执行行为中的作用。被执行人的代理律师应当向当事人释明不履行法律义务的后果,引导、协助其尊重生效法律文书,依法履行义务。被执行人存在失信等违法情形的,申请执行人的代理律师可以协助申请执行人依法申请人民法院采取限制消费、纳入失信被执行人名单等措施。被执行人有能力执行而拒不执行判决、裁定,情节严重、涉嫌犯罪的,申请执行人的代理律师可以依法调查取证,协助申请执行人依法向公安机关提出控告或向人民法院提起自诉。

人民法院应当加大对规避执行行为的防范和打击力度,对符合法定情形的被执行人,依法及时纳入失信被执行人名单。对恶意逃避执行及转移、隐匿财产的被执行人,依法及时适用拘留、罚款等强制措施;对涉嫌拒不执行判决、裁定,非法处置查封、扣押、冻结财产,以及妨害公务犯罪的行为人,应当将案件依法移送公安机关立案侦查。代理律师引导帮助申请执行人提起刑事自诉的,人民法院执行部门应当支持配合,刑事审判部门应当及时受理和裁判。

3. 动作步骤

第一步,有证据证明被执行人隐藏、转移、变卖、故意毁损已被司法机关查封、扣押、冻结的财产,且情节严重。

第二步,申请执行人依法向公安机关提出控告。

动作86:追究执行法官执行判决、裁定失职罪

1. 动作背景

执行案件中,除了会遇到被执行人转移、隐匿财产以逃避执行的情形外,有

时还会遇到法官在执行判决、裁定活动中，严重不负责任的情形，比如不依法采取诉讼保全措施、不履行法定执行职责，或者违法采取保全措施、强制执行措施，致使当事人或者其他人的利益遭受重大损失。如果法官涉嫌下列情形之一，应予立案：(1)致使当事人或者其近亲属自杀、自残造成重伤、死亡，或者精神失常的；(2)造成个人财产直接经济损失 15 万元以上，或者直接经济损失不满 15 万元，但间接经济损失 75 万元以上的；(3)造成法人或者其他组织财产直接经济损失 30 万元以上，或者直接经济损失不满 30 万元，但间接经济损失 150 万元以上的；(4)造成公司、企业等单位停业、停产 1 年以上，或者破产的；(5)其他致使当事人或者其他人的利益遭受重大损失的情形。

2. 法律依据

《中华人民共和国刑法》(2020 年修正)

第三百九十九条第三款 【执行判决、裁定失职罪】【执行判决、裁定滥用职权罪】在执行判决、裁定活动中，严重不负责任或者滥用职权，不依法采取诉讼保全措施、不履行法定执行职责，或者违法采取诉讼保全措施、强制执行措施，致使当事人或者其他人的利益遭受重大损失的，处五年以下有期徒刑或者拘役；致使当事人或者其他人的利益遭受特别重大损失的，处五年以上十年以下有期徒刑。

《最高人民检察院关于渎职侵权犯罪案件立案标准的规定》(高检发释字〔2006〕2 号)

一、渎职犯罪案件

(七)执行判决、裁定失职案(第三百九十九条第三款)

执行判决、裁定失职罪是指司法工作人员在执行判决、裁定活动中，严重不负责任，不依法采取诉讼保全措施、不履行法定执行职责，或者违法采取保全措施、强制执行措施，致使当事人或者其他人的利益遭受重大损失的行为。

涉嫌下列情形之一的，应予立案：

1. 致使当事人或者其近亲属自杀、自残造成重伤、死亡，或者精神失常的；

2. 造成个人财产直接经济损失 15 万元以上，或者直接经济损失不满 15 万元，但间接经济损失 75 万元以上的；

3. 造成法人或者其他组织财产直接经济损失 30 万元以上，或者直接经济损失不满 30 万元，但间接经济损失 150 万元以上的；

4. 造成公司、企业等单位停业、停产 1 年以上，或者破产的；

5. 其他致使当事人或者其他人的利益遭受重大损失的情形。

3. 动作步骤

第一步,有证据证明法官在执行判决、裁定活动中,严重不负责任,不依法采取诉讼保全措施、不履行法定执行职责,或者违法采取保全措施、强制执行措施,致使当事人或者其他人的利益遭受了重大损失。

第二步,申请执行人依法向监察机关提出控告。

动作87:追究执行法官执行判决、裁定滥用职权罪

1. 动作背景

执行案件中,除了会遇到被执行人拒不履行生效法律文书确定的义务的情形外,有时还会遇到法官在执行判决、裁定活动中,滥用职权的情形,比如不依法采取诉讼保全措施、不履行法定执行职责,或者违法采取保全措施、强制执行措施,致使当事人或者其他人的利益遭受了重大损失。如果涉嫌下列情形之一,应予立案:(1)致使当事人或者其近亲属自杀、自残造成重伤、死亡,或者精神失常的;(2)造成个人财产直接经济损失10万元以上,或者直接经济损失不满10万元,但间接经济损失50万元以上的;(3)造成法人或者其他组织财产直接经济损失20万元以上,或者直接经济损失不满20万元,但间接经济损失100万元以上的;(4)造成公司、企业等单位停业、停产6个月以上,或者破产的;(5)其他致使当事人或者其他人的利益遭受重大损失的情形。

2. 法律依据

《中华人民共和国刑法》(2020年修正)

第三百九十九条第三款 【执行判决、裁定失职罪】【执行判决、裁定滥用职权罪】在执行判决、裁定活动中,严重不负责任或者滥用职权,不依法采取诉讼保全措施、不履行法定执行职责,或者违法采取诉讼保全措施、强制执行措施,致使当事人或者其他人的利益遭受重大损失的,处五年以下有期徒刑或者拘役;致使当事人或者其他人的利益遭受特别重大损失的,处五年以上十年以下有期徒刑。

《最高人民检察院关于渎职侵权犯罪案件立案标准的规定》（高检发释字〔2006〕2号）

一、渎职犯罪案件

（八）执行判决、裁定滥用职权案（第三百九十九条第三款）

执行判决、裁定滥用职权罪是指司法工作人员在执行判决、裁定活动中，滥用职权，不依法采取诉讼保全措施、不履行法定执行职责，或者违法采取保全措施、强制执行措施，致使当事人或者其他人的利益遭受重大损失的行为。

涉嫌下列情形之一的，应予立案：

1. 致使当事人或者其近亲属自杀、自残造成重伤、死亡，或者精神失常的；

2. 造成个人财产直接经济损失10万元以上，或者直接经济损失不满10万元，但间接经济损失50万元以上的；

3. 造成法人或者其他组织财产直接经济损失20万元以上，或者直接经济损失不满20万元，但间接经济损失100万元以上的；

4. 造成公司、企业等单位停业、停产6个月以上，或者破产的；

5. 其他致使当事人或者其他人的利益遭受重大损失的情形。

3. 动作步骤

第一步，有证据证明法官在执行判决、裁定活动中，滥用职权，不依法采取诉讼保全措施、不履行法定执行职责，或者违法采取保全措施、强制执行措施，致使当事人或者其他人的利益遭受了重大损失。

第二步，申请执行人依法向监察机关提出控告。

第五章

执 行 程 序

动作1:执行管辖

1. 动作背景

执行管辖是一项基本的执行制度。执行管辖即执行案件的管辖,是指根据法律规定,在法院系统内部,划分各级人民法院和同级人民法院之间强制执行案件的分工和权限。执行管辖主要分为级别管辖、地域管辖、指定管辖等。确定执行案件的管辖具有十分重要的意义,不仅有利于权利人行使申请权,实现权利,还与财产保全有着千丝万缕的关系。根据《民事诉讼法》及其司法解释的相关规定,执行管辖确定如下:

(1)法院裁判:发生法律效力的民事判决、裁定,以及刑事判决、裁定中的财产部分,由第一审法院或者与第一审法院同级的被执行的财产所在地法院执行。认定财产无主的判决,由作出判决的法院将无主财产收归国家或者集体所有。

(2)非讼程序文书:发生法律效力的实现担保物权裁定、确认调解协议裁定、支付令,由作出裁定、支付令的法院或者与其同级的被执行财产所在地的法院执行。

(3)知识产权法院审理的第一审案件:知识产权法院审理的第一审案件,生效判决、裁定、调解书需要强制执行的,知识产权法院所在地的高级人民法院可指定辖区内其他中级人民法院执行。

(4)其他文书:法律规定由法院执行的其他法律文书,由被执行人住所地或者被执行的财产所在地法院执行。

(5)共同管辖:对两个以上法院都有管辖权的执行案件,法院在立案前发现其他有管辖权的法院已经立案的,不得重复立案。立案后发现其他有管辖权的法院已经立案的,应当撤销案件;已经采取执行措施的,应当将控制的财产交先立案的执行法院处理。

2. 法律依据

《中华人民共和国民事诉讼法》(2021年修正)

第二百三十一条　发生法律效力的民事判决、裁定,以及刑事判决、裁定中的财产部分,由第一审人民法院或者与第一审人民法院同级的被执行的财产所在地人民法院执行。

法律规定由人民法院执行的其他法律文书,由被执行人住所地或者被执行的财产所在地人民法院执行。

《最高人民法院关于适用〈中华人民共和国民事诉讼法〉的解释》(法释〔2022〕11号)

第四百六十条 发生法律效力的实现担保物权裁定、确认调解协议裁定、支付令,由作出裁定、支付令的人民法院或者与其同级的被执行财产所在地的人民法院执行。

认定财产无主的判决,由作出判决的人民法院将无主财产收归国家或者集体所有。

《最高人民法院关于适用〈中华人民共和国民事诉讼法〉执行程序若干问题的解释》(法释〔2020〕21号)

第一条 申请执行人向被执行的财产所在地人民法院申请执行的,应当提供该人民法院辖区有可供执行财产的证明材料。

第二条 对两个以上人民法院都有管辖权的执行案件,人民法院在立案前发现其他有管辖权的人民法院已经立案的,不得重复立案。

立案后发现其他有管辖权的人民法院已经立案的,应当撤销案件;已经采取执行措施的,应当将控制的财产交先立案的执行法院处理。

《最高人民法院关于知识产权法院案件管辖等有关问题的通知》(法〔2014〕338号)

六、知识产权法院审理的第一审案件,生效判决、裁定、调解书需要强制执行的,知识产权法院所在地的高级人民法院可指定辖区内其他中级人民法院执行。

3. 动作步骤

第一步,根据法律文书等的种类,依法确定执行管辖。

第二步,向有管辖权的法院提交执行申请书,申请执行。

动作2:执行管辖异议

1. 动作背景

执行管辖,就当事人角度而言,其解决的是权利人向哪个法院申请执行以实现生效法律文书所确认的权利的问题。实践中,一方当事人向法院申请执行后,对方当事人往往会提出管辖权异议,一方面可能是执行管辖确有错误,另一方面也有拖延时间、逃避执行的可能性。如果法院受理执行申请后,当事人对管辖权有异议,可以提出管辖权异议。提出管辖权异议的时间为自收到执行通知书之日起 10 日内。法院经过审查后,认为异议成立的,应当撤销执行案件,并告知当事人向有管辖权的法院申请执行;认为异议不成立的,裁定驳回。如果当事人对裁定不服,可以向上一级人民法院申请复议。管辖权异议审查和复议期间,不停止执行。

2. 法律依据

《最高人民法院关于适用〈中华人民共和国民事诉讼法〉执行程序若干问题的解释》(法释〔2020〕21 号)

第三条　人民法院受理执行申请后,当事人对管辖权有异议的,应当自收到执行通知书之日起十日内提出。

人民法院对当事人提出的异议,应当审查。异议成立的,应当撤销执行案件,并告知当事人向有管辖权的人民法院申请执行;异议不成立的,裁定驳回。当事人对裁定不服的,可以向上一级人民法院申请复议。

管辖权异议审查和复议期间,不停止执行。

《最高人民法院关于执行案件立案、结案若干问题的意见》(法发〔2014〕26 号)

第十八条　执行实施案件立案后,有下列情形之一的,可以以"销案"方式结案:

(一)被执行人提出管辖异议,经审查异议成立,将案件移送有管辖权的法院或申请执行人撤回申请的;

(二)发现其他有管辖权的人民法院已经立案在先的;

(三)受托法院报经高级人民法院同意退回委托的。

3. 动作步骤

第一步,法院已经受理执行申请。

第二步,自收到执行通知书之日起 10 日内,向法院提出管辖权异议,并提交书面异议书,异议书应当写明请求事项、事实和理由。

动作 3:申请执行

1. 动作背景

生效法律文书所确定的当事人,在对方不履行义务的情况下,可以根据生效的民事判决、裁定、调解书等,向有管辖权的法院申请执行。申请执行应当满足以下条件:(1)法律文书已经生效,且具有明确的权利义务主体和明确的给付内容;(2)申请人是生效法律文书确定的当事人或其继承人、权利承受人;(3)申请执行的期间没有超出两年的法定期间。

申请执行,申请执行人应向法院提交下列文件和证件:(1)申请执行书。申请执行书中应当写明申请执行的理由、事项、执行标的,以及申请执行人所了解的被执行人的财产状况。申请执行人书写申请执行书确有困难的,可以口头提出申请。人民法院接待人员对口头申请应当制作笔录,由申请执行人签字或盖章。(2)生效法律文书副本。(3)申请执行人的身份证明。自然人申请的,应当出示居民身份证;法人申请的,应当提交法人营业执照副本和法定代表人身份证明;非法人组织申请的,应当提交营业执照副本和主要负责人身份证明。(4)继承人或权利承受人申请执行的,应当提交继承或承受权利的证明文件。(5)其他应当提交的文件或证件。申请执行的期间为两年。

2. 法律依据

《中华人民共和国民事诉讼法》(2021 年修正)

第二百二十三条 人民法院受理申请后,经审查债权人提供的事实、证据,对债权债务关系明确、合法的,应当在受理之日起十五日内向债务人发出支付令;申请不成立的,裁定予以驳回。

债务人应当自收到支付令之日起十五日内清偿债务,或者向人民法院提出书面异议。

债务人在前款规定的期间不提出异议又不履行支付令的,债权人可以向人民法院申请执行。

第二百四十三条 发生法律效力的民事判决、裁定,当事人必须履行。一方拒绝履行的,对方当事人可以向人民法院申请执行,也可以由审判员移送执行员执行。

调解书和其他应当由人民法院执行的法律文书,当事人必须履行。一方拒绝履行的,对方当事人可以向人民法院申请执行。

第二百四十四条第一款 对依法设立的仲裁机构的裁决,一方当事人不履行的,对方当事人可以向有管辖权的人民法院申请执行。受申请的人民法院应当执行。

第二百四十五条 对公证机关依法赋予强制执行效力的债权文书,一方当事人不履行的,对方当事人可以向有管辖权的人民法院申请执行,受申请的人民法院应当执行。

公证债权文书确有错误的,人民法院裁定不予执行,并将裁定书送达双方当事人和公证机关。

第二百四十六条 申请执行的期间为二年。申请执行时效的中止、中断,适用法律有关诉讼时效中止、中断的规定。

前款规定的期间,从法律文书规定履行期间的最后一日起计算;法律文书规定分期履行的,从最后一期履行期限届满之日起计算;法律文书未规定履行期间的,从法律文书生效之日起计算。

《最高人民法院关于适用〈中华人民共和国民事诉讼法〉的解释》(法释〔2022〕11 号)

第四百六十一条 当事人申请人民法院执行的生效法律文书应当具备下列条件:

(一)权利义务主体明确;

(二)给付内容明确。

法律文书确定继续履行合同的,应当明确继续履行的具体内容。

《最高人民法院关于人民法院执行工作若干问题的规定(试行)》(法释〔2020〕21 号)

17. 生效法律文书的执行,一般应当由当事人依法提出申请。

发生法律效力的具有给付赡养费、扶养费、抚育费内容的法律文书、民事制裁决定书,以及刑事附带民事判决、裁定、调解书,由审判庭移送执行机构执行。

3. 动作步骤

第一步,民事判决、裁定、调解书等法律文书已经发生法律效力。

第二步,一方当事人拒不履行生效法律文书确定的义务。

第三步,对方当事人可以向法院申请执行,并提交申请执行书等相关文件和证件。

动作4:提级执行

1.动作背景

执行案件中,当被执行人不履行生效法律文书确定的义务时,申请执行人可以向有管辖权的法院提出执行。然而实践中,有管辖权的法院收到执行申请后,有的并没有及时作出执行,出现怠于执行、消极执行,甚至不执行的情形。为了解决现实中存在的这些问题,《民事诉讼法》规定了提级执行,赋予申请执行人可以直接向上一级法院申请执行的权利,从而绕开原本有管辖权的法院,维护自己的合法权益。当然,提级执行也需要有一定的前提条件,不能随意提起,以免扰乱司法秩序。提级执行的前提条件是:法院自收到申请执行书之日起超过6个月未执行。在这种情况下,申请执行人才可以向上一级法院申请执行。上一级人民法院经过审查,可以责令原法院执行,也可以决定由本院执行或者指令其他法院执行。

2.法律依据

《中华人民共和国民事诉讼法》(2021年修正)

第二百三十三条 人民法院自收到申请执行书之日起超过六个月未执行的,申请执行人可以向上一级人民法院申请执行。上一级人民法院经审查,可以责令原人民法院在一定期限内执行,也可以决定由本院执行或者指令其他人民法院执行。

《最高人民法院关于适用〈中华人民共和国民事诉讼法〉执行程序若干问题的解释》(法释〔2020〕21号)

第十条 依照民事诉讼法第二百二十六条的规定,有下列情形之一的,上一级人民法院可以根据申请执行人的申请,责令执行法院限期执行或者变更执行法院:

(一)债权人申请执行时被执行人有可供执行的财产,执行法院自收到申请执行书之日起超过六个月对该财产未执行完结的;

(二)执行过程中发现被执行人可供执行的财产,执行法院自发现财产之日起超过六个月对该财产未执行完结的;

(三)对法律文书确定的行为义务的执行,执行法院自收到申请执行书之日起超过六个月未依法采取相应执行措施的;

（四）其他有条件执行超过六个月未执行的。

第十一条　上一级人民法院依照民事诉讼法第二百二十六条规定责令执行法院限期执行的，应当向其发出督促执行令，并将有关情况书面通知申请执行人。

上一级人民法院决定由本院执行或者指令本辖区其他人民法院执行的，应当作出裁定，送达当事人并通知有关人民法院。

第十二条　上一级人民法院责令执行法院限期执行，执行法院在指定期间内无正当理由仍未执行完结的，上一级人民法院应当裁定由本院执行或者指令本辖区其他人民法院执行。

3. 动作步骤

第一步，法院自收到申请执行书之日起超过6个月未执行。

第二步，申请执行人可以向上一级人民法院申请执行。

动作5：申请执行担保

1. 动作背景

执行担保，是指担保人为担保被执行人履行生效法律文书确定的全部或者部分义务，向法院提供的担保。执行担保可以是财产担保，也可以是保证。财产担保可以由被执行人提供，也可以由他人提供；而保证则只能由他人提供，被执行人则不能提供。被执行人向法院提供担保，并经申请执行人同意的，法院可以决定暂缓执行及暂缓执行的期限。被执行人逾期仍不履行的，法院有权执行被执行人的担保财产或者担保人的财产。被执行人或者他人提供执行担保的，应当向法院提交担保书，担保书中应当载明担保人的基本信息、暂缓执行期限、担保期间、被担保的债权种类及数额、担保范围、担保方式、被执行人于暂缓执行期限届满后仍不履行时担保人自愿接受直接强制执行的承诺等内容。提供财产担保的，担保书中还应当载明担保财产的名称、数量、质量、状况、所在地、所有权或者使用权归属等内容。

2. 法律依据

《中华人民共和国民事诉讼法》（2021年修正）

第二百三十八条　在执行中，被执行人向人民法院提供担保，并经申请执行人同意的,人民法院可以决定暂缓执行及暂缓执行的期限。被执行人逾期仍不履行的,人民法院有权执行被执行人的担保财产或者担保人的财产。

《最高人民法院关于执行担保若干问题的规定》(法释〔2020〕21号)

第一条 本规定所称执行担保,是指担保人依照民事诉讼法第二百三十一条规定,为担保被执行人履行生效法律文书确定的全部或者部分义务,向人民法院提供的担保。

第二条 执行担保可以由被执行人提供财产担保,也可以由他人提供财产担保或者保证。

第三条 被执行人或者他人提供执行担保的,应当向人民法院提交担保书,并将担保书副本送交申请执行人。

3. 动作步骤

第一步,被执行人拒不履行生效法律文书确定的义务,申请执行人向法院申请强制执行。

第二步,被执行人或者第三人向法院提供担保,提交书面担保书,并将担保书副本送交申请执行人。

动作6:出具同意担保书面意见

1. 动作背景

执行案件中,为担保被执行人履行生效法律文书确定的全部或者部分义务,被执行人或者他人可以向法院提供担保。如果申请执行人同意的,应当向法院出具书面同意意见,也可以由执行人员将其同意的内容记入笔录,并由申请执行人签名或者盖章。这样做主要也是为了留存证据,以免将来造成不必要的纠纷。实践中,申请执行人的代理律师可以帮助委托人出具同意担保书面意见,并以此作为证据。等暂缓执行期限届满,被执行人仍不履行义务的,申请恢复执行。

2. 法律依据

《最高人民法院关于执行担保若干问题的规定》(法释〔2020〕21号)

第六条 被执行人或者他人提供执行担保,申请执行人同意的,应当向人民法院出具书面同意意见，也可以由执行人员将其同意的内容记入笔录，并由申请执行人签名或者盖章。

3. 动作步骤

第一步，被执行人拒不履行生效法律文书确定的义务，申请执行人向法院申请强制执行。

第二步，被执行人或者第三人向法院提供担保，提交书面担保书，并将担保书副本送交申请执行人。

第三步，申请执行人同意的，应当向法院出具书面同意意见，也可以由执行人员将其同意的内容记入笔录，并由申请执行人签名或者盖章。

动作7：办理登记等担保物权公示手续

1. 动作背景

执行案件中，为担保被执行人履行生效法律文书确定的全部或者部分义务，被执行人或者他人可以向法院提供担保。如果申请执行人同意的，应当向法院出具书面同意意见，也可以由执行人员将其同意的内容记入笔录，并由申请执行人签名或者盖章。被执行人或者他人提供财产担保，可以依照《民法典》规定办理登记等担保物权公示手续；当然，申请执行人也可以向法院提出申请，请求就担保财产依法办理登记等担保物权公示手续。申请公示主体的多样化，有助于提高执行案件的结案率，尽快帮助申请执行人追回财产。已经办理公示手续的，申请执行人可以依法主张优先受偿权。

2. 法律依据

《最高人民法院关于执行担保若干问题的规定》（法释〔2020〕21号）

第七条第一款　被执行人或者他人提供财产担保，可以依照民法典规定办理登记等担保物权公示手续；已经办理公示手续的，申请执行人可以依法主张优先受偿权。

3. 动作步骤

第一步，被执行人拒不履行生效法律文书确定的义务，申请执行人向法院申请强制执行。

第二步,被执行人或者他人提供财产担保,可以依照《民法典》规定办理登记等担保物权公示手续。

第三步,申请执行人也可以向法院提出办理公示手续。已经办理公示手续的,申请执行人可以依法主张优先受偿权。

动作 8:执行担保财产或保证人财产

1. 动作背景

执行案件中,被执行人或者他人可以提供执行担保,申请执行人同意后,法院经过审查,可以决定暂缓执行。法院决定暂缓执行的,除担保书另有约定外,可以暂缓全部执行措施的实施。担保书内容与事实不符,且对申请执行人合法权益产生实质影响的,法院可以依申请执行人的申请恢复执行。暂缓执行的期限应当与担保书约定一致,但最长不得超过一年。暂缓执行期限届满后,被执行人仍不履行义务,或者暂缓执行期间担保人有转移、隐藏、变卖、毁损担保财产等行为,法院可以依据申请人的申请恢复执行,直接执行担保财产或执行担保人的财产,无须将担保人变更、追加为被执行人,也无须考虑担保人的先诉抗辩权。执行担保财产或者保证人的财产,以担保人应当履行义务部分的财产为限。被执行人有便于执行的现金、银行存款的,应当优先执行该现金、银行存款。

2. 法律依据

《最高人民法院关于执行担保若干问题的规定》(法释〔2020〕21 号)

第十一条 暂缓执行期限届满后被执行人仍不履行义务,或者暂缓执行期间担保人有转移、隐藏、变卖、毁损担保财产等行为的,人民法院可以依申请执行人的申请恢复执行,并直接裁定执行担保财产或者保证人的财产,不得将担保人变更、追加为被执行人。

执行担保财产或者保证人的财产,以担保人应当履行义务部分的财产为限。被执行人有便于执行的现金、银行存款的,应当优先执行该现金、银行存款。

3. 动作步骤

第一步,暂缓执行期限届满后被执行人仍不履行义务,或者暂缓执行期间担保人有转移、隐藏、变卖、毁损担保财产等行为。

第二步,申请执行人向法院提出恢复执行申请,请求直接执行担保财产或者保证人的财产。需要注意的是,此处不得变更、追加担保人为被执行人。

动作9:达成执行和解协议

1. 动作背景

执行过程中,当事人可以达成和解协议,依法变更生效法律文书确定的权利义务主体、履行标的、期限、地点和方式等内容。和解协议达成主要有三种方式:(1)各方当事人共同向法院提交书面和解协议;(2)一方当事人向法院提交书面和解协议,其他当事人予以认可;(3)当事人达成口头和解协议,执行人员将和解协议内容记入笔录,由各方当事人签名、盖章。实际上,即使到了执行阶段,申请执行人与被执行人之间也并非水火不相容,双方仍然可以自愿协商达成和解协议。之后,被执行人根据和解协议的内容进行履行,履行完毕之后,法院作执行结案处理。

执行和解中应特别注意以下几个方面的问题:(1)委托代理人代为执行和解,应当有委托人的特别授权。(2)达成执行和解协议之后,当事人协商一致,还可以变更协议内容。(3)当事人达成以物抵债执行和解协议的,法院不得依据该协议作出以物抵债裁定。

2. 法律依据

《中华人民共和国民事诉讼法》(2021年修正)

第二百三十七条　在执行中,双方当事人自行和解达成协议的,执行员应当将协议内容记入笔录,由双方当事人签名或者盖章。

申请执行人因受欺诈、胁迫与被执行人达成和解协议,或者当事人不履行和解协议的,人民法院可以根据当事人的申请,恢复对原生效法律文书的执行。

《最高人民法院关于执行和解若干问题的规定》(法释〔2020〕21号)

第一条　当事人可以自愿协商达成和解协议,依法变更生效法律文书确定的权利义务主体、履行标的、期限、地点和方式等内容。

和解协议一般采用书面形式。

第四条 委托代理人代为执行和解,应当有委托人的特别授权。

第五条 当事人协商一致,可以变更执行和解协议,并向人民法院提交变更后的协议,或者由执行人员将变更后的内容记入笔录,并由各方当事人签名或者盖章。

第六条 当事人达成以物抵债执行和解协议的,人民法院不得依据该协议作出以物抵债裁定。

3. 动作步骤

第一步,案件已经进入执行阶段,双方当事人进行自愿协商。

第二步,协商一致,达成和解协议。执行人员应当将协议内容记入笔录,由双方当事人签名或者盖章。

动作 10:达成执行和解协议后中止执行

1. 动作背景

在执行中,双方当事人可以自行和解达成协议。达成和解协议后,申请执行人和被执行人可以提出中止执行申请。有下列情形之一的,法院可以裁定中止执行:(1)各方当事人共同向人民法院提交书面和解协议的;(2)一方当事人向人民法院提交书面和解协议,其他当事人予以认可的;(3)当事人达成口头和解协议,执行人员将和解协议内容记入笔录,由各方当事人签名或者盖章的。中止执行后,申请执行人可以申请解除查封、扣押、冻结。中止执行后,当被执行人不履行和解协议时,申请执行人还可申请恢复执行。

2. 法律依据

《最高人民法院关于适用〈中华人民共和国民事诉讼法〉的解释》(法释〔2022〕11 号)

第四百六十四条 申请执行人与被执行人达成和解协议后请求中止执行或者撤回执行申请的,人民法院可以裁定中止执行或者终结执行。

《最高人民法院关于执行和解若干问题的规定》（法释〔2020〕21号）

第二条　和解协议达成后，有下列情形之一的，人民法院可以裁定中止执行：

（一）各方当事人共同向人民法院提交书面和解协议的；

（二）一方当事人向人民法院提交书面和解协议，其他当事人予以认可的；

（三）当事人达成口头和解协议，执行人员将和解协议内容记入笔录，由各方当事人签名或者盖章的。

第三条　中止执行后，申请执行人申请解除查封、扣押、冻结的，人民法院可以准许。

3. 动作步骤

第一步，申请执行人与被执行人达成和解协议。

第二步，申请执行人与被执行人向法院提出中止执行的申请。

第三步，法院可以裁定中止执行。

动作11：达成执行和解协议后终结执行

1. 动作背景

在执行中，双方当事人可以自行和解达成协议。达成和解协议后，申请执行人和被执行人除了可以申请中止执行，还可以撤回执行申请。申请中止执行的，法院可以裁定中止执行；申请撤回执行申请的，法院可以裁定终结执行。其实，从申请执行人角度而言，中止执行更有利于保护其合法权益。因为中止执行后，当被执行人不履行和解协议时，还可申请恢复执行；而一旦终结执行，当被执行人不履行和解协议时，只能按照和解协议另行起诉。此外，终结执行还有两种情形：一是执行和解协议履行完毕的，法院作结案处理，终结执行；二是申请执行人就履行执行和解协议提起诉讼，执行法院受理后，可以裁定终结原生效法律文书的执行，此时，执行中的查封、扣押、冻结措施，自动转为诉讼中的保全措施。

2. 法律依据

《最高人民法院关于适用〈中华人民共和国民事诉讼法〉的解释》（法释〔2022〕11号）

第四百六十四条　申请执行人与被执行人达成和解协议后请求中止执行

或者撤回执行申请的,人民法院可以裁定中止执行或者终结执行。

《最高人民法院关于执行和解若干问题的规定》(法释〔2020〕21号)

第八条 执行和解协议履行完毕的,人民法院作执行结案处理。

第十四条 申请执行人就履行执行和解协议提起诉讼,执行法院受理后,可以裁定终结原生效法律文书的执行。执行中的查封、扣押、冻结措施,自动转为诉讼中的保全措施。

3. 动作步骤

第一步,执行和解过程中,出现了终结执行的法定情形。

第二步,申请执行人与被执行人向法院提出终结执行的申请,或者法院依职权终结执行。

动作12:申请恢复执行原生效法律文书

1. 动作背景

执行案件中,当事人可以自愿协商达成和解协议。达成和解协议之后,双方根据和解协议的内容进行履行,履行完毕之后,法院作执行结案处理。然而实践中,执行和解协议达成之后,履行往往并不是一帆风顺的。有许多被执行人在和解协议约定的期限内,没有按照和解协议约定的履行标的、地点和方式等内容履行,有的根本就不履行。甚至还有些被执行人故意与申请执行人达成和解协议,其目的不是为了履行和解协议确定的义务,而是为了拖延时间,转移财产,逃避执行。针对被执行人不履行和解协议的情况,申请执行人可以向法院提出申请,请求恢复对原生效法律文书的执行。如果和解协议已经部分履行,部分履行的部分应当扣除。此外,除了当事人不履行和解协议,可以恢复对原生效法律文书的执行外,申请执行人因受欺诈、胁迫与被执行人达成和解协议的,也可以申请恢复对原生效法律文书的执行。

2. 法律依据

《中华人民共和国民事诉讼法》(2021年修正)

第二百三十七条第二款 申请执行人因受欺诈、胁迫与被执行人达成和解协议,或者当事人不履行和解协议的,人民法院可以根据当事人的申请,恢复对原生效法律文书的执行。

《最高人民法院关于适用〈中华人民共和国民事诉讼法〉的解释》(法释〔2022〕11号)

第四百六十五条　一方当事人不履行或者不完全履行在执行中双方自愿达成的和解协议,对方当事人申请执行原生效法律文书的,人民法院应当恢复执行,但和解协议已履行的部分应当扣除。和解协议已经履行完毕的,人民法院不予恢复执行。

《最高人民法院关于执行和解若干问题的规定》(法释〔2020〕21号)

第九条　被执行人一方不履行执行和解协议的,申请执行人可以申请恢复执行原生效法律文书,也可以就履行执行和解协议向执行法院提起诉讼。

第十条　申请恢复执行原生效法律文书,适用民事诉讼法第二百三十九条申请执行期间的规定。

当事人不履行执行和解协议的,申请恢复执行期间自执行和解协议约定履行期间的最后一日起计算。

第十一条　申请执行人以被执行人一方不履行执行和解协议为由申请恢复执行,人民法院经审查,理由成立的,裁定恢复执行;有下列情形之一的,裁定不予恢复执行:

(一)执行和解协议履行完毕后申请恢复执行的;

(二)执行和解协议约定的履行期限尚未届至或者履行条件尚未成就的,但符合民法典第五百七十八条规定情形的除外;

(三)被执行人一方正在按照执行和解协议约定履行义务的;

(四)其他不符合恢复执行条件的情形。

3. 动作步骤

第一步,申请执行人因受欺诈、胁迫与被执行人达成和解协议,或者当事人不履行和解协议。

第二步,当事人向法院提出申请,请求恢复对原生效法律文书的执行。

动作 13:就履行执行和解协议向执行法院提起诉讼

1. 动作背景

执行案件中,当事人可以自愿协商达成和解协议,依法变更生效法律文书确定的权利义务主体、履行标的、期限、地点和方式等内容。和解协议达成之后,被执行人拒不履行和解协议的,申请执行人可以申请恢复执行原生效法律文书。恢复执行后,申请执行人则无法就履行执行和解协议提起诉讼。如果和解协议达成之后,被执行人拒不履行和解协议,申请执行人可以不申请恢复对原生效法律文书的执行,可以直接就履行执行和解协议向执行法院提起诉讼,请求被执行人履行和解协议。申请执行人就履行执行和解协议提起诉讼,执行法院受理后,可以裁定终结原生效法律文书的执行。执行中的查封、扣押、冻结措施,自动转为诉讼中的保全措施,无须重新向法院申请查封、扣押、冻结措施。

2. 法律依据

《最高人民法院关于执行和解若干问题的规定》(法释〔2020〕21 号)

第九条 被执行人一方不履行执行和解协议的,申请执行人可以申请恢复执行原生效法律文书,也可以就履行执行和解协议向执行法院提起诉讼。

第十三条 恢复执行后,对申请执行人就履行执行和解协议提起的诉讼,人民法院不予受理。

第十四条 申请执行人就履行执行和解协议提起诉讼,执行法院受理后,可以裁定终结原生效法律文书的执行。执行中的查封、扣押、冻结措施,自动转为诉讼中的保全措施。

3. 动作步骤

第一步,被执行人不履行执行和解协议,且未恢复执行。

第二步,申请执行人就履行执行和解协议向执行法院提起诉讼。

动作 14:执行和解协议履行完毕后另行起诉

1. 动作背景

执行案件中,双方当事人可自行和解达成协议。和解协议达成后,当事人履行完毕和解协议的,在实体上产生债权债务消灭的法律效果,同时在程序上产生执行终结的法律效果。执行和解协议履行完毕的,法院作执行结案处理,即裁定执行终结。虽然执行和解协议履行完毕,但是申请执行人很可能因为被执行人迟延履行、瑕疵履行遭受到了损害,如被执行人迟延履行导致申请执行人无法向客户按时交付商品,或者被执行人瑕疵履行导致申请执行人自身权益受到损失等。由于执行和解协议履行完毕,加之这些损害并不是执行和解协议本身造成的,所以申请执行人无法申请恢复执行原生效法律文书,也无法就履行执行和解协议向执行法院提起诉讼。但是,申请执行人可以向执行法院另行提起诉讼,需要注意的是,这里有管辖权的法院是执行法院。

2. 法律依据

《最高人民法院关于执行和解若干问题的规定》(法释〔2020〕21号)

第十五条 执行和解协议履行完毕,申请执行人因被执行人迟延履行、瑕疵履行遭受损害的,可以向执行法院另行提起诉讼。

3. 动作步骤

第一步,执行和解协议履行完毕,但申请执行人因被执行人迟延履行、瑕疵履行遭受到了损害。

第二步,申请执行人可以向执行法院另行提起诉讼。

动作 15:请求确认执行和解协议无效或者撤销执行和解协议

1. 动作背景

执行案件中,双方当事人可自行和解达成协议。执行和解协议履行完毕的,法院作执行结案处理。然而实践中,当事人达成和解协议之后也往往会出现各种各样的问题。比如,申请执行人或者被执行人认为对方和他人恶意串通,损害了自己利益;或者有利害关系人认为申请执行人或者被执行人处分其财产等。面对这些情况,当事人、利害关系人可以向执行法院提起诉讼,请求确认执行和解协议无效或者撤销执行和解协议。执行和解协议被确认无效或者被撤销后,申请执行人可以据此申请恢复执行。被执行人以执行和解协议无效或者应予撤销为由提起诉讼的,不影响申请执行人申请恢复执行。

2. 法律依据

《最高人民法院关于执行和解若干问题的规定》(法释〔2020〕21号)

第十六条 当事人、利害关系人认为执行和解协议无效或者应予撤销的,可以向执行法院提起诉讼。执行和解协议被确认无效或者撤销后,申请执行人可以据此申请恢复执行。

被执行人以执行和解协议无效或者应予撤销为由提起诉讼的,不影响申请执行人申请恢复执行。

3. 动作步骤

第一步,执行和解协议出现了无效或者应予撤销的情形。

第二步,当事人、利害关系人可以向执行法院提起诉讼,请求确认执行和解协议无效或者请求撤销执行和解协议。

动作16:执行和解协议约定担保

1. 动作背景

执行案件中,申请执行人和被执行人可以自愿协商达成和解协议,依法变更生效法律文书确定的权利义务主体、履行标的、期限、地点和方式等内容。实践中,为了使执行和解协议中确定的义务能在约定履行期限内履行完毕,执行和解协议中往往会约定担保条款。执行和解协议中的担保可以由被执行人提供财产担保,也可以由他人提供财产担保或者保证。如果担保人向法院承诺在被执行人不履行执行和解协议时,自愿接受直接强制执行的,恢复执行原生效法律文书后,申请执行人可以向法院申请执行担保人财产。法院经审查后,可以依申请执行人申请及担保条款的约定,直接裁定执行担保财产或者保证人的财产。需要注意的是,这里无须变更、追加担保人为被执行人。

2. 法律依据

《最高人民法院关于执行和解若干问题的规定》(法释〔2020〕21号)

第十八条 执行和解协议中约定担保条款,且担保人向人民法院承诺在被执行人不履行执行和解协议时自愿接受直接强制执行的,恢复执行原生效法律文书后,人民法院可以依申请执行人申请及担保条款的约定,直接裁定执行担保财产或者保证人的财产。

3. 动作步骤

第一步,执行和解协议中约定了担保条款,且担保人向法院承诺在被执行人不履行执行和解协议时自愿接受直接强制执行。

第二步,恢复执行原生效法律文书后,申请执行人向法院提出执行担保人财产的申请。

第三步,法院可以直接裁定执行担保财产或者保证人的财产。

动作 17:执行和解中提出异议

1. 动作背景

执行案件中,申请执行人和被执行人可以自愿协商达成和解协议。执行和解过程中,如果出现了以下违反法律规定的情形,当事人、利害关系人可以根据《民事诉讼法》第 232 条提出执行行为异议:(1)当事人、利害关系人认为恢复执行或者不予恢复执行违反法律规定的;(2)恢复执行后,执行和解协议已经履行部分应当依法扣除,当事人、利害关系人认为法院的扣除行为违反法律规定的。当事人、利害关系人针对上述情形提出书面异议的,法院应当自收到书面异议之日起 15 日内审查,理由成立的,裁定撤销或者改正;理由不成立的,裁定驳回。当事人、利害关系人对裁定不服的,可以自裁定送达之日起 10 日内向上一级人民法院申请复议。

2. 法律依据

《最高人民法院关于执行和解若干问题的规定》(法释〔2020〕21 号)

第十二条　当事人、利害关系人认为恢复执行或者不予恢复执行违反法律规定的,可以依照民事诉讼法第二百二十五条规定提出异议。

第十七条　恢复执行后,执行和解协议已经履行部分应当依法扣除。当事人、利害关系人认为人民法院的扣除行为违反法律规定的,可以依照民事诉讼法第二百二十五条规定提出异议。

《中华人民共和国民事诉讼法》(2021 年修正)

第二百三十二条 当事人、利害关系人认为执行行为违反法律规定的,可以向负责执行的人民法院提出书面异议。当事人、利害关系人提出书面异议的,人民法院应当自收到书面异议之日起十五日内审查,理由成立的,裁定撤销或者改正;理由不成立的,裁定驳回。当事人、利害关系人对裁定不服的,可以自裁定送达之日起十日内向上一级人民法院申请复议。

3. 动作步骤

第一步,执行和解中当事人、利害关系人认为法院出现违反法律规定的情形。

第二步,当事人、利害关系人可以向法院提出执行行为异议。

动作 18:执行外和解

1. 动作背景

执行外和解,是指执行过程中,被执行人根据当事人自行达成和解协议,但未向法院提交;或者一方当事人向法院提交了和解协议,但其他当事人不予认可。执行外和解,仅仅产生实体法上债权债务消灭等法律效力,并不当然产生执行中止、终结的法律效果,即法院的执行会继续。如果要产生程序上中止、终结执行程序的法律效果,被执行人必须以执行行为异议的方式向法院提出。在执行过程中,被执行人以上述和解协议为由提出执行行为异议的,法院经审查,按照具体情形,分别作出终结执行、中止执行或驳回异议的裁定:(1)终结执行,和解协议履行完毕,裁定终结执行;(2)中止执行,和解协议约定的履行期限尚未届至或者履行条件尚未成就的,裁定中止执行,但符合《民法典》第 578 条规定情形的除外;被执行人一方正在按照和解协议约定履行义务的,裁定中止执行;(3)驳回异议,被执行人不履行和解协议,或者和解协议不成立、未生效或者无效的,裁定驳回异议。

2. 法律依据

《最高人民法院关于执行和解若干问题的规定》(法释〔2020〕21 号)

第十九条 执行过程中,被执行人根据当事人自行达成但未提交人民法院的和解协议,或者一方当事人提交人民法院但其他当事人不予认可的和解协议，依照民事诉讼法第二百二十五条规定提出异议的，人民法院按照下列情形，分别处理：

（一）和解协议履行完毕的，裁定终结原生效法律文书的执行；

（二）和解协议约定的履行期限尚未届至或者履行条件尚未成就的，裁定中止执行，但符合民法典第五百七十八条规定情形的除外；

（三）被执行人一方正在按照和解协议约定履行义务的，裁定中止执行；

（四）被执行人不履行和解协议的，裁定驳回异议；

（五）和解协议不成立、未生效或者无效的，裁定驳回异议。

《中华人民共和国民法典》

第五百七十八条　当事人一方明确表示或者以自己的行为表明不履行合同义务的，对方可以在履行期限届满前请求其承担违约责任。

《中华人民共和国民事诉讼法》（2021年修正）

第二百三十二条　当事人、利害关系人认为执行行为违反法律规定的，可以向负责执行的人民法院提出书面异议。当事人、利害关系人提出书面异议的，人民法院应当自收到书面异议之日起十五日内审查，理由成立的，裁定撤销或者改正；理由不成立的，裁定驳回。当事人、利害关系人对裁定不服的，可以自裁定送达之日起十日内向上一级人民法院申请复议。

3. 动作步骤

第一步，执行过程中出现执行外和解的情形。

第二步，被执行人可以提出执行行为异议。

第三步，法院根据不同情形作出终结执行、中止执行或驳回异议的裁定。

动作19：执行回转

1. 动作背景

强制执行是法院确保当事人合法权益得到有效履行的强有力手段。然而，一旦执行依据的法律文书出现错误，此时就会涉及执行回转的问题。执行回转，是指民事案件正在执行或者已经执行完毕，据以执行的判决、裁定和其他法律文书确有错误被法院撤销或变更，法院按照新的生效法律文书，作出执行回转的裁定，责令原申请执行人返还已取得的财产，恢复到执行前状态的制度。

执行回转是执行依据被撤销或变更所导致,与法院本身的执行程序无关,但法院有义务按照新的生效法律文书,作出执行回转裁定,责令原申请执行人返还已取得的财产。执行回转制度有利于最大限度减少当事人因裁判错误受到的损失,保护当事人受损的利益。

2. 法律依据

《中华人民共和国民事诉讼法》(2021年修正)

第二百四十条 执行完毕后,据以执行的判决、裁定和其他法律文书确有错误,被人民法院撤销的,对已被执行的财产,人民法院应当作出裁定,责令取得财产的人返还;拒不返还的,强制执行。

《最高人民法院关于适用〈中华人民共和国民事诉讼法〉的解释》(法释〔2022〕11号)

第四百七十四条 法律规定由人民法院执行的其他法律文书执行完毕后,该法律文书被有关机关或者组织依法撤销的,经当事人申请,适用民事诉讼法第二百四十条规定。

《最高人民法院关于人民法院执行工作若干问题的规定(试行)》(法释〔2020〕21号)

65. 在执行中或执行完毕后,据以执行的法律文书被人民法院或其他有关机关撤销或变更的,原执行机构应当依照民事诉讼法第二百三十三条的规定,依当事人申请或依职权,按照新的生效法律文书,作出执行回转的裁定,责令原申请执行人返还已取得的财产及其孳息。拒不返还的,强制执行。

执行回转应重新立案,适用执行程序的有关规定。

66. 执行回转时,已执行的标的物系特定物的,应当退还原物。不能退还原物的,经双方当事人同意,可以折价赔偿。

双方当事人对折价赔偿不能协商一致的,人民法院应当终结执行回转程序。申请执行人可以另行起诉。

3. 动作步骤

第一步,民事案件正在执行或者已执行完毕,据以执行的判决、裁定和其他法律文书确有错误被法院撤销或变更。

第二步,法院按照新的生效法律文书,作出执行回转的裁定。

动作 20:执行行为异议

1. 动作背景

在民事执行程序中,执行并不是一帆风顺的,往往会出现各种各样的问题。除了会遇到被执行人隐匿财产、逃避执行的情况,还可能会遇到执行行为违反法律规定的情况,此时当事人、利害关系人可以提出对执行行为的异议。对执行行为的异议,是指当事人、利害关系人认为执行行为违反法律规定时,可以向执行法院提出书面异议。简言之,执行行为异议的对象是法院的执行行为。如果当事人、利害关系人发现法院的执行行为有问题,存在违法情况,且损害了其合法利益,可以对法院的执行行为提出执行行为异议。这为执行案件中当事人、利害关系人的合法权益提供了有效的保护,同时也有利于纠正已经生效执行文书的错误。

2. 法律依据

《中华人民共和国民事诉讼法》(2021 年修正)

第二百三十二条 当事人、利害关系人认为执行行为违反法律规定的,可以向负责执行的人民法院提出书面异议。当事人、利害关系人提出书面异议的,人民法院应当自收到书面异议之日起十五日内审查,理由成立的,裁定撤销或者改正;理由不成立的,裁定驳回。当事人、利害关系人对裁定不服的,可以自裁定送达之日起十日内向上一级人民法院申请复议。

《最高人民法院关于人民法院办理执行异议和复议案件若干问题的规定》(法释〔2020〕21 号)

第一条 异议人提出执行异议或者复议申请人申请复议,应当向人民法院提交申请书。申请书应当载明具体的异议或者复议请求、事实、理由等内容,并附下列材料:

(一)异议人或者复议申请人的身份证明;

(二)相关证据材料;

(三)送达地址和联系方式。

第二条 执行异议符合民事诉讼法第二百二十五条或者第二百二十七条规定条件的,人民法院应当在三日内立案,并在立案后三日内通知异议人和相关当事人。不符合受理条件的,裁定不予受理;立案后发现不符合受理条件的,裁定驳回申请。

执行异议申请材料不齐备的,人民法院应当一次性告知异议人在三日内补足,逾期未补足的,不予受理。

异议人对不予受理或者驳回申请裁定不服的,可以自裁定送达之日起十日内向上一级人民法院申请复议。上一级人民法院审查后认为符合受理条件的,应当裁定撤销原裁定,指令执行法院立案或者对执行异议进行审查。

第三条 执行法院收到执行异议后三日内既不立案又不作出不予受理裁定,或者受理后无正当理由超过法定期限不作出异议裁定的,异议人可以向上一级人民法院提出异议。上一级人民法院审查后认为理由成立的,应当指令执行法院在三日内立案或者在十五日内作出异议裁定。

第五条 有下列情形之一的,当事人以外的自然人、法人和非法人组织,可以作为利害关系人提出执行行为异议:

(一)认为人民法院的执行行为违法,妨碍其轮候查封、扣押、冻结的债权受偿的;

(二)认为人民法院的拍卖措施违法,妨碍其参与公平竞价的;

(三)认为人民法院的拍卖、变卖或者以物抵债措施违法,侵害其对执行标的的优先购买权的;

(四)认为人民法院要求协助执行的事项超出其协助范围或者违反法律规定的;

(五)认为其他合法权益受到人民法院违法执行行为侵害的。

第六条 当事人、利害关系人依照民事诉讼法第二百二十五条规定提出异议的,应当在执行程序终结之前提出,但对终结执行措施提出异议的除外。

案外人依照民事诉讼法第二百二十七条规定提出异议的,应当在异议指向的执行标的执行终结之前提出;执行标的由当事人受让的,应当在执行程序终结之前提出。

第十五条 当事人、利害关系人对同一执行行为有多个异议事由,但未在异议审查过程中一并提出,撤回异议或者被裁定驳回异议后,再次就该执行行为提出异议的,人民法院不予受理。

案外人撤回异议或者被裁定驳回异议后,再次就同一执行标的提出异议的,人民法院不予受理。

3. 动作步骤

第一步,判断法院作出的执行行为是否违反了法律规定,可能损害己方的权益,以及该执行行为是否属于可异议的范围。

第二步,如果符合异议的条件,注意应当在执行程序终结之前向执行法院提交书面申请书(但对终结执行措施提出异议的除外),申请书应当载明具体的异议或者复议请求、事实、理由等内容,并附下列材料:(1)异议人或者复议申请人的身份证明;(2)相关证据材料;(3)送达地址和联系方式。

4. 特别注意

不是针对执行法院作出的所有行为都可以提出执行行为异议,有一些特殊情形有特别救济途径,将在后续程序中加以讲解。

动作 21:执行行为异议复议

1. 动作背景

在执行实践中,由于多方面原因,执行瑕疵不可能完全消除,执行行为的不当或者违法的情形难免发生,损害了当事人和利害关系人的合法权益,因此必须有救济途径。对执行程序中当事人和利害关系人权利的补救和保护,即为执行救济,而执行复议就是其中的一个救济途径。当事人、利害关系人向法院提出执行行为异议之后,法院应当自收到书面异议之日起 15 日内审查,理由成立的,裁定撤销或者改正;理由不成立的,裁定驳回。如果当事人、利害关系人对裁定不服,可以自裁定送达之日起 10 日内向上一级法院申请复议。执行异议审查和复议期间,不停止执行。如果被执行人、利害关系人提供充分、有效的担保请求停止相应处分措施,法院可以准许;反之,申请执行人提供充分、有效的担保请求继续执行的,应当继续执行。

2. 法律依据

《中华人民共和国民事诉讼法》(2021 年修正)

第二百三十二条 当事人、利害关系人认为执行行为违反法律规定的,可以向负责执行的人民法院提出书面异议。当事人、利害关系人提出书面异议的,人民法院应当自收到书面异议之日起十五日内审查,理由成立的,裁定撤销或者改正;理由不成立的,裁定驳回。当事人、利害关系人对裁定不服的,可以自裁定送达之日起十日内向上一级人民法院申请复议。

《最高人民法院关于适用〈中华人民共和国民事诉讼法〉执行程序若干问题的解释》(法释〔2020〕21 号)

第六条 当事人、利害关系人依照民事诉讼法第二百二十五条规定申请复议的,应当采取书面形式。

第七条 当事人、利害关系人申请复议的书面材料,可以通过执行法院转交,也可以直接向执行法院的上一级人民法院提交。

执行法院收到复议申请后,应当在五日内将复议所需的案卷材料报送上一级人民法院;上一级人民法院收到复议申请后,应当通知执行法院在五日内报送复议所需的案卷材料。

第八条 当事人、利害关系人依照民事诉讼法第二百二十五条规定申请复议的,上一级人民法院应当自收到复议申请之日起三十日内审查完毕,并作出裁定。有特殊情况需要延长的,经本院院长批准,可以延长,延长的期限不得超过三十日。

3. 动作步骤

第一步,由于执行行为异议的提起是复议的前提,因此应首先确认提起过执行行为异议,且法院作出了不予受理或者驳回申请的裁定。

第二步,当事人、利害关系人自裁定送达之日起 10 日内,可以向上一级法院申请复议,并提交书面申请书。申请书应当载明具体的异议或者复议请求、事实、理由等内容,并附下列材料:(1)异议人或者复议申请人的身份证明;(2)相关证据材料;(3)送达地址和联系方式。

动作 22:执行标的异议

1. 动作背景

在民事执行程序中,当遇到执行行为违反法律规定的情况时,当事人、利害关系人可以向执行法院提出执行行为异议,这实际上是对执行的程序提出异议。如果执行中的实体权利受到侵害该如何救济?根据法律的规定,案外人可以提出执行标的异议。执行标的异议与执行行为异议不同,只能由案外人提出,因为其本质上是案外人基于实体权利对执行标的提出排除执行的异议。此外,现行的法律法规对一些特殊情况也作出了规定,主要包括被执行人以执行标的系本人及所扶养家属维持生活必需的居住房屋为由提出异议,案外人依据执行标的被查封、扣押、冻结前作出的另案生效法律文书提出排除执行的异议,申请执行人对执行标的依法享有对抗案外人的担保物权等优先受偿权时案外人提出的排除执行异议等。

2. 法律依据

《中华人民共和国民事诉讼法》(2021年修正)

第二百三十四条 执行过程中,案外人对执行标的提出书面异议的,人民法院应当自收到书面异议之日起十五日内审查,理由成立的,裁定中止对该标的的执行;理由不成立的,裁定驳回。案外人、当事人对裁定不服,认为原判决、裁定错误的,依照审判监督程序办理;与原判决、裁定无关的,可以自裁定送达之日起十五日内向人民法院提起诉讼。

《最高人民法院关于适用〈中华人民共和国民事诉讼法〉执行程序若干问题的解释》(法释〔2020〕21号)

第十四条 案外人对执行标的主张所有权或者有其他足以阻止执行标的转让、交付的实体权利的,可以依照民事诉讼法第二百二十七条的规定,向执行法院提出异议。

第十五条 案外人异议审查期间,人民法院不得对执行标的进行处分。

案外人向人民法院提供充分、有效的担保请求解除对异议标的的查封、扣押、冻结的,人民法院可以准许;申请执行人提供充分、有效的担保请求继续执行的,应当继续执行。

因案外人提供担保解除查封、扣押、冻结有错误,致使该标的无法执行的,人民法院可以直接执行担保财产;申请执行人提供担保请求继续执行有错误,给对方造成损失的,应当予以赔偿。

第十六条 案外人执行异议之诉审理期间,人民法院不得对执行标的进行处分。申请执行人请求人民法院继续执行并提供相应担保的,人民法院可以准许。

案外人请求解除查封、扣押、冻结或者申请执行人请求继续执行有错误,给对方造成损失的,应当予以赔偿。

《最高人民法院关于人民法院办理执行异议和复议案件若干问题的规定》(法释〔2020〕21 号)

第六条第二款 案外人依照民事诉讼法第二百二十七条规定提出异议的,应当在异议指向的执行标的执行终结之前提出;执行标的由当事人受让的,应当在执行程序终结之前提出。

第八条 案外人基于实体权利既对执行标的提出排除执行异议又作为利害关系人提出执行行为异议的,人民法院应当依照民事诉讼法第二百二十七条规定进行审查。

案外人既基于实体权利对执行标的提出排除执行异议又作为利害关系人提出与实体权利无关的执行行为异议的,人民法院应当分别依照民事诉讼法第二百二十七条和第二百二十五条规定进行审查。

第二十四条 对案外人提出的排除执行异议,人民法院应当审查下列内容:

(一)案外人是否系权利人;

(二)该权利的合法性与真实性;

(三)该权利能否排除执行。

第二十五条 对案外人的异议,人民法院应当按照下列标准判断其是否系权利人:

(一)已登记的不动产,按照不动产登记簿判断;未登记的建筑物、构筑物及其附属设施,按照土地使用权登记簿、建设工程规划许可、施工许可等相关证据判断;

(二)已登记的机动车、船舶、航空器等特定动产,按照相关管理部门的登记判断;未登记的特定动产和其他动产,按照实际占有情况判断;

(三)银行存款和存管在金融机构的有价证券,按照金融机构和登记结算机构登记的账户名称判断;有价证券由具备合法经营资质的托管机构名义持有的,按照该机构登记的实际出资人账户名称判断;

(四)股权按照工商行政管理机关的登记和企业信用信息公示系统公示的信息判断;

(五)其他财产和权利,有登记的,按照登记机构的登记判断;无登记的,按照合同等证明财产权属或者权利人的证据判断。

案外人依据另案生效法律文书提出排除执行异议,该法律文书认定的执行标的权利人与依照前款规定得出的判断不一致的,依照本规定第二十六条规定处理。

第二十六条 金钱债权执行中，案外人依据执行标的被查封、扣押、冻结前作出的另案生效法律文书提出排除执行异议，人民法院应当按照下列情形，分别处理：

（一）该法律文书系就案外人与被执行人之间的权属纠纷以及租赁、借用、保管等不以转移财产权属为目的的合同纠纷，判决、裁决执行标的归属于案外人或者向其返还执行标的且其权利能够排除执行的，应予支持。

（二）该法律文书系就案外人与被执行人之间除前项所列合同之外的债权纠纷，判决、裁决执行标的归属于案外人或者向其交付、返还执行标的的，不予支持。

（三）该法律文书系案外人受让执行标的的拍卖、变卖成交裁定或者以物抵债裁定且其权利能够排除执行的，应予支持。

金钱债权执行中，案外人依据执行标的被查封、扣押、冻结后作出的另案生效法律文书提出排除执行异议的，人民法院不予支持。

非金钱债权执行中，案外人依据另案生效法律文书提出排除执行异议，该法律文书对执行标的权属作出不同认定的，人民法院应当告知案外人依法申请再审或者通过其他程序解决。

申请执行人或者案外人不服人民法院依照本条第一、二款规定作出的裁定，可以依照民事诉讼法第二百二十七条规定提起执行异议之诉。

第二十七条 申请执行人对执行标的依法享有对抗案外人的担保物权等优先受偿权，人民法院对案外人提出的排除执行异议不予支持，但法律、司法解释另有规定的除外。

3. 动作步骤

第一步，案外人判断自己对执行标的是否享有权利，并准备好相关证据。

第二步，如果案外人享有权利，应当在该执行标的执行程序终结之前向执行法院提交书面申请书（但对终结执行措施提出异议的除外），申请书应当载明具体的异议或者复议请求、事实、理由等内容，并附下列材料：(1)异议人或者复议申请人的身份证明；(2)相关证据材料；(3)送达地址和联系方式。

动作 23:启动审判监督程序

1. 动作背景

在民事执行程序中,当案外人对执行标的有异议的,可以向执行法院提出书面异议。法院应当自收到书面异议之日起 15 日内审查,理由成立的,裁定中止对该标的的执行;理由不成立的,裁定驳回。案外人、当事人对裁定不服,认为原判决、裁定错误的,依照审判监督程序办理。什么是"原判决、裁定错误",举例说明。甲起诉乙,争议为一处房屋,法院终审判决该房屋为甲所有,案件进入执行程序后,法院将该房屋列为执行标的。在执行过程中,案外人丙主张该房屋归自己所有(此即案外人对执行标的主张所有权,构成案外人对执行标的的异议)。法院应当自收到丙的书面异议之日起 15 日内审查,理由成立的,裁定中止对该标的的执行;理由不成立的,裁定驳回。对裁定不服,应当依据审判监督程序处理。因为本案中终审判决确定房屋归甲所有,现在丙认为房屋应为自己所有,显然是认为原判决侵犯自己对该房屋的权利,即认为原生效判决确有错误。对于生效裁判的错误,只能依据审判监督程序处理。

2. 法律依据

《中华人民共和国民事诉讼法》(2021 年修正)

第二百三十四条 执行过程中,案外人对执行标的提出书面异议的,人民法院应当自收到书面异议之日起十五日内审查,理由成立的,裁定中止对该标的的执行;理由不成立的,裁定驳回。案外人、当事人对裁定不服,认为原判决、裁定错误的,依照审判监督程序办理;与原判决、裁定无关的,可以自裁定送达之日起十五日内向人民法院提起诉讼。

3. 动作步骤

第一步,案外人判断自己对执行标的是否享有权利,并准备好相关证据。

第二步,如果案外人享有权利,应当在该执行标的执行程序终结之前向执行法院提交书面申请书(但对终结执行措施提出异议的除外),申请书应当载明具体的异议或者复议请求、事实、理由等内容,并附下列材料:(1)异议人或者复议申请人的身份证明;(2)相关证据材料;(3)送达地址和联系方式。

第三步,法院作出中止执行或者驳回的裁定。

第四步,案外人、当事人对法院作出中止执行或者驳回的裁定不服,并认为原判决、裁定错误,申请启动审判监督程序。

动作 24:案外人执行异议之诉

1. 动作背景

在民事执行程序中,案外人对执行标的有异议的,可以向执行法院提出书面异议。法院应当自收到书面异议之日起 15 日内审查,理由成立的,裁定中止对该标的的执行;理由不成立的,裁定驳回。案外人对裁定不服,认为与原判决、裁定无关的,可以自裁定送达之日起 15 日内向法院提起诉讼,此为案外人执行异议之诉。什么是"与原判决、裁定无关",举例说明:甲起诉乙,要求归还借款 100 万元,法院终审判决乙归还借款 100 万元。案件进入执行程序后,法院将乙的一处房屋列为执行标的。在执行过程中,丙提出,该房屋归自己所有(此即案外人对执行标的主张所有权,构成案外人对执行标的的异议)。法院应当自收到丙的书面异议之日起 15 日内审查,理由成立的,裁定中止对该标的的执行;理由不成立的,裁定驳回。如果丙对该异议的裁定不服,属于"与原判决、裁定无关",可以自裁定送达之日起 15 日内向法院提起诉讼。因为原生效判决只涉及归还借款问题,并不涉及该房屋归属问题,只是在执行中,房屋被列为替代金钱给付义务的执行标的物。案外人丙提出执行标的异议主张房屋权利,该权利与作为执行依据的判决无关,因此不需要启动审判监督程序进行处理。然而,现在甲、乙、丙之间就房屋所有权产生了纠纷,而执行程序不解决纠纷,所以,案外人丙需要通过起诉的方式解决纠纷,即提起执行异议之诉。

2. 法律依据

《中华人民共和国民事诉讼法》(2021 年修正)

第二百三十四条 执行过程中,案外人对执行标的提出书面异议的,人民法院应当自收到书面异议之日起十五日内审查,理由成立的,裁定中止对该标的的执行;理由不成立的,裁定驳回。案外人、当事人对裁定不服,认为原判决、裁定错误的,依照审判监督程序办理;与原判决、裁定无关的,可以自裁定送达之日起十五日内向人民法院提起诉讼。

3. 动作步骤

第一步,案外人判断自己对执行标的是否享有权利,并准备好相关证据。

第二步,如果案外人享有权利,应当在该执行标的执行程序终结之前向执行法院提交书面申请书(但对终结执行措施提出异议的除外),申请书应当载明具体的异议或者复议请求、事实、理由等内容,并附下列材料:(1)异议人或者复议申请人的身份证明;(2)相关证据材料;(3)送达地址和联系方式。

第三步,法院应当自收到书面异议之日起 15 日内审查,理由成立的,裁定中止对该标的的执行;理由不成立的,裁定驳回。

第四步,案外人对裁定不服,认为原判决、裁定错误的,法院依照审判监督程序办理;与原判决、裁定无关的,案外人可以自裁定送达之日起 15 日内向法院提起诉讼。

动作 25:申请执行人执行异议之诉

1. 动作背景

在民事执行程序中,当案外人对执行标的有异议的,可以向执行法院提出书面异议。法院应当自收到书面异议之日起 15 日内审查,理由成立的,裁定中止对该标的的执行;理由不成立的,裁定驳回。如果案外人对裁定不服,认为与原判决、裁定无关,可以自裁定送达之日起 15 日内向法院提起诉讼,此为案外人执行异议之诉。如果当事人对裁定不服,认为与原判决、裁定无关,可以自裁定送达之日起 15 日内向法院提起诉讼,此为执行异议之诉。法院裁定中止对该标的的执行,申请执行人不服的,应当提起执行异议之诉,解决标的物实体归属问题,以实现继续执行的目的;如果申请人在起诉期限届满前,未提起执行异议之诉,法院将会解除或者撤销执行措施。申请执行人起诉作为原告,案外人为被告;被执行人反对申请执行人主张的,作为共同被告;被申请人不反对申请人主张的,可以列其为第三人。申请人起诉的目的是继续执行,故称为执行异议之诉。法院适用一审普通程序审理,认为诉讼请求成立的,判决准许执行;认为诉讼请求不成立的,判决驳回请求。对判决不服的,可以上诉。

2. 法律依据

《中华人民共和国民事诉讼法》(2021 年修正)

第二百三十四条　执行过程中,案外人对执行标的提出书面异议的,人民法院应当自收到书面异议之日起十五日内审查,理由成立的,裁定中止对该标的的执行;理由不成立的,裁定驳回。案外人、当事人对裁定不服,认为原判决、裁定错误的,依照审判监督程序办理;与原判决、裁定无关的,可以自裁定送达之日起十五日内向人民法院提起诉讼。

3. 动作步骤

第一步,案外人判断自己对执行标的是否享有权利,并准备好相关证据。

第二步,如果案外人享有权利,应当在执行程序终结之前向执行法院提交书面申请书(但对终结执行措施提出异议的除外),申请书应当载明具体的异议或者复议请求、事实、理由等内容,并附下列材料:(1)异议人或者复议申请人的身份证明;(2)相关证据材料;(3)送达地址和联系方式。

第三步,法院应当自收到书面异议之日起 15 日内审查,理由成立的,裁定中止对该标的的执行;理由不成立的,裁定驳回。

第四步,当事人对裁定不服,认为原判决、裁定错误的,法院依照审判监督程序办理;与原判决、裁定无关的,当事人可以自裁定送达之日起 15 日内向法院提起诉讼。

动作 26:追加当事人执行异议之诉

1. 动作背景

执行案件中,被申请人或申请人对执行法院作出的变更、追加裁定或驳回申请裁定不服的,可以自裁定书送达之日起 10 日内向上一级法院申请复议,但依据规定应当提起诉讼的除外。该例外情形是:被申请人或申请人对执行法院依据《最高人民法院关于民事执行中变更、追加当事人若干问题的规定》第 14 条第 2 款、第 17 条至第 21 条规定作出的驳回追加申请执行人或者被执行人的裁定不服,此时,被申请人或申请人不能向上一级法院申请复议,而是可以自裁定书送达之日起 15 日内,向执行法院提起执行异议之诉。被申请人提起执行异议之诉的,以申请人为被告。申请人提起执行异议之诉的,以被申请人为被告。被申请人提起的执行异议之诉,法院经审理,按照下列情形分别处理:(1)理由成立的,判决不得变更、追加被申请人为被执行人或者判决变更责任范围;(2)理由不成立的,判决驳回诉讼请求。诉讼期间,法院不得对被申请人争议范围内的财产进行处分。申请人可以请求法院继续执行并提供相应担保。申请人提起的执行异议之诉,人民法院经审理,按照下列情形分别处理:(1)理由成立的,判决变更、追加被申请人为被执行人并承担相应责任或者判决变更责任范围;(2)理由不成立的,判决驳回诉讼请求。

2. 法律依据

《最高人民法院关于民事执行中变更、追加当事人若干问题的规定》(法释〔2020〕21 号)

第十四条第二款 作为被执行人的有限合伙企业,财产不足以清偿生效法律文书确定的债务,申请执行人申请变更、追加未按期足额缴纳出资的有限合伙人为被执行人,在未足额缴纳出资的范围内承担责任的,人民法院应予支持。

第十七条 作为被执行人的营利法人,财产不足以清偿生效法律文书确定的债务,申请执行人申请变更、追加未缴纳或未足额缴纳出资的股东、出资人或依公司法规定对该出资承担连带责任的发起人为被执行人,在尚未缴纳出资的范围内依法承担责任的,人民法院应予支持。

第十八条 作为被执行人的营利法人,财产不足以清偿生效法律文书确定的债务,申请执行人申请变更、追加抽逃出资的股东、出资人为被执行人,在抽逃出资的范围内承担责任的,人民法院应予支持。

第十九条 作为被执行人的公司,财产不足以清偿生效法律文书确定的债务,其股东未依法履行出资义务即转让股权,申请执行人申请变更、追加该原股东或依公司法规定对该出资承担连带责任的发起人为被执行人,在未依法出资的范围内承担责任的,人民法院应予支持。

第二十条 作为被执行人的一人有限责任公司,财产不足以清偿生效法律文书确定的债务,股东不能证明公司财产独立于自己的财产,申请执行人申请变更、追加该股东为被执行人,对公司债务承担连带责任的,人民法院应予支持。

第二十一条 作为被执行人的公司,未经清算即办理注销登记,导致公司无法进行清算,申请执行人申请变更、追加有限责任公司的股东、股份有限公司的董事和控股股东为被执行人,对公司债务承担连带清偿责任的,人民法院应予支持。

第三十二条 被申请人或申请人对执行法院依据本规定第十四条第二款、第十七条至第二十一条规定作出的变更、追加裁定或驳回申请裁定不服的,可以自裁定书送达之日起十五日内,向执行法院提起执行异议之诉。

被申请人提起执行异议之诉的,以申请人为被告。申请人提起执行异议之诉的,以被申请人为被告。

第三十三条 被申请人提起的执行异议之诉,人民法院经审理,按照下列情形分别处理:

(一)理由成立的,判决不得变更、追加被申请人为被执行人或者判决变更责任范围;

(二)理由不成立的,判决驳回诉讼请求。

诉讼期间,人民法院不得对被申请人争议范围内的财产进行处分。申请人请求人民法院继续执行并提供相应担保的,人民法院可以准许。

第三十四条 申请人提起的执行异议之诉,人民法院经审理,按照下列情形分别处理:

(一)理由成立的,判决变更、追加被申请人为被执行人并承担相应责任或者判决变更责任范围;

(二)理由不成立的,判决驳回诉讼请求。

3. 动作步骤

第一步,法院依据《最高人民法院关于民事执行中变更、追加当事人若干问题的规定》第 14 条第 2 款、第 17 条至第 21 条规定,作出了变更、追加裁定或驳回了申请裁定。

第二步,被申请人或申请人对该裁定不服,可以自裁定书送达之日起 15 日内,向执行法院提起执行异议之诉。

动作 27:第三人提起撤销之诉

1. 动作背景

在民事案件中,对当事人双方的诉讼标的,第三人认为有独立请求权的,有权提起诉讼。对当事人双方的诉讼标的,第三人虽然没有独立请求权,但案件处理结果同他有法律上的利害关系的,可以申请参加诉讼,或者由法院通知他参加诉讼。在实践中,第三人往往会因各种事由未参加诉讼,有可能是因其自身事由未参加诉讼,也有可能因不能归责于其本人的事由未参加诉讼。因不能归责于本人的事由未参加诉讼,是指没有被列为生效判决、裁定、调解书当事人,且无过错或者无明显过错的情形。包括:(1)不知道诉讼而未参加的;(2)申请参加未获准许的;(3)知道诉讼,但因客观原因无法参加的;(4)因其他不能归责于本人的事由未参加诉讼的。如果第三人因上述不能归责于本人的事由未参加诉讼,当发生法律效力的判决、裁定、调解书的部分或者全部内容错误,损害其民事权益时,第三人对有权对已经发生法律效力的判决、裁定、调解书提起撤销之诉,以维护自己的合法权益。提起的时间为自知道或者应当知道其民事权益受到损害之日起6个月内,管辖法院为作出该判决、裁定、调解书的法院。

2. 法律依据

《中华人民共和国民事诉讼法》(2021年修正)

第五十九条 对当事人双方的诉讼标的,第三人认为有独立请求权的,有权提起诉讼。

对当事人双方的诉讼标的,第三人虽然没有独立请求权,但案件处理结果同他有法律上的利害关系的,可以申请参加诉讼,或者由人民法院通知他参加诉讼。人民法院判决承担民事责任的第三人,有当事人的诉讼权利义务。

前两款规定的第三人,因不能归责于本人的事由未参加诉讼,但有证据证明发生法律效力的判决、裁定、调解书的部分或者全部内容错误,损害其民事权益的,可以自知道或者应当知道其民事权益受到损害之日起六个月内,向作出该判决、裁定、调解书的人民法院提起诉讼。人民法院经审理,诉讼请求成立的,应当改变或者撤销原判决、裁定、调解书;诉讼请求不成立的,驳回诉讼请求。

《最高人民法院关于适用〈中华人民共和国民事诉讼法〉的解释》(法释〔2022〕11号)

第二百九十条 第三人对已经发生法律效力的判决、裁定、调解书提起撤销之诉的,应当自知道或者应当知道其民事权益受到损害之日起六个月内,向作出生效判决、裁定、调解书的人民法院提出,并应当提供存在下列情形的证据材料:

(一)因不能归责于本人的事由未参加诉讼;

(二)发生法律效力的判决、裁定、调解书的全部或者部分内容错误;

(三)发生法律效力的判决、裁定、调解书内容错误损害其民事权益。

第二百九十一条 人民法院应当在收到起诉状和证据材料之日起五日内送交对方当事人,对方当事人可以自收到起诉状之日起十日内提出书面意见。

人民法院应当对第三人提交的起诉状、证据材料以及对方当事人的书面意见进行审查。必要时,可以询问双方当事人。

经审查,符合起诉条件的,人民法院应当在收到起诉状之日起三十日内立案。不符合起诉条件的,应当在收到起诉状之日起三十日内裁定不予受理。

第二百九十二条 人民法院对第三人撤销之诉案件,应当组成合议庭开庭审理。

3. 动作步骤

第一步,第三人不能归责于本人的事由未参加诉讼。

第二步,第三人有证据证明发生法律效力的判决、裁定、调解书的部分或者全部内容错误,损害了其民事权益。

第三步,第三人在法定期间内向法院提起诉讼,并提交书面起诉状。

动作 28:债权人提起第三人撤销之诉

1. 动作背景

根据《民事诉讼法》第 59 条的规定,提起第三人撤销之诉的主体为因不能归责于本人的事由未参加诉讼的有独立请求权的第三人和无独立请求权的第三人。债权人因属于原案应当参加诉讼的第三人,故一般不能提起第三人撤销之诉。然而实践中,债权人的权利也可能受到损失,如债务人以明显不合理的低价转让财产、以明显不合理的高价受让他人财产或者为他人的债务提供担保,影响了债权人的债权实现。如果债务人的权利义务关系被生效裁判文书确定,导致了债权人本来可以对上述情形行使撤销权而无法行使,有必要赋予债权人提起第三人撤销之诉的权利,以维护其合法权益。虽然法律、司法解释等并没有明确规定债权人可以提起第三人撤销之诉,但是《全国法院民商事审判工作会议纪要》(以下简称《九民纪要》)对此作了规范指引。因考虑到第三人撤销之诉系事后特殊救济程序,为防止债权人滥用诉权,《九民纪要》对债权人提出第三人撤销之诉设置了严格的条件,即仅限于依法享有建设工程价款优先受偿权与船舶优先权、法定撤销权以及作为虚假诉讼受害方的债权人有权提起第三人撤销之诉。

2. 法律依据

《全国法院民商事审判工作会议纪要》(法〔2019〕254 号)

120.【债权人能否提起第三人撤销之诉】第三人撤销之诉中的第三人仅局限于《民事诉讼法》第 56 条规定的有独立请求权及无独立请求权的第三人,而且一般不包括债权人。但是,设立第三人撤销之诉的目的在于,救济第三人享有的因不能归责于本人的事由未参加诉讼但因生效裁判文书内容错误受到损害的民事权益,因此,债权人在下列情况下可以提起第三人撤销之诉:

(1)该债权是法律明确给予特殊保护的债权,如《合同法》第 286 条①规定的建设工程价款优先受偿权,《海商法》第 22 条规定的船舶优先权;

(2)因债务人与他人的权利义务被生效裁判文书确定,导致债权人本来可以对《合同法》第 74 条②和《企业破产法》第 31 条规定的债务人的行为享有撤销权而不能行使的;

(3)债权人有证据证明,裁判文书主文确定的债权内容部分或者全部虚假的。

债权人提起第三人撤销之诉还要符合法律和司法解释规定的其他条件。对于除此之外的其他债权,债权人原则上不得提起第三人撤销之诉。

3. 动作步骤

第一步,出现了《九民纪要》中债权人可以提起第三人撤销之诉的情形。

第二步,债权人向法院提出第三人撤销之诉,并提交书面起诉状。

动作 29:对第三人撤销之诉裁判不服,提起上诉

1. 动作背景

第三人提起撤销之诉中,原告为第三人,被告为生效判决、裁定、调解书的

---

① 现为《民法典》第 807 条。

② 现为《民法典》第 539 条。

当事人，第三人为生效判决、裁定、调解书中没有承担责任的无独立请求权的第三人，管辖法院为作出原判决、裁定、调解书的法院。对第三人撤销或者部分撤销发生法律效力的判决、裁定、调解书内容的请求，法院经审理，按下列情形分别处理：(1)请求成立且确认其民事权利的主张全部或部分成立的，改变原判决、裁定、调解书内容的错误部分；(2)请求成立，但确认其全部或部分民事权利的主张不成立，或者未提出确认其民事权利请求的，撤销原判决、裁定、调解书内容的错误部分；(3)请求不成立的，驳回诉讼请求。法院作出裁判后，如果当事人对裁判不服，可以提起上诉。因为第三人撤销之诉属于一个新的诉讼，适用一审普通程序审理。对一审法院作出的裁判不服的，当事人当然可以提起上诉。

2. 法律依据

《最高人民法院关于适用〈中华人民共和国民事诉讼法〉的解释》（法释〔2022〕11号）

第二百九十八条　对第三人撤销或者部分撤销发生法律效力的判决、裁定、调解书内容的请求，人民法院经审理，按下列情形分别处理：

（一）请求成立且确认其民事权利的主张全部或部分成立的，改变原判决、裁定、调解书内容的错误部分；

（二）请求成立，但确认其全部或部分民事权利的主张不成立，或者未提出确认其民事权利请求的，撤销原判决、裁定、调解书内容的错误部分；

（三）请求不成立的，驳回诉讼请求。

对前款规定裁判不服的，当事人可以上诉。

原判决、裁定、调解书的内容未改变或者未撤销的部分继续有效。

3. 动作步骤

第一步，当事人对法院作出的第三人撤销之诉的裁判不服。

第二步，不服的当事人可以向法院提出上诉，并提交书面上诉状。

动作 30：第三人撤销之诉与一般程序中的再审程序

1. 动作背景

第三人撤销之诉是第三人因不能归责于本人的事由未参加诉讼，但有证据证明已经生效的判决、裁定、调解书的内容有错误而向法院提起的诉讼,以维护其民事权益。再审是对已经生效的判决、裁定、调解书,认为确有错误,对案件再行审理的程序。如果本应作为有独三、无独三的人依法提起了第三人撤销之诉之后,法院主动启动再审,检察院抗诉导致法院启动再审,或者原审当事人申请再审,就会出现第三人撤销之诉审理过程中法院裁定再审的情形,此时再审和第三人撤销之诉只能选择其一,不能同时进行。因为二者目的具有一致性,均是为了纠正原生效判决、裁定、调解书的错误,为了避免司法资源的浪费和程序的重复进行,二者只能择一进行,不能同时进行。

原则上再审优先,将第三人的诉讼请求并入再审程序。因为起诉第三人本应作为原审的有独立请求权的第三人或者无独立请求权的第三人参加诉讼,只因判决已经生效无法参加,故而提起第三人撤销之诉。既然已经启动再审,重新审理案件,第三人可重新参加诉讼,因此应当将第三人诉讼请求并入再审程序。此时,本该作原审有独立请求权的第三人的,以有独立请求权的第三人身份参加诉讼;本该作原审无独立请求权的第三人的,以无独立请求权的第三人身份参加诉讼。但也有例外,当有证据证明原审当事人之间恶意串通损害第三人合法权益时,法院应当先行审理第三人撤销之诉案件,裁定中止再审诉讼。

2. 法律依据

《最高人民法院关于适用〈中华人民共和国民事诉讼法〉的解释》(法释〔2022〕11号)

第二百九十九条 第三人撤销之诉案件审理期间,人民法院对生效判决、裁定、调解书裁定再审的,受理第三人撤销之诉的人民法院应当裁定将第三人的诉讼请求并入再审程序。但有证据证明原审当事人之间恶意串通损害第三人合法权益的,人民法院应当先行审理第三人撤销之诉案件,裁定中止再审诉讼。

第三百条 第三人诉讼请求并入再审程序审理的,按照下列情形分别处理:

(一)按照第一审程序审理的,人民法院应当对第三人的诉讼请求一并审理,所作的判决可以上诉;

(二)按照第二审程序审理的,人民法院可以调解,调解达不成协议的,应当裁定撤销原判决、裁定、调解书,发回一审法院重审,重审时应当列明第三人。

第三百零一条 第三人提起撤销之诉后,未中止生效判决、裁定、调解书执行的,执行法院对第三人依照民事诉讼法第二百三十四条规定提出的执行异议,应予审查。第三人不服驳回执行异议裁定,申请对原判决、裁定、调解书再审的,人民法院不予受理。

案外人对人民法院驳回其执行异议裁定不服，认为原判决、裁定、调解书内容错误损害其合法权益的，应当根据民事诉讼法第二百三十四条规定申请再审，提起第三人撤销之诉的，人民法院不予受理。

3. 动作步骤

第一步，第三人撤销之诉案件在审理期间。

第二步，法院对生效判决、裁定、调解书裁定再审。

第三步，除原审当事人之间恶意串通损害第三人合法权益外，受理第三人撤销之诉的法院裁定将第三人的诉讼请求并入再审程序。

动作 31：第三人撤销之诉与执行标的异议中的再审程序

1. 动作背景

执行程序中，案外人合法权益受到侵害时的救济途径主要有两种，一种是案外人作为第三人提起第三人撤销之诉；另一种是执行标的异议中的再审程序，即案外人对执行标的提出异议之后，案外人对法院驳回其异议的裁定不服，认为原判决、裁定错误，向法院申请再审的程序。案外人对执行标的提出异议和第三人提出撤销之诉都可能会中止执行。案外人对执行标的提出异议，理由成立的，裁定中止执行。第三人提起撤销之诉中，原告提供相应担保的，可以中止执行。虽然案外人可以通过第三人撤销之诉和执行标的异议中的再审程序进行救济，但是二者只能择一行使，不能同时使用。

如果第三人提起撤销之诉，法院裁定中止执行，那么不会存在案外人提出执行标的异议；若法院没有中止执行，此时第三人提出执行标的异议，法院驳回其异议，第三人也不能以原生效判决、裁定、调解书确有错误而提起再审。因为已经提起撤销之诉，无法再提起再审，只能等待法院对第三人撤销之诉的判决。如果案外人先提出对执行标的的异议，法院驳回其异议，案外人不服，认为原判决、裁定、调解书内容错误，也不能提起第三人撤销之诉，只能申请再审。

2. 法律依据

《最高人民法院关于适用〈中华人民共和国民事诉讼法〉的解释》（法释〔2022〕11号）

第三百零一条　第三人提起撤销之诉后，未中止生效判决、裁定、调解书执行的,执行法院对第三人依照民事诉讼法第二百三十四条规定提出的执行异议,应予审查。第三人不服驳回执行异议裁定,申请对原判决、裁定、调解书再审的,人民法院不予受理。

案外人对人民法院驳回其执行异议裁定不服,认为原判决、裁定、调解书内容错误损害其合法权益的,应当根据民事诉讼法第二百三十四条规定申请再审,提起第三人撤销之诉的,人民法院不予受理。

3. 动作步骤

第一步,分析案件实际情况。

第二步,根据具体案情,选择第三人撤销之诉与执行标的异议中的再审程序其中之一。

动作32:申请参与分配

1. 动作背景

参与分配,是指执行程序开始后,因债务人的财产不足以清偿多个债权人的债权,申请执行人以外的其他债权人凭借有效的执行依据加入已经开始的执行过程中,使各个债权人能够平等受偿的制度。参与分配的适用条件如下:(1)参与分配只适用于公民或者其他组织,对法人不适用。因为对法人可以适用破产制度,不再适用参与分配制度。(2)有多个申请人对该被申请人享有到期债权,并且已经取得执行依据,起诉后尚未获得执行依据的债权人不具有参与分配的资格。(3)被执行人的财产不能清偿所有债权。(4)参与分配申请应当在执行程序开始后,被执行人的财产执行终结前提出。申请参与分配,申请人应当提交申请书。申请书应当写明参与分配和被执行人不能清偿所有债权的事实、理由,并附有执行依据。

2. 法律依据

《最高人民法院关于适用〈中华人民共和国民事诉讼法〉的解释》(法释〔2022〕11号)

第五百零六条 被执行人为公民或者其他组织,在执行程序开始后,被执行人的其他已经取得执行依据的债权人发现被执行人的财产不能清偿所有债权的，可以向人民法院申请参与分配。

对人民法院查封、扣押、冻结的财产有优先权、担保物权的债权人，可以直接申请参与分配，主张优先受偿权。

第五百零七条　申请参与分配，申请人应当提交申请书。申请书应当写明参与分配和被执行人不能清偿所有债权的事实、理由，并附有执行依据。

参与分配申请应当在执行程序开始后，被执行人的财产执行终结前提出。

3. 动作步骤

第一步，被执行人为公民或者其他组织，在执行程序开始后，被执行人的其他已经取得执行依据的债权人发现被执行人的财产不能清偿所有债权。

第二步，债权人可以向法院申请参与分配，并提交书面申请书。

动作 33：确定参与分配清偿顺序

1. 动作背景

被执行人为公民或者其他组织，在执行程序开始后，被执行人的其他已经取得执行依据的债权人发现被执行人的财产不能清偿所有债权的，可以向法院申请参与分配。实践中，申请参与分配的债权人往往不止一个，有的债权人申请在先，有的债权人申请在后；有的债权人是普通债权人，有的债权人则对执行标的物享有担保物权；等等。面对这些不同申请时间、不同债权人参与分配的复杂情况，确定清偿顺序显得尤为重要。根据《民事诉讼法》解释的相关规定，参与分配的清偿顺序如下：（1）执行费用；（2）优先受偿的债权；（3）普通债权，原则上按照其占全部申请参与分配债权数额的比例受偿；（4）剩余债务，清偿后的剩余债务，被执行人应当继续清偿，债权人发现被执行人有其他财产的，可以随时请求法院执行。

2. 法律依据

《最高人民法院关于适用〈中华人民共和国民事诉讼法〉的解释》（法释〔2022〕11 号）

第五百零八条　参与分配执行中，执行所得价款扣除执行费用，并清偿应当优先受偿的债权后，对于普通债权，原则上按照其占全部申请参与分配债权数额的比例受偿。清偿后的剩余债务,被执行人应当继续清偿。债权人发现被执行人有其他财产的,可以随时请求人民法院执行。

《最高人民法院关于人民法院执行工作若干问题的规定(试行)》(法释〔2020〕21号)

56.对参与被执行人财产的具体分配,应当由首先查封、扣押或冻结的法院主持进行。

首先查封、扣押、冻结的法院所采取的执行措施如系为执行财产保全裁定,具体分配应当在该院案件审理终结后进行。

3.动作步骤

第一步,债权人已经申请参与分配。

第二步,法院按照法律规定确定清偿顺序。

动作34:提出分配方案书面异议

1.动作背景

被执行人为公民或者其他组织,在执行程序开始后,被执行人的其他已经取得执行依据的债权人发现被执行人的财产不能清偿所有债权的,可以向法院申请参与分配。实践中,申请参与分配的债权人往往不止一个,经常是多个债权人对被执行人财产申请参与分配。当多个债权人对执行财产申请参与分配时,执行法院应当制作财产分配方案。然而,当法院制作出分配方案之后,无论是债权人还是被执行人都可能会对分配方案内容产生异议。如果债权人或被执行人对分配方案有异议,可以对分配方案提出书面异议。需要注意的是,被执行人也有权提出分配方案书面异议,因为法院在制作分配方案时,应考虑被执行人财产现有状况,如果被执行人发现所列的财产状况与其实际状况不符,可以及时提出异议,申请纠正。当然,债权人应当先调查了解被执行人所涉债权基本情况,再决定是否提出分配方案书面异议。

2.法律依据

《最高人民法院关于适用〈中华人民共和国民事诉讼法〉的解释》(法释〔2022〕11号)

第五百零九条 多个债权人对执行财产申请参与分配的,执行法院应当制作财产分配方案，并送达各债权人和被执行人。债权人或者被执行人对分配方案有异议的，应当自收到分配方案之日起十五日内向执行法院提出书面异议。

《最高人民法院关于适用〈中华人民共和国民事诉讼法〉执行程序若干问题的解释》（法释〔2020〕21 号）

第十七条 多个债权人对同一被执行人申请执行或者对执行财产申请参与分配的，执行法院应当制作财产分配方案，并送达各债权人和被执行人。债权人或者被执行人对分配方案有异议的，应当自收到分配方案之日起十五日内向执行法院提出书面异议。

3. 动作步骤

债权人：

第一步，先调查了解被执行人所涉债权基本情况。

第二步，自收到财产分配方案之日起 15 日内，向法院提交分配方案异议申请书，说明原因，并附分配方案。

被执行人：

第一步，核实自己的财产情况。

第二步，自收到财产分配方案之日起 15 日内，向法院提交分配方案异议申请书，说明原因，并附分配方案。

动作 35：提起执行分配方案异议之诉

1. 动作背景

2009 年 1 月 1 日施行的《最高人民法院关于适用〈中华人民共和国民事诉讼法〉执行程序若干问题的解释》（以下简称《2009 年执行程序司法解释》）第 26 条首次明确规定了执行分配方案异议之诉。2015 年 2 月 4 日生效的《最高人民法院关于适用〈中华人民共和国民事诉讼法〉的解释》（以下简称《民事诉讼法司法解释》）第 512 条对《2009 年执行程序司法解释》第 20 条进行了重申。2022 年 4 月 1 日《民事诉讼法司法解释》修改之后，第 510 条仍然保留了执行分配方案异议之诉。虽然执行分配方案异议之诉并未在《民事诉讼法》中予以规定，但是司法解释已经确立其为执行异议之诉的一种。

执行分配方案异议之诉的最终目的是撤销、部分撤销执行分配方案。当然,请求撤销的前提是需要确认债权人或被执行人的某项实体权利,如优先受偿权、抵销权,或是对执行分配方案中的分配比例、数额的更正。因此,执行分配方案异议之诉的诉讼请求主要有两项,第一项是"请求确认债权人或被执行人的某项实体权利",第二项为"撤销或部分撤销执行分配方案"。异议人提出分配方案异议之诉的,被告为提出反对意见的债权人、被执行人,管辖法院为执行法院。

2. 法律依据

《最高人民法院关于适用〈中华人民共和国民事诉讼法〉的解释》(法释〔2022〕11号)

第五百一十条 债权人或者被执行人对分配方案提出书面异议的,执行法院应当通知未提出异议的债权人、被执行人。

未提出异议的债权人、被执行人自收到通知之日起十五日内未提出反对意见的,执行法院依异议人的意见对分配方案审查修正后进行分配;提出反对意见的,应当通知异议人。异议人可以自收到通知之日起十五日内,以提出反对意见的债权人、被执行人为被告,向执行法院提起诉讼;异议人逾期未提起诉讼的,执行法院按照原分配方案进行分配。

诉讼期间进行分配的,执行法院应当提存与争议债权数额相应的款项。

3. 动作步骤

第一步,债权人或者被执行人对执行分配方案有异议。

第二步,债权人或者被执行人向法院提出执行分配方案异议之诉,并提交书面异议书。

动作36:申请执行转破产

1. 动作背景

2015年2月4日生效的《民事诉讼法司法解释》第513条首次规定了执行转破产制度;2017年1月20日发布的《最高人民法院关于执行案件移送破产审查若干问题的指导意见》,进一步规范了执行案件移送破产审查工作,以保障执行程序与破产程序的有序衔接;2018 年 3 月 4 日最高人民法院发布的《全国法院破产审判工作会议纪要》,对“执转破”程序衔接再次作出规定,要求大力推动符合破产条件的执行案件,包括执行不能案件进入破产程序,充分发挥破产程序的制度价值。2022 年 4 月 1 日《民事诉讼法司法解释》修改之后,第 511 条仍然保留了执行转破产制度。申请对被执行人执行转破产,也是强制执行的“杀手锏”之一,尤其是对于正常经营的企业、恶意逃废债的企业、知识产权价值或者行政许可价值比较高的企业,一旦进入破产程序,被执行人将受到较大损失。

执行案件中,当被执行人为企业法人,且存续状态正常,但其拒不履行生效法律文书确定的义务时,申请执行人可以调查其真实的生产经营状况。如果作为被执行人的企业法人不能清偿到期债务,并且资产不足以清偿全部债务或者明显缺乏清偿能力(符合破产条件),经申请执行人或者被执行人之一同意,执行法院应当裁定中止对该被执行人的执行,将执行案件相关材料移送被执行人住所地法院(执行转破产)。如果被执行人住所地法院裁定受理破产案件,执行法院应当解除对被执行人财产的保全措施。被执行人住所地法院裁定宣告被执行人破产,执行法院应当裁定终结对该被执行人的执行。如果当事人不同意移送破产或者被执行人住所地法院不受理破产案件,执行法院就执行变价所得财产,在扣除执行费用及清偿优先受偿的债权后,对于普通债权,按照财产保全和执行中查封、扣押、冻结财产的先后顺序清偿。

2. 法律依据

《最高人民法院关于适用〈中华人民共和国民事诉讼法〉的解释》(法释〔2022〕11 号)

第五百一十一条　在执行中,作为被执行人的企业法人符合企业破产法第二条第一款规定情形的,执行法院经申请执行人之一或者被执行人同意,应当裁定中止对该被执行人的执行,将执行案件相关材料移送被执行人住所地人民法院。

第五百一十二条　被执行人住所地人民法院应当自收到执行案件相关材料之日起三十日内,将是否受理破产案件的裁定告知执行法院。不予受理的,应当将相关案件材料退回执行法院。

第五百一十三条　被执行人住所地人民法院裁定受理破产案件的,执行法院应当解除对被执行人财产的保全措施。被执行人住所地人民法院裁定宣告被执行人破产的,执行法院应当裁定终结对该被执行人的执行。

被执行人住所地人民法院不受理破产案件的,执行法院应当恢复执行。

第五百一十四条 当事人不同意移送破产或者被执行人住所地人民法院不受理破产案件的,执行法院就执行变价所得财产,在扣除执行费用及清偿优先受偿的债权后,对于普通债权,按照财产保全和执行中查封、扣押、冻结财产的先后顺序清偿。

《最高人民法院关于执行案件移送破产审查若干问题的指导意见》(法发〔2017〕2 号)

2. 执行案件移送破产审查,应同时符合下列条件:

(1)被执行人为企业法人;

(2)被执行人或者有关被执行人的任何一个执行案件的申请执行人书面同意将执行案件移送破产审查;

(3)被执行人不能清偿到期债务,并且资产不足以清偿全部债务或者明显缺乏清偿能力。

3. 执行案件移送破产审查,由被执行人住所地人民法院管辖。在级别管辖上,为适应破产审判专业化建设的要求,合理分配审判任务,实行以中级人民法院管辖为原则、基层人民法院管辖为例外的管辖制度。中级人民法院经高级人民法院批准,也可以将案件交由具备审理条件的基层人民法院审理。

3. 动作步骤

第一步,被执行人为企业法人且为存续状态正常,但其拒不履行生效法律文书确定的义务。

第二步,申请执行人可以向法院申请执行转破产。

动作 37:申请执行到期债权

1. 动作背景

在执行案件中,当被执行人不能清偿债务时,可以查看其是否对案外的第三人享有到期债权。如果被执行人对第三人,也就是次债务人享有到期债权,申请执行人或者被执行人可以向法院申请,向第三人发出履行到期债务的通知,对该第三人强制执行。这里需要注意三点,一是被执行人对第三人享有的债权必须是到期债权，如果债权尚未到期，第三人没有向被执行人履行的义务，也无法申请对第三人尚未到期的债权强制执行；二是申请执行人也可以向法院申请执行案外人对第三人享有的到期债权，主要是为了防止被执行人怠于行使对第三人享有到期债权的权利，这里申请执行人行使的是代为执行权；三是法院需要向第三人发出履行到期债务通知书，履行通知必须直接送达第三人。

2. 法律依据

《最高人民法院关于人民法院执行工作若干问题的规定（试行）》（法释〔2020〕21号）

45. 被执行人不能清偿债务，但对本案以外的第三人享有到期债权的，人民法院可以依申请执行人或被执行人的申请，向第三人发出履行到期债务的通知（以下简称履行通知）。履行通知必须直接送达第三人。

履行通知应当包含下列内容：

（1）第三人直接向申请执行人履行其对被执行人所负的债务，不得向被执行人清偿；

（2）第三人应当在收到履行通知后的十五日内向申请执行人履行债务；

（3）第三人对履行到期债权有异议的，应当在收到履行通知后的十五日内向执行法院提出；

（4）第三人违背上述义务的法律后果。

3. 动作步骤

第一步，被执行人不能清偿债务，但对本案以外的第三人享有到期债权。

第二步，申请执行人或被执行人向法院提出申请，并提交书面申请书，请求法院向第三人发出履行到期债务通知书。

第三步，法院向第三人发出履行到期债务通知书，第三人在法定期限内未提出异议或提出异议不符合法律规定情形的，法院对该第三人强制执行。

动作38：第三人对执行到期债权提出异议

1. 动作背景

执行案件中，当被执行人不能清偿债务，但对案外的第三人享有到期债权时,法院可以依申请执行人或被执行人的申请,向第三人发出履行到期债务的通知。第三人收到履行到期债务的通知之后,可以提出异议。这里的异议主要指的是第三人对其与被执行人之间是否存在到期债权以及到期债权的具体数额是多少有异议。异议一般应当以书面的形式在履行到期债务的通知指定的期间内提出。一旦第三人提出异议,法院则不得对其强制执行,且对提出的异议不进行审查,申请执行人可以通过提起代位权诉讼主张权利。需要注意的是,第三人提出自己无履行能力或其与申请执行人无直接法律关系,不属于异议。因为无履行能力并没有否认到期债权存在,只是没有能力履行债务而已;与申请执行人无直接法律关系,也并没有否认到期债权的存在,何况这也将与代位权产生冲突。

2. 法律依据

《最高人民法院关于适用〈中华人民共和国民事诉讼法〉的解释》(法释〔2022〕11号)

第四百九十九条 人民法院执行被执行人对他人的到期债权,可以作出冻结债权的裁定,并通知该他人向申请执行人履行。

该他人对到期债权有异议,申请执行人请求对异议部分强制执行的,人民法院不予支持。利害关系人对到期债权有异议的,人民法院应当按照民事诉讼法第二百三十四条规定处理。

对生效法律文书确定的到期债权,该他人予以否认的,人民法院不予支持。

《最高人民法院关于人民法院执行工作若干问题的规定(试行)》(法释〔2020〕21号)

45. 被执行人不能清偿债务,但对本案以外的第三人享有到期债权的,人民法院可以依申请执行人或被执行人的申请,向第三人发出履行到期债务的通知(以下简称履行通知)。履行通知必须直接送达第三人。

履行通知应当包含下列内容:

(1)第三人直接向申请执行人履行其对被执行人所负的债务,不得向被执行人清偿;

(2)第三人应当在收到履行通知后的十五日内向申请执行人履行债务;

(3)第三人对履行到期债权有异议的,应当在收到履行通知后的十五日内向执行法院提出;

(4)第三人违背上述义务的法律后果。

46. 第三人对履行通知的异议一般应当以书面形式提出，口头提出的，执行人员应记入笔录，并由第三人签字或盖章。

47. 第三人在履行通知指定的期间内提出异议的，人民法院不得对第三人强制执行，对提出的异议不进行审查。

48. 第三人提出自己无履行能力或其与申请执行人无直接法律关系，不属于本规定所指的异议。

第三人对债务部分承认、部分有异议的，可以对其承认的部分强制执行。

3. 动作步骤

第一步，法院依申请执行人或被执行人的申请，向第三人发出履行到期债务的通知。

第二步，第三人对履行到期债权有异议，向法院提交书面异议书。

动作39：利害关系人对执行到期债权提出异议

1. 动作背景

执行案件中，当被执行人不能清偿债务，但对案外的第三人享有到期债权时，法院可以依申请执行人或被执行人的申请，向第三人发出履行到期债务的通知。第三人收到履行到期债务的通知之后，可以在履行通知指定的期间内提出异议。提出异议的，法院不得对第三人强制执行，申请执行人可以提起代位权之诉救济自己权利。那如果利害关系人对到期债权有异议，比如，利害关系人主张其是到期债权的实际权利人，该如何救济呢？根据《民事诉讼法司法解释》第499条的规定，利害关系人对到期债权有异议的，法院应当按照《民事诉讼法》第234条规定处理。根据此规定，利害关系人对到期债权有异议的，可以根据《民事诉讼法》第234条的规定提出执行异议。需要注意的是，《民事诉讼法》第234条规定的提出执行异议的主体是案外人，而《民事诉讼法司法解释》第499条规定的“利害关系人”其实就是正在进行的执行程序中的“案外人”，而不是《民事诉讼法》第232条规定的提出执行行为异议的“利害关系人”。

2. 法律依据

《中华人民共和国民事诉讼法》（2021年修正）

第二百三十四条 执行过程中，案外人对执行标的提出书面异议的，人民法院应当自收到书面异议之日起十五日内审查,理由成立的,裁定中止对该标的的执行;理由不成立的,裁定驳回。案外人、当事人对裁定不服,认为原判决、裁定错误的,依照审判监督程序办理;与原判决、裁定无关的,可以自裁定送达之日起十五日内向人民法院提起诉讼。

《最高人民法院关于适用〈中华人民共和国民事诉讼法〉的解释》(法释〔2022〕11号)

第四百九十九条 人民法院执行被执行人对他人的到期债权,可以作出冻结债权的裁定,并通知该他人向申请执行人履行。

该他人对到期债权有异议,申请执行人请求对异议部分强制执行的,人民法院不予支持。利害关系人对到期债权有异议的,人民法院应当按照民事诉讼法第二百三十四条规定处理。

对生效法律文书确定的到期债权,该他人予以否认的,人民法院不予支持。

3. 动作步骤

第一步,利害关系人对到期债权有异议。

第二步,利害关系人可以向法院提出执行标的异议,并提交书面申请书/异议书。

动作40:强制执行第三人财产

1. 动作背景

执行过程中,被执行人不能清偿债务,但对案外的第三人享有到期债权的,法院可以依申请执行人或被执行人的申请,向第三人发出履行到期债务的通知,对该第三人强制执行。第三人可以在履行通知指定的期间内提出异议,一旦第三人提出异议,法院则不得对其强制执行。根据相关法律规定,以下情形法院可以对第三人强制执行:(1)第三人对债务部分承认的,可以对其承认的部分强制执行;(2)第三人在履行通知指定的期限内没有提出异议,而又不履行的,执行法院有权裁定对其强制执行;(3)被执行人收到法院履行通知后,放弃其对第三人的债权或延缓第三人履行期限的行为无效,法院仍可在第三人无异议又不履行的情况下予以强制执行。法院对第三人强制履行后,第三人确无财产可供执行的，不得再次代位履行，即不得就第三人对他人享有的到期债权强制执行。

2. 法律依据

《最高人民法院关于人民法院执行工作若干问题的规定（试行）》（法释〔2020〕21号）

48. 第三人提出自己无履行能力或其与申请执行人无直接法律关系，不属于本规定所指的异议。

第三人对债务部分承认、部分有异议的，可以对其承认的部分强制执行。

49. 第三人在履行通知指定的期限内没有提出异议，而又不履行的，执行法院有权裁定对其强制执行。此裁定同时送达第三人和被执行人。

50. 被执行人收到人民法院履行通知后，放弃其对第三人的债权或延缓第三人履行期限的行为无效，人民法院仍可在第三人无异议又不履行的情况下予以强制执行。

51. 第三人收到人民法院要求其履行到期债务的通知后，擅自向被执行人履行，造成已向被执行人履行的财产不能追回的，除在已履行的财产范围内与被执行人承担连带清偿责任外，可以追究其妨害执行的责任。

52. 在对第三人作出强制执行裁定后，第三人确无财产可供执行的，不得就第三人对他人享有的到期债权强制执行。

53. 第三人按照人民法院履行通知向申请执行人履行了债务或已被强制执行后，人民法院应当出具有关证明。

3. 动作步骤

第一步，被执行人不能清偿债务，但对本案以外的第三人享有到期债权。

第二步，申请执行人或被执行人向法院提出申请，并提交书面申请书，请求法院向第三人发出履行到期债务通知书。

第三步，法院向第三人发出履行到期债务通知书，第三人在法定期限内未提出异议或提出异议不符合法律规定情形。

第四步，法院应当强制执行第三人财产。

动作 41:案外人对被冻结股权提出排除执行标的异议

1. 动作背景

在执行案件中,当被执行人拒不履行生效法律文书确定的义务时,申请人可以申请法院冻结被执行人的股权。法院可以冻结下列资料或者信息之一载明的属于被执行人的股权:(1)股权所在公司的章程、股东名册等资料;(2)公司登记机关的登记、备案信息;(3)国家企业信用信息公示系统的公示信息。实践中,冻结的被执行人股权很有可能是案外人的,比如案外人与被执行人之间签订过代持股协议。此时,案外人可以基于实体权利对被冻结股权提出排除执行异议,法院应当进行审查,作出裁定。

2. 法律依据

《中华人民共和国民事诉讼法》(2021 年修正)

第二百三十四条 执行过程中,案外人对执行标的提出书面异议的,人民法院应当自收到书面异议之日起十五日内审查,理由成立的,裁定中止对该标的的执行;理由不成立的,裁定驳回。案外人、当事人对裁定不服,认为原判决、裁定错误的,依照审判监督程序办理;与原判决、裁定无关的,可以自裁定送达之日起十五日内向人民法院提起诉讼。

《最高人民法院关于人民法院强制执行股权若干问题的规定》(法释〔2021〕20 号)

第四条 人民法院可以冻结下列资料或者信息之一载明的属于被执行人的股权:

(一)股权所在公司的章程、股东名册等资料;

(二)公司登记机关的登记、备案信息;

(三)国家企业信用信息公示系统的公示信息。

案外人基于实体权利对被冻结股权提出排除执行异议的,人民法院应当依照民事诉讼法第二百二十七条的规定进行审查。

3. 动作步骤

第一步,被执行人股权被冻结。

第二步,案外人可以基于实体权利对被冻结股权提出排除执行标的异议。

动作 42：被执行人对冻结明显超标的额提出执行行为异议

1. 动作背景

在执行案件中，当被执行人拒不履行生效法律文书确定的义务时，申请人可以申请法院冻结被执行人的股权。实践中，被执行人的股权价值很可能远超需要履行的债权数额，是冻结全部股权还是部分股权呢？根据法律相关规定，法院冻结被执行人股权的，应当以其价额足以清偿生效法律文书确定的债权额及执行费用为限，不得明显超标的额冻结。如果被执行人认为冻结明显超标的额的，可以向法院提出书面异议，并需要附证明股权等查封、扣押、冻结财产价额的证据材料。法院经过审查之后，裁定异议成立的，应当解除对明显超标的额部分的冻结。

2. 法律依据

《中华人民共和国民事诉讼法》（2021 年修正）

第二百三十二条　当事人、利害关系人认为执行行为违反法律规定的，可以向负责执行的人民法院提出书面异议。当事人、利害关系人提出书面异议的，人民法院应当自收到书面异议之日起十五日内审查，理由成立的，裁定撤销或者改正；理由不成立的，裁定驳回。当事人、利害关系人对裁定不服的，可以自裁定送达之日起十日内向上一级人民法院申请复议。

《最高人民法院关于人民法院强制执行股权若干问题的规定》（法释〔2021〕20 号）

第五条　人民法院冻结被执行人的股权，以其价额足以清偿生效法律文书确定的债权额及执行费用为限，不得明显超标的额冻结。股权价额无法确定的，可以根据申请执行人申请冻结的比例或者数量进行冻结。

被执行人认为冻结明显超标的额的，可以依照民事诉讼法第二百二十五条的规定提出书面异议，并附证明股权等查封、扣押、冻结财产价额的证据材料。人民法院审查后裁定异议成立的，应当自裁定生效之日起七日内解除对明显超标的额部分的冻结。

3. 动作步骤

第一步，被执行人认为冻结明显超标的额。

第二步,被执行人向法院提出书面异议,并附证明股权等查封、扣押、冻结财产价额的证据材料。

动作43:申请执行仲裁裁决或仲裁调解书

1.动作背景

实践中,民事活动纷繁复杂,由民事活动产生的民事纠纷也是层出不穷。当出现民事纠纷时,除了向法院提起诉讼之外,还可以向仲裁机构申请仲裁。根据《仲裁法》的规定,平等主体的公民、法人和其他组织之间发生的合同纠纷和其他财产权益纠纷,可以仲裁。当事人采用仲裁方式解决纠纷,应当双方自愿,达成仲裁协议。没有仲裁协议,一方申请仲裁的,仲裁委员会不予受理。仲裁庭在作出裁决前,可以先行调解。当事人自愿调解的,仲裁庭应当调解。调解不成的,应当及时作出裁决。调解达成协议的,仲裁庭应当制作调解书或者根据协议的结果制作裁决书。调解书与裁决书具有同等法律效力。对仲裁机构作出的仲裁裁决或者仲裁调解书,一方当事人不履行的,对方当事人可以向有管辖权的法院申请执行。这里有管辖权的法院一般是指被执行人住所地或者被执行的财产所在地的中级人民法院。

2.法律依据

《中华人民共和国民事诉讼法》(2021年修正)

第二百四十四条第一款 对依法设立的仲裁机构的裁决,一方当事人不履行的,对方当事人可以向有管辖权的人民法院申请执行。受申请的人民法院应当执行。

《最高人民法院关于人民法院办理仲裁裁决执行案件若干问题的规定》(法释〔2018〕5号)

第二条 当事人对仲裁机构作出的仲裁裁决或者仲裁调解书申请执行的,由被执行人住所地或者被执行的财产所在地的中级人民法院管辖。

符合下列条件的,经上级人民法院批准,中级人民法院可以参照民事诉讼法第三十八条的规定指定基层人民法院管辖:

(一)执行标的额符合基层人民法院一审民商事案件级别管辖受理范围;

(二)被执行人住所地或者被执行的财产所在地在被指定的基层人民法院

辖区内;

被执行人、案外人对仲裁裁决执行案件申请不予执行的,负责执行的中级人民法院应当另行立案审查处理;执行案件已指定基层人民法院管辖的,应当于收到不予执行申请后三日内移送原执行法院另行立案审查处理。

3. 动作步骤

第一步,仲裁机构已经作出的仲裁裁决或者仲裁调解书。

第二步,一方当事人不履行仲裁裁决或者仲裁调解书确定的义务。

第三步,对方当事人可以向有管辖权的法院申请执行。

动作 44:对驳回执行申请裁定不服,申请复议

1. 动作背景

通过仲裁解决纠纷的,当事人可以对仲裁机构作出的仲裁裁决或者仲裁调解书申请执行。如果仲裁裁决或者仲裁调解书执行内容具有下列情形之一,法院可以裁定全部驳回或部分驳回执行申请:(1)权利义务主体不明确;(2)金钱给付具体数额不明确或者计算方法不明确导致无法计算出具体数额;(3)交付的特定物不明确或者无法确定;(4)行为履行的标准、对象、范围不明确;(4)仲裁裁决或者仲裁调解书仅确定继续履行合同,但对继续履行的权利义务,以及履行的方式、期限等具体内容不明确,导致无法执行的;(5)对仲裁裁决主文或者仲裁调解书中的文字、计算错误以及仲裁庭已经认定但在裁决主文中遗漏的事项,仲裁庭不补正也不说明,且法院调阅仲裁案卷后执行内容仍然不明确具体无法执行的。如果对法院作出的驳回执行申请裁定不服,申请执行人可以向上一级人民法院申请复议,申请时间为自裁定送达之日起 10 日内。

2. 法律依据

《最高人民法院关于人民法院办理仲裁裁决执行案件若干问题的规定》(法释〔2018〕5 号)

第三条　仲裁裁决或者仲裁调解书执行内容具有下列情形之一导致无法执行的,人民法院可以裁定驳回执行申请;导致部分无法执行的,可以裁定驳回该部分的执行申请;导致部分无法执行且该部分与其他部分不可分的,可以裁

定驳回执行申请。

(一)权利义务主体不明确;

(二)金钱给付具体数额不明确或者计算方法不明确导致无法计算出具体数额;

(三)交付的特定物不明确或者无法确定;

(四)行为履行的标准、对象、范围不明确;

仲裁裁决或者仲裁调解书仅确定继续履行合同,但对继续履行的权利义务,以及履行的方式、期限等具体内容不明确,导致无法执行的,依照前款规定处理。

第四条 对仲裁裁决主文或者仲裁调解书中的文字、计算错误以及仲裁庭已经认定但在裁决主文中遗漏的事项,可以补正或说明的,人民法院应当书面告知仲裁庭补正或说明,或者向仲裁机构调阅仲裁案卷查明。仲裁庭不补正也不说明,且人民法院调阅仲裁案卷后执行内容仍然不明确具体无法执行的,可以裁定驳回执行申请。

第五条 申请执行人对人民法院依照本规定第三条、第四条作出的驳回执行申请裁定不服的,可以自裁定送达之日起十日内向上一级人民法院申请复议。

3. 动作步骤

第一步,申请执行人对法院作出的驳回执行申请裁定不服。

第二步,申请执行人可以自裁定送达之日起10日内向上一级人民法院申请复议。

动作45:被执行人申请不予执行仲裁裁决

1. 动作背景

仲裁作为与诉讼并列的司法救济途径,具有快速、高效的特点。由于仲裁实行“一裁终决”,所以裁决后的救济尤为重要。仲裁具有解决实体纠纷的功能,权利人可以通过申请执行仲裁裁决来保证权利实现,那仲裁裁决的义务人也被赋予了申请不予执行的权利,是对申请执行人申请执行的抗辩。此外,从实践中看出,随着仲裁制度的发展和人们对仲裁这一纠纷解决制度的青睐,仲裁案件数量不断增加,受理标的金额也不断攀升,所以会不可避免地出现一些仲裁失误或瑕疵。在此背景下,不予执行仲裁裁决制度作为我国司法对仲裁的一种司法监督手段,是赋予被申请人的一项救济措施,有助于规范仲裁行为、维护仲裁当事人的合法权益。

2. 法律依据

《中华人民共和国民事诉讼法》(2021 年修正)

第二百四十四条　对依法设立的仲裁机构的裁决,一方当事人不履行的,对方当事人可以向有管辖权的人民法院申请执行。受申请的人民法院应当执行。

被申请人提出证据证明仲裁裁决有下列情形之一的,经人民法院组成合议庭审查核实,裁定不予执行:

(一)当事人在合同中没有订有仲裁条款或者事后没有达成书面仲裁协议的;

(二)裁决的事项不属于仲裁协议的范围或者仲裁机构无权仲裁的;

(三)仲裁庭的组成或者仲裁的程序违反法定程序的;

(四)裁决所根据的证据是伪造的;

(五)对方当事人向仲裁机构隐瞒了足以影响公正裁决的证据的;

(六)仲裁员在仲裁该案时有贪污受贿,徇私舞弊,枉法裁决行为的。

人民法院认定执行该裁决违背社会公共利益的,裁定不予执行。

裁定书应当送达双方当事人和仲裁机构。

仲裁裁决被人民法院裁定不予执行的,当事人可以根据双方达成的书面仲裁协议重新申请仲裁,也可以向人民法院起诉。

《最高人民法院关于适用〈中华人民共和国民事诉讼法〉的解释》(法释〔2022〕11 号)

第四百七十五条　仲裁机构裁决的事项,部分有民事诉讼法第二百四十四条第二款、第三款规定情形的,人民法院应当裁定对该部分不予执行。

应当不予执行部分与其他部分不可分的,人民法院应当裁定不予执行仲裁裁决。

第四百七十六条　依照民事诉讼法第二百四十四条第二款、第三款规定,人民法院裁定不予执行仲裁裁决后,当事人对该裁定提出执行异议或者复议的,人民法院不予受理。当事人可以就该民事纠纷重新达成书面仲裁协议申请仲裁,也可以向人民法院起诉。

《最高人民法院关于人民法院办理仲裁裁决执行案件若干问题的规定》(法释〔2018〕5 号)

第八条 被执行人向人民法院申请不予执行仲裁裁决的,应当在执行通知书送达之日起十五日内提出书面申请;有民事诉讼法第二百三十七条第二款第四、六项规定情形且执行程序尚未终结的,应当自知道或者应当知道有关事实或案件之日起十五日内提出书面申请。

本条前款规定期限届满前,被执行人已向有管辖权的人民法院申请撤销仲裁裁决且已被受理的,自人民法院驳回撤销仲裁裁决申请的裁判文书生效之日起重新计算期限。

3. 动作步骤

第一步,对方当事人向有管辖权的人民法院申请执行,法院裁定执行。

第二步,被执行人在执行通知书送达之日起 15 日内提出书面申请,写明申请事由,准备证据。

第三步,法院基于被执行人申请裁定不予执行仲裁裁决,原被执行人可以申请执行回转或者解除强制执行措施。

动作 46:案外人申请不予执行仲裁裁决或者仲裁调解书

1. 动作背景

仲裁程序强调对当事人的自治性和主体性地位的保障,注重公正、及时地仲裁经济纠纷,但忽视了对仲裁案外人合法权益的保护。以往涉及案外人的,也只有在法院认定该裁决违背社会公共利益时才裁定撤销。然而实践中,仲裁当事人恶意串通,损害案外人的情况也时有发生。2018 年 3 月 1 日生效的《最高人民法院关于人民法院办理仲裁裁决执行案件若干问题的规定》,赋予了案外人向法院申请不予执行仲裁裁决或者仲裁调解书的权利,使案外人获得了必要的救济。然而,该规定将案外人向法院申请不予执行仲裁裁决或者仲裁调解书的适用情形限于“有证据证明仲裁案件当事人恶意申请仲裁或者虚假仲裁,损害其合法权益”及“仲裁案件当事人之间存在虚构法律关系,捏造案件事实的情形”,其条件较为严苛,认定标准和程序也缺乏明确统一的规则。

2. 法律依据

《最高人民法院关于人民法院办理仲裁裁决执行案件若干问题的规定》（法释〔2018〕5号）

第九条　案外人向人民法院申请不予执行仲裁裁决或者仲裁调解书的，应当提交申请书以及证明其请求成立的证据材料，并符合下列条件：

（一）有证据证明仲裁案件当事人恶意申请仲裁或者虚假仲裁，损害其合法权益；

（二）案外人主张的合法权益所涉及的执行标的尚未执行终结；

（三）自知道或者应当知道人民法院对该标的采取执行措施之日起三十日内提出。

第十一条　人民法院对不予执行仲裁裁决案件应当组成合议庭围绕被执行人申请的事由、案外人的申请进行审查；对被执行人没有申请的事由不予审查，但仲裁裁决可能违背社会公共利益的除外。

被执行人、案外人对仲裁裁决执行案件申请不予执行的，人民法院应当进行询问；被执行人在询问终结前提出其他不予执行事由的，应当一并审查。人民法院审查时，认为必要的，可以要求仲裁庭作出说明，或者向仲裁机构调阅仲裁案卷。

第十二条　人民法院对不予执行仲裁裁决案件的审查，应当在立案之日起两个月内审查完毕并作出裁定；有特殊情况需要延长的，经本院院长批准，可以延长一个月。

第十八条　案外人根据本规定第九条申请不予执行仲裁裁决或者仲裁调解书，符合下列条件的，人民法院应当支持：

（一）案外人系权利或者利益的主体；

（二）案外人主张的权利或者利益合法、真实；

（三）仲裁案件当事人之间存在虚构法律关系，捏造案件事实的情形；

（四）仲裁裁决主文或者仲裁调解书处理当事人民事权利义务的结果部分或者全部错误，损害案外人合法权益。

3. 动作步骤

第一步，申请执行人向有管辖权的法院申请执行，法院裁定执行。

第二步，案外人向法院申请不予执行仲裁裁决或者仲裁调解书，并提交申请书以及证明其请求成立的证据材料。

第三步,法院基于案外人申请裁定不予执行仲裁裁决或者仲裁调解书,案外人可以申请执行回转或者解除强制执行措施。

动作 47:被执行人申请撤销仲裁裁决

1. 动作背景

被执行人可以通过申请不予执行仲裁裁决来维权,需要注意的是,不予执行仲裁裁决的申请应当在对方当事人申请执行仲裁裁决之后,法院作出裁定之前提出。如果法院已经作出裁定,被执行人的救济途径就不再是申请不予执行仲裁裁决,而应该是申请撤销仲裁裁决。根据《仲裁法》第 58 条的规定,当事人申请撤销仲裁裁决需要有证据,且需要符合法定条件,并向仲裁委员会所在地的中级人民法院申请,可见,条件还是比较严苛的。实践中,无论是撤销仲裁裁决还是不予执行仲裁裁决难度还是非常大的,除非有明确的证据,否则,不建议当事人选择此种法律途径。

2. 法律依据

《中华人民共和国仲裁法》(2017 年修正)

第五十八条 当事人提出证据证明裁决有下列情形之一的,可以向仲裁委员会所在地的中级人民法院申请撤销裁决:

(一)没有仲裁协议的;

(二)裁决的事项不属于仲裁协议的范围或者仲裁委员会无权仲裁的;

(三)仲裁庭的组成或者仲裁的程序违反法定程序的;

(四)裁决所根据的证据是伪造的;

(五)对方当事人隐瞒了足以影响公正裁决的证据的;

(六)仲裁员在仲裁该案时有索贿受贿,徇私舞弊,枉法裁决行为的。

人民法院经组成合议庭审查核实裁决有前款规定情形之一的,应当裁定撤销。

人民法院认定该裁决违背社会公共利益的,应当裁定撤销。

第五十九条 当事人申请撤销裁决的,应当自收到裁决书之日起六个月内提出。

第六十条　人民法院应当在受理撤销裁决申请之日起两个月内作出撤销裁决或者驳回申请的裁定。

第六十一条　人民法院受理撤销裁决的申请后，认为可以由仲裁庭重新仲裁的，通知仲裁庭在一定期限内重新仲裁，并裁定中止撤销程序。仲裁庭拒绝重新仲裁的，人民法院应当裁定恢复撤销程序。

《最高人民法院关于人民法院办理仲裁裁决执行案件若干问题的规定》（法释〔2018〕5号）

第七条　被执行人申请撤销仲裁裁决并已由人民法院受理的，或者被执行人、案外人对仲裁裁决执行案件提出不予执行申请并提供适当担保的，执行法院应当裁定中止执行。中止执行期间，人民法院应当停止处分性措施，但申请执行人提供充分、有效的担保请求继续执行的除外；执行标的查封、扣押、冻结期限届满前，人民法院可以根据当事人申请或者依职权办理续行查封、扣押、冻结手续。

申请撤销仲裁裁决、不予执行仲裁裁决案件司法审查期间，当事人、案外人申请对已查封、扣押、冻结之外的财产采取保全措施的，负责审查的人民法院参照民事诉讼法第一百条的规定处理。司法审查后仍需继续执行的，保全措施自动转为执行中的查封、扣押、冻结措施；采取保全措施的人民法院与执行法院不一致的，应当将保全手续移送执行法院，保全裁定视为执行法院作出的裁定。

第二十条　当事人向人民法院申请撤销仲裁裁决被驳回后，又在执行程序中以相同事由提出不予执行申请的，人民法院不予支持；当事人向人民法院申请不予执行被驳回后，又以相同事由申请撤销仲裁裁决的，人民法院不予支持。

在不予执行仲裁裁决案件审查期间，当事人向有管辖权的人民法院提出撤销仲裁裁决申请并被受理的，人民法院应当裁定中止对不予执行申请的审查；仲裁裁决被撤销或者决定重新仲裁的，人民法院应当裁定终结执行，并终结对不予执行申请的审查；撤销仲裁裁决申请被驳回或者申请执行人撤回撤销仲裁裁决申请的，人民法院应当恢复对不予执行申请的审查；被执行人撤回撤销仲裁裁决申请的，人民法院应当裁定终结对不予执行申请的审查，但案外人申请不予执行仲裁裁决的除外。

第二十一条　人民法院裁定驳回撤销仲裁裁决申请或者驳回不予执行仲裁裁决、仲裁调解书申请的，执行法院应当恢复执行。

人民法院裁定撤销仲裁裁决或者基于被执行人申请裁定不予执行仲裁裁决，原被执行人申请执行回转或者解除强制执行措施的，人民法院应当支持。

原申请执行人对已履行或者被人民法院强制执行的款物申请保全的,人民法院应当依法准许;原申请执行人在人民法院采取保全措施之日起三十日内,未根据双方达成的书面仲裁协议重新申请仲裁或者向人民法院起诉的,人民法院应当裁定解除保全。

人民法院基于案外人申请裁定不予执行仲裁裁决或者仲裁调解书,案外人申请执行回转或者解除强制执行措施的,人民法院应当支持。

3. 动作步骤

第一步,当事人提出证据证明仲裁裁决出现了法定撤销的理由。

第二步,向仲裁委员会所在地的中级人民法院申请撤销裁决。

第三步,法院裁定撤销仲裁裁决,原被执行人可以申请执行回转或者解除强制执行措施。

动作48:被申请人对法院裁定不予执行仲裁裁决的救济

1. 动作背景

对依法设立的仲裁机构的裁决,一方当事人不履行的,对方当事人可以向有管辖权的法院申请执行。受申请的法院应当执行。但是,被申请人也可以向法院申请不予执行仲裁裁决。被申请人提出证据证明仲裁裁决有下列情形之一的,经法院组成合议庭审查核实,裁定不予执行:(1)当事人在合同中没有订有仲裁条款或者事后没有达成书面仲裁协议的;(2)裁决的事项不属于仲裁协议的范围或者仲裁机构无权仲裁的;(3)仲裁庭的组成或者仲裁的程序违反法定程序的;(4)裁决所根据的证据是伪造的;(5)对方当事人向仲裁机构隐瞒了足以影响公正裁决的证据的;(6)仲裁员在仲裁该案时有贪污受贿,徇私舞弊,枉法裁决行为的。法院裁定不予执行仲裁裁决后,当事人对该裁定提出执行异议或者申请复议的,法院不予受理。如果法院裁定不予执行仲裁裁决,当事人可以根据双方达成的书面仲裁协议重新申请仲裁,也可以向法院起诉。

2. 法律依据

《中华人民共和国民事诉讼法》(2021年修正)

第二百四十四条第五款 仲裁裁决被人民法院裁定不予执行的,当事人可以根据双方达成的书面仲裁协议重新申请仲裁，也可以向人民法院起诉。

《最高人民法院关于人民法院办理仲裁裁决执行案件若干问题的规定》（法释〔2018〕5号）

第二十二条　人民法院裁定不予执行仲裁裁决、驳回或者不予受理不予执行仲裁裁决申请后，当事人对该裁定提出执行异议或者申请复议的，人民法院不予受理。

人民法院裁定不予执行仲裁裁决的，当事人可以根据双方达成的书面仲裁协议重新申请仲裁，也可以向人民法院起诉。

人民法院基于案外人申请裁定不予执行仲裁裁决或者仲裁调解书，当事人不服的，可以自裁定送达之日起十日内向上一级人民法院申请复议；人民法院裁定驳回或者不予受理案外人提出的不予执行仲裁裁决、仲裁调解书申请，案外人不服的，可以自裁定送达之日起十日内向上一级人民法院申请复议。

3.动作步骤

第一步，仲裁裁决被法院裁定不予执行。

第二步，当事人可以根据双方达成的书面仲裁协议重新申请仲裁，也可以向法院起诉。

动作49：对法院基于案外人申请裁定不予执行仲裁裁决或者仲裁调解书的救济

1.动作背景

对依法设立的仲裁机构的裁决，一方当事人不履行的，对方当事人可以向有管辖权的法院申请执行。受申请的法院应当执行。但是，案外人也可以向法院申请不予执行仲裁裁决。案外人向人民法院申请不予执行仲裁裁决或者仲裁调解书的，应当提交申请书以及证明其请求成立的证据材料，并符合下列条件：（1）有证据证明仲裁案件当事人恶意申请仲裁或者虚假仲裁，损害其合法权益；（2）案外人主张的合法权益所涉及的执行标的尚未执行终结；（3）自知道或者应当知道法院对该标的采取执行措施之日起30日内提出。当法院基于案外人申请裁定不予执行仲裁裁决或者仲裁调解书时，如果当事人不服，可以自裁定送达之日起10日内向上一级人民法院申请复议。

2. 法律依据

《最高人民法院关于人民法院办理仲裁裁决执行案件若干问题的规定》(法释〔2018〕5号)

第二十二条第三款 人民法院基于案外人申请裁定不予执行仲裁裁决或者仲裁调解书,当事人不服的,可以自裁定送达之日起十日内向上一级人民法院申请复议;人民法院裁定驳回或者不予受理案外人提出的不予执行仲裁裁决、仲裁调解书申请,案外人不服的,可以自裁定送达之日起十日内向上一级人民法院申请复议。

3. 动作步骤

第一步,法院基于案外人申请裁定不予执行仲裁裁决或者仲裁调解书,当事人不服。

第二步,当事人可以自裁定送达之日起10日内向上一级人民法院申请复议。

动作50:申请执行公证债权文书

1. 动作背景

随着经济交往更加深入和融资需求不断增强,当事人逐渐倾向于用公证方式来保障其债权,而公证债权文书凭借其高效、便捷、低廉、合意执行等诸多优势吸引越来越多的当事人。公证债权文书,是指公证机关经过公证依法赋予强制执行效力的债权文书。根据法律的规定,一旦发生债务人不履行或不适当履行的情况,债权人可直接凭借经公证债权文书向有管辖权的法院申请执行,而无须再经过诉讼或仲裁程序,受申请的法院应当执行。债权人申请执行公证债权文书,应当提交的材料如下:一是作为执行依据的公证债权文书等申请执行所需的材料;二是证明履行情况等内容的执行证书。债权人申请执行的公证债权文书应当包括公证证词、被证明的债权文书等内容,其中的公证证词中应当列明权利义务主体、给付内容。当然,如果公证债权文书确有错误,法院应当裁定不予执行,并将裁定书送达双方当事人和公证机关。

2. 法律依据

《中华人民共和国民事诉讼法》(2021 年修正)

第二百四十五条　对公证机关依法赋予强制执行效力的债权文书,一方当事人不履行的,对方当事人可以向有管辖权的人民法院申请执行,受申请的人民法院应当执行。

公证债权文书确有错误的,人民法院裁定不予执行,并将裁定书送达双方当事人和公证机关。

《最高人民法院关于适用〈中华人民共和国民事诉讼法〉的解释》(法释〔2022〕11 号)

第四百七十八条　有下列情形之一的,可以认定为民事诉讼法第二百四十五条第二款规定的公证债权文书确有错误:

(一)公证债权文书属于不得赋予强制执行效力的债权文书的;

(二)被执行人一方未亲自或者未委托代理人到场公证等严重违反法律规定的公证程序的;

(三)公证债权文书的内容与事实不符或者违反法律强制性规定的;

(四)公证债权文书未载明被执行人不履行义务或者不完全履行义务时同意接受强制执行的。

人民法院认定执行该公证债权文书违背社会公共利益的,裁定不予执行。

公证债权文书被裁定不予执行后,当事人、公证事项的利害关系人可以就债权争议提起诉讼。

《最高人民法院关于公证债权文书执行若干问题的规定》(法释〔2018〕18 号)

第二条　公证债权文书执行案件,由被执行人住所地或者被执行的财产所在地人民法院管辖。

前款规定案件的级别管辖,参照人民法院受理第一审民商事案件级别管辖的规定确定。

第三条　债权人申请执行公证债权文书,除应当提交作为执行依据的公证债权文书等申请执行所需的材料外,还应当提交证明履行情况等内容的执行证书。

第四条　债权人申请执行的公证债权文书应当包括公证证词、被证明的债权文书等内容。权利义务主体、给付内容应当在公证证词中列明。

第六条 公证债权文书赋予强制执行效力的范围同时包含主债务和担保债务的,人民法院应当依法予以执行;仅包含主债务的,对担保债务部分的执行申请不予受理;仅包含担保债务的,对主债务部分的执行申请不予受理。

3. 动作步骤

第一步,当事人拥有公证机关依法赋予强制执行效力的债权文书。
第二步,一方当事人不履行公证债权文书确定的义务。
第三步,对方当事人可以向有管辖权的法院申请执行。
第四步,除公证债权文书确有错误外,受申请的法院应当执行。

动作 51:对不予受理公证债权文书申请复议

1. 动作背景

根据法律的规定,对公证机关依法赋予强制执行效力的债权文书,一旦发生债务人不履行或不适当履行的情况,债权人可以向有管辖权的法院申请执行,但是有可能会面临不予受理的局面。根据《最高人民法院关于公证债权文书执行若干问题的规定》第 5 条的规定,债权人申请执行公证债权文书,有下列情形之一的,法院应当裁定不予受理;已经受理的,裁定驳回执行申请:(1)债权文书属于不得经公证赋予强制执行效力的文书;(2)公证债权文书未载明债务人接受强制执行的承诺;(3)公证证词载明的权利义务主体或者给付内容不明确;(4)债权人未提交执行证书;(5)其他不符合受理条件的情形。如果债权人对不予受理、驳回执行申请裁定不服,可以自裁定送达之日起 10 日内向上一级法院申请复议,通过复议予以救济。如果申请复议期满未申请复议,或者复议申请被驳回,当事人可以就公证债权文书涉及的民事权利义务争议向法院提起诉讼。

2. 法律依据

《最高人民法院关于公证债权文书执行若干问题的规定》(法释〔2018〕18 号)

第七条 债权人对不予受理、驳回执行申请裁定不服的,可以自裁定送达之日起十日内向上一级人民法院申请复议。

申请复议期满未申请复议，或者复议申请被驳回的，当事人可以就公证债权文书涉及的民事权利义务争议向人民法院提起诉讼。

《最高人民法院关于人民法院办理执行异议和复议案件若干问题的规定》(法释〔2020〕21号)

第十条　当事人不服驳回不予执行公证债权文书申请的裁定的，可以自收到裁定之日起十日内向上一级人民法院申请复议。上一级人民法院应当自收到复议申请之日起三十日内审查，理由成立的，裁定撤销原裁定，不予执行该公证债权文书；理由不成立的，裁定驳回复议申请。复议期间，不停止执行。

3. 动作步骤

第一步，法院作出不予受理、驳回执行申请裁定。

第二步，债权人对不予受理、驳回执行申请裁定不服。

第三步，债权人可以自裁定送达之日起10日内向上一级法院申请复议，并提交书面申请书。

动作52：被执行人申请不予执行公证债权文书

1. 动作背景

根据法律的规定，债权人可以向法院申请执行公证债权文书。公证债权文书的强制执行性能使债权人不经法院裁判而迅速取得执行依据实现债权，极大地保护了其权利。然而实践中，公证债权文书可能存在错误。根据《最高人民法院关于公证债权文书执行若干问题的规定》第12条的规定，有下列情形之一的，被执行人可以“公证债权文书确有错误”为由，申请不予执行公证债权文书：(1)被执行人未到场且未委托代理人到场办理公证的；(2)无民事行为能力人或者限制民事行为能力人没有监护人代为办理公证的；(3)公证员为本人、近亲属办理公证，或者办理与本人、近亲属有利害关系的公证的；(4)公证员办理该项公证有贪污受贿、徇私舞弊行为，已经由生效刑事法律文书等确认的；(5)其他严重违反法定公证程序的情形。需要注意的是，如果被执行人以公证债权文书的内容与事实不符或者违反法律强制性规定等实体事由申请不予执行，法院应当告知其依法提起诉讼。

2. 法律依据

《最高人民法院关于适用〈中华人民共和国民事诉讼法〉的解释》(法释〔2022〕11号)

第四百七十九条 当事人请求不予执行仲裁裁决或者公证债权文书的,应当在执行终结前向执行法院提出。

《最高人民法院关于公证债权文书执行若干问题的规定》(法释〔2018〕18号)

第十三条 被执行人申请不予执行公证债权文书,应当在执行通知书送达之日起十五日内向执行法院提出书面申请,并提交相关证据材料;有本规定第十二条第一款第三项、第四项规定情形且执行程序尚未终结的,应当自知道或者应当知道有关事实之日起十五日内提出。

公证债权文书执行案件被指定执行、提级执行、委托执行后,被执行人申请不予执行的,由提出申请时负责该案件执行的人民法院审查。

第十四条 被执行人认为公证债权文书存在本规定第十二条第一款规定的多个不予执行事由的,应当在不予执行案件审查期间一并提出。

不予执行申请被裁定驳回后,同一被执行人再次提出申请的,人民法院不予受理。但有证据证明不予执行事由在不予执行申请被裁定驳回后知道的,可以在执行程序终结前提出。

第十五条 人民法院审查不予执行公证债权文书案件,案情复杂、争议较大的,应当进行听证。必要时可以向公证机构调阅公证案卷,要求公证机构作出书面说明,或者通知公证员到庭说明情况。

第十六条 人民法院审查不予执行公证债权文书案件,应当在受理之日起六十日内审查完毕并作出裁定;有特殊情况需要延长的,经本院院长批准,可以延长三十日。

第十七条 人民法院审查不予执行公证债权文书案件期间,不停止执行。

被执行人提供充分、有效的担保,请求停止相应处分措施的,人民法院可以准许;申请执行人提供充分、有效的担保,请求继续执行的,应当继续执行。

第十八条 被执行人依照本规定第十二条第一款规定申请不予执行,人民法院经审查认为理由成立的,裁定不予执行;理由不成立的,裁定驳回不予执行申请。

公证债权文书部分内容具有本规定第十二条第一款规定情形的,人民法院应当裁定对该部分不予执行;应当不予执行部分与其他部分不可分的,裁定对该公证债权文书不予执行。

第十九条　人民法院认定执行公证债权文书违背公序良俗的,裁定不予执行。

3. 动作步骤

第一步,执行通知书送达之日起 15 日内向执行法院提出书面申请,并提交相关证据材料;符合法定情形且执行程序尚未终结的,应当自知道或者应当知道有关事实之日起 15 日内提出。

第二步,要求听证(案情复杂、争议较大的,应当进行听证),必要时可以向法院申请向公证机构调阅公证案卷,要求公证机构作出书面说明,或者要求公证员到庭说明情况。

第三步,必要时提供充分、有效的担保,请求停止相应处分措施(法院审查不予执行公证债权文书案件期间,不停止执行)。

动作 53:债务人就请求不予执行债权公证文书提起诉讼

1. 动作背景

执行人申请执行公证债权文书后,对严重违反法定公证程序等程序性事由,债务人可以申请不予执行公证债权文书。针对实体性事由,比如公证债权文书的内容与事实不符或者违反法律强制性规定等实体事由,债务人也就是被执行人则可提起异议之诉来进行救济,请求不予执行公证债权文书。该异议之诉应当以债权人为被告,在执行程序终结前,向执行法院提起。可以提起诉讼,请求不予执行公证债权文书的情形如下:(1)公证债权文书载明的民事权利义务关系与事实不符;(2)经公证的债权文书具有法律规定的无效、可撤销等情形;(3)公证债权文书载明的债权因清偿、提存、抵销、免除等全部或者部分消灭。由于债务人提起诉讼,不影响法院对公证债权文书的执行,因此,债务人可以提供充分、有效的担保,请求停止相应处分措施;当然,债权人也可以提供充分、有效的担保,请求继续执行。

2. 法律依据

《最高人民法院关于公证债权文书执行若干问题的规定》(法释〔2018〕18 号)

第二十二条　有下列情形之一的,债务人可以在执行程序终结前,以债权

人为被告,向执行法院提起诉讼,请求不予执行公证债权文书:

(一)公证债权文书载明的民事权利义务关系与事实不符;

(二)经公证的债权文书具有法律规定的无效、可撤销等情形;

(三)公证债权文书载明的债权因清偿、提存、抵销、免除等原因全部或者部分消灭。

债务人提起诉讼,不影响人民法院对公证债权文书的执行。债务人提供充分、有效的担保,请求停止相应处分措施的,人民法院可以准许;债权人提供充分、有效的担保,请求继续执行的,应当继续执行。

第二十三条 对债务人依照本规定第二十二条第一款规定提起的诉讼,人民法院经审理认为理由成立的,判决不予执行或者部分不予执行;理由不成立的,判决驳回诉讼请求。

当事人同时就公证债权文书涉及的民事权利义务争议提出诉讼请求的,人民法院可以在判决中一并作出裁判。

3. 动作步骤

第一步,债务人在执行终结前可以向执行法院提起诉讼,并提交起诉状。

第二步,必要时可依提供充分、有效的担保,并请求停止相应处分措施。

动作54:债权人就公证债权文书涉及的民事权利义务争议提起诉讼

1. 动作背景

对公证机关依法赋予强制执行效力的债权文书,一旦发生债务人不履行或不适当履行的情况,债权人可以向有管辖权的法院申请执行。如果涉及特定实体争议,如公证债权文书载明的民事权利义务关系与事实不符、经公证的债权文书具有法律规定的无效、可撤销等情形,债权人可以就公证债权文书涉及的民事权利义务争议直接向有管辖权的法院提起诉讼。需要注意的是,债权人提起诉讼,诉讼案件受理后又申请执行公证债权文书的,法院不予受理。如果进入执行程序后债权人又提起诉讼,诉讼案件受理后,法院可以裁定终结公证债权文书的执行;债权人请求继续执行其未提出争议部分的,法院可以准许。

2. 法律依据

《最高人民法院关于公证债权文书执行若干问题的规定》(法释〔2018〕18号)

第二十四条　有下列情形之一的,债权人、利害关系人可以就公证债权文书涉及的民事权利义务争议直接向有管辖权的人民法院提起诉讼:

(一)公证债权文书载明的民事权利义务关系与事实不符;

(二)经公证的债权文书具有法律规定的无效、可撤销等情形。

债权人提起诉讼,诉讼案件受理后又申请执行公证债权文书的,人民法院不予受理。进入执行程序后债权人又提起诉讼的,诉讼案件受理后,人民法院可以裁定终结公证债权文书的执行;债权人请求继续执行其未提出争议部分的,人民法院可以准许。

利害关系人提起诉讼,不影响人民法院对公证债权文书的执行。利害关系人提供充分、有效的担保,请求停止相应处分措施的,人民法院可以准许;债权人提供充分、有效的担保,请求继续执行的,应当继续执行。

3. 动作步骤

第一步,公证债权文书出现了争议的法定情形。

第二步,债权人可以就公证债权文书涉及的民事权利义务争议向法院提起诉讼,并提交起诉状。

动作 55:利害关系人就公证债权文书涉及的民事权利义务争议提起诉讼

1. 动作背景

对公证机关依法赋予强制执行效力的债权文书,一旦发生债务人不履行或不适当履行的情况,债权人可以向有管辖权的法院申请执行。如果涉及特定实体争议,债权人可以就公证债权文书涉及的民事权利义务争议直接向有管辖权的法院提起诉讼。实践中,公证债权文书除了涉及债权人的权利义务外,往往也会涉及利害关系人的权利义务。有下列情形之一的,利害关系人也可以就公证债权文书涉及的民事权利义务争议直接向有管辖权的法院提起诉讼:(1)公证债权文书载明的民事权利义务关系与事实不符;(2)经公证的债权文书具有法律规定的无效、可撤销等情形。由于利害关系人提起诉讼,不影响法院对公证债权文书的执行,因此,利害关系人可以提供充分、有效的担保,请求停止相应处分措施;当然,债权人也可以提供充分、有效的担保,请求继续执行。

2. 法律依据

《最高人民法院关于公证债权文书执行若干问题的规定》(法释〔2018〕18 号)

第二十四条 有下列情形之一的,债权人、利害关系人可以就公证债权文书涉及的民事权利义务争议直接向有管辖权的人民法院提起诉讼:

(一)公证债权文书载明的民事权利义务关系与事实不符;

(二)经公证的债权文书具有法律规定的无效、可撤销等情形。

债权人提起诉讼,诉讼案件受理后又申请执行公证债权文书的,人民法院不予受理。进入执行程序后债权人又提起诉讼的,诉讼案件受理后,人民法院可以裁定终结公证债权文书的执行;债权人请求继续执行其未提出争议部分的,人民法院可以准许。

利害关系人提起诉讼,不影响人民法院对公证债权文书的执行。利害关系人提供充分、有效的担保,请求停止相应处分措施的,人民法院可以准许;债权人提供充分、有效的担保,请求继续执行的,应当继续执行。

3. 动作步骤

第一步,公证债权文书出现了争议的法定情形。

第二步,利害关系人可以就公证债权文书涉及的民事权利义务争议向法院提起诉讼,并提交起诉状。

动作 56:申请执行刑事裁判涉财产部分

1. 动作背景

执行案件中,当一方当事人不履行生效的民事判决、裁定时,对方当事人可以向法院申请强制执行。实践中,有时不止民事案件,还往往涉及刑事案件。为了维护当事人的合法权益,刑事裁判涉财产部分也可以强制执行。刑事裁判涉财产部分的执行,是指发生法律效力的刑事裁判主文确定的下列事项的执行：(1)罚金、没收财产；(2)责令退赔；(3)处置随案移送的赃款赃物；(4)没收随案移送的供犯罪所用本人财物；(5)其他应当由法院执行的相关事项。如果被执行人在执行中同时承担刑事责任、民事责任，其财产不足以支付，按照下列顺序执行：(1)人身损害赔偿中的医疗费用；(2)退赔被害人的损失；(3)其他民事债务；(4)罚金；(5)没收财产。债权人对执行标的依法享有优先受偿权，应当在人身损害赔偿中的医疗费用受偿后主张优先受偿。

2. 法律依据

《中华人民共和国民事诉讼法》(2021年修正)

第二百三十一条　发生法律效力的民事判决、裁定，以及刑事判决、裁定中的财产部分，由第一审人民法院或者与第一审人民法院同级的被执行的财产所在地人民法院执行。

法律规定由人民法院执行的其他法律文书，由被执行人住所地或者被执行的财产所在地人民法院执行。

《最高人民法院关于刑事裁判涉财产部分执行的若干规定》(法释〔2014〕13号)

第二条　刑事裁判涉财产部分，由第一审人民法院执行。第一审人民法院可以委托财产所在地的同级人民法院执行。

第三条　人民法院办理刑事裁判涉财产部分执行案件的期限为六个月。有特殊情况需要延长的，经本院院长批准，可以延长。

第四条　人民法院刑事审判中可能判处被告人财产刑、责令退赔的，刑事审判部门应当依法对被告人的财产状况进行调查；发现可能隐匿、转移财产的，应当及时查封、扣押、冻结其相应财产。

第五条　刑事审判或者执行中，对于侦查机关已经采取的查封、扣押、冻结，人民法院应当在期限届满前及时续行查封、扣押、冻结。人民法院续行查封、扣押、冻结的顺位与侦查机关查封、扣押、冻结的顺位相同。

对侦查机关查封、扣押、冻结的财产，人民法院执行中可以直接裁定处置，无需侦查机关出具解除手续，但裁定中应当指明侦查机关查封、扣押、冻结的事实。

第六条　刑事裁判涉财产部分的裁判内容，应当明确、具体。涉案财物或者被害人人数较多，不宜在判决主文中详细列明的，可以概括叙明并另附清单。

判处没收部分财产的，应当明确没收的具体财物或者金额。

判处追缴或者责令退赔的,应当明确追缴或者退赔的金额或财物的名称、数量等相关情况。

第七条 由人民法院执行机构负责执行的刑事裁判涉财产部分,刑事审判部门应当及时移送立案部门审查立案。

移送立案应当提交生效裁判文书及其附件和其他相关材料,并填写《移送执行表》。《移送执行表》应当载明以下内容:

(一)被执行人、被害人的基本信息;

(二)已查明的财产状况或者财产线索;

(三)随案移送的财产和已经处置财产的情况;

(四)查封、扣押、冻结财产的情况;

(五)移送执行的时间;

(六)其他需要说明的情况。

人民法院立案部门经审查,认为属于移送范围且移送材料齐全的,应当在七日内立案,并移送执行机构。

第八条 人民法院可以向刑罚执行机关、社区矫正机构等有关单位调查被执行人的财产状况,并可以根据不同情形要求有关单位协助采取查封、扣押、冻结、划拨等执行措施。

3. 动作步骤

第一步,已经生效的刑事裁判主文确定了涉财产事项。

第二步,向一审法院或者一审法院同级的被执行的财产所在地法院申请执行,并提交书面申请书。

动作57:当事人、利害关系人就刑事裁判涉财产部分提出执行异议

1. 动作背景

在民事执行中,如果当事人、利害关系人认为执行行为违法法律规定,可以向负责执行的法院提出书面异议。当事人、利害关系人提出书面异议的,法院应当自收到书面异议之日起15日内审查,理由成立的,裁定撤销或者改正;理由不成立的,裁定驳回。当事人、利害关系人对裁定不服的,可以自裁定送达之日起10日内向上一级法院申请复议。在刑事裁判涉财产部分的执行中也是一

样，如果当事人、利害关系人认为执行行为违反法律规定的，也可以向执行法院提出书面异议，以维护自己的合法权益。

2. 法律依据

《中华人民共和国民事诉讼法》（2021 年修正）

第二百三十二条　当事人、利害关系人认为执行行为违反法律规定的，可以向负责执行的人民法院提出书面异议。当事人、利害关系人提出书面异议的，人民法院应当自收到书面异议之日起十五日内审查，理由成立的，裁定撤销或者改正；理由不成立的，裁定驳回。当事人、利害关系人对裁定不服的，可以自裁定送达之日起十日内向上一级人民法院申请复议。

《最高人民法院关于刑事裁判涉财产部分执行的若干规定》（法释〔2014〕13 号）

第十四条　执行过程中，当事人、利害关系人认为执行行为违反法律规定，或者案外人对执行标的主张足以阻止执行的实体权利，向执行法院提出书面异议的，执行法院应当依照民事诉讼法第二百二十五条的规定处理。

人民法院审查案外人异议、复议，应当公开听证。

3. 动作步骤

第一步，执行过程中，当事人、利害关系人认为执行行为违反法律规定。

第二步，当事人、利害关系人可以向执行法院提出书面异议，并提交执行异议书。

动作 58：案外人就刑事裁判涉财产部分提出执行异议

1. 动作背景

在民事执行中，如果案外人对执行标的提出异议，应当适用《民事诉讼法》第 234 条的规定，由法院审查并作出裁定。案外人、当事人对裁定不服，认为原判决、裁定错误的，依照审判监督程序办理；与原判决、裁定无关的，可以自裁定送达之日起 15 日内向法院提起诉讼。而在刑事裁判涉财产部分执行中，案外人对执行标的主张足以阻止执行的实体权利，向执行法院提出书面异议的，执行法院应当依照《民事诉讼法》第 232 条的规定处理。这是因为，民事执行案件中，不管是执行异议之诉还是案外人异议之诉，执行异议之诉必须有申请执行人作为原告或者被告参加诉讼。实践中,多数刑事财产执行案件无申请执行人,如果进入异议之诉,也缺乏相应的诉讼当事人,而使用《民事诉讼法》第 232 条进行复议可解决此问题。为确保程序公正,法院审查案外人异议、复议,应当公开听证。

2. 法律依据

《中华人民共和国民事诉讼法》(2021 年修正)

第二百三十二条 当事人、利害关系人认为执行行为违反法律规定的,可以向负责执行的人民法院提出书面异议。当事人、利害关系人提出书面异议的,人民法院应当自收到书面异议之日起十五日内审查,理由成立的,裁定撤销或者改正;理由不成立的,裁定驳回。当事人、利害关系人对裁定不服的,可以自裁定送达之日起十日内向上一级人民法院申请复议。

《最高人民法院关于刑事裁判涉财产部分执行的若干规定》(法释〔2014〕13 号)

第十四条 执行过程中,当事人、利害关系人认为执行行为违反法律规定,或者案外人对执行标的主张足以阻止执行的实体权利,向执行法院提出书面异议的,执行法院应当依照民事诉讼法第二百二十五条的规定处理。

人民法院审查案外人异议、复议,应当公开听证。

3. 动作步骤

第一步,执行过程中,案外人对执行标的主张足以阻止执行的实体权利。

第二步,案外人可以向执行法院提出书面异议,并提交执行异议书。

4. 特别注意

案外人对执行标的主张足以阻止执行的实体权利,执行依据为民事裁决文书;案外人提出执行标的异议,但此处的执行依据为刑事裁判涉财产部分。

动作 59:案外人、被害人就刑事裁判中涉案财物是否属于赃物提出异议

1. 动作背景

在刑事裁判涉财产部分执行过程中,案外人或者被害人可能会认为刑事裁

判中涉案财物属于赃款,法院应予认定而未认定或者认定错误。此种情况下,案外人或者被害人可以向执行法院提出书面异议。由于对涉案财物属于赃款提出异议仅涉及某项涉案财物的处置是否妥当的问题,如果一概启动再审程序,则会过多耗费司法资源。所以,执行机构经过审查,可以通过裁定补正的,应当将异议材料移送刑事审判部门处理;无法通过裁定补正的,应当告知异议人通过审判监督程序处理。

2. 法律依据

《最高人民法院关于刑事裁判涉财产部分执行的若干规定》(法释〔2014〕13 号)

第十五条 执行过程中,案外人或被害人认为刑事裁判中对涉案财物是否属于赃款赃物认定错误或者应予认定而未认定,向执行法院提出书面异议,可以通过裁定补正的,执行机构应当将异议材料移送刑事审判部门处理;无法通过裁定补正的,应当告知异议人通过审判监督程序处理。

3. 动作步骤

第一步,执行过程中,案外人或被害人认为刑事裁判中对涉案财物是否属于赃款赃物认定错误或者应予认定而未认定。

第二步,案外人或被害人可以向执行法院提出书面异议,并提交执行异议书。

4. 特别注意

此处提出的书面异议,既非执行行为异议,也非执行标的异议。

动作 60:对被纳入失信被执行人名单申请纠正

1. 动作背景

当被执行人拒不履行生效法律文书确定的义务,并有规避执行等行为时,申请执行人可以向法院申请,将被执行人纳入失信被执行人名单。但是实践中,也会出现不应将公民、法人或其他组织纳入失信被执行人名单而纳入的情况,或者记载和公布的失信信息不准确,抑或失信信息应予删除等情况。为了保护公民、法人或其他组织的合法权益,上述人员可以向法院申请纠正。公民、法人或其他组织对被纳入失信被执行人名单申请纠正的,执行法院应当自收到书面纠正申请之日起15日内审查,理由成立的,应当在3个工作日内纠正;理由不成立的,决定驳回。如果公民、法人或其他组织对驳回决定不服,可以自决定书送达之日起10日内向上一级法院申请复议。上一级法院应当自收到复议申请之日起15日内作出决定。需要注意的是,复议期间,不停止原决定的执行。

2. 法律依据

《最高人民法院关于公布失信被执行人名单信息的若干规定》(法释〔2017〕7号)

第十条 具有下列情形之一的,人民法院应当在三个工作日内删除失信信息:

(一)被执行人已履行生效法律文书确定的义务或人民法院已执行完毕的;

(二)当事人达成执行和解协议且已履行完毕的;

(三)申请执行人书面申请删除失信信息,人民法院审查同意的;

(四)终结本次执行程序后,通过网络执行查控系统查询被执行人财产两次以上,未发现有可供执行财产,且申请执行人或者其他人未提供有效财产线索的;

(五)因审判监督或破产程序,人民法院依法裁定对失信被执行人中止执行的;

(六)人民法院依法裁定不予执行的;

(七)人民法院依法裁定终结执行的。

有纳入期限的,不适用前款规定。纳入期限届满后三个工作日内,人民法院应当删除失信信息。

依照本条第一款规定删除失信信息后,被执行人具有本规定第一条规定情形之一的,人民法院可以重新将其纳入失信被执行人名单。

依照本条第一款第三项规定删除失信信息后六个月内,申请执行人申请将该被执行人纳入失信被执行人名单的,人民法院不予支持。

第十一条 被纳入失信被执行人名单的公民、法人或其他组织认为有下列情形之一的,可以向执行法院申请纠正:

(一)不应将其纳入失信被执行人名单的;

（二）记载和公布的失信信息不准确的；

（三）失信信息应予删除的。

第十二条　公民、法人或其他组织对被纳入失信被执行人名单申请纠正的，执行法院应当自收到书面纠正申请之日起十五日内审查，理由成立的，应当在三个工作日内纠正；理由不成立的，决定驳回。公民、法人或其他组织对驳回决定不服的，可以自决定书送达之日起十日内向上一级人民法院申请复议。上一级人民法院应当自收到复议申请之日起十五日内作出决定。

复议期间，不停止原决定的执行。

3. 动作步骤

第一步，纳入失信被执行人名单出现了需要纠正的法定情形。

第二步，公民、法人或其他组织向执行法院申请纠正，并提交书面纠正申请书。

第三步，法院决定驳回的，如果不服，可以自决定书送达之日起 10 日内向上一级法院申请复议，并提交书面复议申请书。

4. 特别注意

对执行法院作出的“纳入失信被执行人名单”这一行为，被纳入人认为违法，不是提出执行行为异议，而是向法院申请纠正。

动作 61：申请纠正限制消费措施

1. 动作背景

在执行案件中，当被执行人未按执行通知书指定的期间履行生效法律文书确定的给付义务时，申请执行人可以提出申请，请求法院采取限制消费措施，限制被执行人高消费及非生活或者经营必需的有关消费。若纳入失信被执行人名单的被执行人，法院应当对其采取限制消费措施。正所谓，有措施必有救济。自然人对被采取限制消费措施申请纠正的，执行法院也应当自收到书面纠正申请之日起 15 日内审查，理由成立的，应当在 3 个工作日内纠正；理由不成立的，决定驳回。对驳回决定不服的，可以自决定书送达之日起 10 日内向上一级法院申请复议。上一级法院应当自收到复议申请之日起 15 日内作出决定。

2. 法律依据

《最高人民法院关于在执行工作中进一步强化善意文明执行理念的意见》(法发〔2019〕35号)

18. 畅通惩戒措施救济渠道。自然人、法人或其他组织对被纳入失信名单申请纠正的,人民法院应当依照失信名单规定第十二条规定的程序和时限及时审查并作出处理决定。对被采取限制消费措施申请纠正的,参照失信名单规定第十二条规定办理。

人民法院发现纳入失信名单、采取限制消费措施可能存在错误的,应当及时进行自查并作出相应处理;上级法院发现下级法院纳入失信名单、采取限制消费措施存在错误的,应当责令其及时纠正,也可以依法直接纠正。

《最高人民法院关于公布失信被执行人名单信息的若干规定》(法释〔2017〕7号)

第十二条 公民、法人或其他组织对被纳入失信被执行人名单申请纠正的,执行法院应当自收到书面纠正申请之日起十五日内审查,理由成立的,应当在三个工作日内纠正;理由不成立的,决定驳回。公民、法人或其他组织对驳回决定不服的,可以自决定书送达之日起十日内向上一级人民法院申请复议。上一级人民法院应当自收到复议申请之日起十五日内作出决定。

复议期间,不停止原决定的执行。

3. 动作步骤

第一步,限制消费措施出现了需要纠正的情形。

第二步,自然人向执行法院申请纠正,并提交书面申请书。

第三步,法院决定驳回的,如果不服,可以自决定书送达之日起10日内向上一级法院申请复议,并提交书面复议申请书。

4. 特别注意

对执行法院作出的“限制消费措施”这一行为,被限制消费人员认为违法,不是提出执行行为异议,而是向法院申请纠正。

动作 62:对限制出境错误,申请复议

1. 动作背景

在执行案件中,被执行人不履行法律文书确定的义务的,申请执行人可以向法院提出申请,请求法院对被执行人采取限制出境措施。然而实践中,有时也会出现限制出境错误的情形,对此必须予以救济,让被限制出境的人有申请救济的权利。如果被限制出境的人认为对其限制出境错误的,可以自收到限制出境决定之日起 10 日内向上一级法院申请复议。上一级法院应当自收到复议申请之日起 15 日内作出决定。需要注意的是,复议期间,不停止原决定的执行。

2. 法律依据

《最高人民法院关于人民法院办理执行异议和复议案件若干问题的规定》(法释〔2020〕21 号)

第九条　被限制出境的人认为对其限制出境错误的,可以自收到限制出境决定之日起十日内向上一级人民法院申请复议。上一级人民法院应当自收到复议申请之日起十五日内作出决定。复议期间,不停止原决定的执行。

3. 动作步骤

第一步,被限制出境的人认为对其限制出境错误。

第二步,被限制出境的人可以自收到限制出境决定之日起 10 日内向上一级法院申请复议,并提交书面复议申请书。

动作 63:对申请执行时效期间提出异议

1. 动作背景

申请执行人申请执行也是有时效的,并不是无期限限制的。根据《民事诉讼法》的规定,申请执行的期间为两年。申请执行时效的中止、中断,适用法律有关诉讼时效中止、中断的规定。上述期间,从法律文书规定履行期间的最后一日起计算;法律文书规定分期履行的,从最后一期履行期限届满之日起计算;

法律文书未规定履行期间的,从法律文书生效之日起计算。如果申请执行人超过申请执行时效期间向法院申请强制执行,法院应当予以受理。此时,被执行人可以对申请执行时效期间提出异议。法院经过审查,异议成立的,裁定不予执行。

2. 法律依据

《最高人民法院关于适用〈中华人民共和国民事诉讼法〉的解释》(法释〔2022〕11号)

第四百八十一条 申请执行人超过申请执行时效期间向人民法院申请强制执行的,人民法院应予受理。被执行人对申请执行时效期间提出异议,人民法院经审查异议成立的,裁定不予执行。

被执行人履行全部或者部分义务后,又以不知道申请执行时效期间届满为由请求执行回转的,人民法院不予支持。

3. 动作背景

第一步,申请执行人超过申请执行时效期间向法院申请强制执行的,法院已经受理。

第二步,被执行人对申请执行时效期间向法院提出异议。

第三步,法院经审查异议成立的,裁定不予执行。

动作64:对罚款、拘留决定不服,申请复议

1. 动作背景

在执行案件中,大多的被执行人不会积极主动地履行生效法律文书确定的义务,往往会采取各种各样的方式逃避执行。当被执行人拒不履行生效法律文书确定的义务时,如果被执行人为自然人,可以对其予以罚款、拘留;如果被执行人为单位,可以对其主要负责人或者直接责任人员予以罚款、拘留。实践中,被执行人被罚款、拘留后,很有可能对罚款数额、拘留期限等不服,如果不服,可以向上一级法院申请复议。上级法院作出决定后,应当将复议结果通知下级法院和当事人。

2. 法律依据

《最高人民法院关于适用〈中华人民共和国民事诉讼法〉的解释》（法释〔2022〕11 号

第一百八十五条　被罚款、拘留的人不服罚款、拘留决定申请复议的，应当自收到决定书之日起三日内提出。上级人民法院应当在收到复议申请后五日内作出决定，并将复议结果通知下级人民法院和当事人。

3. 动作步骤

第一步，被执行人对罚款、拘留不服。

第二步，被执行人应当自收到决定书之日起 3 日内向上一级法院申请复议。

动作 65：对变更、追加裁定或驳回申请裁定不服，申请复议

1. 动作背景

执行过程中，存在需要变更、追加申请执行人或者被执行人的情况。申请人申请变更、追加执行当事人，应当向执行法院提交书面申请及相关证据材料。除事实清楚、权利义务关系明确、争议不大的案件外，执行法院应当组成合议庭审查并公开听证。经审查，理由成立的，裁定变更、追加；理由不成立的，裁定驳回。如果被申请人、申请人或其他执行当事人对执行法院作出的变更、追加裁定或驳回申请裁定不服，可以自裁定书送达之日起 10 日内向上一级法院申请复议。需要注意的是，依据规定应当提起诉讼的除外。

2. 法律依据

《最高人民法院关于民事执行中变更、追加当事人若干问题的规定》（法释〔2020〕21 号）

第三十条　被申请人、申请人或其他执行当事人对执行法院作出的变更、追加裁定或驳回申请裁定不服的，可以自裁定书送达之日起十日内向上一级人民法院申请复议，但依据本规定第三十二条的规定应当提起诉讼的除外。

3. 动作步骤

第一步,执行法院作出了变更、追加裁定或驳回申请裁定。

第二步,被申请人、申请人或其他执行当事人对该裁定不服。

第三步,被申请人、申请人或其他执行当事人可以自裁定书送达之日起10日内向上一级法院申请复议。

动作66:轮候查封债权人对剩余价款主张权利

1. 动作背景

在执行案件中,被执行人的债权人往往不止一个,在这种情况下,被执行人的财产基本上都会存在轮候查封的情况。对已被法院查封的财产,其他法院进行轮候查封的,如果查封解除,登记在先的轮候查封即自动生效。首封法院对查封财产处置变现后,首封债权人受偿之后,受偿后变价款还有剩余的,该剩余价款属于轮候查封物的替代物,轮候查封的效力应当及于该替代物。对于首封债权人受偿后的剩余价款,轮候查封债权人有权主张相应权利。

2. 法律依据

《最高人民法院关于正确处理轮候查封效力相关问题的通知》(法〔2022〕107号)

一、轮候查封具有确保轮候查封债权人能够取得首封债权人从查封物变价款受偿后剩余部分的作用。首封法院对查封物处置变现后,首封债权人受偿后变价款有剩余的,该剩余价款属于轮候查封物的替代物,轮候查封的效力应当及于该替代物,即对于查封物变价款中多于首封债权人应得数额部分有正式查封的效力。轮候查封债权人对该剩余价款有权主张相应权利。

3. 动作步骤

第一步,首封债权人受偿后变价款有剩余。

第二步,轮候查封债权人对该剩余价款有权主张相应权利。

动作67：对网络询价报告或者评估报告提出异议

1. 动作背景

在执行案件中，当法院查封、扣押、冻结财产后，对需要拍卖、变卖的财产，应当启动确定财产处置参考价程序。法院确定财产处置参考价，可以采取当事人议价、定向询价、网络询价、委托评估等方式。其中，采取网络询价方式确定参考价的，司法网络询价平台需要出具网络询价报告。采用委托评估方式确定参考价的，评估机构应当出具评估报告。然而实践中，网络询价报告或者评估报告有可能会出现错误，如财产基本信息错误，超出财产范围或者遗漏财产；或者评估机构或者评估人员不具备相应评估资质，抑或评估程序严重违法。当出现上述错误时，必须赋予当事人、利害关系人救济的权利，使确定参考价程序能依法顺利进行，进而维护自己合法权益。根据法律规定，当事人、利害关系人认为网络询价报告或者评估报告出现法定错误时，可以提出书面异议，法院按照执行行为异议的相关程序进行处理。

2. 法律依据

《中华人民共和国民事诉讼法》（2021年修正）

第二百三十二条　当事人、利害关系人认为执行行为违反法律规定的，可以向负责执行的人民法院提出书面异议。当事人、利害关系人提出书面异议的，人民法院应当自收到书面异议之日起十五日内审查，理由成立的，裁定撤销或者改正；理由不成立的，裁定驳回。当事人、利害关系人对裁定不服的，可以自裁定送达之日起十日内向上一级人民法院申请复议。

《最高人民法院关于人民法院确定财产处置参考价若干问题的规定》（法释〔2018〕15号）

第二十二条　当事人、利害关系人认为网络询价报告或者评估报告具有下列情形之一的，可以在收到报告后五日内提出书面异议：

（一）财产基本信息错误；

（二）超出财产范围或者遗漏财产；

（三）评估机构或者评估人员不具备相应评估资质；

（四）评估程序严重违法。

对当事人、利害关系人依据前款规定提出的书面异议，人民法院应当参照民事诉讼法第二百二十五条的规定处理。

3. 动作步骤

第一步,当事人、利害关系人有证据证明网络询价报告或者评估报告存在财产基本信息错误、超出财产范围或者遗漏财产、评估机构或者评估人员不具备相应评估资质或评估程序严重违法这四种情形之一。

第二步,当事人、利害关系人向法院提出书面异议。需要注意的是,此处的异议为执行行为异议。

动作68:当事人、利害关系人提出异议请求撤销拍卖

1. 动作背景

在执行程序中,当被执行人的财产被查封、扣押、冻结后,法院应当及时进行拍卖、变卖或者采取其他执行措施。实践中,在拍卖过程,有时会遇见竞买人之间、竞买人与拍卖机构之间恶意串通,损害当事人或者其他竞买人利益,或者买受人不具备法律规定的竞买资格等情形,当拍卖过程中出现严重违反拍卖程序且损害当事人或者竞买人利益的情形时,当事人、利害关系人可以提出异议,请求撤销拍卖,以维护自己的合法权益。

2. 法律依据

《最高人民法院关于人民法院办理执行异议和复议案件若干问题的规定》(法释〔2020〕21号)

第二十一条 当事人、利害关系人提出异议请求撤销拍卖,符合下列情形之一的,人民法院应予支持:

(一)竞买人之间、竞买人与拍卖机构之间恶意串通,损害当事人或者其他竞买人利益的;

(二)买受人不具备法律规定的竞买资格的;

(三)违法限制竞买人参加竞买或者对不同的竞买人规定不同竞买条件的;

(四)未按照法律、司法解释的规定对拍卖标的物进行公告的;

(五)其他严重违反拍卖程序且损害当事人或者竞买人利益的情形。

当事人、利害关系人请求撤销变卖的,参照前款规定处理。

3. 动作步骤

第一步，拍卖过程中出现了严重违反拍卖程序且损害当事人或者竞买人利益的情形。

第二步，当事人、利害关系人可以提出异议，请求撤销拍卖。需要注意的是，此处的异议为执行行为异议。

动作 69：针对终结本次执行提出执行行为异议

1. 动作背景

法院终结本次执行程序的条件之一是已穷尽财产调查措施，未发现被执行人有可供执行的财产或者发现的财产不能处置。“已经穷尽调查措施”包括：无法通过网络执行查控系统查询财产情况，这里的财产情况主要指被执行人的存款、车辆及其他交通运输工具、不动产、有价证券等财产情况；在被执行人住所地或者可能隐匿、转移财产所在地进行必要调查。因此，若执行法院在执行中没有对被执行人住所地进行必要调查就终结本次执行程序，属于未穷尽财产调查措施，此情形下作出的终结本次执行程序就是违反法律规定的，当事人、利害关系人就可以提出执行行为异议。若此推论方法能得到支持，实务中，80%甚至更多终结本次执行的案件都可以提出执行行为异议，且应该撤销终结本次执行裁定。

2. 法律依据

《最高人民法院关于严格规范终结本次执行程序的规定（试行）》（法〔2016〕373 号）

第七条　当事人、利害关系人认为终结本次执行程序违反法律规定的，可以提出执行异议。人民法院应当依照民事诉讼法第二百二十五条的规定进行审查。

3. 动作步骤

第一步，当事人、利害关系人认为终结本次执行程序违反法律规定。

第二步，当事人、利害关系人可以向法院提出执行异议，并提交书面申请书。

动作70:对执行过程中或者执行保全、先予执行裁定过程中的违法行为提出异议

1. 动作背景

在执行过程中或者执行保全、先予执行裁定过程中,如果当事人、利害关系人认为行为违反法律规定,可以提出异议。这里法院的行为包括以下内容:(1)查封、扣押、冻结、拍卖、变卖、以物抵债、暂缓执行、中止执行、终结执行等执行措施;(2)执行的期间、顺序等应当遵守的法定程序;(3)法院作出的侵害当事人、利害关系人合法权益的其他行为。需要注意的是,这里除了执行过程中的行为,还包括执行保全以及先予执行裁定过程中的行为。

2. 法律依据

《最高人民法院关于人民法院办理执行异议和复议案件若干问题的规定》(法释〔2020〕21号)

第七条 当事人、利害关系人认为执行过程中或者执行保全、先予执行裁定过程中的下列行为违法提出异议的,人民法院应当依照民事诉讼法第二百二十五条规定进行审查:

(一)查封、扣押、冻结、拍卖、变卖、以物抵债、暂缓执行、中止执行、终结执行等执行措施;

(二)执行的期间、顺序等应当遵守的法定程序;

(三)人民法院作出的侵害当事人、利害关系人合法权益的其他行为。

被执行人以债权消灭、丧失强制执行效力等执行依据生效之后的实体事由提出排除执行异议的,人民法院应当参照民事诉讼法第二百二十五条规定进行审查。

除本规定第十九条规定的情形外,被执行人以执行依据生效之前的实体事由提出排除执行异议的,人民法院应当告知其依法申请再审或者通过其他程序解决。

3. 动作步骤

第一步,当事人、利害关系人认为执行过程中或者执行保全、先予执行裁定过程中的法院的行为违法,且该执行行为是否属于可异议的法定范围。

第二步，当事人、利害关系人向执行法院提交书面申请书。申请书应当载明具体的异议或者复议请求、事实、理由等内容，并附下列材料：(1)异议人或者复议申请人的身份证明；(2)相关证据材料；(3)送达地址和联系方式。

动作71：案外人依据执行标的被查封、扣押、冻结前作出的另案生效法律文书提出排除执行异议

1.动作背景

实践中，执行案件多数为金钱债权执行案件。当被执行人无力偿还金钱债权时，申请执行人可以申请查封、扣押、冻结被执行人名下的房屋、车辆等动产、不动产。然而，执行案件纷繁复杂，登记在被执行人名下的房屋、车辆等并不一定是被执行人财产，很可能是案外人的。如果该房屋、车辆等执行标的在查封、扣押、冻结前已经被法院判决等法律文书确定权属，案外人可以依据执行标的被查封、扣押、冻结前作出的另案生效法律文书提出排除执行异议，以维护自己的合法权益。法院应当根据不同情形作出应予支持或不予支持的处理。

下列情形法院应予支持：(1)该法律文书系就案外人与被执行人之间的权属纠纷以及租赁、借用、保管等不以转移财产权属为目的的合同纠纷，判决、裁决执行标的归属于案外人或者向其返还执行标的且其权利能够排除执行的；(2)该法律文书系案外人受让执行标的的拍卖、变卖成交裁定或者以物抵债裁定且其权利能够排除执行的。如果案外人依据执行标的被查封、扣押、冻结后作出的另案生效法律文书提出排除执行异议，法院不予支持。法院根据不同情形作出裁定后，申请执行人或者案外人不服的，可以提起执行异议之诉。

2.法律依据

《中华人民共和国民事诉讼法》(2021年修正)

第二百三十四条　执行过程中，案外人对执行标的提出书面异议的，人民法院应当自收到书面异议之日起十五日内审查，理由成立的，裁定中止对该标的的执行；理由不成立的，裁定驳回。案外人、当事人对裁定不服，认为原判决、裁定错误的，依照审判监督程序办理；与原判决、裁定无关的，可以自裁定送达

之日起十五日内向人民法院提起诉讼。

《最高人民法院关于人民法院办理执行异议和复议案件若干问题的规定》(法释〔2020〕21号)

第二十六条 金钱债权执行中,案外人依据执行标的被查封、扣押、冻结前作出的另案生效法律文书提出排除执行异议,人民法院应当按照下列情形,分别处理:

(一)该法律文书系就案外人与被执行人之间的权属纠纷以及租赁、借用、保管等不以转移财产权属为目的的合同纠纷,判决、裁决执行标的归属于案外人或者向其返还执行标的且其权利能够排除执行的,应予支持。

(二)该法律文书系就案外人与被执行人之间除前项所列合同之外的债权纠纷,判决、裁决执行标的归属于案外人或者向其交付、返还执行标的的,不予支持。

(三)该法律文书系案外人受让执行标的的拍卖、变卖成交裁定或者以物抵债裁定且其权利能够排除执行的,应予支持。

金钱债权执行中,案外人依据执行标的被查封、扣押、冻结后作出的另案生效法律文书提出排除执行异议的,人民法院不予支持。

非金钱债权执行中,案外人依据另案生效法律文书提出排除执行异议,该法律文书对执行标的的权属作出不同认定的,人民法院应当告知案外人依法申请再审或者通过其他程序解决。

申请执行人或者案外人不服人民法院依照本条第一、二款规定作出的裁定,可以依照民事诉讼法第二百二十七条规定提起执行异议之诉。

3. 动作步骤

第一步,确定案件是金钱债权执行案件。

第二步,执行标的被查封、扣押、冻结前已经作出生效法律文书。

第三步,案外人依据执行标的被查封、扣押、冻结前作出的另案生效法律文书提出排除执行异议。

第四步,法院作出裁定后,如不服,可以提起执行异议之诉。

动作72:买受人对登记在被执行人名下的不动产提出异议

1. 动作背景

实践中,执行案件多为金钱债权执行案件。当被执行人无力偿还申请执行人的金钱债权时，其名下的房屋等不动产一般会被查封、扣押，以便能强制执行。但是实践中，登记在被执行人名下的不动产并不一定属于被执行人，很可能是已经被出卖给买受人。在法院查封该不动产之前，买受人已经与被执行人签订合法有效的书面买卖合同，并合法占有该不动产，且已支付全部价款，只是由于非自身原因未办理过户登记，不动产仍然登记在申请执行人名下。此时，买受人可以对登记在被执行人名下的不动产提出异议，以维护自己对该不动产的合法权益。

2. 法律依据

《最高人民法院关于人民法院办理执行异议和复议案件若干问题的规定》（法释〔2020〕21号）

第二十八条　金钱债权执行中，买受人对登记在被执行人名下的不动产提出异议，符合下列情形且其权利能够排除执行的，人民法院应予支持：

（一）在人民法院查封之前已签订合法有效的书面买卖合同；

（二）在人民法院查封之前已合法占有该不动产；

（三）已支付全部价款，或者已按照合同约定支付部分价款且将剩余价款按照人民法院的要求交付执行；

（四）非因买受人自身原因未办理过户登记。

3. 动作步骤

第一步，金钱债权执行中，买受人对登记在被执行人名下的不动产有异议，且有证据证明能够排除执行。

第二步，买受人对登记在被执行人名下的不动产向法院提出异议。

动作73：申请执行监督

1. 动作背景

相比审判程序，执行程序起步较晚，也不像审判程序那样的规范与完善。所以实践中，出现了类似“执行难”“执行乱”等长期困扰执行工作的问题。绝对的权力会导致绝对的腐败，对执行工作的监督长期以来缺乏法律和司法解释规定的程序和措施，各地法院对执行监督的认识也不统一，致使一些不当和错误的执行行为得不到及时的纠正,当事人的合法权益未能依法有效地得到保护。当事人在执行阶段遇到违法行为损害自己的合法权益时,首先想到的就是执行异议和复议,其实还有一个救济途径就是执行监督程序。执行监督和审判监督程序一样,都是上级法院的一项权力,我国法院上下级之间是监督关系,执行监督是法律明确规定的一种监督程序。上级法院不但可以监督下级法院的执行行为,还可以直接纠正其违法行为,必要的时候还可以将案件提级执行,即决定由本院执行或者指令其他法院执行,这些都是执行监督程序可以解决的。

2. 法律依据

《中华人民共和国民事诉讼法》(2021 年修正)

第二百三十三条 人民法院自收到申请执行书之日起超过六个月未执行的,申请执行人可以向上一级人民法院申请执行。上一级人民法院经审查,可以责令原人民法院在一定期限内执行,也可以决定由本院执行或者指令其他人民法院执行。

《最高人民法院关于人民法院办理执行信访案件若干问题的意见》(法发〔2016〕15 号)

15. 当事人、利害关系人不服《民事诉讼法》第二百二十五条所规定执行复议裁定,向上一级人民法院申诉信访,上一级人民法院应当作为执行监督案件立案审查,以裁定方式作出结论。

16. 当事人、利害关系人在异议期限之内已经提出异议,但是执行法院未予立案审查,如果当事人、利害关系人在异议期限之后继续申诉信访,执行法院应当作为执行监督案件立案审查,以裁定方式作出结论。

当事人、利害关系人不服前款所规定执行监督裁定,向上一级人民法院继续申诉信访,上一级人民法院应当作为执行监督案件立案审查,以裁定方式作出结论。

《最高人民法院关于人民法院执行工作若干问题的规定(试行)》(法释〔2020〕21 号)

71. 上级人民法院依法监督下级人民法院的执行工作。最高人民法院依法监督地方各级人民法院和专门法院的执行工作。

72. 上级法院发现下级法院在执行中作出的裁定、决定、通知或具体执行行为不当或有错误的,应当及时指令下级法院纠正,并可以通知有关法院暂缓执行。

下级法院收到上级法院的指令后必须立即纠正。如果认为上级法院的指令有错误,可以在收到该指令后五日内请求上级法院复议。

上级法院认为请求复议的理由不成立,而下级法院仍不纠正的,上级法院可直接作出裁定或决定予以纠正,送达有关法院及当事人,并可直接向有关单位发出协助执行通知书。

73. 上级法院发现下级法院执行的非诉讼生效法律文书有不予执行事由,应当依法作出不予执行裁定而不制作的,可以责令下级法院在指定时限内作出裁定,必要时可直接裁定不予执行。

74. 上级法院发现下级法院的执行案件(包括受委托执行的案件)在规定的期限内未能执行结案的,应当作出裁定、决定、通知而不制作的,或应当依法实施具体执行行为而不实施的,应当督促下级法院限期执行,及时作出有关裁定等法律文书,或采取相应措施。

对下级法院长期未能执结的案件,确有必要的,上级法院可以决定由本院执行或与下级法院共同执行,也可以指定本辖区其他法院执行。

75. 上级法院在监督、指导、协调下级法院执行案件中,发现据以执行的生效法律文书确有错误的,应当书面通知下级法院暂缓执行,并按照审判监督程序处理。

76. 上级法院在申诉案件复查期间,决定对生效法律文书暂缓执行的,有关审判庭应当将暂缓执行的通知抄送执行机构。

77. 上级法院通知暂缓执行的,应同时指定暂缓执行的期限。暂缓执行的期限一般不得超过三个月。有特殊情况需要延长的,应报经院长批准,并及时通知下级法院。

暂缓执行的原因消除后,应当及时通知执行法院恢复执行。期满后上级法院未通知继续暂缓执行的,执行法院可以恢复执行。

78. 下级法院不按照上级法院的裁定、决定或通知执行,造成严重后果的,按照有关规定追究有关主管人员和直接责任人员的责任。

《最高人民法院关于执行案件立案、结案若干问题的意见》(法发〔2014〕26号)

第二十六条 执行监督案件的结案方式包括:

(一)准许撤回申请,即当事人撤回监督申请的;

(二)驳回申请,即监督申请不成立的;

(三)限期改正,即监督申请成立,指定执行法院在一定期限内改正的;

(四)撤销并改正,即监督申请成立,撤销执行法院的裁定直接改正的;

(五)提级执行,即监督申请成立,上级人民法院决定提级自行执行的;

(六)指定执行,即监督申请成立,上级人民法院决定指定其他法院执行的;

(七)其他,即其他可以报结的情形。

3. 动作步骤

情形一:法院不执行

第一步,法院自收到申请执行书之日起超过六个月未执行。

第二步,申请执行人可以向上一级法院申请执行。

第三步,上一级法院经审查,可以责令原法院在一定期限内执行,也可以决定由本院执行或者指令其他法院执行。

情形二:执行中的案件

第一步,当事人、利害关系人认为执行行为违反法律规定,对执行行为提出异议;法院作出裁定之后,当事人、利害关系人对裁定不服,向上一级人民法院申请复议。

第二步,当事人、利害关系人不服执行复议裁定,向上一级人民法院申诉信访,上一级人民法院应当作为执行监督案件立案审查,以裁定方式作出结论。

情形三:申请书面纠正、复议

第一步,对被纳入失信被执行人名单申请书面纠正;对限制消费措施申请书面纠正;对限制出境错误,申请复议;对罚款、拘留决定不服,申请复议;对变更、追加裁定或驳回申请裁定不服,申请复议,等等。

第二步,法院没有书面纠正,或者当事人对复议裁定不服,可以申请执行监督。

情形四:执行完毕

第一步,执行完毕,发现法院有违法执行等行为。

第二步,提出执行监督。

动作74:申请民事执行检察监督

1. 动作背景

“执行乃法律之终局及果实。”这一则拉丁法谚道出了执行的重要性,而重要性也伴随着无数困难,如找不到被执行人,找到被执行人后其又没有财产可供执行。除了要面对被执行人本身存在的问题外，法院有时也会在执行中出现一些违法行为，如作出错误变更、追加被执行人的裁定，对应当查封的财产不采取查封措施，甚至有的法官在执行过程中贪污受贿，徇私舞弊，枉法裁判等。为了解决执行中法院存在的这些问题，促进法院依法执行，规范检察院民事执行法律监督活动，法律赋予了检察机关对于民事执行的监督职责。如果当事人、利害关系人、案外人认为法院的民事执行活动存在违法情形，可以向检察院申请监督。

2. 法律依据

《中华人民共和国民事诉讼法》（2021 年修正）

第十四条　人民检察院有权对民事诉讼实行法律监督。

《人民检察院民事诉讼监督规则》（高检发释字〔2021〕1 号）

第一百零四条　人民检察院对人民法院执行生效民事判决、裁定、调解书、支付令、仲裁裁决以及公证债权文书等法律文书的活动实行法律监督。

《最高人民法院、最高人民检察院关于民事执行活动法律监督若干问题的规定》（法发〔2016〕30 号）

第一条　人民检察院依法对民事执行活动实行法律监督。人民法院依法接受人民检察院的法律监督。

第三条　人民检察院对人民法院执行生效民事判决、裁定、调解书、支付令、仲裁裁决以及公证债权文书等法律文书的活动实施法律监督。

第五条　当事人、利害关系人、案外人认为人民法院的民事执行活动存在违法情形向人民检察院申请监督，应当提交监督申请书、身份证明、相关法律文书及证据材料。提交证据材料的，应当附证据清单。

申请监督材料不齐备的，人民检察院应当要求申请人限期补齐，并明确告知应补齐的全部材料。申请人逾期未补齐的，视为撤回监督申请。

第六条　当事人、利害关系人、案外人认为民事执行活动存在违法情形，向人民检察院申请监督，法律规定可以提出异议、复议或者提起诉讼，当事人、利害关系人、案外人没有提出异议、申请复议或者提起诉讼的，人民检察院不予受理，但有正当理由的除外。

当事人、利害关系人、案外人已经向人民法院提出执行异议或者申请复议，人民法院审查异议、复议期间，当事人、利害关系人、案外人又向人民检察院申请监督的，人民检察院不予受理，但申请对人民法院的异议、复议程序进行监督的除外。

第七条 具有下列情形之一的民事执行案件,人民检察院应当依职权进行监督:

(一)损害国家利益或者社会公共利益的;

(二)执行人员在执行该案时有贪污受贿、徇私舞弊、枉法执行等违法行为、司法机关已经立案的;

(三)造成重大社会影响的;

(四)需要跟进监督的。

3. 动作步骤

情形一:执行中案件

(1)决定是否受理、执行管辖权的移转以及审查和处理执行异议、复议、申诉等执行审查活动存在违法、错误情形的。

第一步,当事人、利害关系人、案外人能提出异议、复议或者提起诉讼的,已经异议、复议或诉讼。

第二步,向检察院申请执行监督,提交监督申请书、身份证明、相关法律文书及证据材料。提交证据材料的,应当附证据清单。

(2)实施财产调查、控制、处分、交付和分配以及罚款、拘留、信用惩戒措施等执行实施活动存在违法、错误情形的。

第一步,当事人、利害关系人、案外人能提出异议、复议或者提起诉讼的,已经异议、复议或诉讼。

第二步,向检察院申请执行监督,提交监督申请书、身份证明、相关法律文书及证据材料。提交证据材料的,应当附证据清单。

(3)存在消极执行、拖延执行等情形,以及其他执行违法、错误行为。

第一步,当事人、利害关系人、案外人能提出异议、复议或者提起诉讼的,已经异议、复议或诉讼。

第二步,向检察院申请执行监督,提交监督申请书、身份证明、相关法律文书及证据材料。提交证据材料的,应当附证据清单。

情形二:执行完毕

第一步,执行完毕,发现法院有违法执行等行为。

第二步,向检察院申请执行监督,提交监督申请书、身份证明、相关法律文书及证据材料。提交证据材料的,应当附证据清单。

动作75：对执行实施类案件申请执行信访

1. 动作背景

在执行案件中，除了可以向法院申请执行监督，向检察院申请执行检察监督之外，当事人还可以向法院申诉信访，请求督促执行或者纠正执行错误的案件。比如实践中，有时会遇到部分执行人员能拖则拖，能推则推，工作态度消极，工作责任心不强对当事人提出的要求置之不理等情形。如果申请执行人发现法院有消极执行的现象，可以向法院申请执行信访，请求督促执行。申请执行人申诉信访，反映执行法院消极执行，请求督促执行的案件即为执行实施类信访案件。申请执行人可以通过对实施类案件提出执行信访，以维护自己的合法权益。

2. 法律依据

《最高人民法院关于人民法院办理执行信访案件若干问题的意见》（法发〔2016〕15号）

6. 执行实施类信访案件，指申请执行人申诉信访，反映执行法院消极执行，请求督促执行的案件。

执行实施类信访案件的办理，应当遵照“执行到位、有效化解”原则。如果被执行人具有可供执行财产，应当穷尽各类执行措施，尽快执行到位。如果被执行人确无财产可供执行，应当尽最大努力解释说明，争取息诉罢访，有效化解信访矛盾；经解释说明，仍然反复申诉、缠访闹访，可以依法终结信访。

7. 执行实施类信访案件，符合下列情形的，可以认定为有效化解，上级人民法院不再交办督办：

（1）案件确已执行到位；

（2）当事人达成执行和解协议并已开始依协议实际履行；

（3）经重新核查，被执行人确无财产可供执行，经解释说明或按照有关规定进行司法救助后，申请执行人书面承诺息诉罢访。

8. 申请执行人申诉信访请求督促执行，如果符合下列情形，上级人民法院不再作为执行信访案件交办督办：

（1）因受理破产申请而中止执行，已告知申请执行人依法申报债权；

（2）再审裁定中止执行，已告知申请执行人依法应诉；

(3)因牵涉犯罪,案件已根据相关规定中止执行并移送有关机关处理;

(4)信访诉求系认为执行依据存在错误。

9. 案件已经执行完毕,但申请执行人以案件尚未执行完毕为由申诉信访,应当制作结案通知书,并告知针对结案通知书提出执行异议。

10. 被执行人确无财产可供执行,执行法院根据相关规定作出终结本次执行程序裁定,申请执行人以案件尚未执行完毕为由申诉信访,告知针对终结本次执行程序裁定提出执行异议。

3. 动作步骤

第一步,执行法院出现消极执行的情况。

第二步,询问各地各级法院接受信访投诉的方式,通过专门窗口或者网上反映。

第三步,向法院申诉信访,提交执行信访申请书。

4. 特别注意

申请执行信访按照执行监督办理。

动作76:对执行审查类案件申请执行信访

1. 动作背景

执行案件中,申请执行人遇到法院消极执行的情形时,可以向法院申请执行信访,请求督促执行。实践中,遇到的执行难问题并不只是法院消极执行的情形,有时还会遇到执行行为违反法律规定的情形,或者对执行标的主张实体权利过程中出现执行错误的情形,此时,当事人也可以申诉信访,请求纠正执行错误,以维护自己的合法权益。而信访当事人申诉信访,反映执行行为违反法律规定或对执行标的主张实体权利,请求纠正执行错误的案件被称为执行审查类信访案件。

2. 法律依据

《最高人民法院关于人民法院办理执行信访案件若干问题的意见》(法发〔2016〕15号)

11. 执行审查类信访案件,指信访当事人申诉信访,反映执行行为违反法律规定或对执行标的主张实体权利，请求纠正执行错误的案件。

执行审查类信访案件的办理，应当遵照“诉访分离”原则。如果能够通过《民事诉讼法》及相关司法解释予以救济，必须通过法律程序审查；如果已经穷尽法律救济程序以及本意见所规定的执行监督程序，仍然反复申诉、缠访闹访，可以依法终结信访。如果属于审判程序、国家赔偿程序处理范畴，告知通过相应程序寻求救济。

12. 信访当事人向执行法院请求纠正执行错误，如果符合执行异议、案外人异议受理条件，应当严格按照立案登记制要求，正式立案审查。

13. 信访当事人未向执行法院提交《执行异议申请》，但以“申诉书”、“情况反映”等形式主张执行行为违反法律规定或对执行标的主张实体权利的，应当参照执行异议申请予以受理。

14. 信访当事人向上级人民法院申诉信访，主张下级人民法院执行行为违反法律规定或对执行标的主张实体权利，如案件尚未经过异议程序或执行监督程序处理，上级人民法院一般不进行实质性审查，按照如下方式处理：

(1) 告知信访当事人按照相关规定寻求救济；

(2) 通过信访制度交办督办，责令下级人民法院按照异议程序或执行监督程序审查；

(3) 下级人民法院正式立案审查后，上级人民法院不再交办督办。

17. 信访当事人向上级人民法院申诉信访，反映异议、复议案件严重超审限的，上级人民法院应当通过信访制度交办督办，责令下级人民法院限期作出异议、复议裁定。

18. 当事人、利害关系人申诉信访请求纠正执行错误，如果符合下列情形，上级人民法院不再作为执行信访案件交办督办：

(1) 信访诉求系针对人民法院根据行政机关申请所作出准予执行裁定，并非针对执行行为；

(2) 信访诉求系认为执行依据存在错误。

3. 动作步骤

第一步，执行行为了违反法律规定，或者对执行标的主张实体权利过程中出现了执行错误。

第二步，询问各地各级法院接受信访投诉的方式，通过专门窗口或者网上反映。

第三步,向法院申诉信访,提交执行信访申请书。

4. 特别注意

申请执行信访按照执行监督办理。

动作77:不服执行行为异议复议裁定,向上一级法院申诉信访

1. 动作背景

在执行案件中,当事人、利害关系人认为执行行为违反法律规定的,可以向执行法院提出书面异议。当事人、利害关系人提出书面异议的,法院应当审查。理由成立的,裁定撤销或者改正;理由不成立的,裁定驳回。如果当事人、利害关系人对裁定不服,还可以向上一级法院申请复议。如果当事人、利害关系人不服执行复议裁定,可以向上一级法院申诉信访,上一级人民法院应当作为执行监督案件立案审查,以裁定方式作出结论。

2. 法律依据

《中华人民共和国民事诉讼法》(2021年修正)

第二百三十二条 当事人、利害关系人认为执行行为违反法律规定的,可以向负责执行的人民法院提出书面异议。当事人、利害关系人提出书面异议的,人民法院应当自收到书面异议之日起十五日内审查,理由成立的,裁定撤销或者改正;理由不成立的,裁定驳回。当事人、利害关系人对裁定不服的,可以自裁定送达之日起十日内向上一级人民法院申请复议。

《最高人民法院关于人民法院办理执行信访案件若干问题的意见》(法发〔2016〕15号)

15. 当事人、利害关系人不服《民事诉讼法》第二百二十五条所规定执行复议裁定,向上一级人民法院申诉信访,上一级人民法院应当作为执行监督案件立案审查,以裁定方式作出结论。

3. 动作步骤

第一步,当事人、利害关系人不服执行行为异议复议裁定。

第二步,当事人、利害关系人可以向上一级法院申诉信访,并提交执行信访

申请书。

4. 注意事项

申请执行信访按照执行监督办理。

动作78：在异议期限之后，继续申诉信访

1. 动作背景

在执行案件中，当事人、利害关系人可以在异议期限之内提出异议。如果已经在异议期限之内提出异议，但是执行法院未予立案审查。面对这种情况，必须对当事人、利害关系人予以救济，以维护其合法权益。为此，法律赋予了当事人、利害关系人可以在异议期限之后继续申诉信访的权利。当事人、利害关系人在异议期限之后继续申诉信访的，执行法院应当作为执行监督案件立案审查，并作出裁定。如果当事人、利害关系人不服该执行监督裁定，还可以向上一级法院继续申诉信访，上一级法院应当作为执行监督案件立案审查，并以裁定方式作出结论。

2. 法律依据

《最高人民法院关于人民法院办理执行信访案件若干问题的意见》（法发〔2016〕15号）

16. 当事人、利害关系人在异议期限之内已经提出异议，但是执行法院未予立案审查，如果当事人、利害关系人在异议期限之后继续申诉信访，执行法院应当作为执行监督案件立案审查，以裁定方式作出结论。

当事人、利害关系人不服前款所规定执行监督裁定，向上一级人民法院继续申诉信访，上一级人民法院应当作为执行监督案件立案审查，以裁定方式作出结论。

3. 动作步骤

第一步，当事人、利害关系人在异议期限之内已经提出异议，但是执行法院未予立案审查。

第二步，当事人、利害关系人可以在异议期限之后继续申诉信访，并提交执

行信访申请书。

第三步,当事人、利害关系人不服法院作出执行监督裁定的,还可以向上一级法院继续申诉信访,并提交执行信访申请书。

4. 特别注意

申请执行信访按照执行监督办理。

动作 79:申请“一案双查”

1. 动作背景

执行案件中,启动执行监督的方法,包括向法院申请执行监督、申请执行信访以及向检察院申请执行检察监督。对于向法院申请执行监督,由于法院进行的审查属于内部监督,其本身存在很多弊端,上级法院有时出于“护短”等考虑,难以发挥应有的监督作用,当事人的合法权益难以得到有效维护。因此,从当事人的角度而言,其希望能通过多种方式来督促执行法院更加高效地依法采取执行措施。而“一案双查”正是其中的一种有效监督方式。

所谓执行工作“一案双查”,是指上级法院执行机构和监察机构协调配合,统筹督查下级法院执行案件办理、执行工作管理问题和干警违规违法违纪问题,依照法律、司法解释及有关规定作出处理。在执行过程中,一旦当事人遇到执行行为的违法情况,损害到了自己的合法权益,即可通过申请“一案双查”的方式,请求上级法院执行机构和监察机构构协调配合进行执行监督,以维护自己的合法权益。需要注意的是,“一案双查”与执行信访是两个救济途径,是不冲突的,可以同时进行,没有先后之分。

2. 法律依据

《最高人民法院关于对执行工作实行“一案双查”的规定》(法〔2019〕232号)

第二条 各级人民法院要将“一案双查”作为落实执行工作“三统一”要求,规范执行行为,强化执行管理的重要抓手,建立健全相关工作机制。

执行工作“一案双查”,要始终坚持执行机构与监察机构分工协作,检查案件执行情况与检查执行干警履职情况同步进行,严格查处执行干警违规违法违纪行为与完善执行干警依法履职保护机制紧密结合,既要严肃整治消极执行、选择性执行、乱执行,弄虚作假、不落实上级法院工作部署及意见等行为,确保依法规范公正廉洁执行,又要注重充分保护执行干警正当权益,防范和减少办案风险。

第三条　执行工作“一案双查”线索来源主要包括:

(一)人民群众来信来访;

(二)人大代表、政协委员以及其他党政机关反映或转交;

(三)检察机关提出检察建议;

(四)司法巡查或审务督察中发现的问题;

(五)院领导、执行机构负责人等为依法履行监督管理职责重点督办事项;

(六)涉执行重大突发事件、舆情事件;

(七)办理执行复议、协调、监督等案件中发现的问题;

(八)执行指挥中心运行管理过程中发现的问题;

(九)其他途径发现的涉执行问题。

第六条　各级人民法院“一案双查”联合调查组可采取以下方式开展工作:

(一)调卷审查,通过查阅卷宗检查执行程序与执行措施是否合法、及时、全面;

(二)系统检查,通过执行案件流程管理系统等查看节点是否完整,是否存在节点超期、数据造假等情形:

(三)听取当事人意见,通过电话约谈、走访面谈等方式与案件当事人或信访人沟通,了解诉求及案件情况;

(四)内部谈话,约谈相关执行机构负责人、案件承办人、合议庭成员等相关人员,了解案件办理和监管工作情况;

(五)其他方式。

第八条　下级法院应在上级法院指定期限内上报“一案双查”调查报告,报告应包含调查经过、查明事实、问题分析和处理意见等内容。上级法院认为需要继续调查核实的,可责令下级法院限期补充调查,也可直接派员赴当地调查,必要时还可以组织听证,对有关问题进行核查。

第九条　上级法院执行机构和监察机构收到下级法院调查报告并分别核查后,应及时召开联席会议进行会商,形成检查结论,分别以下不同情形处理:

(一)执行监督纠正。发现案件办理确有错误的,可以将问题反馈至执行法院,由执行法院自行纠正,也可以由上级法院直接立案监督纠正。

(二)督促限期办理。发现案件存在消极执行、选择性执行等情形的,应当逐级向执行法院发出督办意见,要求在指定期限内采取执行措施、推进执行进程等;发现执行管理方面存在问题或漏洞的,可要求下级法院限期改进。

(三)违纪行为处分。发现执行干警存在违规违法违纪等问题的,根据处分权限移送相关法院或职能部门,依照《中国共产党纪律处分条例》《人民法院工作人员处分条例》等规定处理;涉嫌犯罪的,建议相关法院移送有关监察、司法机关依法处理。

(四)通报、约谈及纳入考评。经启动"一案双查"发现下级法院执行工作存在需要整改的典型问题,以及下级法院对"一案双查"工作开展不力的,上级法院可启动约谈机制责令整改。凡经最高人民法院启动"一案双查"被约谈或通报的,将作为该省、自治区、直辖市年度平安建设考评(执行难综合治理及源头治理部分)扣分项处理。

《最高人民法院关于在执行工作中进一步强化善意文明执行理念的意见》(法发〔2019〕35号)

2.准确把握善意文明执行精神实质。执行工作是依靠国家强制力实现胜诉裁判的重要手段。当前,被执行人规避执行、逃避执行仍是执行工作中的主要矛盾和突出问题。突出执行工作的强制性,持续加大执行力度,及时保障胜诉当事人实现合法权益,依然是执行工作的工作重心和主线。但同时要注意到,执行工作对各方当事人影响重大,人民法院在执行过程中也要强化善意文明执行理念,严格规范公正保障各方当事人合法权益;要坚持比例原则,找准双方利益平衡点,避免过度执行;要提高政治站位,着眼于党和国家发展战略全局,提升把握司法政策的能力和水平,实现依法履职与服务大局、促进发展相统一。要采取有效措施坚决纠正实践中出现的超标的查封、乱查封现象,畅通人民群众反映问题渠道,对有关线索实行"一案双查",对不规范行为依法严肃处理。

3.动作步骤

第一步,收集法院在执行案件办理、执行工作管理出现问题,或者干警出现违规违法违纪问题的证据。

第二步,向法院申请"一案双查",并提交书面申请书及相关证据材料。

动作 80：申请国家赔偿

1. 动作背景

1995 年 1 月 1 日，《国家赔偿法》生效实施，旨在保障公民、法人和其他组织享有依法取得国家赔偿的权利，促进国家机关依法行使职权。其中第 31 条明确了法院在民事诉讼过程中，对判决、裁定及其他生效法律文书执行错误，造成损害的，赔偿请求人有权要求国家赔偿，而赔偿程序适用刑事赔偿程序的规定。之后，随着国家赔偿审判和执行工作实践的发展，涉执行司法赔偿领域不断出现新情况新问题，2022 年 2 月 8 日，最高人民法院发布《关于审理涉执行司法赔偿案件适用法律若干问题的解释》，对包括涉执行司法赔偿立案审查的条件，赔偿程序与执行救济、监督程序的衔接，赔偿责任的认定，损害赔偿的范围和标准等作出了明确规定，有利于充分保障赔偿请求人的合法权益。

根据该解释的规定，法院在执行判决、裁定及其他生效法律文书过程中，错误采取财产调查、控制、处置、交付、分配等执行措施或者罚款、拘留等强制措施，侵犯公民、法人和其他组织合法权益并造成损害的，受害人有权申请国家赔偿。此外，还列举了法院错误执行行为造成损害申请赔偿的 11 种情形。需要注意的是，公民、法人和其他组织申请错误执行赔偿，一般应当在执行程序终结后提出，终结前提出的不予受理。

2. 法律依据

《中华人民共和国国家赔偿法》（2012 年修正）

第三十八条　人民法院在民事诉讼、行政诉讼过程中，违法采取对妨害诉讼的强制措施、保全措施或者对判决、裁定及其他生效法律文书执行错误，造成损害的，赔偿请求人要求赔偿的程序，适用本法刑事赔偿程序的规定。

《最高人民法院关于审理涉执行司法赔偿案件适用法律若干问题的解释》（法释〔2022〕3 号）

第一条　人民法院在执行判决、裁定及其他生效法律文书过程中，错误采取财产调查、控制、处置、交付、分配等执行措施或者罚款、拘留等强制措施，侵犯公民、法人和其他组织合法权益并造成损害，受害人依照国家赔偿法第三十八条规定申请赔偿的，适用本解释。

第二条　公民、法人和其他组织认为有下列错误执行行为造成损害申请赔

偿的,人民法院应当依法受理:

(一)执行未生效法律文书,或者明显超出生效法律文书确定的数额和范围执行的;

(二)发现被执行人有可供执行的财产,但故意拖延执行、不执行,或者应当依法恢复执行而不恢复的;

(三)违法执行案外人财产,或者违法将案件执行款物交付给其他当事人、案外人的;

(四)对抵押、质押、留置、保留所有权等财产采取执行措施,未依法保护上述权利人优先受偿权等合法权益的;

(五)对其他人民法院已经依法采取保全或者执行措施的财产违法执行的;

(六)对执行中查封、扣押、冻结的财产故意不履行或者怠于履行监管职责的;

(七)对不宜长期保存或者易贬值的财产采取执行措施,未及时处理或者违法处理的;

(八)违法拍卖、变卖、以物抵债,或者依法应当评估而未评估,依法应当拍卖而未拍卖的;

(九)违法撤销拍卖、变卖或者以物抵债的;

(十)违法采取纳入失信被执行人名单、限制消费、限制出境等措施的;

(十一)因违法或者过错采取执行措施或者强制措施的其他行为。

第三条 原债权人转让债权的,其基于债权申请国家赔偿的权利随之转移,但根据债权性质、当事人约定或者法律规定不得转让的除外。

第四条 人民法院将查封、扣押、冻结等事项委托其他人民法院执行的,公民、法人和其他组织认为错误执行行为造成损害申请赔偿的,委托法院为赔偿义务机关。

第五条 公民、法人和其他组织申请错误执行赔偿,应当在执行程序终结后提出,终结前提出的不予受理。但有下列情形之一,且无法在相关诉讼或者执行程序中予以补救的除外:

(一)罚款、拘留等强制措施已被依法撤销,或者实施过程中造成人身损害的;

(二)被执行的财产经诉讼程序依法确认不属于被执行人,或者人民法院生效法律文书已确认执行行为违法的;

(三)自立案执行之日起超过五年,且已裁定终结本次执行程序,被执行人已无可供执行财产的；

（四）在执行程序终结前可以申请赔偿的其他情形。

赔偿请求人依据前款规定，在执行程序终结后申请赔偿的，该执行程序期间不计入赔偿请求时效。

第六条　公民、法人和其他组织在执行异议、复议或者执行监督程序审查期间，就相关执行措施或者强制措施申请赔偿的，人民法院不予受理，已经受理的予以驳回，并告知其在上述程序终结后可以依照本解释第五条的规定依法提出赔偿申请。

公民、法人和其他组织在执行程序中未就相关执行措施、强制措施提出异议、申请复议或者申请执行监督，不影响其依法申请赔偿的权利。

第七条　经执行异议、复议或者执行监督程序作出的生效法律文书，对执行行为是否合法已有认定的，该生效法律文书可以作为人民法院赔偿委员会认定执行行为合法性的根据。

赔偿请求人对执行行为的合法性提出相反主张，且提供相应证据予以证明的，人民法院赔偿委员会应当对执行行为进行合法性审查并作出认定。

第九条　赔偿请求人应当对其主张的损害负举证责任。但因人民法院未列清单、列举不详等过错致使赔偿请求人无法就损害举证的，应当由人民法院对上述事实承担举证责任。

双方主张损害的价值无法认定的，应当由负有举证责任的一方申请鉴定。负有举证责任的一方拒绝申请鉴定的，由其承担不利的法律后果；无法鉴定的，人民法院赔偿委员会应当结合双方的主张和在案证据，运用逻辑推理、日常生活经验等进行判断。

3. 动作步骤

第一步，法院的错误执行行为等侵犯公民、法人和其他组织合法权益并造成损害。

第二步，受害人可以向法院申请国家赔偿，并提交书面申请书。